Réserve
p. Ye. 168

LES
OEVVRES DE
P. DE RONSARD
GENTIL-HOMME
Vandomois.

*Reueuës, corrigées & augmentées par l'Autheur
peu auant son trespas.*

REDIGEES EN DIX TOMES.

AV ROY.

Voyez le contenu d'icelles en la
page XXII.

A PARIS,
Chez Gabriel Buon, au cloz Bruneau,
à l'enseigne S. Claude.
1587.
AVEC PRIVILEGE DV ROY.

Voicy du Roy HENRY troisiésme l'image,
Qui mesprisa sa vie ennemis & dangers,
Qui prattiqua les meurs des peuples estrangers,
Prince tout bon tout saint tout vaillant & tout sage.

AV ROY
DE FRANCE ET DE
POLOGNE.

'EST à vous, Mon grand Roy, seul
espoir de la France,
Seul confort de nos maux, nostre
seule asseurance,
C'est à vous que ie veux mon dis-
cours addresser,
Si vous daignez vers moy vos graues yeux baisser,
Et si les miens honteux sur leur foible paupiere
Peuuent porter l'esclair de si viue lumiere.
Mais de vous empescher par mon humble propos,
C'est pecher au public, c'est troubler le repos,
Que par soin, par trauail, par conseil, par prieres,
Et par l'effort certain de vos vertus guerrieres
Vous pourchassez pour nous, pour borner vos haults
faicts,
Qui ont en mesme main & la guerre & la paix.
C'est vouloir amuser le maistre du nauire,
Quand le flot courroucé deçà delà le vire
Sans ordre au gré des vents, qui aueugles le font
Humer mainte grand' vague, & renuerser au fond,
Ou l'enuoyent chercher vn haure par trop proche,
Pour se creuer le ventre aux poinctes d'vne roche.
Ie m'abuse, les Rois, pourtraicts viuans des Dieux,
Ont l'oreille par tout, & ont par tout les yeux,

AV ROY.

Ressemblans au Soleil, que l'ignorant vulgaire
Pense estre tant petit & foible, qu'il n'esclaire
Que son proche orizon, limitant son pouvoir
Des bords & des coustaux que de l'œil il peut voir.
Ainsi vous voyez tout, & vostre grand prudence
Les menaces du Ciel & son courroux devance,
Et ne laissez d'ouyr, comme pere commun,
Les prieres, les vœux, les escrits d'vn chacun :
Et vous lirez, possible, en gré mon entreprise,
Si autant qu'en vos faits Pallas me favorise.
  SIRE, ie vous diray ce que vostre Ronsard
M'a des champs Elisez raconté, de la part
Des grands Rois vos ayeux, ioyeux que la Memoire
Mesme au seiour d'Oubly face ouyr vostre gloire,
Marris des feux civils, que vos peuples vaincus
R'allument pour tant plus esclairer vos vertus,
Et soigneux de pleurer sur nos fatales armes,
Pour esteindre ces feux, s'ils peuvent, par leurs larmes.
  Vous receurez aussi pour plus ample guerdon
De m'auoir escouté, de Ronsard vn beau don,
Vn present immortel, & dont la Renommée
Quelque grād bruit qu'elle ait, voudroit estre emplumée
Et dont vous franchirez le marais Stygieux
Mieux qu'avec le rameau du metal precieux
Qu'Aenée sceut cueillir, guidé de la Prestresse,
Pour voir, & puis franchir l'Acherontide presse.
  Ia la nuict coyement de son moite aileron
Avoit trempé nos yeux des pavots d'Acheron,
Qui vaincus de sommeil cueilloient le premier somme,
Doux present des grands Dieux, borne aux travaux
  de l'homme :
Quand voicy, tout à coup il me sembla de voir
Ie ne sçay quoy de blanc, qui prompt se laissa choir

Deuant mes yeux errants, ressemblant à vne vmbre
Voletant souplement, comme par la nuict sombre
Au long des gras ruisseaux l'annuité voyageur
Voit de loin les Ardens qu'il va fuyant de peur:
La froide Crainte ainsi, messagere soudaine
De danger & d'effroy, me desroba l'haleine,
Le silence liant à ma langue, & fermans
Mes esprits esclairez d'vn peu de iugement
Qu'elle m'auoit laissé : lors tant plus ie regarde,
Ma veuë r'asseurant, & plus l'ombre fuyarde
M'esblouissoit les yeux, quand petit à petit
S'escarte auec la peur le voile de la nuict.
Ie recognus alors par la belle stature,
Et par le graue port, quelle estoit la figure.
Le visage serein (encor qu'vne palleur
Effaçast la beauté de sa viue couleur)
Fait acroire à mes sens, que c'estoit l'ombre amie
De Ronsard l'Apollon des Sœurs de Castalie,
Qui nagueres leger par la Parque pressé,
Auoit du Styx bourbeux le riuage passé :
Ie me pensay leuer pour saluer sa face,
Quand repoussant mon bras me dit d'vne voix basse.

Ne bouge, repren cœur, ie suis vn bon esprit :
Ronsard estoit mon nom, dont maint & maint escrit
Vole par l'Vniuers : si la soingneuse cure
Des amis ne s'encloft en mesme sepulture:
Si les bienfaicts des bons, les honneurs presentez
Dans la face de Dieu nous sont representez,
(Ainsi comme les vœux & l'espaisse fumée
De l'encens, qui en l'air semble estre consommée,
Et toutefois perçant le pur crystal des Cieux
Se r'assemble agreable au deuant de ses yeux)

A iij

Tu n'auras pas en vain auec la docte bande,
Qui de mon cher Galland accompagna l'offrande,
Mes Manes honoré : l'honneur retournera
Sur le chef dont parti saintement il sera :
Car la diuine main le reçoit en grand ioye,
Mais auec ses faueurs à l'instant le r'enuoye
Sur l'auteur du bien faict : tout ainsi qu'Apollon
Qui va beuuant le suc d'vn humide vallon
Pour vne nue ourdir, puis quand la Canicule
Le fend par sa chaleur, & ses entrailles brusle,
Sur son sein alteré en pluye il est rendu.
,, Iamais Dieu & Nature vn bienfaict n'ont perdu :
Puisse tousiours du Ciel la faueur plus parfaite
Fauoriser vos ans comme ie le souhaite :
La ioye, la santé, l'heur, dans vostre maison,
Comme en temple immortel, loge en toute saison.

 Ainsi me dit Ronsard. Alors plein d'asseurance,
Recueillant mes esprits, qu'vne simple ignorance
Et la stupide crainte auoient ensorcelé,
Ie deslie ma langue, & ainsi ie parlé.
Ronsard, honneur du monde, à qui comme Artemise,
Mon cœur sert de Tombeau, le Ciel me fauorise
Assez par ton moyen, bel esprit des esprits,
D'auoir l'heur de te voir, de ta presence espris :
Plus grand heur ie n'atten, ny ioye plus certaine,
La Mort auecques toy tous mes plaisirs entraine.
Car quel contentement ore puis-ie esperer,
Puis qu'au ciel tu as faict Apollon retirer ?
Puis que des bons esprits la troupe non tachée,
Presse auec toy la nef non iamais attachée,
Que le vieillard Passeur meine & meine sans fin,
Pour finir nos malheurs par l'arrest du Destin ?

AV ROY.

Ie pensois qu'Apollon, ce Dieu de Medecine,
T'eust fait gouster le iust d'vne viue racine,
Que la terre ne voit dedans son sein vieillir,
Pour racheter tes ans, & ne les voir faillir.
I'auois suiuy son cœur auec ceste esperance,
Masché de ses Lauriers, & suiuy ta cadance,
Et de mille trauaux son beau Luth acheté,
Et ne respirois rien qu'vne immortalité :
,, Mais en ta mort i'apprē qu'il fault que chacū meure,
,, Nostre nom seulement franc de la Mort demeure.
Donc à quel meilleur sort me reseruent les Dieux ?
Si tu sçais maintenant la promesse des cieux,
Quel heur puis-ie esperer depuis ta departie
Parmy les factions dont la France est partie ?
Tu as veu, mon Ronsard, ce beau siecle doré
Sous François, sous Henry, & l'honneur adoré :
Mais tu as veu soudain l'Erynne eschevelée
Poursuiure & deschirer la France desolée,
Iusques dans le cercueil, allumant ses flambeaux
Dedans nos propres cœurs, dans nos propres cerueaux :
Tu l'as veu forcener, courir de place en place,
Portant au front la peur, l'horreur, & la menace,
Compaigne de la Mort qui la suyuoit de pres,
Et qui plantoit nos champs de funestes Cypres.
Tu l'as veu arrouser nos campagnes fertiles
De larmes & de sang, & chasser de nos villes
L'alme Paix, qui honteuse offre son chef vaincu
Aux coups de la Discorde, & iette son escu
Peint de fleurs & de fruicts, le rendant à la terre
Pour le cacher long temps, & ceder à la guerre.
Tu vis aussi Dicé sans balance & bandeau
Tourner doz à la France, auec le pur troupeau

A iiij

De ses sœurs, la Concorde & la Foy desirée,
Et la Religion en cent parts deschirée.
    Tu vis l'honneur de Dieu & ses temples souillez,
Ruinez, abbatus, & du tout despouillez :
Puis soulé du passé, estonné d'auantage
Des malheurs qui plus grāds deuoiēt suyure nostre âge,
Tu t'es banny de nous, comme on voit s'asconser
Le Soleil, que la nuict vient d'ombres menacer.
Mais las, que diras-tu de voir sans esperance
Que la France n'est plus que le Tombeau de France,
L'escueil des gens de bien qui braue encor les Cieux,
Et sert de bute au fondre, & aux fleches des Dieux?
    Ia desia par sept fois la Lampe iournaliere
A parfait, non sans dueil, sa route coustumiere,
Depuis que le Ciel mesme, & ses flambeaux dorez,
Auec les Elements contre nous conjurez,
Cherchans conjointement la maison de Saturne,
Ont conspiré l'effect de leur flamme importune :
De là sont descendus les maux & les ennuis,
Que nos coulpables chefs ont ressenti depuis :
Et semble que Nature ait sur nous desputée,
Et les maux, & la Boette entierement iettée.
    Qui ne voit l'escadron des fiéures, des langueurs,
Des catharres, des morts, qui ont saisi nos cœurs ?
Et les bourreaux, grand Dieu, de tes iustes coleres
Dépeupler nos citez, remplir nos cimeteres,
La peste insociable, accompaignant la faim,
Qui de deux maux diuers combattent nostre sein ?
    Puissent les mespriseurs de la grandeur diuine,
Des fourneaux de Sicile endurer la ruine!
Et toy grand Iupiter, punisseur des humains,
Pour qui reserues-tu la colere en tes mains?

AV ROY.

Pourquoy si lentement sur ces infames testes
Vas-tu dardant l'effroy des horribles tempestes?
Encor que les Rochers d'un front audacieux
Percent le Ciel, en vain tu t'irrites contre eux:
R'assemble ton courroux, ride ton front seuere,
Enfonce tes sourcis, r'enflamme ta colere,
Et contre la fureur des superbes Geans
Verse, & use du tout tes foudres Ætneans.

Diray-ie des rancueurs la peste plus cruelle,
Qui nos cœurs sans mourir, de vengeance bourrelle?
Diray-ie les effets de Bellonne & de Mars?
Diray-ie les desbors des impiteux soudars?
Las! France, tu les sçais, tu sens plus de dommage
Du soldat qu'as armé, qui sur ton dos rauage,
Que de ton ennemy: ce sont tes propres fils
Qui ont pillé ton bien, tes peuples desconfits,
Ruiné tes maisons, mis à terre tes temples,
Et surpassé l'horreur des Barbares exemples.

Qui a veu le combat du Poulpe à plusieurs piez,
Quand la Mer obeit à vos niz deliez,
Tranquilles Halciens, & qu'à iour la Murene,
Pour fiere l'assaillir, sur le limon se traine:
Il voit comme le Poulpe, en sentant l'approcher,
Se cache dans le fort d'un coquilleux rocher,
Iusqu'à tant qu'assiegé (luy qui la palle Oliue,
Beau rameau de la Paix, trempant dedans la riue,
A rongé tant de fois, & tant de fois changeant
S'est peint de la couleur de tout autre nageant,
Ou d'Algues, & rochers, pour deceuoir sa proye)
En fin pressé de faim, de soy-mesme il octroye
Pour sa vie la mort, & petit à petit
Auec ses propres pieds donte son appetit:

A v

Puis sans pieds & sans cœur desarmé de sa force,
Sert à son ennemy de souhaitable amorce.
Tel est le sort François, tel fut le sort Romain,
De ne pouuoir mourir que de sa propre main.
Ainsi le veut Pallas, qui Nemesis implore,
Que, cil qui rompt la Paix, soy-mesme se deuore.
 Ce-pendant, mon Ronsard, que viuotans icy
Nous mourons tous les iours mille fois de soucy,
Tu vis, & vois d'enhault, Ame pure, à ton aise
(Mais non sans regretter) la France toute en braise,
Comme en port asseuré iouyssant pour iamais
Dans l'enceinte des Cieux d'vne immortelle paix.
 Mais nous, qu'à ces malheurs le cruel Sort destine,
Serons-nous spectateurs de la fureur diuine?
A quel bien desormais pouuons-nous aspirer,
Puisque si longuement on voit le mal durer?
„ Malheureux est celuy, qui voit tousiours sa vie
„ De troubles, de discors, & de flammes suiuie:
„ Malheureux le Nocher, qui onc n'arriue au port:
„ Malheureux le forçat, qui des chesnes ne sort:
„ Et malheureux encor, qui va passant son âge
„ A semer les sablons d'vn trop ingrat riuage.
 Las, soit qu'vn bon instinct, maistre de la raison,
Ou le soin dés parens, des ma ieune saison
M'ait aux Muses voüé par dix & dix années
I'ay appris les mestiers deuz aux ames mieux-nées:
Soit qu'il faille adoucir des presens d'Apollon
Quelque Scythe barbare, ou quelque froid Gelon:
Soit qu'il fust plus duisant du miel d'vne harangue
D'amorcer mainte oreille attachée à ma langue
Par l'aide de Themis, & voüer à mon Roy
Mes esprits, ma parole, & mes mains, & ma foy:

La Muse toutefois rougit d'estre inutile
A moy son nourriçon, que la guerre ciuile
Parmy l'enroüé son des Clairons & Tabours,
Ne peut pas bien ouyr, rendant nos hommes sours:
Et d'autrepart l'honneur que la vertu nous preste,
Est par les ignorans rauy de nostre teste.

 Ha qu'il valloit bié mieux pour moy, si i'eusse appris
A farder quelque Hecube, & desrober Cypris
De ses plus beaux atours, Hebé de sa ieunesse,
Pour les rides cacher d'une infame vieillesse!
Ou bien si i'eusse appris à manier mon cœur
En cent mille façons, & changer ma couleur
Selon ma volonté, & d'une langue pronte
Meriter les honneurs aux despens de ma honte;
Recueillant des faueurs le vent ambitieux
Qui n'a iamais d'arrest, ains volette en tous lieux
Comme la Mousche à miel, qui pour son miel elire
Or' sied sur vne fleur, or' vne autre desire!

 Ha, si i'eusse bien creu les Oracles certains,
I'eusse cherché repos és pays plus lointains,
Puisque tant à propos mainte plaine deserte
Au profond Ocean s'est ores descouuerte!
Et qu'il semble que Dieu, tout prest à ruïner
Nostre Europe coulpable & nous exterminer,
Pour le Monde punir, où tout malheur abonde,
Ait pourueu pour les bös d'vn autre nouueau Monde:
Là nous viurions sans soin, sans peine, & sans discors:
Tout y croist franchement; là coulent les tresors,
Là Ceres de son gré faict blondoyer la plaine,
L'abondance y produit tous ses presens sans peine.

 Mais dy moy, mon Ronsard, si ie doy veoir ailleurs,
Laissant les fins de France, vne fin aux malheurs:

A vj

Quel Destin doibt suiuir la Françoise misere,
Et si son bon Daimon quelque bien y espere:
Et pour me consoler, conte moy le bon-heur
Qui t'a suyui, changeant nostre estre en vn meilleur.
 Ainsi parloy-ie à luy, quand il me fit respence:
Ie n'attendois, Binet, vne telle semence.
Car desireux moy-mesme à s'en faire vn discours,
Mercure aux pieds ailez m'a presté son secours.
Si tost que i'eus baissé mon humide paupiere,
Abandonnant mon corps, hoste froid d'vne biere,
Ce Dieu se souuenant de son Hymne chanté,
Me guida dans le champ des Herôs habité.
Quand ie vis le riuage, où la vieille nasselle
Du batelier attend sa voicture nouuelle,
I'eus peur, ne voyant rien que l'horreur d'vne nuict,
N'oyant que des esprits les plaintes au doux bruit:
Ie passay toutefois sous la seure conduite
De ce Dieu, qui rend cois les Monstres de Cocyte.
Lors i'entray dans vn bois de Myrthes tout couuert,
Qu'vn eternel Printemps entretient tousiours vert.
C'est le siege de Paix aux plaines aërées,
Où seiournent des bons les ames bien-heurées.
Là Orphée accourut, à qui le surplus blanc
Ondoyant iusqu'aux pieds enuironnoit le flanc.
Homere autour de luy, & le diuin Virgile,
Me viennent embrasser, & d'vne main agile
Me couronnent le front de leur propre rameau:
Là suruient du Bellay, & Iodelle, & Belleau,
Et de mes compaignons la troupe plus sacrée,
Qui de ioye santans font retentir la prée.
Voicy nostre Ronsard, disent ils, d'vne vois.
Ie les embrasse tous, & de nos meilleurs Rois

AV ROY.

Ie cherche le seiour: mais soudain ie regarde
Vn troupeau separé de Demy-dieux, qui darde
Maint rayon de son chef, en tristesse comblé,
Et que le soin de France auoit lors assemblé:
Ie recognus nos Rois, qu'vn à vn ie saluë:
Tout le champ applaudit lors à ma bien-venuë.
  FRANCOIS, ce grãd Frãçois, paroissoit au milieu
Comme fait Iupiter dessus tout autre Dieu:
HENRY encor armé se tenoit à sa dextre,
Et de l'autre costé estoit CHARLES mon maistre,
Regrettans le dur coup qui la France oppressoit,
Et dont iusques là bas le bruit retentissoit.
  FRANCOIS, en secoüãt l'immortelle guirlande,
Ornement de son front, plein de majesté grande,
Frappoit l'air de regrets, ialoux que sa vertu
Le monstre d'Ignorance eust en vain combatu:
Qu'en vain il eust contrainct du Rhin les fieres cornes,
Et les Alpes aussi de reculer nos bornes,
Puis que mis en oubly l'vn & l'autre dessain
Au cœur de nos François se dissipoit en vain.
  Il se plaignoit ainsi, quand la Paix harassée,
Et tant de fois des champs de France rechassée,
S'apparut esplorée, & qui baissant les yeux
Cherchoit pour se cacher les Antres plus ombreux
Du palais de Pluton. Lors ce bon Roy s'escrie,
Ha Deesse, où vas-tu, d'où viens-tu, ie te prie?
Helas, ne quitte point le riuage Gaulois,
Iadis tant florissant en armes & en lois.
Quoy? il semble, Ronsard, te voyant auec elle,
Que l'espoir du repos & de gloire immortelle
Soient morts à ceste fois, puis que la mesme Paix,
Puis que toy l'immortel chantre de nos beaux faits

A. vij

As paßé l'Acheron. Mais si les Parques fieres
Suyuent le bon espoir de nos vœux & prieres,
Et celles de HENRY, l'honneur de nos Neueux,
Qui va preßant le Ciel de larmes & de vœux:
Les Dieux qui ont graué leur volonté future,
Ne veulent pas encor démolir sa structure:
Ils veulent bien bruler & inonder ses champs,
Mais c'est pour les purger, & lauer des meschans,
Qui sãs Dieu, qui sans foy, qui sans loy, & sãs craindre
Vn Roy vengeur des trois, les quatre osent enfraindre.
Retourne donc, ô Paix, retourne vers HENRY:
Ton nom sera chez luy sur tout present chery.
Ce n'est à toy, Deeße, ô immortelle Astrée,
Dans le mortel seiour d'Auerne à faire entrée.

Et toy cher Nourriçon des Muses, si tu as
La faueur d'Apollon & du neueu d'Atlas,
Dieux amis des François, dont l'vn là hault esclaire,
Et l'autre d'icy bas sçait les ames distraire
Pour retourner au monde, & porter nos regrets,
Ou bien pour deceler les tout-diuins secrets,
Accompaigne la Paix, si qu'en brief sa venuë
Se rende aupres du Roy par les Muses cognuë.

Dy luy, que soubs l'espoir que sa Royale main
Doit la porte fermer à l'estranger Germain,
Heureux de nos malheurs, & riche de nos pertes,
Elle ira repeupler nos campaignes desertes.

Qu'il chaße l'importun sang-sue de son bien,
Inuenteur de nos maux, pour augmenter le sien:
Qui quand il est remply, quand la France est troublée,
Transporte nos moyens hors de France à l'emblée:
Comme on voit au Printẽps maints oiseaux paßagers
Dans nos bois reuestus venir nuds & legers

Y faire leurs petits, & sur nos grasses plaines
Glaner le grain escous, s'enflans à gorges pleines;
Puis quand le Nort frilleux, auant-coureur d'hyuer,
Leur predit que le froid doit bien tost arriuer,
Lors gras, vestus de plume, & riches de lignée,
S'en vont chercher le chault d'vne terre esloignée.

Dy luy, que son honneur dépend de cil de Dieu:
Qu'il donne à son hault Nom tousiours le premier lieu.
,, Sans Dieu on ne peut rien: sans sa diuine oincture,
,, Les Rois, les laboureurs, sont de mesme nature:
,, C'est luy qui faict le Prince, & qui par sa vertu
,, Le rend de Majesté & d'honneur reuestu.
Par douceur, par menace, & puis par l'entreprise
De son bras foudroyeur, qu'il maintienne l'Eglise.
,, L'Eglise est vn lien, qui enrolle à l'instant
,, Pour defendre son Roy, tout vn peuple constant.

Que les loix qu'il fera, se grauent en Porphire,
Ou bien en Diamant, & non pas sur la cire,
Qu'vne tiede faueur faict fondre bien souuent.
Cil qui le mal inuente, en sente le tourment.

Qu'il embrasse les bons au conseil veritable:
Qu'il chasse les flateurs qui n'aiment que la table:
Qu'il fauorise autant les vaillans fils de Mars,
Comme les Nourriçons des Muses & des Arts.
Car par le seul moyen de ce double exercice
La Paix peut viure en France auec sa sœur Iustice.
Qu'au braue Capitaine armé d'vn cœur guerrier,
La belle charge il donne ornée de Laurier:
Et aux meilleurs esprits, à qui la douce Muse
La Loy au graue-soin ses presens ne refuse,
Qui ont au cœur le droict, au front la grauité,
L'eloquence en la bouche, aux mains l'integrité,

Qui ont soin du public, qu'un soin vil & auare
Approchant des estats du droict chemin n'esgare,
A ceux-là du public soit fait offre & octroy.
Honteux est celuy-là, qui n'est cognu du Roy
Que par le seul Soleil qui aux tresors commande
Et qu'un seul deshonneur aux honneurs recommande.
 HENRY sous ce bon-heur de vertus honoré,
Fera bien tost reluire un beau siecle doré:
Chacun sous sa douceur aimera la clemence,
Ou de son chef vaincueur redout'ra la vengeance.
Il sçaura reünir par amour, ou par fer,
Son peuple separé, qui se veut reschauffer
Aux flammes d'Enyon, comme au milieu des aires
On oit fremir le camp de deux essains contraires,
Qui ont quitté leurs nix, & leur cire, & leur miel,
Pour d'un combat cruel faire tesmoin le Ciel:
Là au bruit imitant la trompette on se mesle,
Vne pluye de morts tombe dru comme gresle
Qui va couurant la plaine, ou comme aux roides coups
De Borée le glan tombe à terre secous,
Iusqu'à tant qu'arriué le mesnager champestre
Auec de doux perfuns sçait leur chaleur remettre,
Sçait adoucir leur fiel, ou s'il en est besoin,
Fait sonner les bassins qui s'entendent de loin,
Ou bien farine l'air d'une nuë de poudre,
Pacifiant leurs cœurs craintifs de plus grand foudre.
 Dy luy, que si le Ciel de ses Destins prefis
Se resouuient bien tost, il l'accroistra d'un fils:
Que celuy-là qui est de son peuple le pere,
Des Dieux grands prouoieurs bien tost des fils espere.
 A-tant se teut ce Roy, qui serena ses yeux
Auec nos autres Roys d'un trait plus gracieux.

Les Parques recueillant ces paroles divines,
Les ont gravé au doz des portes Aimantines
Des Destins obstinez, & à-coup on ouyt
Vn tonnerre gaucher qui nos cœurs resiouyt.

Mercure incontinent me chargea sur ses ailes
Pour te venir conter de si bonnes nouuelles
Pour les redire au Roy, puis qu'il nous est permis
D'auancer aux mortels des Dieux le sort promis.

Va donc, espere bien, mon Binet, & ne pense
Qu'on frustre tes labeurs d'heureuse recompense:
Attends le beau loyer des hommes vertueux.
„ Le champ Neptunien n'est tousiours fluctueux.
L'ignorante impudence en hault estant montée,
D'vn sault plus dangereux sera precipitée.

Et si de mes papiers, enfans de mes espris,
Tu as & la tutele & l'honneur entrepris,
Si ie t'en ay prié d'vne volonté franche,
Va, graue ces Destins sur leur carte plus blanche:
Et les presente au Roy, qui cognoistra qu'en vain
Toy & moy nous n'auons mis la derniere main
Sur mon œuure entrepris: il y verra semée
Comme estoilles au Ciel, sa viue renommée,
Et des Roys ses ayeux: & croy qu'en ma faueur,
En faueur de Themis qui aime ton labeur,
Porté du grand Ioyeuse, ainsi qu'vn Roy tref-iuste,
Il te fera sentir la faueur d'vn Auguste.

Si ma Muse nasquit sous le nom de HENRY,
De la laisser mourir il seroit trop marry
„ Sous vn nom tant heureux. Qui aime la victoire,
„ Il aime quant-&-quant les Chantres de sa gloire.
„ Le Prince & le Poëte ont naissance des Dieux:
„ Tous deux ne naissét pas tousiours, ny en tous lieux:

« La conioincte faueur de l'vn l'autre souhete,
« Le Poëte du Roy, & le Roy du Poëte.
 A peine eut dit Ronsard, quand pensif & resuant
Ie vis esuanouyr son ombre auec le vent,
Comme on voit perdre en l'air la fumée qui vole:
Seulement me resta le trac de sa parole,
Que i'allois poursuiuant à courses de l'esprit,
Et que i'ay pour iamais tracé en cest escrit.
 HENRY, sur qui le Ciel d'vne faueur feconde
A voulu rassembler tout le parfaict du Monde,
Afin que par nos maux le modele perdu
Fust sur vostre pourtraict en ce Monde rendu;
Receuez, mon grand Roy, des Rois la pure eslite,
Receuez ce present, si tant d'heur ie merite,
Si i'ay tant merité qu'ayez ia plusieurs fois
Patient escouté la basseur de ma voix.
 Ce n'est pas vn present qui à la guerre duise,
Vn Cercelet doré qui au Soleil reluise,
Ou vn Cheual de guerre animé, fils de vent,
Indomtable à la main, si la vostre il ne sent.
Aussi tousiours Thetis pour son guerrier Achille
N'alloit solliciter és Antres de Sicille
Le fameux forgeron, pour tremper vn Bouclair,
Terreur des ennemis, au foudroyant esclair:
Mais souuent luy tissoit quelque riche ceinture,
Ou bien pour retrousser sa blonde cheuelure,
Vn ruban empierré, qu'elle sçauoit semer
Des plus riches butins que polisse la mer.
 SIRE, le beau present que ma Muse vous donne,
Est vn present de Paix, où la guerre ne sonne,
Sinon quand la Vertu, hostesse de vos mœurs,
Auec la Renommée embouche vos honneurs:

AV ROY.

Ou qu'elle va contant qu'ainsi qu'vn braue Alcide
Ayant dés le berceau le seul Honneur pour guide,
Froissastes les Serpens aux troubles renaissans,
Dressant par la victoire à la guerre vos ans :
Puis comme plein de Dieu, plein d'heur, & de courage,
Auez tiré du tout la France hors de seruage,
Emprisonnant nos cœurs dans la douce prison
De seule bien-vueillance & de seule raison :
Prince vrayment heureux, & bien-heureuse France,
Si de nostre bon-heur nous auions cognoissance.
Ronsard vostre Poëte est de ce don l'auteur,
Apollon est le guide, & i'en suis le porteur.

Dieu vueille que ce don soit d'vne Paix future
Par moy l'Auant-coureur & vn certain augure :
Si que plein de fureur & de faueur remply,
Ie chante à vostre honneur vn ouurage accomply,
Tel qu'Apollon le fait, quand Iupiter son pere
Vient dessus les Geans d'employer sa colere :
Puis ressuyant son front, déridant son sourcy,
Chez le vieil Ocean va charmant son soucy,
Ioyeux de voir des vns l'impieté vaincuë,
Et de reuoir au Ciel la douce Paix receuë.

Vostre tres-humble & tres-obeis-
sant seruiteur & subiect

CLAVDE BINET.

Tel fut Ronsard autheur de cest ouurage,
Tel fut son œil, sa bouche & son visage,
Portrait au vif de deux crayons diuers:
Icy le corps, & l'esprit en ses vers.

A SON LIVRE,

SONET.

A Liure, va, desboucle la barriere,
Lasche la bride, & asseure ta peur:
Ne doute point par vn chemin si seur
D'vn pied venteux em-poudrer la car-
riere.

Vole bien tost, i'entens desia derriere
De mes suiuans l'enuieuse roideur
Opiniastre à deuancer l'ardeur
Qui me poussoit en ma course premiere.

Mais non, arreste, & demeure en ton rang,
Bien que mon cœur bouillonne d'vn beau sang,
Fort de genoux, d'haleine encore bonne:

Liure cesson d'acquerir plus de bien,
Sans nous fascher si la belle couronne
Du Laurier serre autre front que le mien.

SOMMAIRE DV CONTENV EN CES OEVVRES, DIuisees en dix parties.

I.

Mours de Cassandre, commentez par M. Ant. de Muret.
Amours de Marie, 11. liures, commentez par R. Belleau.
Les vers d'Eurymedon & de Calliree.
Sonnets & Madrigals pour Astree.
Le Printemps à la sœur d'Astree.
Sonnets pour Helene. 11. liures.
Amours diuerses, & Sonnets à personnes diuerses.
Gayetez & Epigrammes.

II.
Les Odes. v. liures.

III.
La Franciade, 1111. liures, auec les Argumens sur chacun d'iceux.
Plus vne Preface sur ladite Franciade, touchât le Poeme Heroique.
Elegie sur le liure de la Chasse, du Roy Charles 1 x.
Vers du Roy Charles 1 x.

IIII.
Bocage Royal, premier & second.
V.
Les Eclogues, & Mafcarades.
La Charite.
VI.
Les Elegies.
Epiftre Latine de M. de l'Hofpital, Chácellier.
VII.
Les Hynnes, 11. liures.
VIII.
Les Poemes, 11. liures.
IX.
Les Difcours des miferes de ce temps.
X.
Les Epitaphes de diuers fuiets.
Les derniers vers de Ronfard, Stances & Sonets.
La vie d'iceluy par Cl. Binet.
Le Tombeau de Ronfard, recueilly de plufieurs gens doctes, en vers Grecs, Latins, & François.

EXTRAICT DV PRIVILEGE DV ROY.

Par grace & Priuilege du Roy, il est permis à M. Iean Galandius, Principal du College de Boncour, de choisir & eslire tel Libraire que bon luy semblera pour imprimer ou faire imprimer *Les Oeuures de P. de Ronsard Gentil-homme Vandomois, reueuës, corrigées & augmentees par l'Autheur peu auant son trespas, & mises en leur ordre suyuant ses memoires & copies, le tout redigé en dix Tomes.* Et sont faictes defenses par ledit Seigneur Roy à tous Libraires, Imprimeurs & autres de ce Royaume, de n'imprimer ou faire imprimer, vendre ny distribuer les susdites Oeuures ensemble, ou separément, si ce n'est du vouloir & consentement de Gabriel Buon, Libraire Iuré en l'Vniuersité de Paris, lequel le susdit S. Galandius a choisi & esleu, & doné puissance & auctorité de les imprimer en tel volume que bon luy semblera, pendant le temps de dix ans finis & accomplis, à commencer du iour que lesdites Oeuures seront paracheuées d'imprimer, à peine de confiscation desdites Oeuures & d'amende arbitraire. Et veut ledit Seigneur, qu'en mettant vn Extraict dudit Priuilege au commencement ou à la fin desdites Oeuures, il soit tenu pour deuëment notifié à tous Libraires, Imprimeurs & autres, comme plus amplement est declaré audit Priuilege. Donné à Paris le quatorziesme iour de Mars mil cinq cens quatre vingts & six.

Signé,

HENRY.

Et plus bas, Par le Roy.

DE NEVFVILLE.

Et seellé du grand seau en cire iaune.

Acheué d'imprimer le 24. Decembre 1586.

AV ROY.

SIRE, D'autant loin que l'on se peut souuenir par les monumens de l'antiquité, se trouue, que cõme les grands Roys sourdent rarement, aussi sont les Poëtes excellens: de sorte qu'il semble que la fatalité, sous la prouidence de Dieu, amene au siecle les vns & les autres: & qu'à bon droict ils ont esté auec pareil honneur appellez les enfans de Iupiter, ou pour mieux dire, du Dieu viuãt. Car les grands Roys, ornez de vertus heroïques, & les Poëtes rares & diuins, sont entre les hommes, pour mõstrer deux grands effects de la diuinité, tant pour l'authorité de cõmander aux personnes, que pour la grace de gaigner les esprits, tous les deux auec admiration & reuerẽce: & n'y a rien qui face tant remarquer le siecle & l'âge au cours du temps, cõme ces deux sortes de grands personnages. C'est pourquoy, SIRE, aiant acquis par le droict d'hospitalité, la familiere accoinctance de feu monsieur de Ronsard, excellent Poëte, qui commença ses estudes sous le grand Roy Fraçois vostre ayeul, pere des arts & sciences: & qui florit du regne du Roy Henry vostre pere, les delices & l'amour du peuple: puis apres du regne du Roy Charles, vostre frere, Prince amateur de la Poësie: de laquelle ce

B

premier ouurier finalement est decedé sous voſtre regne, apres l'auoir honoré douze ans entiers sous voſtre protection & faueur: C'eſt pourquoy, dis-ie, apres auoir rendu au moins mal qu'il m'a eſté poſſible, à ce grand perſonnage, le iuſte & dernier office deu à nos amis defunɔts, I'ay pensé que ne ferions choſe hors de propos, m'ayant eſté par luy recõmandée l'impreſſion de ſes œuures, & par voſtre priuilege, permiſe, & commandee, de les mettre en lumiere ſous voſtre nom, à fin qu'vn ſi grãd Roy, cõme vous eſtes, honoraſt de la marque de ſon nom & regne, la fin d'vn ſi grãd perſonnage comme eſt le poëte Ronſard: & que ſes Oeuures poëtiques pareillement honoraſſent & recommandaſſent la memoire & le nom d'vn Roy ſi rare, comme vous eſtes, mis au front d'vne ſi rare Poeſie. Laquelle offrant à voſtre Maieſté, ie la ſupplie receuoir auſſi fauorablement le preſent, comme deuotement il vous eſt preſenté.

SIRE, ie prie Dieu, le Roy des Rois, vous conſeruer en toute proſperité, tresglorieux & tres-victorieux pardeſſus vos ennemis, bien obey, & bien reſpecté de vos affectionnez ſubiects: entre leſquels, comme l'vn des moindres d'iceux, ie me dedie & conſacre aux pieds de voſtre Maieſté.

      Voſtre tres-humble & tres-affectionné
      ſubiect,   I. Galland.

AD IANVM GALLANDIVM
P. Ronsardi Pyladem.

Quàm deuincta suo est latialis Roma Maroni,
Tam facunda suo Ronsardo Gallia debet.
Augustus multo est illum dignatus honore,
Nexibus obstrinxit variis, ditauit egentem,
Ast hunc Henricus Regum ter maximus auxit,
Ornauitq́; bonis multis, opibúsque beauit.
Defuncto quod Tucca dedit, Variúsque Maroni,
Hoc das Ronsardo Gallandi: Sed tamen vnum
Addere debebit, qui respondere Latinis
Omni ex parte volet res nostras, scilicet vt te
(Vt quondam Tuccam, variumq́; Augustus amauit)
Rex bene fortunet, qui Augusto augustior ipso est.
Quod faciet, nec enim (si non est omen inane)
Qui longè Augustum virtutibus omnibus anteit,
Te sinet aut Tuccâ aut Variô minus esse beatum,
Nec feret hic ordo pulcher, belléq; coherens
Principis à facie tristem vacuúmve redire.

Nicolaus Ellain Medicus Parisí.

B ij

DE P. RONSARDO
Adrianus Turnebus.

RONSARDVS carmen Musis & Apolline dignum
Qui pangit, qui Graiugenæ Latiæq́;
Camœnæ
Ornamenta suis aspergit plurima chartis,
Atque indicta prius dias in luminis oras
Multa viris priscis auctor doctissimus effert:
Vermiculata notis variant emblemata pictis
Cui versum, gemmæq́; nitent, & carmina signant.
Purpureis veluti se floribus induit arbos,
Pingitur in varios aut pratum vere colores,
Aut picturato prætexens aëra limbo
Ducit ab aduerso speciem Thaumantias astro:
Aonio Musas deducet vertice primus.
  Primus Idumæas feret & tibi Gallia palmas:
Sequana quáque piger sinuosis flexibus errat,
Amnéque dividuam coniungit pontibus vrbem,
Pierides vobis solido de marmore templum
Hospita tecta parans augusta sede locabit:
Vester & antistes vittis sacrata reuinctus
Tempora, Panchæos aris adolebit honores.
  Ante hunc incomptis Fauni Satyrique canebant
Carminibus, numerúsque rudi Saturnius ore
Stridebat, nec erat vobis, Phœbóque Poëta
Vllus digna loquens, sed ineptus quale per agros

Perstrepit vpilio syluestri carmen auena.
Primas at hic plenos deprompsit pectore cantus,
Et sensus viuis animauit vocibus, ipso
Impleuitque Deo, quem cordibus intus anhelis
Enthea verorum spirant præcordia vatum.

BELLAIVS RONSARDO.

Vndique in Oceanum voluant cùm
   flumina lymphas,
  Cúmque Iris nubes hauriat Oceano,
Fluminibus, Ronsarde, tamen nil cres-
   cit ab illis,
Vt neque decrescit pubibus Oceanus:
Sic tua laus, totumque latè amplectitur orbem,
  Fluctibus immensi non minor Oceani,
Crescere nec potis est, nec iam decrescere, laude
  Omni hominum maior, maior & inuidia.
Maiorem hic igitur magno te dicet Homere,
  Ille tibi magnum cedere Virgilum.
Mi satis est, veteri vt titulo se marmora iactant,
  Dicere, Ronsardi est hoc quoque, Lector, opus.

Virgilio fuerat qui par Ronsardus in omni
  Vita, morte parem se se præstaret vt illi,
Fidos elegit Tuccam & Varium inter amicos,
Te Galandi & te Binete: poëmata, quorum
Commisit curæ, ne corrumpenda perirent:
Hei vereor ne vno sit Mecænate carendum.

               I. Auratus P. I. R.

AD PETRVM RONSAR-
DVM VIRVM NOBILEM,
Io. Aurati Poetæ
Regij

ODE AD NVMEROS
PINDARICOS.

Strophe I.

Lyræ potentes Camœnæ,
Agite, quis deûm herôsue
Homo quis fidibus inseri
Poscit? Satis Pisa iam,
Iouisque memoratus
Olympus, sacrum &
Herculis patris opus.
At nunc patriæ principem
Chelys, apud Celticos
Decus grande populos,
Decet vos suo
Sibi Pindari cantu personare, numerósque Gallicos
Latiis

Antistro.

Remunerari haud inultos,
Itaque par pari reddens,
Noua plectra resequar nouis,
Clauúmque clauo velut,
Retundam: ego reperta
Meis Italis
Patria, indigenáque
Ronsarde tua : ô flos virûm,
&

Decus oliui, aut illius
Virilis, quo oblinitur,
Et artus terit
Amycléa pubes:
Aut illius, quod hilares
Berè Camœnæ obolent.

Epod.

Nam seu quis artem, sinuo-
sáque
Corporis volumina velit,
Quibus corpus aptè,
Vel in equum, vel de equo
Volans micat in audacibus
Pugnis, stupebit dicatum
grauibus vmbris
Musarum, agilibus quoque
Saltibus Martis expedisse
membra.

Stroph. II.

Inertis oci laborem
Probet amétque sit alter,
Iterum stupeat, vt cana
Neruis maritans lyra

ODE.

Virûm decora præsignium,
   claráque
Fasta, sydera vehat
Supra memoranda omni-
   bus,
Sine modo sinéque,
Puellaribus & in-
Choris, & dapes
Super principúmque
Mensas: sacras ut epulas,
Diuúmque nectareos

Antistr.

Solent sonare inter hau-
   stus
Patris Apollinis grata
Modulamina: superùm
Intus remugit domus
Beata, gemináique
Sonos ; seu libet
Bella dicere deûm,
Stragésque Gigantum, &
   neces :
Sua cum in ipsos graui
Refluxere iuga cum
Ruina, Iouis
Manu, fulminúmque
Vi fracta, ut ætheris apex
Suas opes tremeret.

Epod.

Sine mauult faciles sui
Patris impetus, & aquilæ
Rapaces volatus
Strepere dulci lyra:
Quòd excutiat è frontibus
Rugas deorum: serenétque
   Iouis ora,
Siquando nimis impia
Asperarunt in arma sæua
   gentes.

Stroph. III.

Ad hoc canentis lepores
Quasi sopore deuinctus
Sua tela digitis pater
Ponit remissus : iacet
Vtrunque latus ales
Reclinans super
Sceptra fulua Iouis : &
Ceu sponte fluitantia
Gemina dans brachia
Tuis victa fidibus,
Et alas pares,
Fouet frigidum igne
Languente fulmen : ea vis
Tuis modis fidicen

Antist.

Inest Apollo : sed in diu
Tua Chelys celebretur,
Modò non alia regnet in
Terris honoratior
Ea, vada Ledi qua,
Et ornat solum
Vindocinum : ubi super
Somnos puero ab arduæ
Apice quercus volans
Apum examen agile
Suum melleum
In os nectar infans
Ingessit, hócque tene-
   rum
Tibi imbuit latice

Epod.

Ronsarde guttur.   *Tyris*
   velut
Alites ferunt, prope sua
Caput inge Dirces:

Nota foret quæ, lyræ
Vtrunque fore mox principẽ
Gentilis: altos sonans quæ
　raperet Orco
Reges, Iouis Olympici
Sanguinem, melle tinctulos
　per hymnos.
　　　Strop. III.
Amanda virtus, magistri
Negat & abnuit curam:
Sine fraude, sine & artibus
Excurrit in campum equus:
Canis nemora rimánsque ve-
　naticus
Trensat, haustibus hians
Notis sine dolo, feras
Latibulis iam quoque
Cubantes: nec opera
Docentis canunt
Per agros amicta
Pennis aues: neque sonum
Amabilem citharæ
　　　Antistr.
Eburnea temperas tu
Nisi duce & magistro te

Tibi, Petre: amor at in tuos
Candórque amicos, suum
Decus sibi adimens arrogat
　cæteris,
Inuidens sibi male:
Quos inter erat & locus
Mihi aliquis: nec nego
Tibi sæpe Latium
Per, & Doricum
Nemus colligentem
Thymbram, thymúmque,
　casiámque,
Tabulo solitum
　　　Epod.
Præbere me: dulcis apicula
More, tu labella tenera
Ad hæc porrigebas
Rudia fundamina
Faui, tibi tua quæ dein
Polita cura, diu sæpéque o-
　perosa
Nectar coaluere in hoc,
Quale non stillat Hybla, non
　Hymettus.

ODE AD EVNDEM, EIVSDEM.

Qvis te deorum cæcus agit furor
Ronsarde, Graiûm fana recludere
Arcana? lucos quis mouere,
Quos situs & sua iam vetustas
Formidolosos fecerat? ô nouum
Non expauescens primus iter lyræ
Tentare: Romanis quod olim
Turpiter incutiat pudorem,
Nil tale quondam tangere pectine
Ausis Latino, quale ferox sonas
Cadmi colonus septichordi
Liberius iaculans ab arcu.
Tu primus, vt iam trita relinqueres
Testudinis vestigia Gallicæ,
Aggressus excluso timore
Ogygio tua labra fonte
Mersare: voces indéque mastulas
Haurire, dignas principibus viris:
Quorum tua sacrata buxo
Facta sui stupeant nepotes.
Fœlix ter ô qui iam modò fortiter
Te vate sese pro patria geret:
Non eius vltrà obliuioso
Dente teret senium labores,
Seu quis rebelli frena Britanniæ
Portans, ferocis fregerit impetus
Gentis: suos in limitésque
Reppulerit nimium vagantem,
Auulsa seu quis membra reiunxerit
Regno resecta brachia Galliæ,
Atque Italas assertor vrbes
Reddiderit solitis habenis.

IN IMAGINEM M. A. MVRETI
è viuo expressam.

Atqui te Aonias dicebas velle sorores
  Pingere: solue datam, pictor amice, fidem.
Plus etiam feci: nanq; hac sub imagine, Lector,
  Cum Phœbo Aonidum turba diserta latet.
                    L. Memmij Fremioti.

PREFACE DE MARC ANTOINE DE MVRET, SVR ses Commentaires.

A Monsieur Adam Fumée, Conseiller du Roy, en son Parlement à Paris.

LA peruersité de nostre siecle est si grande, Monseigneur, que ceux, qui pour le iourd'huy employent leurs esprits à porter au public quelque plaisir, ou quelque vtilité, ne reçoiuent communément pour toute recompése de leurs labeurs, que le mespris des vns, & l'enuie des autres. Ce que me venant en pensee, lors que premierement ie me mis à escrire ces Commentaires, à peu pres me destourna de poursuiure mon entreprise. Car outre les autres exéples, qui me venoient au deuant, singulierement m'esmouuoit celuy de l'Autheur mesme, que i'entreprenois à comméter: lequel pour auoir premier enrichy nostre langue des Grecques & Latines despouilles, quel autre grand loyer en a-il encores rapporté? N'auons-nous veu l'indocte arrogance de quelques acrestez mignons s'esmouuoir tellement au premier son de ses escrits, qu'il sembloit que sa gloire encores naiſſante, deuſt eſtre eſteinte par leurs efforts? L'vn le reprenoit de ſe trop loüer, l'autre d'eſcrire trop obſcurement, l'autre d'eſtre trop audacieux à faire nouueaux mots: ne ſçachans pas, que ceſte couſtume de ſe loüer luy eſt commune auecques tous les plus excellens Poëtes qui iamais furét: que l'obſcurité qu'ils pretendent, n'eſt qu'vne confeſſion de leur ignorance: & que ſans l'inuention des nouueaux mots, les autres langues ſentiſſent encores vne toute telle pauureté, que nous la ſentons en la noſtre. Mais le temps eſt venu, que preſque tous les bons eſprits cognoiſſent la ſource de ces complaintes: & d'vn commun accord ſe rangent à ſouſtenir le party de ceux qui taſchét à deſſiller les yeux du peuple Fráçois, ia par trop long temps bandez du voile d'ignoráce. Parquoy il ne m'euſt pas eſté malaiſé de meſpriſer les abbois de l'ignorance populaire, ſi autres empeſchemens ne ſe fuſſent d'abondant preſentez. Mais eſtant iournellement ſollicité de me retirer de ceſte ville, par le commandement de ceux, auſquels apres Dieu, ie doy le plus d'obeïſſance, & tellement preſſé, qu'il me falloit preſque à toute heure penſer de mon depart, ie ne pouuoy rien entreprendre, que d'vn eſprit troublé, & malapte à produire fruits qui fuſſent dignes de venir en lumiere: Si eſt-ce qu'à la fin ie me ſuis hazardé, eſperant que mon labeur trouuera quelque excuſe enuers ceux, qui ſçauront que i'en ay eſté reduit à tel poinct, qu'il me falloit autant composer par chacun iour, comme les Imprimeurs en pouuoient mettre en œuure. Ie pense qu'il ne m'est ja besoin de respondre à ceux, qui pourroient trouuer estrange que ie me suis mis à commenter vn liure François, & composé par vn homme qui est encore en vie. Car s'il n'y auoit dans ce liure aucune erudition, qui ne se peust prendre dans les liures escrits en nostre langue, i'estimeroy bien ma peine assez maigrement employee. Mais veu qu'il y a beaucoup de choses non iamais traittees, mesmes des Latins, qui me pourra reprendre de les auoir communiqué aux François? Lise hardiment mes Commentaires qui voudra: i'ose bien sans arrogance asseurer, que peu de gens les liront sans y apprendre. Et tel de ces Messieurs, auec vn branlement de teste, fera semblant de n'en tenir pas grand compte, lequel toutesfois en soymesmes sentira bien, que sans l'aide d'iceux, qui luy eust demandé le sens de quelque Sonnet, il n'en fust pas sorty fort à son aise. Et pleust à Dieu, que du temps d'Homere, de Virgile, & autres anciens, quelqu'vn de leurs plus familiers eust employé quelques heures à nous esclaircir leurs conceptions, nous ne serions pas aux troubles ausquels nous sommes pour les entendre. Car il n'y a point de doute, qu'vn chacun autheur ne mette quelques choses en ses escrits, lesquelles luy seul entend parfaitemét: Comme ie puis bien dire, qu'il y auoit quelques Sōnets dans ce liure, qui d'homme n'eussent jamais esté bien entendus, si l'autheur ne les eust, ou à moy, ou à quelque autre familierement declarez. Et comme en ceux-là ie confesse auoir vsé de son aide, aussi veux-ie bié qu'on sçache, qu'aux choses qui pouuoiét se tirer des autheurs Grecs, ou Latins, i'y ay vsé de ma seule diligence. Ce que i'ay bien voulu dire, par-ce que ie ne sçay quels flagorneurs en ont desia autrement deuisé : me cognoissans tres-mal, & mesurans les autres à l'imbecillité de leur force. I'ay monstré par cy deuant, & monstreray plus amplement quelque iour, si Dieu fauorise à mes desseins, que i'ay dequoy tenir quelque rang entre les lettrez. Or quoy que i'aye fait en cest endroit, Monseigneur, ie l'ay bien voulu dedier à l'amitié qu'il vous a pleu me porter, depuis que ie suis en ceste ville : à fin que la France entende par mon moyen, que vous estes vn des principaux, qui dans Paris fauorisent aux esprits ayans quelque marque de gentillesse.

* *
*

EX PRIMO EPIGRAMMATVM
Stephani Paschasij libro.

Seu tibi numeri Maroniani,
Seu placent Veneres Catullianæ,
Siue tu lepidum velis Petrarcham,
Siue Pindaricos modos referre,
Ronsardus numeros Maronianos,
Ronsardus Veneres Catullianas,
Necnon Italicum refert Petrarcham,
Necnon Pindaricum refert leporem.
Quin & tam bene Pindarum æmulatur,
Quin & tam variè exprimit Petrarcham,
Atque Virgilium, & meum Catullum,
Hunc ipsum vt magis æmulentur illi:
Rursus tam grauiter refert Maronem,
Vt nullus putet hunc Catullianum:
Rursus tam lepidè refert Catullum,
Vt nullus putes hunc Maronianum:
Et cum sit Maro totus, & Catullus,
Totus Pindarus, & Petrarcha totus,
Ronsardus tamen est sibi perennis.
Quod si nunc rediuiuus extet vnus,
Catullus, Maro, Pindarus, Petrarcha,
Et quotquot veteres fuere vates,
Ronsardum nequeant simul referre,
Vnus qui quatuor refert Poëtas.

V OE V.

Diuines Sœurs, qui sur les riues molles
De Castalie, & sur le mont Natal,
Et sur le bord du chevalin crystal
M'auez d'enfance instruit en vos escoles,
Si tout rauy des saults de vos caroles,
D'vn pied nombreux i'ay guidé vostre bal:
Plus dur qu'en fer, qu'en cuiure & qu'en metal,
Dans vostre Temple engrauez ces paroles:
RONSARD, AFIN QVE LE SIECLE AVENIR
DE TEMPS EN TEMPS SE PVISSE SOVVENIR
QVE SA IEVNESSE A L'AMOVR FIST HOMAGE,
DE LA MAIN DEXTRE APEND A VOSTRE AVTEL
L'HVMBLE PRESENT DE SON LIVRE IMMORTEL
SON COEVR DE L'AVTRE AVX PIEDS DE CEST
[IMAGE.

MVRET.

Diuines Sœurs.) Par ce premier Sonet, le Poëte dedie son liure aux Muses, le priant de le rendre immortel, & dedie aussi son cœur à sa Dame. *Diuines Sœurs,*) Muses. *Molles.*) Delicates, douces. *Castalie.*) Fontaine qui sourd du pied de Parnasse, dediee aux Muses & à Apollon. *Sur le mont Natal.*) Olympe, où Hesiode dit les Muses auoir esté nées. Voy l'Ode à Michel de l'Hospital. Pline dit qu'elles nasquirēt en Helicon. *Du chevalin crystal.*) De l'eau de la fontaine, nommee Hippocrene, qui sourdit d'vne pierre iadis frappee du pied de Pegase, cheual volant. Crystal, à la façon des Poëtes se prend pour eau. Le mot Cheualin, est fait pour exprimer le Latin *Caballinus*. *Carolles.*) Danses. Mot François ancien, prins du Grec χόρος. *Pied nombreux.*) Plein de nombres: c'est à dire, que le pied est absolu & parfait artizan des cadances, mesures & marques requises à la dance. *Image.*) pourtraict de sa Dame.

LE PREMIER
LIVRE DES AMOVRS
DE P. DE RONSARD,
commentees par Marc
Antoine de Muret.

VI voudra voir comme Amour
me surmonte,
Comme il m'assaut, comme il se
fait vainqueur,
Comme il r'enflamme & r'englace mon cueur,
Comme il reçoit vn honneur de ma honte:

Qui voudra voir vne ieunesse prente
A suiure en vain l'obiet de son malheur,
Me vienne lire: il voirra la douleur,
Dont ma Deesse & mon Dieu ne font conte.

Il cognoistra qu'Amour est sans raison,
Vn doux abus, vne belle prison,
Vn vain espoir qui de vent nous vient paistre:

Et cognoistra que l'homme se deçoit,
Quand plein d'erreur, vn aueugle il reçoit
Pour sa conduite, vn enfant pour son maistre.

A

MVRET.

Qui voudra voir) Le Poëte tasche à rendre les lecteurs attentifs: disant, que qui voudra bien entendre la nature d'Amour, vienne voir les effets qu'Amour produit en luy. *Il cognoistra*) C'est à dire: Il cognoistra, que quand Amour se veut emparer de l'esprit d'vn homme, la raison est tellement captiuee par les affections, qu'elle n'y peut resister. *Vn aueugle*) Les Poëtes feignent Amour aueugle & enfant.

Nature ornant Cassandre qui deuoit
De sa douceur forcer les plus rebelles,
La composa de cent beautez nouuelles
Que dés mille ans en espargne elle auoit.
De tous les biens qu'Amour au ciel couuoit
Comme vn tresor cherement sous ses ailes,
Elle enrichit les graces immortelles
De son bel œil, qui les Dieux esmouuoit.
Du Ciel à peine elle estoit descendue
Quand ie la vey, quand mon ame esperdue
En deuint folle, & d'vn si poignant trait
Amour coula ses beautez en mes veines,
Qu'autres plaisirs ie ne sens que mes peines,
Ny autre bien qu'adorer son peurtrait.

MVRET.

Nature ornant) Il feint, pour amplifier la beauté de sa Dame, que Nature espargna vn nombre infiny de singulieres beautez, desquelles apres tout à vn coup elle l'orna. Dit d'auantage, qu'Amour luy mit dans l'œil, tout ce qu'il auoit de beau: tellement qu'elle estát encores au Ciel, esmouuoit à só amour les Dieux.

Quand ie la vey) C'est vne allusion à la deuise du Poëte, prinse de Theocrite, qui est, ὡς ἴδον, ὡς ἐμάνην: C'est à dire, que dés la premiere fois qu'il veit Cassandre, il deuint insensé de son amour. Coula) Feit couler & descendre. Ce Sonnet appartient, comme le premier, au pourtrait de sa Dame.

Entre les rais de sa iumelle flame
Je veis Amour qui son arc desbandoit,
Et dans mon cueur le brandon espandoit,
Qui des plus froids les mouelles enflame:
Puis en deux parts pres les yeux de ma Dame,
Couuert de fleurs vn reth d'or me tendoit,
Qui tout crespu sur sa face pendoit
A flots ondez pour enlacer mon ame.
Qu'eussé-ie faict? l'Archer estoit si doux,
Si doux son feu, si doux l'or de ses nouds,
Qu'en leurs filets encore ie m'oublie:
Mais cest oubly ne me trauaille point,
Tant doucement le doux Archer me poingt,
Le feu me brusle, & l'or crespe me lie.

Entre les rais) Il poursuit à raconter comment il fut surpris, disant qu'il veit Amour dedans les yeux de Cassandre, desbandant son arc contre luy, espandant ses brandons sur son cueur, & luy tendant vn reth d'or pour enlacer son ame, sans qu'il y peust onc resister. Vn reth d'or) Il entend les cheueux de sa Dame dorez, crespelus, & mollement descendans sur les ioues.

Je ne suis point, ma guerriere Cassandre,
Ny Myrmidon, ny Dolope soudart,
Ny cet Archer, dont l'homicide dard
Tua ton frere, & mist ta ville en cendre.

A ij

Un camp armé pour esclaue te rendre
  Du port d'Aulide en ma faueur ne part,
  Et tu ne vois au pied de ton rempart
  Pour t'enleuer mille barques descendre.
Helas! ie suis ce Corebe insensé,
  Dont le cueur vit mortellement blessé,
  Non de la main du Gregeois Peneleé:
Mais de cent traits qu'vn Archerot vainqueur
  Par vne voye en mes yeux receleé,
  Sans y penser me tira dans le cueur.

MVRET.

Ie ne suis point) Cassandre, autrement nommee Alexandre, fut fille à Priam Roy des Troyens. Or par ce que la Dame de l'Autheur s'appelle ainsi en son propre nom, il parle à elle, tout ainsi que s'il parloit à ceste autre, qui, comme i'ay dit, fut fille à Priam. Ainsi souuent Petrarque parle à Madame Laure, comme si elle estoit celle, qui poursuiuie par Apollon, fut changee en Laurier. *Ma guerriere*) Qui meines ordinairement guerre contre mon cueur. Ainsi Petrarque, *Mille fiate, ó mia dolce guerriera.* *Ny Myrmidon*) Myrmidons & Dolopes, sont peuples de Thessalie, qui sous la conduite d'Achille & de Phœnix, furent à la guerre contre les Troyens. *Ne cet Archer*) Il entend Philoctete, qui à coups de traits tua Paris, comme amplement raconte Quinte Calabrois au dixiesme liure. *Et mijt ta ville en cédre*) Par ce qu'il y apporta les sagettes d'Hercule, sans lesquelles estoit arresté par destin, que Troye ne pouuoit estre prise. Voy Sophocle en la Tragedie nommee Philoctete. *D'Aulide*) Aulide est vn port, auquel les Grecs iurerét ensemble de ne reuenir iamais en leur pays, que premieremét n'eussét saccagé Troye. *En ma faueur*) C'est vne imitation de ce que dit Didó à Enee au quatriesme liure de l'Eneide:

*Non ego cum Danais Troianam excindere gentem
Aulide iuraui, classémve ad Pergama misi.*
Mille barques) Auec autant de barques, disent Homere & Virgile, que les Grecs vindrent se camper deuãt Troye. *Ce Corébe*) Corébe fut vn ieune homme, fils d'vn Phrygien nommé Mygdon, lequel Corébe feru de l'amour de Cassandre, estoit venu au secours des Troyens. Mais la nuict du sac de Troye, voulant secourir Cassandre, que quelques Grecs trainoyent par le poil hors du temple de Minerue, il fut tué par vn Grec nommé Penelee. Voy le second de l'Eneide. *Vn Archerot*) Vn petit Archer, Cupidon. *En mes yeux*) L'amour coule par les yeux dans le cœur: d'où est que les Grecs l'appellent ἔρως du verbe ἐσρεῖν, ὅτι διὰ τῶν ὀμμάτων ἐσρεῖ. Properce, *Si nescis, oculi sunt in amore duces.* Musée, Ὀφθαλμός δ᾽ ὁδὸς ἐστὶν ἀπ᾽ ὀφθαλμοῖο βελέων
ἕλκος ὀλισθαίνει ἢ ἐπὶ φρένας ἀνδρὸς ἐδύει.

IE parangonne au Soleil que i'adore
L'autre Soleil. Cestuy-là de ses yeux
Enlustre, enflamme, enlumine les Cieux,
Et cestui-cy nostre France decore.
Tous les presens du coffre de Pandore,
Les Elemens, les Astres & les Dieux,
Et tout cela que Nature a de mieux,
Ont embelli le sujet que i'honore.
Ha trop heureux si le cruel Destin
N'eust emmuré d'vn rempart aimantin
Si chaste cœur dessous si belle face:
Et si mon cœur de mon sein arraché
Ne m'eust trahy, pour se voir attaché
De clous de feu sur le froid de sa glace!

A iij

MVRET.

Ie parangonne) Mot Italien, desia commun en nostre langue, qui signifie, i'egale, i'accompare. Il fait comparaison de sa Dame au Soleil, & dit qu'il seroit heureux, ou si sa Dame n'estoit point du tout si chaste, ou si iamais il n'eust esté si espris de l'amour d'elle. *Aimantin*) Aussi fort qu'Aimant, pierre tresdure.

E s liens d'or, ceste bouche vermeille,
Pleine de lis, de roses & d'œillets,
Et ces sourcis deux Croissans nouuelets,
Et ceste ioue à l'Aurore pareille:
Ces mains, ce col, ce front, & ceste oreille,
Et de ce sein les boutons verdelets,
Et de ces yeux les astres iumelets,
Qui font trembler les ames de merueille,
Firent nicher Amour dedans mon sein,
Qui gros de germe auoit le ventre plein
De petits œufs qu'en nostre sang il couue.
Comment viuroy-ie autrement qu'en langueur?
Quand vne engeance immortelle ie trouue
D'Amours esclos & couuez en mon cueur?

MVRET.

Ces liens d'or) La fiction de ce Sonnet, comme l'Autheur mesme m'a dit, est prinse d'vne Ode d'Anacreó encores non imprimee, qu'il a depuis traduite. Voy son cinquiesme liure des Odes. Ce Sonnet est assez aisé de soy, & ne signifie autre chose, sinon qu'il est tout plein d'affections amoureuses.

DES AMOVRS. 7

Ien qu'il te plaise en mon cœur d'allumer,
Cœur ton suiet, lieu de ta seigneurie,
Non d'vne amour, ainçois d'vne Furie
Le feu cruel pour mes os confumer:
Le mal qui semble aux autres trop amer,
Me semble doux, auſſi ie n'ay enuie
De me douloir: car ie n'aime ma vie,
Sinon d'autant qu'il te plaiſt de l'aimer.
Mais ſi le Ciel m'a faict naiſtre, Madame,
Pour ta victime, en lieu de ma pauure ame,
Sur ton autel i'offre ma loyauté.
Tu dois pluſtoſt en tirer du ſeruice,
Que par le feu d'vn ſanglant ſacrifice
L'immoler viue aux pieds de ta beauté.

MVRET.

Bien qu'il te plaiſe) Il dit premieremét, que tous les tourmens qu'il reçoit par la cruauté de ſa Dame, ne luy ſçauroyent eſtre qu'agreables. Apres il luy remonſtre, qu'il eſt à elle trop meilleur, & trop mieux ſeant le prendre à mercy, que par dureté l'occire. *Lieu de ta ſeigneurie*) En mon cœur, où tu commandes & regnes comme tyran & ſeigneur. *D'vne amour*) Quád Amour eſt de genre feminin, il ſe prend pour la paſſion & affection amoureuſe: quand il eſt maſculin, pour le Dieu d'Amour Cupidon. Toutesfois les Poetes les cófondét pour la neceſſité du vers. *Victime*) Il perſiſte en ſa Metaphore, victime, autel, feu, ſacrifice, immoler.

Ors que mon œil pour t'œillader s'amuſe,
Le tien habile à ſes traits deſcocher,
Par ſa vertu m'em-pierre en vn rocher
Comme au regard d'vne horrible Meduſe:

A iiij

Si d'art subtil en te seruant ie n'vse
L'outil des Sœurs pour ta gloire esbaucher,
Qu'vn seul Tuscan est digne de toucher,
Ta cruauté soymesme s'en accuse.
Las,qu'ay-ie dit?dans vn roc emmuré,
En te blasmant ie ne suis asseuré,
Tant i'ay grand'peur des flammes de ton ire,
Et que mon chef par le feu de tes yeux
Soit diffamé,comme les monts d'Epire
Sont diffamez par la foudre des Cieux.

MVRET.

Lors que mon œil)Il dit que quand il s'amuse à œillader,c'est à dire,à regarder sa Dame,l'œil d'icelle l'empierre,c'est à dire,l'endurcit,& le tourne en vn rocher. Et par ainsi que si luy estât mué en vn rocher,ne loue dignement sa Dame,elle s'en doit prendre à soy-mesme,qui le transforme ainsi. Puis tout à coup se reprēd d'auoir si audacieusement parlé,& dit que combien qu'il soit ainsi endurcy,toutesfois il ne se tient pas asseuré:parce que le foudre des yeux de Cassandre est assez fort pour penetrer mesme les rochers,par sa vertu,par sa force & puissance estrange. Meduse)Phorque fils de Neptune,entre autres enfans eut six filles, desquelles trois furent nommees les Vieilles, parce qu'elles nasquirent auec le poil tout blanc: les autres trois furent nommées Gorgones, pour la hideuse forme qu'elles eurent;car Gorgon en Grec est à dire terrible & hideux à voir Les trois Vieilles se nommoyent Péphrede,Enyon, & Dinon: & dit-on, que toutes trois n'auoyent qu'vn œil & qu'vne dent, qui se pouuoyent oster & remettre,quand bon sembloit : tellement que toutes en vsoyent par rang. Les Gorgones se nommoyent Euryale,Sthenon,& Meduse, desquelles Meduse seule estoit mortelle:les autres deux immortelles. Celles cy eurent le chef couuert d'escailles de Dragon : les dents longues comme celles d'vn Sanglier, & des ailes, à tout lesquelles elles voloyent par l'air. Auoyent d'auantage ceste proprieté, que tous ceux qui les regardoyent, soudain estoyent changez en pierres. C'est ainsi qu'en deuisent plusieurs Poëtes & Grammairiens, tant Grecs que Latins, qui toutesfois ne s'accordent pas entierement : mais ceux qui en parlét plus selon la verité, comme vn nommé Serein & autres, disent que les Gorgones furent au vray douees d'excellente beauté : tant que ceux qui les voyoyent, en deuenoyent tous estourdis, & hors de sentiment : d'où l'on a pris occasion de feindre, qu'ils se conuertissoyent en pierres. *L'outil des Sœurs*) L'outil des Muses, le carme. *Esbaucher*) Tellement quellement descrire. *Vn seul Tuscan*) Vn Petrarque, ou vn semblable à luy. *Des flammes de ton ire*) De ton ire enflammee & chaude comme feu. *Diffamé*) De mauuais bruit, de mauuaise reputation. *Les monts d'Epire*) Qui se nomment Ceraunes, ou Acroceraunes, parce qu'ils sont souuent frappez de tempeste. Ceraunos en Grec signifie la foudre. C'est vne imitation d'Horace en ses Odes,

Infames scopulos Acroceraunia.

LE plus touffu d'vn solitaire bois,
Le plus aigu d'vne roche sauuage,
Le plus desert d'vn separé riuage,
Et la frayeur des antres les plus cois,
Soulagent tant mes soupirs & ma vois,
 Qu'au seul escart d'vn plus secret ombrage
 Ie sens guarir ceste amoureuse rage,
 Qui me r'afole au plus verd de mes mois.
Là renuersé dessus la terre dure,
 Hors de mon sein ie tire vne peinture,
 De tous mes maux le seul allegement :
Dont les beautez par Denisot encloses,

A v

Me font sentir mille metamorfoses
Tout en vn coup d'vn regard seulement.

MVRET.

Le plus touffu)Il dit ne pouuoir soulager ses maux, sinõ se retirant de toutes compagnies, & hantant les lieux solitaires, à fin d'illec contempler à son aise vn portrait de sa Dame, fait de la main de Nicolas Denisot, homme entre les autres de singulieres graces, excellent en l'art de Peinture. *Touffu*) Espais, herissé de fueilles. *Mes soupirs & ma voix*) Ma voix souspireuse, ou pleine de souspirs, à la mode des Latins, *Libabant pateris & auro*, pour dire, *pateris aureis*. Tu en trouueras mille autres semblables en ce liure. *Metamorfoses*)Changemens. Mot Grec.

Amour me paist d'vne telle Ambrosie,
 Que ie ne suis en ce monde enuieux
 De la liqueur, dont le Pere des Dieux
Chez l'Ocean sa bouche rassasie.
Celle qui tient ma liberté saisie,
 Voire mon cœur és prisons de ses yeux,
 Soule ma faim d'vn fruit si precieux,
Que d'autre bien ne vit ma fantaisie:
De l'aualler ie ne me puis lasser,
 Tant le plaisir d'vn variant penser
 Mon appetit nuict & iour fait renaistre
Et si le fiel n'amoderoit vn peu
 Le doux du miel dont mon cœur est repeu,
 Entre les Dieux, Dieu ie ne voudrois estre.

MVRET.

Amour me paist) Il dit, qu'il reçoit tãt de plaisir en aimant, que s'il n'y auoit quelque peu de desplaisir entremeslé, il ne voudroit pas changer sa condition à celle des Dieux. Le commencement semble estre pris d'vn de Petrarque, qui commence ainsi, *Pasco la mente d'vn si nobil cibo, Ch'ambrosia e nettar non inuidio à Gioue. Ambrosie*) C'est la viãde des Dieux, & Nectar le breuuage. Tous les deux signifient immortalité. Ambrosie & Nectar se prennent l'vn pour l'autre par les Poëtes. *Chez l'Ocean*) Qui est Dieu de la mer. Là disent les Poëtes, que les Dieux vont souuent banqueter. Voy l'Ode à Michel de l'Hospital.

AH traistre Amour, donne moy paix ou treue,
  Ou choisissant vn autre trait plus fort,
  Tranche ma vie, & m'auance la mort:
,, Douce est la mort qui vient subite & breue.
Vn soing fecond ẽ mon penser s'eleue,
  Plein d'vn regret qui l'esprit me remord,
  Et d'Ixion me fait egal au sort,
  De qui iamais la peine ne s'acheue.
Que doy-ie faire? Amour me fait errer
  Si hautement, que ie n'ose esperer
  De mon salut qu'vne langueur extréme.
Puis que mon Dieu ne me veut secourir,
  Pour me sauuer il me plaist de mourir,
  Et de tuer la mort par la mort mesme.

MVRET.

Ah traistre Amour) Tourmenté de desir, & n'osant esperer de paruenir au bien qu'il pretendoit, il souhaite d'auoir paix, ou treue pour le moins auec Amour: & si

Amour ne luy veut accorder ne l'vn ne l'autre, pour mettre fin à sa douleur, il souhaite la mort, pour auoir la fin de ses morts. *Traistre*) Nostre autheur fait tousiours traistre de deux syllabes.

'Espere & crain, ie me tais & supplie,
Or' ie suis glace & ores vn feu chaud,
J'admire tout & de rien ne me chaut,
Je me delace & puis ie me relie.
Rien ne me plaist sinon ce qui m'ennuie:
Je suis vaillant & le cœur me defaut,
I'ay l'espoir bas, i'ay le courage haut,
Ie doute Amour & si ie le desfie.
Plus ie me pique, & plus ie suis retif,
J'aime estre libre, & veux estre captif,
Tout ie desire, & si n'ay qu'vne enuie.
Vn Promethée en passions ie suis:
I'ose, ie veux, ie m'efforce, & ne puis,
Tant d'vn fil noir la Parque ourdit ma vie.

MVRET.

I'espere & crain) Il demonstre les contraires effects qu'Amour produit en luy: lesquels nul ne peut au vray entendre, qui ne les ait experimentez en soymesme. Tel presque est vn Sonnet de Petrarque, qui se commence,

Amor mi sprona in vn tempo & affrena,
Assecura, espauenta, arde, & aggiaccia.

Et puis) Mot Vendomois, pour dire, puis, comme parmy, pour, par: parmy les fleurs, en lieu de dire, par les fleurs. *Vn Promethée*) C'est à dire, Mes passiós renaissent perpetuellement, comme celles de Promethée: duquel les Poëtes disent, que pour auoir desrobé le feu du

DES AMOVRS. 13

Ciel, il fut attaché à vne montagne de Scythie, nommee Caucase, là où vn Aigle luy rongeoit continuellement le foye: & à fin que son tourment fust perpetuel, il luy renaissoit de nuict autant de foye, comme l'Aigle pincetant luy en auoit deuoré par iour. Ainsi le raconte Pherecyde.

 Our aller trop tes beaux Soleils aimant,
  Non pour rauir leur diuine etincelle,
  Contre le roc de ta rigueur cruelle
Amour m'attache à mille clous d'aimant.
En lieu d'vn Aigle, vn soin cruellement
  Souillant sa griffe en ma playe eternelle,
  Ronge mon cœur, & si ce Dieu n'appelle
Madame, à fin d'adoucir mon tourment.
Mais de cent maux, & de cent que i'endure,
  Fiché cloué dessus ta rigueur dure,
  Le plus cruel me seroit le plus doux,
Si i'esperois apres vn long espace
  Venir à moy l'Hercule de ta grace,
  Pour delacer le moindre de mes nouds.

M V R E T.

Pour aller trop) Il continue encores à se comparer à Promethee, & se dit estre tourmenté, non pour auoir rauy le feu du Soleil, comme luy: mais pour auoir trop aimé les beaux Soleils, c'est à dire les yeux de sa Dame. *Aller aimant*) Frase Grecque, fort familiere à nostre langue Françoise, pour dire simplement aimer: I'allois deuisant, i'allois iouant, pour dire, ie deuisois, ie iouois. *Contre le roc de ta rigueur*) Comme contre vn Caucase. *Si i'esperois*) Apres que Promethee eust long temps demeuré en la misere que i'ay dicte, Hercule al-

A vij

lant auec Iason & les autres à la conqueste de la Toison d'or,& passant par Scythie, par le commandement de Iupiter,le deslia, ayant premierement tué l'Aigle à coups de fleches. La fable est dedans le Commentateur d'Apolloine sur le second liure, & dans Valere Flacque au quatriesme & cinquiesme des Argonautiques.

    E vey tes yeux dessous telle planete,
    Qu'autre plaisir ne me peut contenter,
    Sinon tout seul en souspirant chanter,
Allege moy ma plaisante brunette.
O liberté combien ie te regrette!
    Combien le iour que ie vey t'absenter,
    Pour me laisser sans espoir tourmenter
    En l'esperance où si mal on me traite!
L'an est passé le vintvniesme iour
    Du mois d'Auril,que ie vins au seiour
    De la prison où les Amours me pleurent:
Et si ne voy(tant les liens sont forts)
    Vn seul moyen pour me tirer dehors,
    Si par la mort toutes mes morts ne meurent.

MVRET.

Ie vey tes yeux) Il regrette sa liberté,se plaignant d'estre enclos en vne prison amoureuse, de laquelle il ne voit moyen aucun de sortir que par mort. C'est ce qu'il auoit dit cy dessus, *Et de tuer la mort, par la mort mesme.* Ce commencement est de Petrarque,
   In tal stella duo begli occhi vidi.
Allege moy) C'est vne vieille & vulgaire chanson, depuis renouuellee par Clement Marot. Et ne doit sembler estrange,si l'Autheur en a mis icy le premier

verset, veu que ce tant estimé Petrarque n'a pas dedaigné de mesler parmy ses vers, non seulement des chāsons Italiennes de Cino, de Dante, de Caualcante, mais encores vne de ie ne sçay quel Limosin. Le lieu de Petrarque est,

   Non graui al mio Signor, perch' io l' ripreghi,
   Da dir libero vn di tra l'herba ei fiori
   Drit e rason que cantant io mori.

Si quelqu'vn de nos François osoit prendre la licence d'en faire autant, Dieu sçait comment il seroit receu par nos venerables Quintils. *Où les Amours me pleurēt)* Où ie suis si mal traitté, que mesme les Amours ayans pitié de moy, en larmoyent.

  HA, qu'à bon droit les *Charites* d'*Homere*
  Vn faict soudain comparent au penser,
  Qui parmi l'air peut de loin deuancer
Le Cheualier qui tua la Chimere:
Si tost du vent vne nef passagere
  Poussee en mer ne pourroit s'élancer,
  Ny par les champs ne le sçauroit lasser
  Du faux & vray la prompte messagere.
Le vent Borée ignorant le repos,
  Conceut le mien de nature dispos,
  Qui par le Ciel & par la mer encore,
Et sur les champs animé de vigueur,
  Comme vn Zethés, s'ennole apres mon cueur,
  Qu'vne Harpye en se iouant deuore.

MVRET.

Ha qu'à bon droit) Homere quand il veut dire quelque chose estre faite soudainement, vse souuent de ces mots, ὥς εἰ νόημα, c'est à dire, aussi tost que le penser: laquelle comparaison est fort louee de l'Auteur en ce lieu, où il assemble encor beaucoup d'autres choses, pour monstrer combien le penser est soudain. Il vient apres à parler du sien particulierement, duquel pour signifier la grande vistesse, il le dit auoir esté conceu du vent Boree. Dit d'auantage, que son penser court perpetuellement apres sa Dame, pour deliurer son cœur qu'elle deuore. *Les Charites d'Homere*) Les graces d'Homere, c'est à dire, Homere mesme : maniere de parler fort commune aux Grecs, la force d'Hercule, la force du cheual, pour dire, Hercule, & le cheual. *Le Cheualier qui tua la Chimere*) Bellerophon qui donta le Cheual volant Pegase, par la bride que Pallas luy apporta du Ciel, comme raconte Pindare aux Olympies, & l'Auteur au premier des Odes. La fable est telle. Bellerophon fils de Neptune (bien qu'on l'estimast fils de Glauque Roy d'Epire) ieune Prince, accomply de tous poincts, estant en la Court de Prœte Roy d'Arges, la femme du Roy nommee Antie s'enamoura de luy, si fort que laissant la honte en tel cas requise, luy offrit la iouyssance de son corps. Mais estant refusee par luy, & craignant qu'il ne la diffamast, va la premiere se complaindre à son mary, disant que Bellerophon l'auoit vouluë forcer. Prœtus fort courroucé, ne le voulut toutesfois tuer, ne mesme permettre qu'il fust tué dans sa maison, ains escriuit des lettres à son beaupere le Roy de Lycie, luy exposant le fait, & le priant d'en prendre vengeance. Bellerophon mesme les porta, lequel fut receu par le Roy de Lycie trescourtoisement, & bien festoyé par l'espace de douze iours. Iceux accomplis, Iobate (ainsi se nommoit le beaupere de Prœtus) s'enquist à luy du portement de son gendre, & de sa fille, & s'il luy en apportoit point de lettres: Si fay (dit-il) & ce disant les luy presenta. Les lettres leuës, Iobate rogeant son frein, va penser à par-soy, qu'il falloit brasser à Bellerophon quelque trahison pour le faire mourir. Et ne voyant moyen plus propice, tousiours dissimulant son cœur, luy tint propos de l'aduenture de la Chimere, luy remonstrant, que vrayement grand los acquerroit celuy qui pourroit vne telle beste descôfire. Or estoit la Chimere en ce pays-là, vn monstre, ayant le deuant d'vn Lyon, le derriere d'vn Dragon, & le milieu du corps en façon d'vne Chéure, & gettoit ordinairement le feu ardant par la gueule. Bellerophon fut de si gétil cœur, qu'il l'étreprint. Et pour faire court, en vint à bout à son grand honneur, auec l'aide du cheual volant Pegase, que son pere Neptune luy auoit donné. Il fit encore beaucoup d'autres vaillantises, desquelles Iobate s'esmerueillant, non seulement ne voulut pas le meurdrir, ains luy donna vne sienne fille nommee Cassandre en mariage, auecques bône partie de son Royaume. Ainsi l'ay-ie recueilly d'Homere au sixiesme de l'Iliade: d'Hesiode en la Theogonie, & de leurs commentaires. *Du faux & vray la pronte messagere*) La Renommee ainsi appellee par Virgile. *Le vent Borée*) Aquilon, la Bise. *Ignorant le repos*) Qui ne peut reposer. Ainsi Horace,

Pelidæ stomachum cedere nescii.

Et Valere Flacque, *Ignaras Cereris terras*. *Comme vn Zethes*) Il compare son penser à Zethés, & sa Dame à vne Harpye. Pour entendre ceci, il faut sçauoir qu'il fut vn Roy és parties de Bithynie & Paphlagonie, nommé Phinee, homme tresexpert en matiere de predire les choses aduenir. Iceluy, pour auoir trop apertement reuelé aux hommes les secrets des Dieux, fut premierement aueuglé par Iupiter, & d'auantage fort estrangement tourmenté par les Harpyes. Or estoyét les Harpyes, oiseaux monstrueux, ayans visage de pucelles, les mains crochues, vn ventre grand à merueilles, & vne perpetuelle faim. Ces monstres, incontinent que Phineé vouloit prendre sa refection, venoyent soudain se ruer sur la viande, & la luy rauissoyent quelquefois toute, quelquefois luy en laissans vne bien petite partie, mais tellement empuantie par leur attouchement, que nul n'en pouuoit souffrir l'odeur. Luy estant ainsi miserable, aduint que Iason, & les autres Argonautes allant à la conqueste de la Toison d'or, vindrent surgir en vn port de Bithynie, où le paure Phineé faisoit sa demourance. Parmy leur bande estoyent deux enfans du vent Borée, nommez Zethés, & Calais, qui voloyent par l'air, tout ainsi qu'oiseaux. Par ceux-là auoit de long temps

preueu Phinee, qu'il deuoit estre deliuré des Harpyes.
Parquoy prenant vn petit baston en main pour sa guide, à leur debarquer, vint treshumblement les recueillir, leur exposant son infortune, & les suppliant de luy donner secours: Leur remonstrant qu'il estoit leur prochain allié, ayât autrefois eu à femme vne leur sœur nômee Cleopatre: & qu'il auoit de long temps preueu qu'en leur seule vertu & gentillesse gisoit l'espoir de sa deliurance. Eux esmeus de pitié, s'en vindrent auecques luy, l'asseurant de le secourir à leur pouuoir. L'heure du disner venue, & Phinee s'estant mis à table parmi les autres, à grand' peine auoir on couuert, quand voicy les Harpyes, qui à leur coustume vindrent enuahir les viandes, remplissans au reste tout le lieu d'vne puanteur insupportable. Incontinent les enfans de Borée prenans leur vol, se prindrent à courir vers elles, & fendans l'air, les poursuyuirent si vertement, qu'ils les talonnoyent de bien pres, deliberez de les tailler en pieces, quand vne voix fut entendue du Ciel, leur defendant de passer plus outre, & les asseurant que les Harpyes ne retourneroyent plus tourmenter Phinee. Ainsi le racontent Apolloine & Valere Flacque.

    E veux pousser par la France ma peine,
    Plustost qu'vn trait ne vole au decocher:
    Ie veux de miel mes oreilles boufcher,
Pour n'ouir plus la voix de ma Sereine.
Je veux muer mes deux yeux en fonteine,
    Mon cœur en feu, ma teste en vn rocher,
    Mes piés en tronc, pour iamais n'approcher
De sa beauté si fierement humaine.
Je veux changer mes pensers en oiseaux,
    Mes doux soupirs en Zephyres nouueaux,
    Qui par le monde euenteront ma pleinte.
Ie veux du teint de ma palle couleur,

Aux bords du Loir enfanter vne fleur,
Qui de mon nom & de mon mal soit peinte.

MVRET.

Ie veux pousser) Il dit qu'il veut faire entendre à toute la France les maux qu'il endure pour aimer: & apres se changer en telle sorte, qu'il n'aye aucun sentiment, à fin de ne retourner plus vers celle qui le tourmente. *De miel*) De cire. *Sereine*) Les Sereines furent filles du fleuue Achelois, & d'vne des Muses (les vns disent de Calliope, les autres de Terpsichore) qui auoyent le haut du corps en façon d'oiseaux, & le bas en forme de pucelles: ou comme les autres disent, le haut en forme de pucelles, & le bas en forme de poissons. Elles se tenoyent en vne Isle de la mer Sicilienne, qui se nommoit l'Isle fleurie, & chantoyent merueilleusement bien, tellement qu'elles allechoyent les Nautonniers par la douceur de leurs chants, & les tiroyent en des destroits de mer, où ils perissoyent. Mais Vlysse qui auoit esté aduerti de cela par la Nymphe Circe, lors qu'il y voulut passer, estoupa de cire les oreilles de tous ses compagnons, & se fit lier estroitement au mast de la nauire: & par ainsi euita le danger. Homere le raconte au douzieme de l'Odyssée. On parlera des Sereines plus amplement sur le cinquieme des Odes, en l'Ode troisieme aux trois Princesses Angloises. *Qui de mon nom*) C'est vne allusion à la fable d'Aiax, lequel apres qu'il se fut tué, pour n'auoir peu obtenir les armes d'Achille: de son sang sortit vne fleur, aux fueilles de laquelle estoyent escrites ces lettres AI, qui sont les premieres lettres de son nom: & outre ce ont signifiance de douleur: car AI en Grec est à dire Helas. Voy Ouide au treiziesme de la Metamorfose.

E Destin veut qu'en mon ame demeure
L'œil, & la main, & le poil delié,
Qui m'ont si fort brulé, serré, li-

Qu'ars, prins, lassé par eux faut que ie meure,
Le feu, la prise, & le ret à toute heure,
Ardant, pressant, nouant mon amitié,
En m'immolant aux pieds de ma moitié,
Font par la mort, ma vie estre meilleure.
Oeil, main, & poil, qui bruslez & gennez
Et enlacez mon cœur que vous tenez
Au labyrint de vostre crespe voye,
Que ne puis-ie estre Ouide bien disant?
Oeil tu serois vn bel Astre luisant,
Main vn beau lis, poil vn beau ret de soye.

MVRET.

Le Destin veut) Il dit, que trois choses sont enfermees dans son cœur, lesquelles l'ont fait mourir: c'est à sçauoir, l'œil, la main, & le poil, c'est à dire la cheuelure de sa Dame: & que s'il auoit aussi bon esprit qu'Ouide, il changeroit l'œil en vn astre, la main en vn lis, & le poil en vn ret de soye. Ce Sonnet est de ceux, qu'on appelle auiourd'huy Rapportez. Les anciens appelloyēt cette figure, *Paria paribus reddita*. *En m'immolant*) Il veut dire que son esprit l'a laissé pour suiure sa Dame, & par ainsi qu'il est ia mort (car la mort n'est autre chose q̄ separatiō du corps & de l'esprit) mais qu'vne telle mort rend sa vie meilleure & plus heureuse. Les Platoniques disent, que l'Amant ne vit pas en soy, mais en la personne qu'il aime. *De ma moitié*) Cela aussi est pris de Platō, dans vn Dialogue duquel, qui se nomme Le banquet, ou de l'Amour, Aristophane raconte, que les hommes estoyent au commencement doubles, mais que Iupiter apres les partist par le milieu, & que depuis vn chacun cherche sa moitié: De là dit-il que l'amour procede. *Au labyrint*) Ainsi se nommoyent anciennemēt lieux faits de tel artifice, qu'à grand'peine en pouuoit on sortir, y estant vne fois entré. Pline dit qu'il y en eut quatre

principalement renommez. *Au labyrint de vostre cref-*
pe voye)En vos cheueux frifez & retors & déuoyez, côme les labyrints.

Ne beauté de quinze ans enfantine,
Vn or frifé de meint crefpe anelet,
Vn front de rofe, vn teint damoifelet,
Vn ris qui l'ame aux Aftres achemine :
Vne vertu de telle beauté digne,
Vn col de neige, vne gorge de lait,
Vn cœur ia meur en vn fein verdelet,
En Dame humaine vne beauté diuine :
Vn œil puiffant de faire iours les nuis,
Vne main douce à forcer les ennuis,
Qui tient ma vie en fes dois enfermée :
Auec vn chant decoupé doucement,
Or' d'vn fouris, or' d'vn gemiffement :
De tels forciers ma raifon fut charmee.

MVRET.

Vne beauté) Il racôte les beautez & bonnes graces de
fa Dame, & dit que ce font les forciers, par lefquels fon
entendement fut charmé. *Vn or*) Vne cheuelure. *Vn ris
qui l'ame*) Les gentils efprits, par la beauté des chofes
inferieures font émeus à contempler & imaginer la
beauté des chofes celeftes & diuines. Ainfi dit-il que le
ris de fa Dame achemine aux aftres l'ame de ceux qui
la regardent. *Auec vn chant decoupé*) Entrerompu,
fyncopé. Il veut dire, que fa Dame en chantant, par fois
rioit, par fois gemiffoit : ce qui adiouftoit encore plus
de grace à fon chant.

Vant le temps tes temples fleuriront,
De peu de iours ta fin sera bornée,
Auant le soir se clorra ta iournée,
Trahis d'espoir tes pensers periront:
Sans me flechir tes escrits fletriront,
En ton desastre ira ma destinée,
Pour abuser les poetes ie suis née,
De tes soupirs nos neueux se riront.
Tu seras fait du vulgaire la fable,
Tu bastiras sus l'incertain du sable,
Et vainement tu peindras dans les Cieux:
Ainsi disoit la Nymphe qui m'affolle,
Lors que le Ciel tesmoin de sa parolle,
D'vn dextre éclair fut presage à mes yeux.

MVRET.

Auant le temps) Cassandre fille à Priam fut Prophete. Il dit que sa Cassandre l'est aussi, & qu'elle luy a desia predit tous ses malheurs. *Fleuriront*) Deuiendront blanches & chenues. Ainsi lisons-nous souuent aux vieux Romans, la barbe fleurie pour la barbe blanche. *Auant le soir*) Tu mourras deuant que le cours naturel de vie soit accomply. *En ton desastre*) En ton malheur. *Ira ma destinée*) Il semblera que ie ne sois née que pour te rendre malheureux. *Pour abuser*) Cassandre Troyéne abusa Apollon, & ceste-cy nostre Poëte. *Nos neueux*) Ceux qui viendront apres nous. Il prend neueux, pour ce que les Latins appellent *Nepotes*. *Tu bastiras*) C'est à dire, tu perdras tō temps. *La Nymphe qui m'affolle*) Qui me rēd fol. *D'vn dextre éclair*) On pensoit anciennement, que les foudres & les eclairs du costé gauche fussent signes & presages de bon heur, & ceux du costé droit, de malheur. Telle est l'opinion des Latins: car les Grecs au re-

ours pensoyent ceux du costé droit estre heureux, &
les autres malheureux.

>E voudroy bien richement iaunissant
En pluye d'or goute à goute descendre
Dans le giron de ma belle Cassandre,
Lors qu'en ses yeux le somne va glissant.
Puis ie voudrois en toreau blanchissant
Me transformer pour sur mon dos la prendre,
Quand en Auril par l'herbe la plus tendre
Elle va fleur mille fleurs rauissant.
Je voudroy bien pour alleger ma peine,
Estre vn Narcisse & elle vne fontaine,
Pour m'y plonger vne nuict à seiour:
Et si voudroy que ceste nuict encore
Fust eternelle, & que iamais l'Aurore
Pour m'esueiller ne r'allumast le iour.

MVRET.

Ie voudroy bien) Le sens est, Qu'il voudroit bië obtenir iouyssance de sa Dame, en quelque façon que ce fust. Mais il enrichit cela de fables poëtiques, comme nous dirons par le menu. Richement iaunissant) Acrise fut iadis Roy d'Arges, auquel il auoit esté predit, que d'vne siéne fille nommee Danaé, sortiroit vn fils qui le mettroit à mort. Craignant cela, il fit faire vne grosse tour d'airain, & là dedans enferma sa fille, luy ayant pourueu de quelques femmes pour son seruice, defendant tresexpressémét, que homme quel qu'il fust, n'eust leans entrée: esperant par ce moyen euiter son desastre. Mais ainsi que le recelement d'vne excellente beauté ne fait que plus fort eguillonner ceux qui en sont desireux: Iupiter, qui long temps auparauant auoit esté feru de l'amour de ceste Princesse, la voyát ainsi enfer-

mee, plus fort embrasé que iamais, pour plus aisémẽt
paruenir à son attente, se conuertit en pluye d'or, &
tout bellement se laissa couler par le toict, iusques au
girõ de l'Infante, auec laquelle il executa lors le poinct
auquel, principalement tous amoureux pretendent. La
fable est en la Metamorfose d'Ouide. Ainsi dit le Poëte, qu'il voudroit bien paruenir à sa Dame. *Lors que*
ses yeux) Lors qu'elle s'endort le plus doucement, cõme sur le poinct du iour. Ce sommeil est propremẽt
appellé par les Grecs μέμμηρα. *Puis ie voudroy*) Ainsi
que fit Iupiter pour rauir Europe. Ie me deporte de
citer ceste fable, parce que Baïf l'a diuinemẽt descrit
au liuret appellé, Le rauissement d'Europe. On la pourra prendre de là. *Estre vn Narcisse*) Narcisse fut vn ieune enfant beau par excellence, lequel apres auoir des-
daigné beaucoup de ieunes filles, qui estoyent amoureuses de luy, vn iour se baignant dans vne fontaine
fut tellement espris de l'amour de soymesme, qu'il en
mourut. Voy le troisieme de la Metamorfose.

Qu'Amour mon cœur, qu'Amour mon ame
 sonde,
Luy qui cognoist ma seule intention,
Il trouuera que toute passion
Veufue d'espoir par mes veines abonde.
Mon Dieu que i'aime! Est-il possible au monde,
 De voir vn cœur si plein d'affection,
 Pour la beauté d'vne perfection,
 Qui m'est dans l'ame en playe si profonde?
Le cheual noir qui ma Royne conduit,
 Suiuant le traq où ma chair l'a seduit,
 A tant erré d'vne vaine trauerse,
Que i'ay grand' peur (si le blanc ne contraint
 Sa course folle, & ses pas ne refraint
 Dessous le ioug) que ma raison ne verse.
         MVRET

DES AMOVRS.

MVRET.

Qu'Amour mon cœur) Il se dit estre si plein d'affectiõ amoureuse, qu'il craint que sa raison en soit à la fin rẽuersee. Veufue d'espoir) Sans aucun espoir. Ainsi a dit Horace, Viduus pharetra Risit Apollo. Et en vn autre lieu, Et foliis viduantur orni. Le cheual noir) Par sa Royne il entẽd sa raison. Par le cheual noir, vn appetit sensuel & desordonné, guidant l'ame aux voluptez charnelles. Par le cheual blanc, vn appetit honneste & moderé, tendant tousiours au souuerain bien. Ceste allegorie est extraite du Dialogue de Platon, nommé Phedre, ou De la beauté.

Ent & cent fois penser vn penser mesme,
 A deux beaux yeux montrer à nud son
 cœur,
Boire tousiours d'vne amere liqueur,
Manger tousiours d'vne amertume extréme,
Auoir & l'ame & le visage blême,
Plus soupirer moins flechir la rigueur,
Mourir d'ennuy, receler sa langueur,
Du vueil d'autruy des loix faire à soymémes
Vn court despit, vne aimantine foy,
 Aimer trop mieux son ennemy que soy,
 Se peindre au front mille vaines figures:
Vouloir crier & n'oser respirer,
Esperer tout & se desesperer,
Sont de ma mort les plus certains augures.

MVRET.

Cent & cent fois) Il voit en soy beaucoup de choses procedantes de l'Amour, qui toutes luy signifient sa mort prochaine. Vn court despit) Il se despite quelque-

fois contre la dureté de sa Dame: mais le despit est bié
court. *Vne aimantine foy*) Aussi forte comme l'aimant
qui attire le fer. *Augures*) signes, presages.

    CE beau coral, ce marbre qui soupire
      Et cet ebene ornement du sourci,
      Et cet albâtre en voûte racourci,
Et ces saphirs, ce iaspe & ce porphyre:
Ces diamans, ces rubis, qu'vn Zephyre
   Tient animez d'vn soupir adouci,
   Et ces œillets & ces roses aussi,
   Et ce fin or, où l'or mesme se mire:
Me sont dans l'ame en si profond esmoy,
   Qu'vn autre obiet ne se presente à moy,
   Sinon, Belleau, leur beauté que i'honore,
Et le plaisir qui ne se peut passer
   De les songer, penser & repenser,
   Songer, penser & repenser encore.

MVRET.

Ce beau coral) Ne dormant, ne veillant, il ne peut pé-
ser en autres choses, qu'aux singulieres beautez de sa
Dame. *Ce beau coral*) Ces leures aussi vermeilles q̃ franc
coral. *Ce marbre qui soupire*) Cet estomach blanc cõme marbre, par fois agité d'vn tremblotement doux.
Et cet ebene) Ce sourcil noir. Ebene est vn bois odorant
qu'on apporte des Indes, ayant par le dehors couleur
comme de buis, mais fort noir par le dedans. *Et cet
albatre*) Ce front comme albâtre. *Et ces saphirs*) Ces
yeux estincelans. *Ce iaspe & ce porphyre*) Il signifie la
delicate peau de sa Dame, au trauers de laquelle apparoissent les veines, comme sur vn iaspe, ou sur vn
porphyre bien poly. *Qu'vn Zephyre*) Vne soueff̃airan-
te haleine. *Et ces œillets*) Cette vermeille couleur. *Et ce
fin or*) Cette perruque dorée. *Belleau*) Excellent poëte,
contemporain de l'autheur.

DES AMOVRS.

Es yeux courtois me promettent le don
Qu'à demander ie n'eusse pris l'audace:
Mais i'ay grand'peur qu'ils tiennent de la
race
De ton ayeul le Roy Laomedon.
Au flamboyer de leur double brandon
Par le penser l'esperance m'embrasse,
Ia preuoyant abusé de leur grace,
Que mon seruice aura quelque guerdon.
Ta bouche seule en parlant m'espouuante,
Bouche prophete, & qui vraye me chante
Tout le rebours de tes yeux amoureux.
Ainsi ie vis, ainsi ie meurs en doute,
L'vn me rappelle & l'autre me reboute,
D'vn seul obiet heureux & malheureux.

MVRET.

Tes yeux courtois) Il dit que les yeux de sa Dame doucement sourians, luy promettent quelque faueur: mais que quand ce vient au parler, elle l'espouuãte, disant tout au contraire de ce que ses yeux promettent. *Mais i'ay grand'peur*) C'est à dire, mais i'ay peur qu'ils ne me tiennent pas promesse. *De ton ayeul*) Il parle à sa Cassandre, tout ainsi que si elle estoit fille du Roy Priam. *Le Roy Laomedon*) Laomedon fut pere à Priam: duquel les Poëtes disent, qu'il fut homme fort pariure & de mauuaise foy. Lors qu'il bastissoit sa ville de Troye, deux Dieux, c'est à sçauoir Neptune & Apollon, qui pour lors estoient priuez de leur diuinité, conuindrent auec luy à certain pris pour chacun an, pour luy aider à la bastir. Apres que l'œuure fut paracheuée, & que ces pauures Dieux s'en vindrent demander leur salaire, non seulement il leur refusa, ains les menaça, si plus ils le venoyent importuner, qu'il leur feroit à tous deux couper les oreilles, & les enuoyeroit liez & gar-

B ij

rotez de pieds, & de mains, en quelques Isles loingaines. Ainsi le raconte Homere au vingt-vnieme de l'Iliade. Ces Dieux furent tellement courroucez, qu'Apollon luy enuoya la peste: Neptune fit desborder la mer iusques dedans la ville. Et fut respondu par l'oracle, que cela ne pouuoit estre appaisé, sinon que les citoyens donnassent chacun an vne pucelle, pour estre deuorée par vn monstre marin. Ce qu'ils firent, se voyans reduits à extremité: & choisissoyét les pucelles par sort. Aduint que le sort tomba sur vne fille à Laomedon, nommée Hesione. Parquoy ils la prindrent, & l'attacherent toute nuë à vn rocher pres du riuage, auquel ils auoyent coustume de lier les autres. Ainsi qu'elle estoit là, n'attendant sinon que le monstre vint pour la deuorer, Hercule passant là aupres, & entendát comme elle se lamentoit, esmeu à pitié, non seulement la deliura, mais aussi mist à mort le monstre. Laomedó luy offrit pour recompense trente cheuaux, que Iupiter luy auoit donnez. Hercule, qui alloit au voyage de la Toison d'or, le remercia pour l'heure, & luy dist, qu'il les prendroit à son retour. Quand il reuint pour les reprendre, Laomedon les luy refusa: dequoy Hercule estát courroucé, mist à sac la ville de Troye. La fable est en partie dans Valere Flaque au second des Argonautiques, en partie dás Homere au cinquiesme de l'Iliade. Le Poëte dit, qu'il a peur que les yeux de sa Dame tiénent de la race de Laomedon, c'est à dire, qu'ils soyét trompeurs.

Es deux yeux bruns, deux flambeaux de ma vie
Dessus les miens respandant leur clairté
Ont esclaué ma ieune liberté,
Pour la damner en prison asseruie.
Par ces yeux bruns ma raison fut rauie,
Et quelque part qu' Amour m'ait arresté,
Je ne sceu voir ailleurs autre beauté,
Tant ils sont seuls mon bien & mon enuie.

D'vn autre esperon mon maistre ne me poind,
 Autres pensers en moy ne logent point,
 D'vn autre feu ma Muse ne s'enflame:
Ma main ne sçait cultiuer autre nom,
 Et mon papier ne s'esmaille, sinon
 De leurs beautez que ie sens dedans l'ame.

MVRET.

Ces deux yeux bruns) Il dit que les yeux de sa Dame l'ont tellement asseruy, qu'il n'aime à voir autre qu'elle, & ne peut penser, ny escrire d'autre que d'elle. Esmaille) orne.

Lustost le bal de tant d'astres diuers
 Sera lassé, plus tost la Mer sans onde,
 Et du Soleil la fuite vagabonde
Ne courra plus en tournant de trauers:
Plus tost des Cieux les murs seront ouuers,
 Plus tost sans forme ira confus le monde,
 Que ie sois serf d'vne maistresse blonde,
 Ou que i'adore vne femme aux yeux vers.
O bel œil brun, que ie sens dedans l'ame,
 Tu m'as si bien allumé de ta flame,
 Qu'vn autre œil verd n'en peut estre veinqueur!
Voire si fort qu'en peau ieune & ridée,
 Esprit dissoult, ie veux aimer l'idée
 Des beaux yeux bruns, les soleils de mon cueur.

MVRET.

Plustost le bal) Il dit que toutes choses impossibles aduiendront plustost, qu'il soit amoureux de femme, qui ait le visage blond, ou l'œil verd. Car l'œil, & le teint

brun de sa Dame l'ont tellement assuietti, que mesme
apres sa mort,il en aimera l'idée, qui est empreinte en
son cœur. Il a dit cela mesme en l'Ode à Iacques Peletier,des beautez qu'il voudroit en s'amie, là où il escrit
ainsi,

    L'âge non meur,mais verdelet encore,
    C'est l'âge seul qui me deuore
    Le cœur d'impatience atteint.
    Noir ie veux l'œil, & brun le teint,
    Bien que l'œil verd toute la France adore.

Et est à noter, que les anciens estimoyent l'œil noir
estre vn des poincts le plus requis à la perfection de
beauté. D'où est que Venus est nommée par Pindare
ἑλικῶπις, c'est à dire aux yeux noirs, en l'Ode sixieme
des Pythics,& par Hesiode en la Theogonie, ἑλικοβλέ-
φαρος. Ainsi mesmes est appellée Chryseis au premier
de l'Iliade, Παῖς γ' ἀπὸ πατρὶ φίλῳ δώρα ἑλικώπιδα κούρην.
Et Homere a baillé mesme epithete aux Muses, Αὐτὰς
Διοσκούρας ἑλικώπιδες ἔσπετε μοῦσαι. Et l'Autheur en ses
Odes, *Muses aux yeux noirs mes pucelles*. Les Latins
ne l'ôt pas ignoré,entre lesquels Horace escrit aux Odes,

    Et Lycum nigris oculis,nigróque
    Crine decorum.

Et en l'art Poëtique,

    Spectandum nigris oculis, nigróque capillo.

L'œil verd est par les Poëtes attribué à Minerue, par
eux souuent nommée γλαυκῶπις. Et le grand œil à Iunon,laquelle ils nóment βοῶπις. *Le bal de tant d'astres
diuers*)Le mouuement. Ainsi disent souuent les Poëtes Grecs, χόρος ἄστρων. Il faut noter, que si le Poëte parle souuent des cheueux dorez, de l'or des cheueux de
sa Dame,il entend par ce mot D'or,& Doré,vne chose belle,à la mode des Grecs:autrement il contreuien-
droit à son intention.Car il ne se peut faire,ou raremét
se fait, qu'vne Dame aux yeux bruns aye les cheueux
blons,mais bien bruns,ou noirs, ou chateigniers. *Des
Cieux les murs*)Les voûtes,les rempars. *Esprit dissoult*)
Mon esprit estant dissoult de mon corps, c'est à dire,
moy estant mort. *Idée*) forme.

BIen mille fois & mille i'ay tenté
De fredonner sur les nerfs de ma Lyre,
Et mille fois en cent papiers escrire
Le nom qu'Amour dans le cœur m'a planté.
Mais tout soudain ie suis espouanté:
Car son beau nom qui l'esprit me martyre
Hors de moymesme estonné me retire,
De cent fureurs brusquement tourmenté.
Ie suis semblable à la Prestresse folle,
Qui bégue perd la voix & la parolle,
Dessous le Dieu qui luy brouille le sein.
Ainsi troublé de l'amour qui me touche,
Fol & béant ie n'ouure que la bouche,
Et sans parler ma voix se perd en vain.

MVRET.

Bien mille fois) Les Prestresses anciennes, lors qu'Apollon entroit dedans elles, pour leur faire chanter les oracles, estoient tellement esmeuës par la vehemente agitation du Dieu, qu'elles perdoyent sens & parolle, & béoyent seulement, ne pouuans parler. Ainsi dit-il que la grande beauté & diuinité de sa Dame l'empesche de parler, ou d'escrire, lors qu'il en a le plus grand desir. *Ie suis semblable à la Prestresse*) Ceste affection est ainsi descrite en Virgile,

Ventum erat ad limen, cùm virgo, poscere fata
Tempus ait: Deus ecce, Deus, cui talia fanti
Ante fores, subitò non vultus, non color vnus:
Non comptæ mansere comæ: sed pectus anhelum,
Et rabie fera corda tument: maiórque videri,
Nec mortale sonans.

Béant) Ouurant en vain la bouche sans pouuoir parler, à cause de trop grande affection.

B iiij

INiuste Amour fusil de toute rage,
Que peut vn cœur soumis à ton pouuoir,
Quand il te plaist par les sens esmouuoir
Nostre raison qui preside au courage?
Je ne voy pré, fleur, antre ny riuage,
Champ, roc ny bois ny flots dedans le Loir,
Que peinte en eux, il ne me semble voir
Cette beauté qui me tient en seruage.
Ores en forme ou d'vn foudre alumé,
Ou d'vn torrent, ou d'vn Tigre affamé,
Par fantaisie Amour de nuict les guide.
Mais quand ma main en songe les poursuit,
Le feu, la nef, & le torrent me fuit,
Et pour le vray ie ne pren que le vuide.

MVRET.

Iniuste Amour) Au premier quatrain il dit, que l'hôme ne peut resister à la force d'Amour. Au second, que quelque part qu'il regarde, il a tousiours la beauté de sa Dame deuant les yeux. Aux six derniers vers, qu'il la voit de nuict en diuerses formes : mais que quand il la pense embrasser, elle s'enfuit. Nostre raison qui preside) De là est, que Platon l'appelle τὸ ἡγεμονικόν. Ie ne voy pré) C'est vne chose naturelle, que ceux que nous aimôs fort, il nous semble tousiours que nous les voyós. D'où est que les Latins disent porter quelcun dás l'œil, pour dire l'aimer bien fort. Les Grecs disent pour le mesme, porter quelcun en la teste, ἐπὶ τῇ κεφαλῇ περιφέρειν. Ou d'vn foudre) Parce qu'elle me brusle. Ou d'vn torrent) Parce qu'elle me fuit. Ou d'vn Tigre affamé) Pource qu'elle me deuore.

SI mille œillets, si mille liz i'embrasse,
  Entortillant mes bras tout à l'entour,
  Plus fort qu'vn cep, qui d'vn amoureux tour
La branche aimee, en mille plis enlasse:
Si le soucy ne iaunist plus ma face,
  Si le plaisir fait en moy son seiour,
  Si i'aime mieux les ombres que le iour,
Songe diuin, ce bien vient de ta grace.
Suiuant ton vol ie volerois aux cieux:
  Mais son portrait qui me trompe les yeux,
  Fraude tousiours ma ioye entre-rompue.
Puis tu me fuis au milieu de mon bien,
  Comme vn éclair qui se finist en rien,
  Ou comme au vent s'euanouit la nue.

M. VRET.

Si mille œillets) Il remercie le Songe, disant, qu'il ne reçoit du bien que par luy : & que par son moyen il voleroit iusques au ciel, si n'estoit, que ce plaisir se passe trop tost, & s'éuanouit en rien. *Son portrait*) son idole, son image. Ce Sonnet est contraire au preceden-

ANge diuin, qui mes playes embâme,
  Le truchement & le heraut des dieux,
  De quelle porte es-tu coulé des cieux,
Pour soulager les peines de mon ame?
Toy quand la nuit par le penser m'enflame,
  Ayant pitié de mon mal soucieux,
  Ore en mes bras, ore deuant mes yeux,
Tu fais errer l'idole de ma Dame.
Demeure Songe, arreste encore vn peu:
  Trompeur atten que ie me sois repeu

B

Du vain portrait dont l'appetit me ronge.
Ren moy ce corps qui me fait trespasser,
Sinon d'effet souffre au moins que par songe
Toute vne nuit ie le puisse embrasser.

MVRET.

Ange diuin) Il parle encor à ce Songe, & le prie de permettre que sa ioye soit vn peu de plus lõgue durée. Il l'appelle Ange, c'est à dire messager diuin, parce que les Dieux reuelent souuent aux hommes leur volũté par songes. A mesme raison il le nomme heraut & truchement des Dieux, ἢ γὰρ τ' ὄναρ ἐκ Διός ἐστι, dit Homere au premier liure de l'Iliade.

Legers Demons qui tenez de la terre,
Et du haut ciel iustement le milieu:
Postes de l'air, diuins postes de Dieu,
Qui ses secrets nous apportez grand erre:
Dites Courriers (ainsi ne vous enserre
Quelque sorcier dans vn cerne de feu)
Razant nos champs, dites, n'auous point veu
Cette beauté qui tant me fait la guerre?
Si de fortune elle vous voit, à bas,
Libre par l'air vous ne refuirez pas,
Tant doucement sa douce force abuse:
Ou comme moy esclaue vous fera
De sa beauté qui vous transformera
D'vn seul regard ainsi qu'vne Meduse.

MVRET.

Legers Demons) Les anciens, & principalement les Platoniques, ont pensé entre le globe de la Lune, & la terre, estre la demeure des esprits, qu'ils appelloyẽt Demons, tenans en partie de l'humanité, en partie de la diuinité: de ceste-cy, entant qu'ils sont immortels, comme les dieux: de ceste-là, entant qu'ils sont subiets à passions & affections, comme les hommes. Disent d'auantage, que par le moyen d'iceux, les choses humaines sont portees aux Dieux, & les diuines sont communiquees aux hommes. Voy Platon au Banquet, & Ficin au Commentaire. Le Poëte parle à ces Demons, & leur demande, si montant au ciel, ou en descendant, ils ont point apperceu sa Dame. Dit d'auātage, que si quelcun d'eux la voit, il ne pourra pas s'en refuir au ciel: car ou elle le rendra esclaue de sa beauté, ou mesme le changera en pierre, c'est à dire, le rendra du tout insensible. *Grand erre*) Grand train. *Ainsi ne vous enserre quelque sorcier*) Il parle selon l'opinion du vulgaire, qui croit que les sorciers ont pouuoir d'enserrer les Esprits. *A-uous*) Comme les Latins disent, Sis, pour Si vis. Ainsi les François, A'uous, pour Auez vous. *Ainsi qu'vne Meduse*) I'ay parlé de Meduse en vn autre lieu.

Quand en naissent la Dame que i'adore,
De ses beautez vint embellir les cieux,
Le fils de Rhée appella tous les Dieux,
Pour faire d'elle encore vne Pandore.
Lors Apollon de quatre dons l'honore,
Or' de ses rais luy façonnant les yeux,
Or' luy donnant son chant melodieux,
Or' son oracle, & ses beaux vers encore.
Mars luy donna sa fiere cruauté,
Venus son ris, Dione sa beauté,
Python sa voix, Cerés son abondance,
L'Aube ses dois & ses crins deliés,
Amour son arc, Thetis donna ses piés,
Clion sa gloire, & Pallas sa prudence.

B vj

MVRET.

Quand en naissant) Il dit que quand sa Dame vint au monde, tous les Dieux d'vn commun accord luy donnerent tout ce qu'vn chacun d'eux auoit de singulier. *Le fils de Rhée*) Iupiter fils de Saturne, & de Rhée, autrement nommée Cybele. *Pour faire d'elle encore vne Pandore*) Apres que Promethée, cóme i'ay desia dit, eut desrobé le feu du ciel, Iupiter pour se venger des hommes, donna charge à Vulcan, qu'il fist de terre vne statue de femme la plus belle qu'il pourroit, & qu'il l'animast: ce qui fut fait. Apres qu'elle fut animée par commandement de Iupiter, vn chacun des Dieux luy donna ce qu'il auoit de plus excellent: Comme Venus la beauté, Pallas la sagesse, Mercure l'eloquence: & les autres Dieux de mesme. Or en ce temps là les hommes viuoyent sans peine & sans souci: d'autant que la terre, sans estre labouree, leur produisoit toutes choses necessaires à viure. Iamais n'estoyent malades, iamais n'enuieillissoyent. Mais Iupiter mit à Pandore (ainsi se nommoit cette femme, pour la cause que ie diray apres) vn vase en main, dans lequel estoyét encloses les maladies, la vieillesse, les soucis, & telles autres malheuretez: puis l'enuoya vers le frere de Promethée, qui se nommoit Epimethée, homme de peu de sens: lequel (cóbié que son frere l'auoit bié aduerti de ne receuoir aucun present qui vint de Iupiter) toutesfois se laissa par elle abuser, & la receuë. Estant receuë, elle ouurit son vase, & remplit tout le monde des drogues, que i'ay cy dessus nommées. Hesiode le raconte au liure nommé, Les œuures & les iours. La raison de son nom est telle: Pan en Grec signifie tout: & doron est à dire, vn don, ou present. Elle fut donc nommée Pandore, parce que chacun des Dieux luy fit vn present. Hesiode,

—— ὀνόμηνε δὲ τήνδε γυναῖκα
Πανδώρην, ὅτι πάντες ὀλύμπια δώματ' ἔχοντες
Δῶρον ἐδώρησαν, πῆμ' ἀνδράσιν ἀλφηστῇσιν.

Or' son oracle) La puissance de predire les choses

DES AMOVRS.

futures. Il regarde à ceste ancienne Cassandre, qui, comme i'ay dit, fut prophete. *Venus son ris*) Venus est appellée par oracle, la Riante,
   Siue tu mauis Erycina ridens.
Hesiode l'appelle φιλομειδής, c'est à dire aime-ris: combien qu'aucuns baillent vne autre exposition à ce nom, laquelle est moins honneste que vray-semblable. *Dione sa beauté*) Dione, selon Homere au cinquieme de l'Iliade, est mere à Venus. Hesiode en la Theogonie, la nombre entre les Nymphes de l'Ocean. *Pithon sa voix*) Pithon est Deesse d'eloquence, ou de persuasion, nommée par les Latins, *Suada*, ou *Suadela*. *Cerés son abondance*) Ses richesses. Hesiode sur la fin de la Theogonie raconte, que Plutus Dieu des richesses fut engendré de Cerés, & d'vn nommé Iasion. *L'aube ses doits, & ses crins deliez*) L'Aube, qu'on nomme autrement Aurore, est louée d'auoir beaux doits, & beaux crins par les Poëtes, qui la nomment ore ῥοδοδάκτυλος, ores ἐϋπλόκαμος. *Thetis donna ses pieds*) Elle est appellée en Homere la Deesse aux pieds d'argent, διὰ Θέτις ἀργυρόπεζα. *Clion sa gloire*) Clion est vne des Muses, de laquelle le nom est deriué de la gloire, qui se nomme en Grec κλέος. *Et Pallas sa prudence*) Pallas, autrement nommée Minerue, Deesse de sagesse.

IE ne serois d'vn abusé la fable,
   Fable future au peuple suruiuant,
   Si ma raison alloit bien ensuiuant
   L'arrest fatal de ta voix veritable.
Chaste prophete, & vrayment pitoyable,
   Pour m'aduertir tu me predis souuent,
   Que ie mourray, Cassandre, en te seruant:
   Mais le malheur ne te rend point croyable.
Le fier destin qui haste mon trespas,
   Et qui me force à ne te croire pas,
   Nulle creance à tes propos n'accorde.
Puis ie voy bien, veu l'estat où ie suis,

B vij

LE PREMIER LIVRE

Que tu dis vray: toutesfois ie ne puis
D'amour du col me detacher la corde.

MVRET.

Ie ne ferois) Il dit qu'au temps aduenir, quand on voudra parler d'vn homme qui ait esté bien abusé d'amour, on parlera de luy, tellement qu'il sera la fable du peu, le ce qui ne luy aduiendroit, s'il pouuoit iouster foy aux oracles de sa Dame, qui souuent l'admonnestoit, qu'il se deportast, l'asseurant qu'il gaigneroit que la perte de son temps, & l'auancement de ses iours. Mais il dit que, bien que ce qu'elle predit soit vray, il est toutefois forcé par vn destin à ne la croire pas. *Mais ce malheur ne te rend point croyable*) Cela depend d'vne ancienne fable, qui est telle. Phebus estoit fort amoureux de Cassandre, fille à Priam. Elle apres l'auoir long temps entretenu de paroles, luy promit vn iour de se soumettre à son plaisir, s'il luy vouloit donner la puissance de predire les choses futures: ce qu'il fit. Ayant obtenu ce qu'elle vouloit, elle se moqua de luy, le refusant plus que iamais. Parquoy esmeu à indignation, il ne luy osta pas ce qu'il luy auoit donné, car les Dieux ne peuuent reuoquer leurs presens: mais il luy adiusta ce malheur, qu'encores qu'elle dist vray, iamais personne ne la croiroit: tellement que combien qu'elle predit long temps deuant, les calamitez que les Troyens encourroyent s'ils receuoyent Helene, & encore apres s'ils receuoyent le cheual de bois, dedans lequel les Grecs estoyent enclos, toutefois on ne luy adiousta iamais foy. Virgile,

> *Tunc etiam fatis aperit Cassandra futuris*
> *Ora, Dei iussu, non vnquam credita Teucris.*

 *As! ie me plains de mile & mile & mile*
Soupirs, qu'en vain des flancs ie vais tirant,
En ma chaleur doucement respirant

DES AMOVRS.

trempée en l'eau qui de mes pleurs distile.
Puis ie me plains d'vn portrait inutile,
Ombre du vray que ie suis adorant,
Et de ces yeux qui me vont deuorant
Le cœur bruslé d'vne flamme fertile.
Mais par sus tout ie me plains d'vn penser,
Qui trop souuent dans mon cœur fait passer
Le souuenir d'vne beauté cruelle,
Et d'vn regret qui me pallist si blanc,
Que ie n'ay plus en mes veines de sang,
Aux nerfs de force, en mes os de mouelle.

MVRET.

Las ie me plains) Il se plaint des soupirs qu'il iette, & des pleurs qu'il respand : puis il dit que sa chaleur amoureuse luy semble plus douce quand elle est trempee dedans ses larmes. Il se plaint d'vn portrait de sa Dame, fait par Nicolas Denisot, duquel i'ay parlé cy dessus, lequel portrait ne peut donner suffisante allegeance à ses maux. Il se plaint des yeux qui luy deuorent & enflament le cœur : d'vn penser, qui perpetuellement luy represente sa Dame : & d'vn regret, qu'il a de se voir ainsi captif, lequel regret le fait enuieillir deuant ses iours, luy ayant ia consumé les principaux soustenemens de sa vie. *Mouelle*) Est tousiours de trois syllabes en nostre Autheur.

Vissé aduenir qu'vne fois ie me vange
De ce penser qui deuore mon cœur,
Et qui tousiours comme vn lion veinqueur
Le tient, l'estrangle & sans pitié le mange!
Auec le temps le temps mesme se change :
Mais ce cruel qui suçe ma vigueur,

Opiniastre à garder sa rigueur,
  En autre lieu qu'en mon cœur ne se range.
Il est bien vray qu'il contraint vn petit,
  Durant le iour son secret appetit,
  Et sur mon cœur ses griffes il n'allonge:
Mais quand le soir tient le iour enfermé,
  Il sort en queste & lion affamé
  De mille dents toute la nuict me ronge.

MVRET.

Puisse aduenir) Il continue encore à se complaindre de ce penser, souhaitant de se pouuoir vn iour véger de luy, & s'esmerueillât, veu que toutes autres choses se changent auec le temps, comment ce seul penser ne change point de lieu, ains se réforce de iour en iour. Dit d'auantage, que ce penser ne le tourmente pas si fort par iour, comme par nuict: parce que de iour il suruient d'autres occupations ou compagnies, qui soulagent quelque peu sa peine. Mais la nuit, se voyât seul, il se tourmente tellement, qu'il luy semble que ce penser est vn lion affamé, qui de mille dents luy ronge le cœur. Il n'y a point de doute, que les amans forclos de iouyssance, lors qu'ils sont retirez de nuict à leur priué, ne sentent sans comparaison plus grande fascherie, que durant le iour.

Pour la douleur qu'Amour veut que ie sente,
  Ainsi que moy Phebus tu lamentois,
  Quand amoureux & banny tu chantois
Pres d'Ilion sur les riues de Xante.
Pinçant en vain ta Lyre blandissante,
  Fleuues & fleurs & bois tu enchantois,
  Non la beauté qu'en l'ame tu sentois,
  Qui te nauroit d'vne playe aigrissante.

DES AMOVRS.

Là de ton teint tu pallissois les fleurs,
  Là les ruisseaux s'augmentoyent de tes pleurs,
  Là tu viuois d'vne esperance vaine.
Pour mesme nom Amour me fait douloir
  Pres de Vandôme au riuage du Loir,
  Comme vn Phenix renaissant de ma peine.

MVRET.

Pour la douleur) Il compare son amour à celle de Phebus, lors qu'il aimoit Cassandre fille de Priam, come i'ay dit cy dessus. Pres d'Ilion) Pres de Troye. Xante) Fleuue pres de Troye. Homere dit, que les Dieux l'appellent Xanthe, & les hommes Scamandre.

Es petits corps qui tombent de trauers
  Par leurs descente en biais vagabonde,
  Heurtez ensemble ont coposé le monde
  S'entr'acrochans de liens tous diuers.
L'ennuy, le soing & les pensers couuers
  Tombez espais en mon amour profonde,
  Ont acroché d'vne agrafe feconde
  Dedans mon cœur l'amoureux vniuers.
Mais s'il aduient que ces tresses orines,
  Ces doits rosins & ces mains iuoirines
  Rompent ma trame en seruant leur beauté,
Retourneray-ie en eau, ou terre, ou flame?
  Non: mais en voix qui tousiours de ma Dame
  Accusera l'ingrate cruauté.

MVRET.

Ces petits corps) Empedocle, Epicure, & leurs seɛtateurs conſtituoyent deux principes de toutes choses, c'eſt à ſçauoir le vuide, & les petits corps, qu'ils nommoyent Atomes. Et diſoyent que ces petits corps tomboyent naturellement par le vuide tout droit en bas: excepté qu'ils alloyent quelquefois vn peu de trauers, à fin de s'entr'accrocher: Et que par l'aſſemblement fortuit d'iceux, & le monde, & toutes choſes en iceluy contenues auoyent eſté compoſées: comme on peut voir dans Lucrece, & dans Ciceron en pluſieurs lieux. Le Poëte dit, qu'en telle ſorte ſe ſont aſſemblez dedans luy comme de petits corps d'affections. *Tombez ſpar* C'eſt à dire, tombans de trauers par le vuide de ſon amour, ont baſty & façonné dedans ſon cœur, vn vniuers, c'eſt à dire, vn monde amoureux. Or les Philoſophes diſent, que quand vne choſe compoſée vient à ſe reſoudre, les parties qui tenoyent du feu, retournent en feu: celles qui tenoyent de l'air, retournent en air, & ainſi des autres. Il demáde donc, s'il aduient que les beautez de ſa Dame le facent mourir, en quoy retournera ce petit vniuers amoureux, qu'il a dedans le cœur. Et reſpond qu'il ne retournera en air, terre, en eau, ny en feu, mais ſeulement en vne voix, qui eternellement publira la cruauté de ſa Dame par tout le monde. *Ces treſſes orines*) Ces cheueux d'or. *Ma trame*) ma vie.

Doux fut le trait qu'Amour hors de ſa trouſſe
Tira ſur moy: doux fut l'acroiſſement
Que ie receu dés le commencement
Par vne fiéure autant aigre que douce.
Doux eſt ſon ris & ſa voix qui me pouſſe
L'eſprit du corps plein de rauiſſement,
Quand il luy plaiſt ſur ſon Lut doucement
Chanter mes vers animez de ſon pouce.
Telle douceur ſa voix fait diſtiler,
Qu'on ne ſçauroit qui ne l'entend parler,
Sentir en l'ame vne ioye nouuelle.

sans l'ouïr, dis ie, Amour mesme enchanter,
Doucement rire, & doucement chanter,
Et moy mourir doucement aupres d'elle.

MVRET.

Doux fut le trait) Il amplifie la douceur de son amour & de sa Dame. Icy peut on noter l'inconstance, perpetuelle compagne des amoureux, qui fait qu'en vn mesme momēt ils iugent l'amour plus doux que miel, & plus amer qu'aluine. L'accroissement) Il dit que dés le premier iour il sentit croistre sa fiéure amoureuse. Sa voix qui me pousse l'esprit du corps) Qui fait que mon esprit me laisse pour suiure son chant. Chanter mes vers animez de son pouce) Il veut dire, que Cassandre iouant du Luth, chātoit des vers qu'il auoit faits, & le faisoit d'vne si bonne grace, mignardement pincetāt les cordes, qu'elle sembloit leur donner l'ame. Telle douceur) C'est vne imitation de Petrarque,

Non sa com' Amor sana, & com' ancide,
Chi non sa, come dolce ella sospira,
E come dolce parla, e dolce ride.

Our te seruir l'attrait de tes beaux yeux
Force mon ame, & quand ie te veux dire
Quelle est ma mort, tu ne t'en fais que rire,
Et de mon mal tu as le cœur ioyeux.
Puis qu'en t'aimant ie ne puis auoir mieux,
Permets au moins, qu'en mourant ie souspire:
De trop d'orgueil ton bel œil me martyre,
Sans te mocquer de mon mal'soucieux.
Mocquer mon mal, rire de ma douleur,
Par vn desdain redoubler mon malheur,
Haïr qui t'aime & viure de ses pleintes,
Rompre ta foy, manquer de ton deuoir,

Cela, cruelle, hé n'est-ce pas auoir
Les mains de sang & d'homicide teintes?

MVRET.

Pour te seruir) Il se plaint de la cruauté de sa Dame laquelle non seulement n'a point pitié des maux qu'il souffre, ains encor se mocque de ses plaintes. *Mocque mon mal*) La sentence est de Properce,
  Mentiri noctem, promissis ducere amantem,
    Hoc erit insictas sanguine habere manus.
Manquer) Faillir.

Ve de Beautez, que de Graces écloses
Voy-ie au iardin de ce sein verdelet
Enfler son rond de deux gazons de lait,
Où des Amours les fleches sont encloses.
Ie me transforme en cent metamorfoses,
Quand ie te voy petit mont iumelet,
Ains du printemps vn rosier nouuelet,
Qui le matin caresse de ses roses.
S'Europe auoit l'estomach aussi beau,
Rusé tu pris le masque d'vn toreau
Bon Iupiter pour trauerser les ondes.
Le Ciel n'est dit parfait pour sa grandeur,
Luy & ce sein le sont pour leur rondeur
Car le parfait consiste en choses rondes.

MVRET.

Que de beautez) L'argument est assez aisé de soy. *De ce sein verdelet*) Non encore meur. Les Italiens disent *acerbe poppe*, tetins verdelets, & qui peu à peu commencent à s'enfler. Ainsi ay-ie leu dans quelque Epigram-

DES AMOVRS. 45

le Grec, ἔμφακα μαςόν. Les Latins difent pour cela, *Papillas fcroriantes*: ou autrement *Papillas geneipomas.* Les Grecs expriment le mefme par le verbe, κυδωνιᾶν. *Deux gazons*) Deux tetins. *Ains du printemps*) Il fe repent de l'auoir appellé mont, & dit qu'il le faut plus toft appeller vn rofier. *Tu pris*) Iupiter amoureux d'Europe, fille du Roy Agenor, fe changea en toreau pour la rauir. Voy Ouide en fon troifiefme liure de la Metamorfofe. *Ce fein.*) les tetins. *Chofes rondes*) Les formes rondes font les plus parfaites, felon les Mathematiques.

Vand au matin ma Deeffe s'habille,
D'vn riche or crefpe ombrageant fes talons,
Et les filets de fes beaux cheueux blons
En cent façons en-onde & entortille:
Ie l'accompare à l'efcumiere fille
Qui or'pignant les fiens brunement lons,
Or' les frizant en mille crefpillons,
Paffoit la mer portée en fa coquille.
De femme humaine encore ne font pas
Son ris, fon front, fes geftes, ne fes pas,
Ne de fes yeux l'vne & l'autre eftincelle.
Rocs, eaux, ne bois ne logent point en eux
Nymphe qui ait fi follaftres cheueux,
Ny l'œil fi beau, ny la bouche fi belle.

MVRET.

Quand au matin) Quand il voit fa Dame s'habillant au matin, il la compare à Venus lors qu'elle fortoit de la mer: & ce, par ce que tout ce qui eft en elle, eft diuin, & ne tient rien d'humanité. *D'vn riche or crefpe*) De fes cheueux. *A l'efcumiere fille*) A Venus. Hefiode raconte en la Theogonie, que Saturne fils du

Ciel & de la Terre, par la suasion de sa mere, coupa[les] genitoires à son pere, & les getta dans la mer : & q[ue] de l'escume qui sortit d'iceux, meslée auec l'eau d[e la] mer, Venus fut engendrée : d'où est qu'on l'appel[le] ἀυρδίτη, c'est à dire escumiere : car ἀφρὸς signifie l'esc[u]me. Elle est nommée aussi φιλομηδὴς, qui est à dire [ai]mant les genitoires, par ce que de l'escume d'iceux e[lle] fut faite. Le premier lieu où elle aborda, fut Cyther[e] & de là en Cypre, d'où elle est nommée Cytherée [&] Cyprienne. A ceste cause les anciens auoyent souu[ent] coustume de la peindre, comme fraischement née d[e] la mer, & nageante à bord dans vne coquille : & no[m]moyent ceste peinture, κύπρις ἀναδυομένη. On dit q[ue] Alexandre le Grand en fit faire vn tableau par Apel[les] prince de tous les peintres qui iamais furent : & q[ue] pour l'inciter à mieux faire, il luy en fit prédre le pou[r]trait sur vne sienne garce belle à merueilles, laquelle [il] luy fit voir toute nue : & depuis s'apperceuant que [le] peintre contemplant ceste garce à son plaisir, en esto[it] deuenu amoureux, luy en fit present. Ainsi le r[e]con[te] Pline. Sur ceste peinture ont esté faits beaucoup d'E[]pigrammes Grecs : desquels i'en ay mis icy vn de Leo[]nide, qui m'a semblé merueilleusement gentil.

Τὰν ἐκ χρυσέων ματρὸς ἐκ κόλπων ἔτι
Ἀφρῷ τε μορμύρεσαν εὐλεχῆ Κύπριν
Εἰδὼς Ἀπελλῆς κάλλος ἱμερώτατον,
Οὐ γραπτὸν ἀλλ' ἔμψυχον ἐξεμάξατο.
Εὖ μὲν γὰρ ἄκραις χερσὶν ἐκθλίβει κόμας,
Εὖ δ' ὀμμάτων γαλωὸς ἐκλάμπει πόθος.
Καὶ μαστὸς ἀκμῆς ἄγγελος κυδωνιᾷ.
Αὐτὰ δ' Ἀθάνα, καὶ Διὸς συνευνέτις
Φάσουσιν ὦ Ζεῦ, λῃπόμεσθα τῇ κρίσει.

Baïf aussi à la fin de ses Amours a touché ceste fable disant,

O de l'escume la fille,
Qui dessus vne coquille
A bord à Cytheres vins
Tresserer la tresse blonde
Encores moite de l'onde.

L'oignant de parfums diuins.
Tibulle, *Et faucas concha Cypria vecta tua.* En-
de) Tourner & cresper en long comme ondes. *Bru-
ment lons*) Venus est celebree par les Grecs entre
mille beautez, qu'elle a, de deux particulieres, des yeux
des cheueux bruns. *De femme humaine*) Telle est
fin d'vn Sonnet Italien, fait par Messer Lelio Ca-
lupi,

 *Di mortal donna non son laurée e bionde
Chiome di lei, ne'l parlar dolce e'l riso,
L'habito, e passi, e le serene ciglia.
 Selue vmbrose, alti monti, e limpide onde
Non celan Nympha di si chiaro viso,
Ne di guancia si bianca, e si vermiglia.*

Vec les lis les œillets mesliez
N'égalent point le pourpre de sa face:
Ny l'or filé ses cheueux ne surpasse,
Ores tressez & ores desliez.
e ses couraux en voute repliez
Naist le doux ris qui mes soucis efface:
Et à l'enuy la terre où elle passe,
Vn pré de fleurs émaille sous ses piez.
'ambre & de musq sa bouche est toute pleine.
J'ay veu souuent au milieu d'vne plaine,
Quand l'air tonnant se creuoit en cent lieux,
n front serein, qui des Dieux s'est fait maistre,
De Iupiter rasserener la destre,
Et tout le ciel obeir à ses yeux.

MVRET.

Auec les lis) Il raconte les merueilleux effects de la
uine beauté de sa Dame. *Mesliez*) Mot Vando-
ois, pour dire meslez. *Ny l'or filé*) Ainsi dit vn Italié

nommé Antonio Francesco Rinieri,
>   *Polito or puro al Sol fiammeggia in vano*
>   *Al par de be capegli, hor cinti, hor sciolti.*

Vn pré de fleurs) Semblable est la fiction d'Ho[mere]
le parlant de Venus,

> Ἐκ δ' ἔβη αἰδοίη καλὴ θεός, ἀμφὶ δὲ ποίη
> Τοῖσιν ὑπὸ ῥαδινοῖσιν ἀέξετο.

Res la crainte & ores l'esperance
   De tous costez se campent en mon cœur:
   Ny l'vn ny l'autre au côbat n'est veinqu[eur]
Pareils en force & en perseuerance.
Ores douteux, ores plein d'asseurance,
   Entre l'espoir, le soupçon & la peur,
   Pour estre en vain de moy-mesme trompeur,
Au cœur captif ie promets deliurance.
Verray-ie point auant mourir le temps,
   Que ie tondray la fleur de son printemps,
   Sous qui ma vie à l'ombrage demeure?
Verray-ie point qu'en ses bras enlassé,
   Tantost dispos, tantost demy-lassé,
   D'vn beau souspir entre ses bras ie meure?

MVRET.

Ores la crainte) Il dit que la peur & l'esperance [com]
bombattent perpetuellement dans son esprit. Apres [il]
souhaitte de iouyr vn iour de sa Dame, & de mou[rir]
entre ses bras. *Que ie tondray la fleur de son printem[ps]*
Que ie iouyray d'elle. La locution est prinse de Pind[a]
re aux Pythies, ὅσα κλυτὰν γέρα οἱ προσενεγκεῖν, ἡ κ[αὶ]
χερσὶ μελιηδέα ποίαν. *D'vn beau souspir*) Selon c[e]
que dit Petrarque, *Vn bel morir tut a la vita honor[a.]*
Et Virgile, *Pulchrúmque mori succurrit in armis.* [Et]
Tyrtée,

                        τεθνάμε[ναι]

DES AMOVRS. 49

Τεθνάμμαι γὰ καλὸν ἐπὶ προμάχοισι πεσόντα
Ἄνδρ' ἀγαθόν.

Telle mort se souhaitoit Ouide, disant,
At mihi contingat Veneris languescere motu,
Cùm moriar, medium soluar & inter opus.
Atque aliquis, nostro lacrymans in funere, dicat,
Conueniens vitæ mors fuit ista tuæ.

Et en vn autre lieu,
Di faciant, lethi causa sit ista mei.

IE voudrois estre Ixion & Tantale,
Dessus la rouë & dans les eaux là bas,
Et nu à nu presser entre mes bras
Ceste beauté qui les Anges egale.
S'ainsin estoit, toute peine fatale
Me seroit douce, & ne me chaudroit pas
Non d'vn vautour fussé-je le repas,
Non, qui le roc remonte & redeuale.
Voir ou toucher le rond de son tetin
Pourroit changer mon amoureux destin
Aux maiestez des Princes de l'Asie:
Vn demy-dieu me feroit son baiser,
Sein contre sein mon feu desembraser,
Vn de ces Dieux qui mangent l'Ambrosie.

MVRET.

Ie voudrois estre) Il dit qu'il seroit content d'endurer les plus griefues peines, que les Poëtes disent estre aux enfers, à telle condition qu'il peust quelquefois ouyr de sa Dame: Par ce que le seul attouchement du tetin le feroit aussi heureux qu'vn Prince: le baiser le feroit demy-dieu: & le dernier poinct, le feroit aussi heureux que les dieux mesmes. Ixion) Ixion, fut fils à Iupiter. Les interpretes de Pindare disent, qu'il espousa vne nommée Die, de laquelle le pere eut à nom Deionee. Or la coustume estoit anciennement, que les nou-

C

ueaux mariez faisoient de beaux presens à ceux, desquels ils espousoient les filles. Ixion, qui estoit de me[s]-
chante nature, pria son beau-pere de venir baqueter e[n]
sa maison: & là, suyuant la coustume, receuoir les p[re]-
sens. Cependant il fit vn grand creux à l'entree du li[eu]
où se deuoit faire le festin, & l'ayant remply de cha[r]-
bons ardans, & couuert quelque peu par le dessus, fi[t]
malicieusement tomber ce pauure homme là dedâs, [&]
y mourir miserablement. L'horreur de ce crime m[it]
Ixion en si grande haine & des dieux & des homm[es]
que par vn long temps il erroit çà & là vagabond, [ne]
trouuant personne, qui le voulust receuoir. En fin Iup[i]-
ter ayant pitié de luy, le purgea de ce forfait, & le fi[t]
venir au ciel: mesmes luy porta bien tant de fa[ueur]
qu'il le faisoit ordinairement boire & mâger à sa tabl[e].
Pour cela toutesfois sa malice ne fut aucunement co[r]-
rigee. Ains vn iour entre autres, s'estant bie[n] enyuré d[e]
Nectar, & soulé d'Ambrosie, il fut bien si presomptueux que de s'adresser à Iunon, & luy tenir propos des-
honnestes: voire iusqu'à la presser de son honneur. E[lle]
le grandement courroucee, en fit le rapport à Iupit[er]
qui pour le commencement eut soupçon que sa femme eust controuué cela, à cause de la haine qu'elle po[r]-
toit à tous ceux qu'il auoit engendrez d'autre que d'[el]-
le. Parquoy voulut par certaine experience en sçauo[ir]
la verité. Si print vne nuee, de laquelle il fit vne imag[e]
moult ressemblante à Iunon, & la mit en la chamb[re]
où Ixion souloit se retirer. Lequel pensant au vray d[e]
ceste image, que ce fust Iunon, accomplit son desord[on]-
né vouloir auec elle: & dit on que de là nasquirent l[es]
Centaures, qui furent à demy-hommes, & demy-cheuaux. A ceste cause Iupiter, ne le pouuant faire mourir (parce qu'il auoit mangé de l'Ambrosie) l'enuoy[a]
tout vif aux enfers, & le fit par les mains & par les pi[eds]
attacher à vne rouë, qui tourne perpetuelleme[n]t, où il e[st]
encor' criant aux hommes, qu'ils apprennent par so[n]
exemple, à ne rendre pas mal pour bien ains à rendr[e]
la pareille à ceux qui leur auront fait plaisir. Voy Did[y]-
me tout à la fin du vingt-vniesme de l'Odyssee, & Pi[n]-

dare en l'Ode seconde des Pythies. *Et Tantale*) On raconte diuerses choses de Tantale. Les vns disent qu'il fut admis au banquet des dieux, & qu'il desroba du Nectar & de l'Ambrosie, pour en donner aux hommes qui auoient coustume de banqueter auec luy. Cela raconte Pindare aux Olympies. Les autres, comme Euripide, qu'il reuela les secrets des dieux aux hommes. D'autres encor, comme vn des interpretes de Pindare, qu'on luy auoit donné en garde vn chien, qui estoit commis à la garde du temple de Iupiter en Candie, & en auoit esté desrobé, & que quand Iupiter l'enuoya querir par Mercure, il luy dist, qu'il ne l'auoit pas. On dit aussi, que voulant festoyer les dieux, il detrencha par pieces vn sien fils nommé Pelops, & l'ayãt fait cuire, leur en voulut faire manger. Aussi grande est la varieté des sentences, quant à la peine qu'il souffre. Les vns disent, que Iupiter l'accable d'vne montaigne nõmee Sipyle. Les autres, qu'il est aux enfers pendu en l'air, ayant vne grosse pierre sur sa teste, tousiours comme preste à cheoir: & que par ainsi il est tourmété par vne continuelle crainte. Les autres, desquels l'opinion est fondee sur l'authorité d'Homere dans l'onziesme de l'Odyssée, & de tous plus communément receuë, disent qu'il est dãs l'eau iusques au méton, & dés qu'il se veut baisser, pour estancher sa soif, l'eau s'enfuit, si bien, qu'il n'en sçauroit prendre vne goute. Disent dauantage, qu'il est entourné de beaux arbres, cõme põmiers, poiriers, grenadiers, & tels autres, qui luy apportent le fruict tout aupres des mains, & quand il en cuide prendre, les arbres se haussent soudain, tellement qu'il n'y peut atteindre. *S'ainsin estoit*) Si ainsin pour Ainsi, à cause de la voyelle qui s'ensuit: à la maniere des Grecs, qui disent ἐσὶν pour ἐσί, & γλαῦκος ἔπικεν ἀμύμονα Βελλεροφόντην, pour ἔπικε, & ainsi des autres. *Non d'vn vautour fussé-ie le repas.*) Non, quãd bien vn vautour se deuroit repaistre de moy, comme on dit, qu'il fait de Titye: duquel les Poëtes disent, que pour auoir voulu forcer Latone, il fut tué à coups de sagettes par Apollon & Diane: & apres, aux enfers estendu de son long:

C ij

& dit on, qu'il couure de son corps quatre arpens & demy de terre: là où deux vautours (les autres n'y en mettent qu'vn) luy rongent perpetuellement le foye. Homere en fait mention dans l'vnziesme de l'Odyssée, Pindare aux Pythies, Virgile au sixiesme, & plusieurs autres. *Non, qui le roc remonte & redeuale*) C'est à dire, non, fussé-ie celuy qui remonte & redeuale le roc. Ceste maniere de parler n'est pas encore vsitee entre les François: mais elle est diuinement bonne toutesfois, & poëtique autant qu'il est possible. *Non, qui le roc*) Il entend Sisyphe, lequel Homere dit auoir esté le plus fin homme de tous ceux qui iamais furent. Estant pres de sa mort, il donna charge à sa femme, qu'elle ne le fist point enseuelir. Apres estre arriué aux enfers, il se vint plaindre à Pluton, disant que sa femme ne tenoit conte de mettre son corps en terre: & fit tant par ses paroles, que Pluton luy dōna congé de sortir & reuenir encor' au monde, pour tancer & punir sa femme de ceste negligence. Depuis qu'il fut vne fois sorty, il n'y vouloit plus retourner, iusqu'à ce que Mercure vint qui l'y ramena par force. Pour punition de ceste tromperie, il fut condamné à porter vne grosse pierre au plus haut d'vne montaigne. Mais lors qu'il est presque paruenu au sommet, la pierre retombe en bas: tellement que par ce moyen sa peine est infinie. Ainsi le recite Demetri sur les Olympies de Pindare. Le commentaire sur le sixiesme de l'Iliade le recite encor autrement: mais ie n'auroy iamais fait, si ie voulois tout poursuyure. *Aux maiestez des Princes de l'Asie*) Qui est le plus fertile & le plus riche pays du monde. Ainsi Horace voulant dire, qu'il auoit esté quelquefois fort heureux, dit, qu'il a esté plus heureux que le Roy des Perses:

Persarum vigui rege beatior,

Vn demy-dieu me feroit son baiser) Ceste fin est prinse d'vn Epigramme Grec de Rufin,

Ὄμμα τ' ἔχεις Ἥρης, Μελίτη, τὰς χεῖρας Ἀθήνης,
Τοὺς μασοὺς Παφίης, τὰ σφυρὰ τῆς Θέτιδος.
Εὐδαίμων ὁ βλέπων σε, τρισόλβιος ὅστις ἀκούει,
Ἡμίθεος δ' ὁ φιλῶν, ἀθάνατος δὲ συνών.

Amour me tue, & si ie ne veux dire
  Le plaisant mal que ce m'est de mourir,
  Tant i'ay grand' peur qu'on vueille secourir
Le doux tourment pour lequel ie souspire.
Il est bien vray que ma langueur desire
  Qu'auec le temps ie me puisse guerir:
  Mais ie ne veux ma Dame requerir
Pour ma santé, tant me plaist mon martyre.
Tais-toy langueur, ie sen venir le iour,
  Que ma maistresse apres si long seiour,
  Voyant le mal que son orgueil me donne,
Qu'à la douceur la rigueur fera lieu,
  En imitant la nature de Dieu,
  Qui nous tourmente & puis il nous pardonne.

MVRET.

Amour me tue) Il reçoit tant de mal en aimant, qu'il en meurt: & prend toutesfois tant de plaisir en son tormient, qu'il ne veut point demander secours, ains attendre, qu'à la fin sa Dame de son bon gré le recompense.

Ie veux mourir pour tes beautez, Maistresse,
  Pour ce bel œil qui me prit à son hain,
  Pour ce doux ris, pour ce baiser tout plein
D'ambre & de musq, baiser d'vne Deesse.
Ie veux mourir pour ceste longue tresse,
  Pour l'embompoinct de ce trop chaste sein,
  Pour la rigueur de ceste douce main,
Qui tout d'vn coup me guerit & me blesse.
Ie veux mourir pour le brun de ce teint,

C iij

Pour ceste voix, dont le beau chant m'estreint
Si fort le cœur que seul il en dispose.
Ie veux, Amour, mourir en tes combats,
Tuant l'ardeur qu'au sang ie porte enclose
Toute vne nuit au milieu de ses bras.

MVRET.

Ie veux mourir) Il dit qu'il est content de mourir pour les beautez & bonnes graces de sa Dame, lesquelles il poursuit particulierement: mais que sur tout il souhaite de mourir, combatant per à per, en camp clos auec elle. *Qui tout d'vn coup me guerit & me blesse*) Ceste figure s'appelle en Grec ὕστερον πρότερον. Il y a vne allusion à vne fable d'Achille, laquelle ie racōteray ailleurs plus cōmodémēt. *Pour le brun de ce teint*) Pour ce teint brun, locution Grecque. *Tuant*) esteignant, amortissant.

Depuis le iour que la premiere fleche
De ton bel œil m'auança la douleur,
Et que sa blanche & sa noire couleur
Forçant ma force, au cœur me firent breche:
Ie sens en l'ame vne eternelle meche
Tousiours flambante au milieu de mon cœur,
Phare amoureux, qui guide ma langueur
Par vn beau feu qui tout le corps me seche.
Ny nuit ne iour ie ne fay que songer,
Limer mon cœur, le mordre & le ronger,
Priant Amour qu'il me trenche la vie.
Mais luy qui rit du tourment qui me poind,
Plus ie l'appelle & plus ie le conuie,
Plus fait le sourd & ne me respond point.

MVRET.

Depuis le iour) Tout ce Sonnet est assez facile de soy. *Phare*) C'estoit vne tour à l'vne des embouchures du Nil, pres d'Alexandrie, où de nuict luisoit vn flambeau pour guider les mariniers au port: duquel flambeau l'Isle & la tour ont pris le nom. φαρύγς, c'est donner lumiere.

Ny de son chef le tresor crespelu,
  Ny de son ris l'vne & l'autre fossette,
  Ny le reply de sa gorge grassette,
Ny son menton rondement fosselu,
Ny son bel œil que les miens ont voulu
  Choisir pour prince à mon ame sugette,
  Ny son beau sein dont l'Archerot me gette
Le plus agu de son trait esmoulu,
Ny son beau corps le logis des Charites,
  Ny ses beautez en mille cœurs escrites,
  N'ont asserui ma ieune affection:
Mais son esprit, dont la merueille estrange
Deuroit auoir pour sa perfection
Non mon seruice, ainçois celuy d'vn Ange.

MVRET.

Ny de son chef) Il dit qu'il n'a point esté asserui par les beautez corporelles de sa Dame, ains seulement par le bon esprit, & par l'eloquence qui est en elle. *Le tresor crespelu*) Le poil mignonnement frisé. *L'vne & l'autre fossette*) C'est vne chose bien-seante aux Damoiselles, lors qu'elles mignardent leur ris, de faire deux petites fosselettes aux deux costez de la bouche. Ou le homme bien entendu en telles affaires, le commande,

C iiij

Sint modici rictus, paruaque vtrinque lacunæ,
Et summos dentes ima labella tegant.
L'*Archerot*) Amour. *Des Charites*) Des Graces. Ie
conclud, qu'elle deuroit estre seruie d'vn Ange, &
non de luy. *Estrange*) miraculeuse, nouuelle, admirable.

Amour, Amour, que ma maistresse est belle!
Soit que i'admire ou ses yeux mes seigneurs,
Ou de son front la grace & les honneurs,
Ou le vermeil de sa léure iumelle.
Amour, Amour, que ma Dame est cruelle!
Soit qu'vn desdain rengrege mes douleurs,
Soit qu'vn despit face naistre mes pleurs,
Soit qu'vn refus mes playes renouuelle.
Ainsi le miel de sa douce beauté
Nourrit mon cœur: ainsi sa cruauté
D'vn fiel amer aigrit toute ma vie:
Ainsi repeu d'vn si diuers repas,
Ores ie vis, ores ie ne vy pas,
Egal au sort des freres d'Oebalie.

MVRET.

Amour, Amour) Il s'esmerueille de deux choses en sa
Dame: c'est à sçauoir, de la beauté & de la cruauté,
disant que ceste-là le fait viure, ceste-ci le fait mourir.
Egal au sort des freres d'Oebalie) Estant egal à Castor
& à Pollux qui viuent par rang. Ces deux furent fils à
Lede, mais Pollux fut conceu de la semence de Iupiter,
Castor, de celle de Tyndarée. Par ainsi Pollux estoit
immortel, Castor mortel. Aduint que Castor fut tué
par Meleagre, ou, comme les autres disent, par Polynice, Pollux fut de telle amour vers son frere, qu'il pria
Iupiter luy permettre de partir son immortalité auec

DES AMOVRS. 57

ues luy. Ce qui luy fut accordé, tellement qu'ils viuent & sont au Ciel par rang l'vn apres l'autre. Homere,

καὶ Λήδων εἶδον τιὼ τυνδαρέα παρακοιτιν,
Ἡρ' ὑπὸ τυνδαρέω κρατερόφρον' ἐγείνατο παῖδε,
Κάςορα θ' ἱππόδαμον, ἢ πὺξ ἀγαθὸν πολυδεύκεα.
Τὼς ἄμφω ζωὸς κατέχι φυσίζοος αἶα,
Οἳ ἢ νέρθεν γῆς τιμιὼ πρὸς Ζίωὸς ἔχοντες,
Ἄλλοτε μὲν ζώουσ' ἐτερήμεροι, ἄλλοτε δ' αὖτε
Τεθνᾶσιν. τιμιὼ δὲ λελόγχασιν ἶσα θεοῖσι.

Debalie est vne prouince de Grece, autrement dite La-
conie, pays de Castor & Pollux.

Cent fois le iour esbahi ie repense,
Que c'est qu'Amour, quelle humeur l'entre-
tient,
Quel est son arc, & quelle place il tient,
Dedans nos cœurs & quelle est son essence.
Ie cognoy bien des astres l'influence,
Comme la mer tousiours fuit & reuient,
Comme en son tour le monde se contient:
Seule me fuit d'Amour la cognoissance.
Ie suis certain qu'il est vn puissant Dieu,
Et que mobile ores il prend son lieu
Dedans mon cœur, & ores dans mes veines:
Que de nature il ne fait iamais bien,
Qu'il porte vn fruit dont le goust ne vaut rien,
Et duquel l'arbre est tout chargé de peines.

MVRET.

Cent fois le iour) Il dit qu'il ne peut aucunement
comprendre la nature & l'essence d'Amour : mais que

C 9

quant à la puissance d'iceluy, il l'experimente assez de
soy.

MIlle vrayment, & mille voudroyent bien,
Et mille encor, ma guerriere Cassandre,
Qu'en te laissant ie me voulusse rendre
Franc de ton reth pour viure en leur lien.
Las ! mais mon cœur, ainçois qui n'est plus mien,
En autre part ne sçauroit plus entendre.
Tu es sa Dame, & mieux voudroit attendre
Dix mille morts qu'il fust autre que tien.
Tant que la rose en l'espine naistra,
Tant que d'humeur le Printemps se paistra,
Tant que les Cerfs aimeront les ramées,
Et tant qu'Amour se nourrira de pleurs,
Tousiours au cœur ton nom & tes valeurs,
Et tes beautez me seront imprimées.

MVRET.

Mille vrayment) Il n'y a rien en ce Sonnet, qui ne
soit aisé de soy.

AVant qu'Amour du Chaos ocieux
Ouurist le sein qui couuoit la lumiere
Auec la terre, auec l'onde premiere,
Sans art sans forme estoient brouillez les Cieux
Tel mon esprit à rien industrieux,
Dedans mon corps, lourde & grosse matiere,
Erroit sans forme & sans figure entiere,
Quand l'arc d'Amour le perça par tes yeux.
Amour rendit ma nature parfaite,

Pure par luy mon essence s'est faite,
Il me donna la vie & le pouuoir,
Il eschaufa tout mon sang de sa flame,
 Et m'emportant de son vol, fit mouuoir
Auecques luy mes pensers & mon ame.

MVRET.

Auant qu'Amour) Les Poëtes, comme Orphée, Hesiode, Ouide, & autres disent, que deuant que le Ciel, le feu, l'air, l'eau, & la terre fussent faits, les semences & les formes de toutes ces choses-là estoyent meslées, & confondues en vne lourde, obscure, pesante, & immobile masse, qu'ils nomment Chaos. De ceste masse, ainsi que dit Orphée, Amour sortit le premier, lequel par apres separa les parties du Chaos, assignát à chacune d'icelles son lieu propre, & donnant à chacune chose sa forme. Ainsi dit nostre Autheur, que son esprit estoit morne & assoupi dás son corps, sans forme & sás mouuemét aucú, auparauát qu'il fust amoureux: Et que ce fut Amour, qui premier démesla ceste cófusion, & qui luy dóna vie & mouuemét. Ce qu'il dit icy de l'Amour, quant à la separation des parties du Chaos, il le dit en vn autre lieu, de la Paix: parce qu'Amour, Paix, & Amitié, se prennent quelquefois l'vn pour l'autre. D'où est que Cyre Theodore en vn Dialogue Grec, nómé l'Amitié bannie, dit de l'Amitié, cela mesme que nous disons icy de l'Amour. *Du Chaos*) Chaos en Grec signifie confusion. *Ocieux* Il prend Ocieux pour ce que les Latins disent, *Iners*: Ouide,
 Nec quicquam, nisi pondus iners, congestáque eodem,
 Non bene iunctarum discordia semina rerum.
 Qui couuoit la lumiere) Qui tenoit la lumiere enclose & cachee. Il dit pour la conclusion, qu'Amour seul luy a donné pouuoir, vie, & mouuement.

'Ay veu tomber (ô prompte inimitié!)
En sa verdeur mon esperance à terre,
Non de rocher, mais tendre comme verre,
Et mes desirs rompre par la moitié.
Dame, où le Ciel logea mon amitié,
Et dont la main toute ma vie enserre,
Pour vn flateur tu me fais trop de guerre,
Priuant mon cœur de ta douce pitié.
Or s'il te plaist, fay moy languir en peine:
Tant que la mort me de-nerue & de-veine
Ie seray tien. Et plus-tost le Chaos
Se troublera de sa noise ancienne
Confondant tout, qu'autre amour que la tienne
Sous autre ioug me captiue le dos.

MVRET.

J'ay veu tomber) Il se plaint que pour vn faux rapport, sa Dame estoit courroucée contre luy, l'asseurant toutefois que quelque tourment qu'elle luy sçache donner, il n'aimera iamais autre qu'elle. Le commencement est pris de la fin d'vn Sonnet de Petrarque, qui est telle,

Lasso, non di diamante, mà d'vn vetro
Veggio di man cader mi ogni speranza,
Et tutt'i miei pensier romper nel mezzo.

De-nerue & de-veine) Mots faits à l'imitation de Petrarque. c'est à dire, quand ie n'auray plus de nerfs ny de veines, mort & trespassé.

Doux parler dont les mots doucereux
Sont engrauez au fond de ma memoire:
O front, d'Amour le Trofée & la gloire,
O doux souris, O baisers sauoureux:

O cheueux dor, O coutaux plantureux
De lis, d'œillets, de porfyre & d'yuoire:
O feux iumeaux d'où le Ciel me fit boire
A si longs traits le venin amoureux:
O dents, plustost blanches perles encloses,
Léures, rubis entrerougis de roses:
O voix qui peux ainsi qu'vn enchanteur,
Coup dessus coup toute mon âme estreindre,
Pour son portrait Nature te fist peindre,
L'outil la Grace, Amour en fut l'Autheur.

MVRET.

O doux parler) Le Poëte absent de sa Dame, rememore particulierement aucunes de ses beautez, & souhaite les reuoir. *Les mots doucereux.*) Il dit nourrir la faim de sa memoire par l'appast doucereux du doux parler de sa Dame: C'est à dire, qu'il paist son esprit de la souuenance du parler d'icelle. *Trofée.*) Ainsi disoit on anciennement, quand on auoit reuestu quelque arbre ébranché, des despouilles de l'ennemy, pour monumét de victoire. Et se dit en Grec τρόπαιον, parce qu'ó auoit de coustume de le dresser, pour auoir tourné l'ennemy, lors qu'il se mettoit en fuite, qu'ils appelloiét τροπάω. *Coutaux platureux*) Il entend le col, les espaules, & le sein. Le sein abondant en ces couleurs, qu'il represente par les lis, œillets, porfyre, & iuoire. *Feux iumeaux*) Les yeux, par lesquels il dit à longs traits auoir beu le venin amoureux: ce qui se fait, parce que les rayons des yeux de la Dame sont comme voituriers de son esprit, & par la rencontre qu'ils font auecques les rayons de l'amant, se meslant parmi eux, se conduisét à son cœur, & de leur esprit estrangé empoisonnent l'esprit de celuy qui est outré. Apulée fait tresbien à ce propos, disant, *Isti oculi tui per meos oculos ad intima de-*

C vij

lapſi præcordia, acerrimum meis medullis cōmouent i‑
cendium. *Le ciel*) Selon les Aſtrologues, qui diſent les
corps inferieurs eſtre gouuernez par les celeſtes. *Boire*)
Telle maniere de parler eſt en l'Epigramme en Grec,

Οϕθαλμοὶ τέο μέχεις ἀφύετε τέκταρ ἐρώτων,
Κάλλεος ἀκρήτε ζωροπόται θρασίες.

L'outil la grace) Il dit, qu'vne des Graces ſeruit d'ou‑
til pour peindre vn ſi beau corps, & qu'Amour en fu
l'artizan.

 *Erray-ie point la ſaiſon qui m'apporte
Ou trêue ou paix, ou la vie ou la mort,
Pour edenter le ſouci qui me mord
Le cœur rongé d'vne lime ſi forte?
Verray-ie point que ma Naiade ſorte
D'entre les flots pour m'enſeigner le port?
Viendray-ie point ainſi qu'Vlyſſe à bort,
Ayant au flanc ſon linge pour eſcorte?
Verray-ie point ces clairs aſtres iumeaux,
En ma faueur, ainſi que deux flambeaux,
Monſtrer leur flame à ma carene laſſe?
Verray-ie point tant de vents s'accorder,
Et doucement mon nauire aborder,
Comme il ſouloit au haure de ſa grace?*

MVRET.

Verray-ie point) Ce Sonnet tend au meſme argu‑
ment que le precedent, quant à l'abſence de ſa Dame:
mais il le diuerſifie d'vne paſſion plus grande, accom‑
pagnée de la comparaiſon de ſoy à Vlyſſe, de ſa Dame
à Leucothée, de qui nous dirons la fable. *Edenter*)
Oſter la dent au ſouci. *Naiade*) Il appelle Caſſandre
Naiade, la comparāt à Leucothée, Nymphe de mer, di‑
te autrement Inon, fille de Cadme: laquelle par Iunon

poussée en fureur, parce qu'elle tenoit la main aux hōneurs diuins, qu'on donnoit à Bacchus, tenant entre ses bras vn sien petit fils, qui auoit nom Melicerte, s'eslança de la poincte d'vne roche en la mer: & là tous deux furent, à la requeste de leur ayeule Venus, receus par Neptune entre les Dieux marins, le nom de Melicerte changé en Palemon, & celuy d'Inon en Leucothée. Ouide au quatriesme des Metamorfoses. Ceste Deesse, comme vne tourmente eut surpris Vlysse, au partir de l'isle de Calypson, dans le vaisseau qu'il auoit luy-mesme charpenté de sa main, s'apparut à luy: & luy donnant vn couure-chef, l'aduertit qu'il s'en couurist l'estomach, & couuert en la sorte, se gettast dedans les flots, & qu'ayt pris terre, il luy regettast dedans la mer. Ce qu'Vlysse pressé des vagues fit finablement, & par le moyen du linge, vint à bord. Le conte en est au cinquiesme de l'Odysée. *Escorte*) Guide, conduite. *Astres iumeaux*) Les yeux. Il continue la metaphore de la mer. *Carene*) La pance du nauire. Partie pour le tout. *Haure*) Port.

Vel sort malin, quel astre me fit estre
Jeune & si fol, & de malheur si plein?
Quel destin fit que tousiours ie me plain
De la rigueur d'vn trop rigoureux maistre?
Quelle des Sœurs à l'heure de mon estre
Pour mon malheur noircit mon fil humain?
Quel des Démons m'eschauffant en son sein,
En lieu de laict, de soin me vint repaistre?
Heureux les corps dont la terre a les os!
Bien-heureux ceux que la nuit du Chaos
Presse au giron de sa masse brutale!
Sans sentiment leur repos est heureux:
Que suis-ie las! moy chetif amoureux,
Pour trop sentir, qu'vn Sisyphe ou Tantale?

MVRET.

Quel sort malin) Il se plaint de sa condition, laquelle il dit estre si miserable, que les morts sont heureux au pris de luy. *Quel sort malin*) Il met difference entre la fortune, & l'influxion des astres, comme quelques vns des Philosophes ont fait. *Quel astre*) Selon l'opinion des Mathematiciens, qui disent l'heur & le malheur des hommes dependre de l'influence des astres. *Quel destin*) Selon les Stoiques, qui disent toutes choses estre gouuernées par le destin. *D'vn trop rigoureux maistre*) D'Amour. *Quelle des Sœurs*) Des trois Parques filles de la Nuict, par lesquelles la vie des hommes est filée, selon les Poëtes. *Quel des Démons*) Démons, en nostre religion, sont appellez bons ou mauuais Anges. *La nuict du Chaos*) L'obscurité. *Au giron de sa masse brutale*) Dans la terre. *Qu'vn Sisyphe ou Tantale*) I'en ay desja parlé ailleurs.

D*Vin Bellay, dont les nombreuses loix*
Par vn ardeur de peuple separée,
Ont reuestu l'enfant de Cytherée
D'arcs, de flambeaux, de traits & de carquois:
Si le doux feu dont ieune tu ardois,
 Enflambe encor ta poitrine sacrée,
Si ton oreille encore se recrée,
 D'ouir les plaints des amoureuses vois:
Oy ton Ronsard qui sanglote & lamente,
 Pâle de peur, pendu sur la tormente,
 Croizant en vain ses mains deuers les Cieux,
En fraile nef sans mast voile ne rame,
Et loin du haure où pour astre Madame
Me conduisoit du Fare de ses yeux.

DES AMOVRS. 65
MVRET.

Diuin Bellay) Il escrit ce Sonnet à Ioachim du Bellay Angeuin, excellent Poëte François, comme ses Oeuures de long temps semées par toute la France, contraignent les enuieux mesme à le confesser : & le prie d'ouir les complaintes qu'il fait, pour estre absent de sa Dame, sans grande esperāce de la reuoir. Vn presque semblable Sonnet luy auoit escrit du Bellay, dans son Oliue, lequel m'a semblé bon de mettre ici,

Diuin Ronsard, qui de l'arc à sept cordes
Tiras premier au but de la Memoire
Les traits ailez de la Françoise gloire,
Que sur ton Luth hautement tu accordes:
Fameux harpeur, & prince de nos Odes,
Laisse ton Loir hautain de ta victoire,
Et vien sonner au riuage de Loire
De tes chansons les plus nouuelles modes.
Enfonce l'arc du vieil Thebain archer,
Où nul que toy ne sceut onc encocher
Des doctes Sœurs les sagettes diuines.
Porte pour may parmi le Ciel des Gaules
Le sainct honneur des Nymphes Angeuines,
Trop pesant faix pour mes foibles espaules.

Dont) Duquel. Ainsi quelquefois prennent les Latins *Vnde*. Virg. *Genus vnde Latinum*. *Les nombreuses loix*) Les carmes. νόμοι s'appelloyent anciennemēt chāsons : comme en Aristophane,

Ἐιω αὐλίαν κλαύσωμεν, ὀλύμπω νόμον.

Depuis les loix furent appellées νόμοι : parce qu'on les faisoit en vers, à fin que le peuple les chantast, & par tel moyen les retinst plus aisément en memoire. *L'enfant de Cytherée*) Amour. *Croizant en vain*) Il exprime le geste de ceux qui sont reduits à desespoir.

Vand le Soleil à chef renuersé plonge
Son char doré dans le sein du vieillard,
Et que la nuit vn bandeau sommeillard

Mouillé d'oubly dessus nos yeux alonge:
Amour adonc qui sape, mine & ronge
De ma raison le chancellant rempart,
Comme vn guerrier en diligence part,
Armant son camp des ombres & du songe.
Lors ma raison, & lors ce Dieu cruel,
Seuls per à per d'vn choc continuel
Vont redoublant mille écarmouches fortes:
Si bien qu'Amour n'en seroit le veinqueur
Sans mes pensers qui luy ouurent les portes,
Tant mes soudars sont traistres à mon cœur.

M V R E T.

Q*uand le Soleil*) Il veut representer les discours qu'il faict la nuict, pensant à sa Dame. Pour ce faire auec plus de grace, il faict côme deux capitaines, Amour & Raison. Le camp d'Amour est armé des tenebres de la nuict, & du songe. Raison a pour sa defense, le cœur, & les pensers. Il dit donc que par nuict, Amour vient dôner des escarmouches à Raison, & qu'ils se combattent long temps ensemble: mais que son cœur & ses pensers qui luy sont traistres, ouurent les portes à l'Amour, qui par ce moyen, en fin demeure veinqueur sur la Raison. *Quand le Soleil*) Description de la nuict. *Plonge son char*) Les Poëtes disent que le Soleil se plonge au soir dans l'Ocean, & en sort au matin. *Dans le sein du vieillard*) Dans le sein de Neptune, dans la mer. Il appelle Neptune vieillard, à cause de l'escume de la mer, qui est semblable à poil blanc. Ou plustost, parce que beaucoup d'anciés, comme Thales le Milesien, ont dit l'eau estre principe de toutes choses. Pour laquelle cause Pindare a dit, rien n'estre meilleur que l'eau, Ἄρıστον μὲν ὕδωρ. Homere semble auoir touché ceste opinion, disant, Ὠκεανόν τε θεῶν γένεσιν ϗ μητέρα Τηθύν. & en vn au-

re lieu, ὁ χεανός ὥσπερ γένεσις πάντεσσι τέτυκται. *Et que
la nuict*) Il feint que la nuict estend vn bandeau, duquel elle closit les yeux aux hommes, & les endort. *Sape, mine*) Saper & miner est presque tout vn. *Traistres*) Traistres icy n'a que deux syllabes. Ceste figure se nõme en Grec κρᾶσις, ου συνεκφώνησις.

 *C Omme vn Cheureil, quãd le printẽps destruit
 Du froid hyuer la poignante gelée,
 Pour mieux brouter la fueille emmiellée,
Hors de son bois auec l'Aube s'enfuit:
Et seul, & seur, loin de chiens & de bruit,
 Or' sur vn mont, or' dans vne valée,
 Or' pres d'vne onde à l'escart recelée,
Libre s'egaye où son pié le conduit:
De rets ne d'arc sa liberté n'a crainte
Sinon alors que sa vie est attainte
D'vn trait sanglant, qui le tient en langueur.
Ainsi j'alloy sans espoir de dommage,
 Le iour qu'vn œil sur l'Auril de mon âge
 Tira d'vn coup mille traits en mon cœur.*

MVRET.

Comme vn Cheureuil) Ce Sonnet est aisé de soy. Il est prins de Bembo, qui escrit ainsi:
 *Si come suol, poi che'l verno aspro e rio
  Parte, e da loco à le stagion migliori,
  Uscir col giorno la ceruetta fuori
  Del suo dolce boschetto almo natio:
 Et hor sup er vn colle, hor longo vn rio,
  Lontana de le case, e da pastori
  Gir secura pascendo herbetta e fiori
  Ouunque piu la porta il suo desio:
 Ne teme di saetta, o d'altro inganno,*

Se non quand' ella é colta in mezzo il fianco
Da buon acier, che di nascosto, scocchi.
Cosi senza temer futuro affanno
Mosß' io Donna quel di, che bei vostr' occhi
M'empiagar lasso tutto'l lato manco.

Y voir flamber au poinct du iour les roses,
Ny liz plantez sur le bord d'vn ruisseau,
Ny son de luth, ny ramage d'oyseau,
Ny dedans l'or les gemmes bien encloses,
Ny des Zephyrs les gorgettes décloses,
Ny sur la mer le ronfler d'vn vaisseau,
Ny bal de Nymphe au gazouillis de l'eau,
Ny voir fleurir au printems toutes choses,
Ny camp armé de lances herissé,
Ny antre verd de mousse tapissé,
Ny des forests les cymes qui se pressent,
Ny des rochers le silence sacré,
Tant de plaisir ne me donnent qu'vn Pre,
Où sans espoir mes esperances paissent.

MVRET.

Ny voir flamber) Il dit, qu'il n'y a chose en ce monde
qui luy donne tant de plaisir qu'vn Pré. *Les gemmes*) Les
pierres precieuses. *Des Zephyrs*) Des petits ventelets, qui
soufflent au printemps. *Au gazouillis*) Au bruit.

Edans vn pré ie veis vne Naiade,
Qui comme fleur marchoit dessus les fleurs,
Et mignottoit vn bouquet de couleurs,
Echeuelee en simple verdugade.
De son regard ma raison fut malade,

Mon front pensif, mes yeux chargez de pleurs,
Mon cœur transi : tel amas de douleurs
En ma franchise imprima son œillade.
Là ie senty dedans mes yeux couler
Un doux venin, subtil à se mesler
Où l'ame sent vne douleur extréme.
Pour ma santé ie n'ay point immolé
Bœufs ny brebis, mais ie me suis brulé
Au feu d'Amour, victime de moy-mesme.

MVRET.

Dedans vn pré) Il poursuit comme il fut surpris dedans vn pré par les beautez d'vne Naiade. Il dit apres qu'il se sacrifie luy-mesme à l'Amour.

Qvand ces beaux yeux iugeront que ie meure,
Auant mes iours me bannissant là bas,
Et que la Parque aura porté mes pas
A l'autre bord de la riue meilleure :
Antres & prez, & vous forests, à l'heure,
Pleurant mon mal, ne me dédaignez pas :
Ains donnez moy sous l'ombre de vos bras,
Vne eternelle & paisible demeure.
Puisse auenir qu'vn poete amoureux,
Ayant pitié de mon sort malheureux,
Dans vn cyprés note cet Epigramme :
CI DESSOVS GIST VN AMANT VANDOMOIS,
QVE LA DOVLEVR TVA DEDANS CE BOIS,
POVR AIMER TROP LES BEAVX YEVX DE
 SA DAME.

MVRET.

Quand ces beaux yeux) Sa vie & sa mort depend[re] des yeux de sa Dame. Par ainsi, dit-il, que quand [les] yeux l'auront condamné à mourir, il veut estre ente[rré] en quelque lieu champestre, ombrageux, à l'escart, au[ec] ques l'Epitaphe tel comme il le descrit. Voy la quatrie[s-] me Ode du quatriesme liure. *A l'autre bord*) A[ux] champs Elysees. *Dans vn Cyprés*) Parce que c'est vn [ar-] bre triste, & apte aux morts. Les anciens le disoie[nt] estre sacré à Pluton, & quand quelcun estoit mort d[e] la maison, ils mettoient des branches de Cyprés au de[-] uant pour enseigne. Quand ils brusloient le corps d[u] mort, ils entournoient tout le feu de Cyprés : ce qui[ls] faisoit, dit Varrõ, de peur que la puãteur n'offensast [les] assistans. A ce[st]e cause Virgile appelle, *Ferales cupres[si] Inuisas. Cet Epigramme*) Epigramme en Grec sign[ifie] toute inscription.

Vi voudra voir dedans vne ieunesse
La beauté iointe auec la chasteté,
L'humble douceur, la graue maiesté,
Toutes vertus & toute gentillesse:
Qui voudra voir les yeux d'vne Deesse,
Et de nos ans la seule nouueauté,
De cette Dame œillade la beauté,
Que le vulgaire appelle ma maistresse:
Il apprendra comme Amour rit & mord,
Comme il guarit, comme il donne la mort,
Puis il dira, Quelle estrange nouuelle!
Du ciel la terre empruntoit sa beauté,
La terre au ciel a maintenant osté
La beauté mesme ayant chose si belle.

MVRET.

Qui voudra voir) Il dit le comble de toutes bonnes graces estre en sa Dame. *Que le vulgaire appelle ma maistresse*) Il veut dire qu'elle est bien digne d'vn plus magnifique nom. Ce carme est mot par mot, tourné de Petrarque.

Tant de couleurs l'Arc-en-ciel ne varie
  Contre le front du Soleil radieux,
  Lors que Iunon par vn temps pluuieux
Renuerse l'eau dont la terre est nourrie:
Ne Iupiter armant sa main marrie
  En tant d'eclairs ne fait rougir les cieux,
  Lors qu'il punit d'vn foudre audacieux
Les monts d'Epire, ou l'orgueil de Carie:
Ny le Soleil ne rayonne si beau,
  Quand au matin il nous monstre vn flambeau
Tout crespu d'or, comme ie vy ma Dame
Diuersement ses beautez accoustrer,
Flamber ses yeux & ieune se monstrer,
Le iour qu'Amour ensorcela mon ame.

MVRET.

Tant de couleurs) Pour monstrer quelle estoit la beauté de sa Dame le iour qu'elle le rauit, il vse de trois comparaisons: disant, qu'en l'Arc-en-ciel ne se monstre point vne si grande, ne si belle varieté de couleurs, come elle estoit lors en sa face: qu'il ne sort point tant d'esclairs du ciel, quand il tonne, comme lors il sortit de ses yeux: que le Soleil au matin n'apparoist point si clair, comme sa face estoit claire. *Contre le front du Soleil radieux*) L'Arc-en-ciel se fait par vne reuerberation des rayons du soleil. Voy Aristote au troisiesme des Meteores. *Lors que Iunon*) Par Iunon les Poëtes n'entendent autre chose que l'air. *Renuerse*) Il dit proprement renuerse: car les vapeurs desquelles la pluye fait, sont premierement attirees de la terre. *Lors qu' punit*) Le foudre tombe souuent sur les montagnes, sur les edifices haut-esleuez. Et semble que Iupiter vueille punir, parce qu'ils approchẽt trop pres du ciel. *Les monts d'Epire*) Acroceraunes, desquels i'ay parlé deuant. *L'orgueil de Carie*) Le Mausolee, c'est à dire, le sepulchre du Roy Mausole, lequel fut si sumptueusement basty, qu'on le nombre entre les sept merueilles du monde. Voy Pline au 36. liure.

Vand i'apperçoy ton beau poil brunissant,
   Qui les cheueux des Charites efface,
   Et ton bel œil qui le Soleil surpasse,
Et ton beau teint sans fraude rougissant:
A front baissé ie pleure gemissant,
   Dequoy ie suis (faulte digne de grace)
   Sous les accords de ma lyre si basse,
   De tes beautez les honneurs trahissant.
Je connoy bien que ie deuroy me taire
   En t'adorant: mais l'amoureux vlcere
   Qui m'ard le cœur, vient ma langue enchanter.
Donque (mon Tout) si dignement ie n'vse
   L'encre & la voix à tes graces chanter,
   C'est le destin, & non l'art qui m'abuse.

MVRET.

Quand i'apperçoy) Quand il considere les excellentes beautez de sa Dame, il dit, qu'il a honte & regret de ne les pouuoir dignement descrire: cognoissant bien, qu'il faudroit se taire, ou en parler mieux. Mais la force de son amour est si grande, qu'elle le contraint d'entreprendre plus qu'il ne peut. Par ainsi dit-il, que si en ceste part il ne s'acquitte entierement de son deuoir, il ne noir, il ne s'en faut pas prendre à luy, ains à son destin, qui l'a voulu adresser en si haut lieu, que la force de ses escrits n'y peut aucunemét atteindre. *Sans fraude*) Sás fard, sans vermeillon, à la mode des Latins, *Sine dolo, arte, & fraude. Faute digne de grace*) Il confesse bien qu'il y a de la faute en luy, mais que toutesfois telle faute est digne de grace, d'autant qu'elle ne procede pas de mauuais vouloir. *De tes beautez les honneurs trahissant*) Car i'entrepren de les descrire: & apres n'en puis venir à bout.

Iel, air & vents, plains & monts descouuers,
 Tertres vineux & forests verdoyantes,
Riuages torts & sources ondoyantes,
Taillis rasez & vous bocages vers:
Antres moussus à demy front ouuers,
 Prez, boutons, fleurs & herbes rousoyantes,
Vallons bossus & plages blondoyantes,
Et vous rochers les hostes de mes vers:
Puis qu'au partir, rongé de soin & d'ire,
A ce bel œil Adieu ie n'ay sceu dire,
 Qui pres & loin me detient en esmoy,
Ie vous supply, Ciel, air, vents, monts & plaines,
Taillis, forests, riuages & fontaines,
Antres, prez, fleurs, dites-le luy pour moy.

MVRET.

Ciel, air, & vents) Contraint quelquefois de prendre congé de sa Dame, & n'ayant pas le pouuoir de luy dire Adieu, il prie toutes les choses qu'il voit, de luy dire en son nom. *Tertres vineux*) Les tertres sont plus bas & deprimez que les montagnes, sur lesquels croissent les bons vins. Virgile, *Et apertos Bacchus amat colles. Herbes rousoyantes*) Les Latins disent, *Roscidæ*, ou *orulentæ. Plages blondoyantes*) Couuertes de blez desia

meurs. Campagnes qui s'estendent d'vn long & large espace.

Oyant les yeux de ma maistresse eslue,
A qui i'ay dit, Seule à mon cœur tu plais,
D'vn si doux fruict, Amour tu me repais,
Que d'autre bien mon ame n'est goulue.
L'Archer, qui seul les bons esprits englue,
Et qui ne daigne ailleurs perdre ses traits,
Me fait de peur glacer le sang espais,
Quand ie l'aduise, ou quand ie la salue.
Non, ce n'est point vne peine qu'aimer:
C'est vn beau mal, & son feu doux-amer
Plus doucement qu'amerement nous brule,
O moy deux fois voire trois bien-heureux,
S'Amour me tue, & si pres de Tibulle
I'erre là bas sous le bois amoureux!

MVRET.

Voyant les yeux) Il prend si grand plaisir à voir les
yeux de sa Dame, qu'il trouue douce toute la peine
qu'il souffre en aimant: & dit mesmes, qu'il se tiendra
trop heureux, si Amour est cause de sa mort.
A qui i'ay dit, Seule à mon cœur tu plais) Prins d'Ouide
  Elige, cui dicas, Tu mihi sola places.
Ainsi Petrarque:
  Col dolce honor, que d'amar quella hai preso,
  A cu' io dissi, Tu sola à me piaci.
Et sen feu doux-amer) C'est ce que les Grecs disent
γλυκύπικρον. *Pres de Tibulle*) Poëte Latin, qui a diuinement traité l'amour. *Sous le bois amoureux*) Auquel il
dit, que ceux qui sont morts en aimant, demenent leurs
amours encore apres leur mort.

L'Oeil qui rendroit le plus barbare appris,
Qui tout orgueil en humblesse détrempe,
Et qui subtil affine de sa trempe
Le plus terrestre & lourd de nos esprits,

M'a tellement de ses beautez épris,
Qu'autre beauté dessus mon cœur ne rampe,
Et m'est auis, sans voir un iour la lampe
De ces beaux yeux, que la mort me tient pris.

Cela que l'air est de propre aux oiseaux,
Les bois aux cerfs, & aux poissons les eaux,
Son bel œil m'est. O lumiere enrichie

D'vn feu diuin qui m'ard si viuement,
Pour me donner l'estre & le mouuement,
Estes-vous pas ma seule Entelechie?

MVRET.

L'œil qui rendroit) Il dit que l'œil de sa Dame l'a tellement rauy, que sa vie depend entierement de la lumiere de cest œil. *Et qui subtil affine de sa trempe*) Metaphore prinse des armuriers. *Ne rampe*) Ramper est que les Latins disent, *Repere*. *La lampe*) La lumiere. *lumiere enrichie.*) Il adresse maintenant sa parole à l'œil qu'il auoit tant loué. *Ma seule Entelechie*) Ma seule perfection, ma seule ame, qui causez en moy tout mouuement tant naturel, que volontaire. Entelechie en Grec signifie perfection. Aristote dit & enseigne, que chacune chose naturelle a deux parties essentielles, est à sçauoir, la matiere, qu'il nomme ὕλη, ou τὸ ὑποκείμενον, & la forme, qu'il nomme εἶδος, μορφή, ou ἐντελέχεια. Dit en outre, que ceste forme, ou Entelechie donne essence & mouuement en toutes choses. Tellement que ce qui fait les choses pesantes tendre en bas, & les legeres en haut, n'est autre chose, que leur Entelechie. Ce qui fait que les herbes, arbres, plantes, prennent nour-

rissement & accroissement, est aussi ceste forme essentielle qui est en eux. Ce qui fait que les bestes sentent
qu'elles engendrent, qu'elles se mouuent de lieu à
autre, n'est aussi que leur Entelechie, c'est à dire, là
ame. Par ainsi ce diuin Philosophe (car ainsi me co-
traint sa grandeur de l'appeller) ce grand Aristote (duquel l'erudition a tousiours esté celebree par les doctes, & de nostre temps, en l'Vniuersité de Paris, comme à l'enuy, clabaudee par les ignorans) voulant defi-
nir l'ame, l'a dit estre ἐντελέχειαν σώματος φυσικοῦ ὀργανικοῦ
en laquelle definition le mot, Entelechie, signifie la
forme essentielle, non pas vn perpetuel mouuement,
comme l'a exposé Ciceron, qui & en cest endroit, &
en beaucoup d'autres s'est monstré assez mal-versé en
la Philosophie d'Aristote.

Q*V*and ma maistresse au monde print nai-
 sance,
  Honneur, Vertu, Grace, Sçauoir, Beauté,
Eurent debat auec la Chasteté,
 Qui plus auroit sur elle de puissance.
L'vne vouloit en auoir iouissance,
 L'autre vouloit l'auoir de son costé:
 Et le debat immortel eust esté
 Sans Iupiter qui fit faire silence.
Filles, dit-il, ce ne seroit raison
 Qu'vne vertu tint toute vne maison:
 Pource ie veux qu'appointement on face.
L'accord fut fait: & plus soudainement
 Qu'il ne l'eut dit, toutes également
 En son beau corps pour iamais eurent place.

MVRET.

Quand ma maistresse) Voulant descrire les perfectiós de sa Dame, il feint par vne belle inuention, que le jour de sa naissance suruint vne querelle entre la vertu, la grace, le sçauoir, la beauté, & la chasteté, pour sçauoir laquelle tiendroit seule son siege en si gentille creature, accomplie de tant de perfections. En fin Iupiter appointe leur different, dónant place égalemẽt à tous pour y demeurer.

De quelle plante, ou de quelle racine,
De quel vnguent, ou de quelle liqueur
Guindroy-ie bien la playe de mon cœur
Qui d'os en os incurable chemine?
Ny vers charmez, pierre ny medecine,
Drogue ny ius ne romproient ma langueur,
Tant ie sen moindre & moindre ma vigueur
Ia me trainer en la barque voisine.
Amour, qui sçais des herbes le pouuoir,
Et qui la playe au cœur m'as fait auoir,
Guary mon mal, ton art fay moy cognestre.
Pres d'Ilion tu blessas Apollon:
I'ay dans le cueur senty mesme aiguillon:
Ne blesse plus l'écholier & le maistre.

MVRET.

De quelle plante) Il prie sa Dame de luy donner guarison, tant pource qu'elle est cause de son mal, que pource que son seul regard luy peut donner allegeance. *En la barque voisine*) Dans la barque en laquelle Charon passe les ames, & les simulacres des morts: de laquelle il se sent desia voisin. Il adresse sa parole à l'A-

D iij

mour, equel il feint cognoistre la vertu des herbes, & auoir l'art de medecine mieux qu'Apollon par luy blessé.

A desia Mars ma trompe auoit choisie,
Et dans mes vers ja Francus deuisoit:
Sur ma fureur ja sa lance aiguisoit,
Epoinçonnant ma braue poesie:
J'a d'vne horreur la Gaule estoit saisie,
Et sous le fer ja Sene tre-luisoit,
Et ja Francus à Paris conduisoit
Le nom Troyen & l'honneur de l'Asie:
Quand l'Archerot emplumé par le dos,
D'vn trait certain me playant iusqu'à l'os,
De ses secrets le ministre m'ordonne.
Armes adieu. Le Myrte Pasien
Ne cede point au Laurier Delfien,
Quand de sa main Amour mesme le donne.

MVRET.

Ia desia Mars) Il dit, qu'il auoit deliberé d'escrire la Franciade, en laquelle il proposoit monstrer, comment Francus, autrement appellé Francion, fils de Hector, auec vne grande multitude de Troyés, apres que Troye fut par les Grecs mise à feu & à sang, s'en vint en France, edifia Paris, & donna commencement au peuple François: mais que s'estant desia mis à descrire toutes ces choses là d'vn stile graue, & conuenant à la matiere, il fut nauré d'Amour, & par ce moyen contraint à laisser ce tant braue suget, pour descrire les passions amoureuses. *Ia desia Mars*) Tel est vn lieu d'Ouide, au premier des Amours:

Arma graui numero, violentáque bella parabam

Dicere, materia conueniente modis:
Par erat inferior versus:risisse Cupido
Dicitur, atque vnum surripuisse pedem.
Et ia Francus) Pour entendre cecy, voy la premiere Ode du troisiesme liure. L'Archerot) Amour. Me playant) Me blessant. Le Myrte Pasien ne cede point au Laurier Delfien) C'est à dire, il n'y a pas moins de gloire à bien chanter l'amour, qu'à descrire choses plus graues. Le Myrte, ou Meurte, est arbrisseau sacré à Venus. Pasien) Venerien: parce que Venus est deesse de l'isle de Pafos. Au laurier Delfien) C'est à dire, sacré au Dieu Apollon, duquel le principal temple estoit en l'Isle nommee Delphe, que les anciens appelloient le nombril du monde.

Amour, que n'ay-ie en écriuant la grace
Diuine autant que i'ay la vilonté ?
Par mes escrits tu serois surmonté
Vieil enchanteur des vieux rochers de Thrace.
Plus haut encor que Pindare & qu'Horace,
J'appenderois à ta diuinité
Vn liure faict de telle grauité
Que du Bellay luy quitteroit la place.
Si viue encor Laure par l'Vniuers
Ne fuit volant dessus les Thusques vers,
Que nostre siecle heureusement estime,
Comme ton nom, honneur des vers François,
Victorieux des peuples & des Roys,
S'en-uoleroit sus l'aile de ma ryme.

MVRET.

Amour, que n'ay-ie) Il se deult, dequoy il n'a la grace d'escrire pareille à son vouloir: car lors, dit-il, il outrepasseroit tous tous les meilleurs Poëtes, tant anciens que nouueaux. *Vieil enchanteur*) Il entend Orfee fils d'Apollon, & de Calliope: ou, comme disent les autres, d'Oeagre, qui est vne montaigne en Thrace, & de Calliope, ou de Polymnie. D'iceluy dit on, que par la douceur de sa voix, & pour le son de sa harpe, il esmouuoit les oiseaux, les bestes sauuages, voire mesme les bois & les pierres, appaisoit les vents, arrestoit le cours des riuieres, & bref, faisoit mille autres choses incroyables. Par ainsi Pindare aux Pythies, le nomme pere de tous les Musiciens. Il raconte ces merueilles de soy aux Argonautiques (au moins si c'est luy qui les a faites) disant ainsi,

Ἔσῃ δ' ἄκρα κάρηνα, ἰδ' ἄγκια δενδρήεντα
Πηλίω, ὑψηλὰς τέμετα δρίας ἤλυθε γῆρυς.
Καί ῥ' αἱ μὲν πρόῤῥιζοι ἐπ' αὐλιον ἰθρώσκοντο,
Πέτραι τ' ἐσμαράγευν ὁτρες δ' ἀΐοντες ἀοιδῆς
Σ πάλισμος προπάροιθεν ἀλυσκάζοντες ἔμμενον,
Οἰωνοί τ' ἐκυκλεῦντο βοαύλια κενταύροιο,
Ταρσοῖς κεκμηῶσι, ἑῆς δ' ἐλάθοντο καλιῆς.

Apolloine le tesmoigne aussi sur le commencement des Argonautiques: & mesme dit, qu'on voit en Thrace quelques arbres arrengez en rond, qui le suiuirent là, dés le pays de Pierie. Les femmes de Thrace, parce que depuis la perte de sa femme Eurydice, il auoit tout le sexe feminin en haine & horreur, se mutinerent contre luy, & vn iour, ainsi qu'il chantoit, luy coururent sus, & le deschirerent en pieces. Voy Ouide en l'onzieme de la Metamorphose. *Pindare*) Prince des neuf Lyriques Grecs, lequel Horace dit estre si excellent, que qui voudroit entreprendre de l'imiter, entreprendroit vne chose du tout impossible. Thomas surnommé le Maistre, Grammairien Grec, raconte, qu'Apollon l'aimoit tant, qu'il luy enuoyoit tousiours partie des choses qui luy estoient offertes: & mesmes aux sacrifices publiques, le Prestre l'appelloit à haute voix à venir disner auec le Dieu. On dit, qu'il fit vne Hymne en la louange du Dieu Pan, auquel le Dieu print si grād plaisir, qu'il le chantoit luy mesmes par les montaignes.

DES AMOVRS. 81

Quand les Lacedemoniés mirent à sac la ville de Thebes, ils luy porterent tel honneur, que iamais personne ne voulut toucher à sa maison, deuant laquelle il auoit mis ce vers,

Πινδάρου τȣ̃ Μȣσοποιȣ̃τlω̃ ςέγον μὴ κȣίετε.

I'appenderois) Pour i'appendroy. La lettre, s, y est adioustee, à cause de la voyelle qui s'ensuit. Le mot est propre aux choses, qu'on dedie aux Dieux, lesquelles on a coustume de pendre en ceste partie du temple, qui est nommee & par les Latins, & par les Grecs, Tholus. Laure) La Dame de Petrarque. Thusques) Thoscans.

Ipé d'Amour, ma Circe enchanteresse
Dedans ses fers m'arreste emprisonné,
Non par le goust d'vn vin empoisonné,
Non par le ius d'vne herbe pecheresse.
Du fin Gregeois l'espée vangeresse,
Et le Moly par Mercure ordonné,
En peu de temps du breuuage donné
Peurent forcer la force charmeresse:
Si qu'à la fin le Dulyche troupeau
Reprint l'honneur de sa premiere peau,
Et sa prudence au-parauant peu caute.
Mais pour mon sens remettre en mon cerueau,
Il me faudroit vn Astolphe nouueau,
Tant ma raison est aueugle en sa faute.

MVRET.

Pipé d'Amour, ma Circe enchanteresse) Comparant sa Dame à Circe, il dit, qu'elle l'a tellement fasché de ses enchantemens, que la bague de Roger ne seroit pas suffisante pour le descharmer. Circe fille du Soleil, demeurante sur la coste d'Italie, fut grandement renommee pour ses enchantemens: & croyoit on que par le

D v

moyen de certain gasteau, qu'elle bailloit à manger, & d'vn vin, qu'elle mistionnoit, elle muast les hommes, les frappant de sa houssine, en tels animaux que bon luy sembloit. Vlysse, apres la desfaite de Troye, errant sur la mer, print terre pres la demeure de ladite Circe, & descouurant vne fumée en l'air, s'apperceut que le pays estoit habité. Parquoy voulant cognoistre, quelles gens y faisoient demeure, choisit par sort quelques vns de ses compaignons, & les y enuoya. Lesquels arriuez à la maison de la Nymphe, furent par elle receus, & festoyez à la mode accoustumee, si bien qu'ils furent tous changez en porcs, fors leur conducteur Euryloch, qui fuyant vint raconter a Vlysse l'estrange mesauenture de ses compaignons. Vlysse fasché pour la perte de ses soldats, delibere chaudement d'y aller luymesme : & trouue en son chemin Mercure en la forme d'vn iouuenceau, qui luy donnant la contrepoison, l'enseigna, comme il pourroit se garentir des enchantemens, & r'auoir ses hommes. Voy Homere au dixiesme de l'Odyssee, & Ouide au quatorziesme de la Metamorphose. *Herbe pecheresse*) Nuisante *Du fin Gregeois*) D'Vlysse renommé pour sa finesse, & à ceste cause nommé par Homere πολύτροπος. *L'espee vangeresse*) Parce que abordant Circe, comme Mercure l'auoit conseillé, il luy tendit l'espée nue, feignant la vouloir tuer. *Moly*) Racine d'herbe, qu'Homere descrit en ces vers,

Ρίζη μὲν μέλαν ἔσκε, γάλακτι δὲ εἴκελον ἄνθος.
Μῶλυ δέ μιν καλέουσι θεοί.

Et Ouide,
Pacifer huic dederat florem Cyllenius album,
Moly vocant superi : nigra radice tenetur.

Voy Pline au quatriesme chapitre du vingtcinquiesme liure. *Le Dulyche troupeau*) Les soldats d'Vlysse, qui estoient changez en porcs. Dulyche estoit vne Isle, de laquelle Vlysse estoit seigneur. *Astolphe nouueau*) Voyez l'Arioste, quand Astolphe remet le sens à Roland, qui estoit deuenu furieux d'amours.

DES AMOVRS. 83

Es Elemens & les Astres, à preuue
Ont façonné les rais de mon Soleil,
Vostre œil, Madame, en beauté nompareil,
Qui çà ne là son parangon ne treuue.
Dés l'onde Ibere où le Soleil s'abreuue,
  Iusqu'à l'autre onde où il perd le sommeil,
  Amour ne voit vn miracle pareil,
Sur qui le Ciel tant de ses graces pleuue.
Cet œil premier m'apprit que c'est d'aimer:
  Il vin premier tout le cœur m'entamer,
  Seruant de but à ses fleches dardées.
L'esprit par luy desira la vertu
  Pour s'en-voler par vn trac non batu
  Iusqu'au giron des plus belles Idées.

MVRET.

Les Elemens) Il dit que les Elemens, & les Astres d'vn commun accord ont rendu les yeux de sa Dame beaux en perfection. *A preuue*) A qui mieux. La metaphore semble estre prinse des harnois. *Les rais de mon Soleil*) Les beautez de madame. *Dés l'onde Ibere*) Dés la mer Occidentale. Iberes sont peuples d'Espaigne. *Iusqu'à l'autre onde où il perd le sommeil*) Iusques au Leuant. *Pleuue*) Abondamment respande. *Iusqu'au giron des plus belles Idees*) Iusqu'à la diuinité. Les Platoniques disoient en l'esprit de Dieu estre certains eternels patrons & pourtraits de toutes choses, lesquels ils nommoient Idees.

E parangonne à vos yeux ce crystal,
  Qui va mirer le meurtrier de mon ame:
  Viue par l'air il esclate vne flame,
Vos yeux vn feu qui m'est saint & fatal.

D vj

Heureux miroer, tout ainsi que mon mal
  Vient de trop voir la beauté qui m'enflame:
  Comme ie fay, de trop mirer ma Dame,
  Tu languiras d'vn sentiment egal.
Et toutesfois, enuieux, ie t'admire,
  D'aller mirer les beaux yeux où se mire
  Amour, dont l'arc dedans est recelé.
Va donq' miroer, mais sage pren bien garde
  Que par ses yeux Amour ne te regarde,
  Brulant ta glace ainsi qu'il m'a brulé.

MVRET.

Ie parangonne) Il compare les yeux de sa Dame à vn miroër, duquel elle s'alloit mirer. Apres il parle à ce miroër, & dit, qu'il l'estime trop heureux d'aller mirer vne si belle face : & craint toutesfois, que comme il a esté enflammé par le regard de sa Dame, le miroër aussi ne le soit. *Le meurtrier de mon ame*) Ce visage qui me tue. *Qui m'est saint & fatal*) Que le destin me contraint d'adorer.

NY *les combats des amoureuses nuits,*
  Ny les plaisirs que les amours conçoiuent,
  Ny les faueurs que les amans reçoiuent,
  Ne valent pas vn seul de mes ennuis.
Heureux espoir, par ta faueur ie puis
  Trouver repos des maux qui me deçoiuent,
  Et par toy seul mes passions reçoiuent
  Le doux oubly des tourmens où ie suis.
Bienheureux soit mon tourment qui r'empire,
  Et le doux ioug, sous qui ie ne respire:
  Bienheureux soit mon penser soucieux:

Bienheureux soit le doux souuenir d'elle,
Et plus heureux le foudre de ses yeux,
Qui cuist ma vie en vn feu qui me gelle.

MVRET.

Ny les combats) Il dit que l'ennuy qu'il a en aimant,
vaut plus, & luy est plus plaisant, que tous les biens
que les autres y reçoiuent. Il dit que l'esperance qu'il
a de iouyr de sa Dame, le reconforte, & luy allege ses
ennuys.

LE sang fut bien maudit de la Gorgōne face,
Qui premier engēdra les serpens venimeux!
Ha! tu deuois, Helene, en marchāt dessus eux,
Non écrazer leurs reins, mais en perdre la race.
Nous estions l'autre iour en vne verte place
Cueillans m'amie & moy des bouquets odoreux:
Vn pot de cresme estoit au milieu de nous deux,
Et du laict sur du ionc caillotté comme glace:
Quand vn serpent tortu de venin tout couuert,
Par ne sçay quel malheur sortit d'vn buisson vert
Contre le pied de celle à qui ie fay seruice,
Tout le cœur me gela, voyant ce monstre infait:
Et lors ie m'escriay, pensant qu'il nous eust fait
Moy, vn second Orphée, & elle vne Eurydice.

MVRET.

Le sang fut bien maudit) Il deteste la race inhumaine
des serpens, & dit que le sang de la Gorgonne qui les
engendra, fut bien maudit, & qu'Helene ne leur deuoit seulement froisser l'espine du dos, mais en perdre

D vij

du tout la meschante & malheureuse engeance, pour l'outrage qu'vn serpent auoit fait à sa maistresse, luy voulant mordre le pied. *Le sang fut bien maudit*) Apres que Perseus eut tranché la teste de Meduse, il la prit par les cheueux, & l'éporta par les deserts d'Afrique,& du sang qui decouloit, nasquirent toutes sortes de serpens. Voy Ouide en sa Metamorphose. *Ha! tu deuois, Helene*) Ceste fable est prise des Theriaques de Nicandre, où il raconte qu'Helene & son mary Menelas retournans de Troye, vindrent surgir à vne des bouches du Nil, qui depuis fut nommee Canope, du nom de son pilote, lequel voulant dormir de fortune, rencontra sur le sable vn serpent nommé Hæmorrhois, qui le mordit, & finalement le tua. Helene marrie de la mort de son pilote, accourut, & de colere écraza de ses pieds l'eschine de ce serpent, & luy en fit sortir les cartilages, & les nerfs qui font la ligature du dos. Depuis ceste heure-là les serpens ont tousiours glissé à dos rompu.

Εἰς ἔτυμον τροίηθεν ἰδὼς ἐχαλέψατο φύλλοις
Αἴλένη, ὅτε ῥα πολύςροιβον περὶ νεῖλον
Εςησαν, βορέαο κακὴν προφυγόντες ὁμοκλὴν
Ἦμος ἀναψύχοντα κυβερνητῆρα κάνωβον.

*P*etit barbet, que tu es bienheureux,
  Si ton bon-heur tu sçauois bien entendre,
  D'ainsi ton corps entre ses bras estendre,
Et de dormir en son sein amoureux!
Où moy ie vy chetif & langoureux,
  Pour sçauoir trop ma fortune comprendre.
  Las! pour vouloir en ma ieunesse apprendre
Trop de raisons, ie me fis malheureux.
Je voudrois estre vn pitaut de village,
  Sot, sans raison & sans entendement,
  Ou fagoteur qui trauaille au bocage:
Je n'aurois point en amour sentiment.

Le trop d'esprit me cause mon dommage,
Et mon mal vient de trop de iugement.

MVRET.

Petit barbet) Il louë le bon-heur d'vn petit chien, qui iour & nuict reposoit entre les bras de sa Dame, disant qu'il est bien-heureux de ne sentir son bien : & quant à luy, que le trop de cognoissance qu'il a de son malheur, le rend miserable, & que la raison nous est trop cher vendue, qui nous a desillé les yeux, & adressé les moyens pour estre nous-mesmes forgerons de nostre maladuenture. A la fin il souhaite auoir l'esprit aussi lourd & aussi grossier que le bucheron, qui n'imagine autre chose, que de continuer son labeur dedans les bois.

Ie trespasse entre tes bras, Madame,
Ie suis content : aussi ne veux-ie auoir
　Plus grand honneur au monde, que me voir
En te baisant, dans ton sein rendre l'ame.
Celuy dont Mars la poictrine renflame,
　Aille à la guerre : & d'ans & de pouuoir
　Tout furieux, s'esbate à receuoir
　En sa poitrine vne Espagnole lame :
Moy plus couard, ie ne requier sinon
　Apres cent ans sans gloire & sans renom
　Mourir oisif en ton giron, Cassandre.
Car ie me trompe, ou c'est plus de bon-heur
　D'ainsi mourir, que d'auoir tout l'honneur
　D'vn grand Cesar, ou d'vn foudre Alexandre.

MVRET.

Si ie trepaſſe) A la maniere des Poëtes, il dit, que les autres taſchent à s'acquerir gloire par hautes entrepriſes, & faicts de guerre : car quant à ſoy, il aime mieux n'auoir point de renom, & mourir entre les bras de ſa Dame. Ainſi Tibulle,
Nunc leuis eſt tractanda Venus, dum frangere poſtes
  Non pudet, & rixas inſeruiſſe iuuat.
Hic ego dux, miléſque bonus: vos ſigna, tubǽque
  Ite procul, cupidis vulnera ferte viris.
      Et Properce,
Multi longinquo periere in amore libenter,
  In quorum numero me quoque terra tegat.
Non ego ſum laudi, non natus idoneus armis:
  Hanc me militiam fata ſubire volunt.

Que d'auoir tout l'honneur) Côtre l'opiniô d'Achille, qui aima mieux eſtendre ſa renommee, que ſa vie : come il dit luy meſme au premier de l'Iliade. Mais toutesfois apres ſa mort il s'en repentit, confeſſant à Vlyſſe, qu'il aimeroit mieux viure, & eſtre ſeruiteur de quelque pauure laboureur, que d'eſtre là bas, ayant empire ſur tous les morts. Voy l'onzieſme de l'Odyſſee. C'eſt ce que dit Iſigenie en Euripide, que celuy eſt inſenſé, qui deſire mourir, & que la plus malheureuſe vie vaut mieux que la plus belle mort.

  - Μαίνεται δ' ὅς εὔχεται
Θανεῖν, κακῶς ζῆν κρεῖσσον ἢ θανεῖν καλῶς.

Ou d'vn foudre Alexandre) Alexandre fut ſemblable à la prompte execution d'vne foudre, en paſſant par l'Aſie. Foudre eſt maſculin & feminin, comme Nauire, & mille autres tels mots.

POur voir enſemble & les champs & le bort,
  Où ma guerriere auec mon cœur demeure,
  Alme Soleil, demain auant ton heure
Monte en ton char & te haſte bien fort.

Voyci les champs où l'amoureux effort
De ses beaux yeux ordonne que ie meure
Si doucement, qu'il n'est vie meilleure
Que les soupirs d'vne si douce mort!
Dessus vn tertre esloigné du riuage
Reluist à part l'angelique visage,
Mon seul thresor qu'auarement ie veux.
Là ne se voit fonteine ny verdure,
Qui ne remire en elle la figure
Des ses beaux yeux & de ses beaux cheueux.

MVRET.

Pour voir ensemble) Se deliberant d'aller le lendemain voir sa Dame, il prie le Soleil de se leuer plustost que de coustume. Telle inuention est en vn Sonnet de Bembo,

Sorgi da l'onde auanti à l'vsat' hora
Di mane, o Sole. & ratto à noi ritorna:
Ch'io possa il Sol, che le mie notti aggiorna,
Veder piu tosto, & du medesmo anchora.

Pour voir ensemble) Afin que nous deux allions voir ensemble. *Alme Soleil*) Les Latins donnent à certains Dieux ceste Epithete, *Almus*, comme à Veste, qui est la terre: à Venus, à Ceres, au Soleil: parce que d'iceux depend la nourriture des hommes. Les Italiens n'ayans autre mot propre à exprimer la force du Latin, ont en leur langue dit, *Almo*. Parquoy, veu que les François n'en ont point, il ne doit sembler estrange, si le Poëte à l'exemple des Italiens, a dit Alme. *Voicy les champs*) La contrée. *Auarement*) Conuoiteusement.

PArdonne moy, Platon, si ie ne cuide
Que sous le rond de la voute des Dieux,
En l'air en l'eau en la terre & aux lieux
Que Styx entourne, il n'y ait quelque vuide.

Si l'air est plein en sa voute liquide,
  Qui reçoit donc tant de pleurs de mes yeux,
  Tant de soupirs que ie sanglote aux cieux,
  Lors qu'à mon dueil Amour lasche la bride?
Il est du vague, ou si point il n'en est,
  D'vn air pressé le comblement ne naist:
  Plus-tost le ciel, qui piteux se dispose
A receuoir l'effet de mes douleurs,
  De toutes parts se comble de mes pleurs,
  Et de mes vers qu'en mourant ie compose.

MVRET.

Pardonne moy) Les anciens ont esté en grand doute, s'il y a du vuide ou non. Leucippe, Democrite, Epicure, disoient qu'ouy, & que si tout estoit plein, il n'y auroit point de mouuement. Leurs raisons sont amplement deduites par Lucrece au premier liure. Les autres, cóme les Stoïques, disoient bien, sous le ciel n'estre rien de vuide: mais que par de là le ciel estoit vn vuide infiny. Toutesfois la plus receuë, &, comme ie croy, la plus vraye opinion est celle de Platon, d'Aristote, d'Empedocle, affermans ne sous le ciel, ne delà le ciel, rié n'estre vuide, & que ce qui nous pourroit sembler vuide, est plein d'vn air, lequel se pressant, cede, & donne lieu aux corps fermes & solides. Voy Aristote au quatriesme de sa Physique, & Ierosme Cardan au premier liure de ses Subtilitez. L'Auteur toutesfois vsant du priuilege des Poëtes, ausquels il a tousiours esté libre d'affermer choses faulses, & impugner choses vrayes, ainsi que bon leur a semblé pour mieux adapter le tout à leurs conceptions, feint icy ne pouuoir approuuer ceste derniere opinion, disant, qu'il iette tant de soufpirs & de pleurs, qu'il faut necessairement qu'il y ait quelque vuide pour les receuoir. A la fin il dit, que si tout est plein, ce n'est pas de l'air, ains plustost des pleurs, des

soupirs qu'il iette,& des carmes qu'il compose. *Styx*)
Vn des cinq fleuues d'Enfer. *Liquide*) Clair, transparent.
Du vague) Du vuide.

    IE meurs, Paschal, quand ie la voy si belle,
      Le front si beau, & la bouche & les yeux,
      Yeux le logis d'Amour victorieux,
    Qui m'a blessé d'vne fleche nouuelle.
Ie n'ay ny sang, ny veine, ny moüelle,
    Qui ne se change: & me semble qu'aux cieux
    Ie suis rauy, assis entre les Dieux,
    Quand le bon-heur me conduit aupres d'elle.
Ha! que ne suis-ie en ce monde vn grand Roy?
Elle seroit ma Royne aupres de moy:
    Mais n'estant rien, il faut que ie m'absente
De sa beauté dont ie n'ose approcher,
    Que d'vn regard transformer ie ne sente
    Mes yeux en fleuue, & mon cœur en rocher.

MVRET.

Ie meurs Paschal) Ce Sonnet est assez aisé de soy.
Il appert par ce Sonnet, & plusieurs autres, qu'ils ne
sont tous faicts pour Cassandre, mais pour d'autres qu'il
a aimees.

    CHere maistresse à qui ie doy la vie,
      Le cœur, le corps & le sang & l'esprit,
      Voyant tes yeux Amour mesme m'apprit
    Toute vertu que depuis i'ay suiuie.
Mon cœur ardent d'vne amoureuse enuie
    Si viuement de tes graces s'éprit,
    Qu'au seul regard de tes yeux il comprit

Que peut honneur, amour & courtoisie.
L'homme est de plomb, ou bien il n'a point d'yeux,
　　Si te voyant il ne voit tous les Cieux
　　En ta beauté qui n'a point de seconde.
Ta bonne grace vn rocher retiendroit:
　　Et quand sans iour le monde deuiendroit,
　　Ton œil si beau seroit le iour du monde.

MVRET.

Chere maistresse) Ce Sonnet est facile.

Douce beauté qui me tenez le cœur,
　　Et qui auez durant toute l'année
　　Dedans vos yeux mon ame emprisonnée,
La faisant viure en si belle langueur:
Ha! que ne puis-ie atteindre à la hauteur
　　Du Ciel tyran de nostre destinée?
　　Ie changerois sa course retournée,
Et mon malheur ie mu'rois en bon-heur.
Mais estant homme il faut qu'homme i'endure
　　Du Ciel cruel la violence dure
　　Qui me commande à mourir pour vos yeux.
Doncques ie vien vous presenter, Madame,
　　Ce nouuel an pour obeir aux Cieux,
　　Le cœur l'esprit le corps le sang & l'ame.

MVRET.

Douce beauté, qui me tenez le cœur.) Le Poëte m'a quelquefois dit, que ce Sonnet n'est fait pour representer sa passion, mais pour quelque autre dont il fut prié, desirant infiniment n'estre point recherché de tels importuns, qui luy font plus de desplaisir en luy communiquant leurs amours, qu'il n'a de plaisir à chanter les siennes.

L'Onde & le feu sont de ceste machine
Les deux seigneurs que ie sens pleinement,
Seigneurs diuins, & qui diuinement
Ainsi qu'au Tout regnoit en ma poitrine.
Bref toute chose ou terrestre ou diuine,
Doit son principe à ces deux seulement:
Tous deux en moy viuent égalemẽt,
En eux ie vy, rien qu'eux ie n'imagine.
Par eux ie nais, ie me resouls en eux,
Et tour à tour en moy logent tous deux:
Car quand mes yeux de trop pleurer i'appaise,
Par vn espoir allegeant mes douleurs,
Lors de mon cueur s'exhale vne fornaise,
Puis tout soudain recommencent mes pleurs.

MVRET.

L'onde & le feu) Nulle chose ne peut estre engendrée sans chaleur, & sans humeur. Parquoy l'Autheur dit le feu & l'eau estre principes de toutes choses: & adiouste, qu'il les sent perpetuellement en soy, ayant tousiours l'eau aux yeux, & le feu dans le cœur. *L'onde & le feu*) Ainsi Ouide au premier des Metamorfoses,

Quippe vbi temperiem sumpsere humórque, calórque,
Concipiunt, & ab his oriuntur cuncta duobus:
Cùmque sit ignis aquæ pugnax, vapor humidus omnes
Res creat: & discors concordia fatibus apta est.

Au Tout.) Au monde. τὸ πᾶν. *Tour àtour*) l'vn apres l'autre, *vicissimi.*

SI l'escriuain de la Gregeoise armée
  Eust veu tes yeux qui serf me tiennent pris,
  Les faits de Mars n'eust iamais entrepris,
Et le Duc Grec fust mort sans renommée.
Et si Pâris qui veit en la valée
  La Cyprienne & d'elle fut épris,
  T'eust veu quatriesme, il t'eust donné le pris,
Et sans honneur Venus s'en fust allée.
Mais s'il aduient ou par l'arrest des Cieux,
  Ou par le trait qui sort de tes beaux yeux,
  Que d'vn haut vers ie chante ta conqueste,
Et nouueau Cygne on m'entende crier,
  Venus n'a point ny myrte ny laurier
  Digne de toy, ny digne de ma teste.

MVRET.

Si l'escriuain) Il dit que si Homere eust veu sa Dame, il n'eust iamais escrit d'autre chose que d'elle. Si Paris l'eust veuë, il luy eust adiugé la pomme d'or, plustost qu'à Venus : Et que s'il peut chanter ses beautez, côme il a entrepris, il obtiendra vne gloire incomparable. Le Duc Grec) Achille.

POur celebrer des astres déuestus,
  L'heur qui s'escoule en celle qui me lime,
  Et pour louer son esprit qui n'estime
Que le parfait des plus rares vertus,
Et ses regars, ains traits d'Amour pointus,
  Que son bel œil au fond du cœur m'imprime,
  Il me faudroit non l'ardeur de ma ryme,
Mais l'Enthousiasme, aiguillon de Pontus.

Il me faudroit vne lyre Angeuine,
  Et vn Daurat Sereine Limousine,
  Et vn Belleau, qui viuant fut mon bien,
De mesmes mœurs, d'estude & de ieunesse,
  Qui maintenant des morts accroist la presse,
  Ayant fini son soir auant le mien.

MVRET.

Pour celebrer) Il dit, que pour louer sa Dame, il luy faudroit l'esprit de quelques Poëtes de nostre temps, lesquels il nomme. *Des astres déuestus*) Il dit, que les astres se sont despouillez de tout ce qu'ils auoyent de beau, le laissans escouler dans Cassandre. *Pontus*) Pōtus de Tyard, Poëte excellent, auteur des Erreurs amoureuses. *Lyre Angeuine*) Il entend Ioachim du Bellay. *Daurat*) Daurat est vn tresexcellent Poëte Grec & Latin, natif de Limoges, comme Alcman de Scythie: duquel les louanges sont telles, qu'il est impossible de les pouuoir exprimer: & vaut mieux, comme de Carthage, s'en taire, que d'en peu parler. *Belleau*) Belleau fut intime amy de nostre Autheur.

Stre indigent & donner tout le sien,
  Se feindre vn ris, auoir le cœur en pleinte,
  Hair le vray, aimer la chose feinte,
Posseder tout & ne iouir de rien:
Estre deliure & trainer son lien,
  Estre vaillant & couarder de crainte,
  Vouloir mourir & viure par contrainte,
Et sans profit despendre tout son bien:
Auoir tousiours pour vn seruil hommage
  La honte au front, en la main le dommage:
  A ses pensers d'vn courage hautain

Ourdir sans cesse vne nouuelle trame,
　Sont les effets qui logent en mon ame
　L'espoir douteux & le tourment certain.

MVRET.

Estre indigent) Il raconte les maux qu'il souffre
pour aimer. *Trame*) Metaphore prinse des tisserans. Il
prend trame pour la vie. La trame est le filet, ou le
sain, duquel se fait la toile.

Eil qui des miens à ton vouloir disposes,
　Comme vn Soleil, le Dieu de ma clairté:
　Ris qui forçant ma douce liberté,
Me transformas en cent metamorfoses:
Larme d'argent qui mes flammes arroses,
　Lors que tu feins de me voir mal traité:
　Main qui mon cœur captiues arresté,
　Emprisonné d'vne chaisne de roses:
Ie suis tant vostre, & tant l'affection
M'a peint au sang vostre perfection,
　Que ny le temps, ny la mort tant soit forte,
N'empescheront qu'au profond de mon sein
　Tousiours grauez en l'ame ie ne porte
Vn œil, vn ris, vne larme, vne main.

MVRET.

Oeil qui des miens) Quelquefois sa Dame luy auoit
fait tant de faueur, que de le regarder auec vn doux
souris, & luy tendre amoureusement la main. Parquoy
il print la hardiesse de luy descouurir vne partie des
passions qu'il enduroit pour elle: ce qu'il fit auecques
tant

tant de grace, qu'elle mesme esmeuë à pitié, se print à larmoyer. Ceste priuauté luy donna tant de plaisir qu'il dit que le temps ne la mort ne sçauroyent faire qu'il n'ait tousiours en memoire l'œil, le ris, la larme & la main de sa Dame.

SI seulement l'image de la chose
Fait à nos yeux la chose conceuoir,
Et si mon œil n'a puissance de voir,
Si quelqu'obiet au deuant ne s'oppose:
Que ne m'a fait celuy qui tout compose,
Les yeux plus grands, à fin de mieux pouuoir
En leur grandeur, la grandeur receuoir
Du simulachre où ma vie est enclose?
Certes le Ciel trop ingrat de son bien,
Qui seul la fit, & qui seul veit combien
De sa beauté diuine estoit l'idée,
Comme ialoux d'vn bien si precieux,
Silla le monde & m'aueugla les yeux,
Pour de luy seul seule estre regardée.

MVRET.

Si seulement) Quelques anciens ont pensé, que d'vn chacun corps sortoyent perpetuellement images, esquelles se rendans dans nostre œil, estoyent cause de la veuë. Les raisons en sont au quatriesme liure de Lucrece. Le Poëte donc se complaint, que Dieu ne luy a fait les yeux plus grands, afin qu'il peust mieux receuoir en iceux la grandeur du simulachre de sa Dame. À la fin il dit, que le Ciel, qui s'auoit fait belle en perfection, voulut luy seul en auoir la veuë, & par ainsi aueugla les hommes à l'endroit d'elle, comme indignes de la fruition d'vn si grand bien. *Silla le monde*) Luy ferma les yeux. Le mot, Siller, est propre en fauconnerie.

Sous le crystal d'vne argenteuse riue,
Au mois d'Auril vne perle ie vy,
Dont la clairté m'a tellement rauy
Qu'en mon esprit autre penser n'arriue.
Sa rondeur fut d'vne blancheur nayue,
Et ses rayons reluisoyent à l'enuy :
De l'admirer ie ne suis assouuy,
Car l'œil de voir n'est lassé tant qu'il viue.
Cent fois courbé pour la pescher à bas,
D'vn cœur ardent ie deualay le bras,
Et ia content la perle ie tenoye,
Sans vn Archer de mon bien enuieux,
Qui troubla l'eau & m'esblouit les yeux,
Pour iouyr seul d'vne si chere proye.

MVRET.

Sous le crystal) Par vne nouuelle allegorie, il descouure le commencement de son amour : disant, qu'au mois d'Auril au bord d'vne fontaine (ainsi descourant le lieu, & le temps, auquel il fut surpris) il veit vne perle belle à merueilles. Par ceste perle il entend sa Dame. Dit donc, que raui par la beauté de ceste perle, il s'efforçoit à la prendre, & desia par opinion la tenoit, quand Amour ne voulant pas qu'il eust si bon marché de tant precieuse marchandise, d'vn coup de trait le fit choir au fond, tellement que sa proye luy eschappa des mains. Vne presque pareille fiction est en Petrarque au cét cinquantehuictiesme Sonet de la premiere partie. Car l'œil de voir) Iamais les Sens ne sont

laz ny ennuyez de faire leurs functions & offices, s'ils
ne sont empeschez.

LE premier iour du mois de May, Madame,
Dedans le cœur ie senti vos beaux yeux
Bruns doux courtois rians delicieux,
Qui d'vn glaçon feroyent naistre vne flame.
De leur beau iour le souuenir m'enflame,
Et par penser i'en deuiens amoureux.
O de mon cœur les meurtriers bien-heureux!
Vostre vertu ie sens iusques en l'ame:
Yeux qui tenez la clef de mon penser,
Maistres de moy, qui peustes offenser
D'vn seul regard ma raison toute esmeue:
Si fort au cœur vostre beauté me poingt,
Que ie deuois iouir de vostre veue
Plus longuement, ou bien ne la voir point.

MVRET.

Le premier iour du mois de May, Madame) Il louë les
yeux bruns de sa Dame excellente en toute perfection.
Ce Sonnet n'appartient point à Cassandre, mais à quel-
un qui prenoit congé de sa maistresse.

SOit que son or se crespe lentement,
Ou soit qu'il vague en deux glissantes
ondes,
Qui çà qui là par le sein vagabondes,
Et sur le col nagent follastrement:
Ou soit qu'vn noud illustré richement
De maints rubis & maintes perles rondes,

E ij

Serre les flots de ses deux tresses blondes,
Mon cœur se plaist en son contentement.
Quel plaisir est-ce, ainçois quelle merueille,
  Quand ses cheueux troussez dessus l'oreille,
  D'vne Venus imitent la façon?
Quand d'vn bonnet sa teste elle Adonise,
  Et qu'on ne sçait, tant neutre elle desguise
  Son chef douteux, s'elle est fille ou garçon?

MVRET.

Soit que son or) Il dit, qu'en quelque sorte que la Dame se puisse accoustrer, toutes parures luy sont fort bien seantes. Quand d'vn bonnet sa teste elle Adonise) Quand prenant vn bonnet, elle se rend semblable à vn Adonis. Adon, ou Adonis fut le mignon de Venus, duquel ie parleray en vn autre lieu plus à plein. S'elle est fille ou garçon) Ainsi dit Horace d'vn ieune garçon nommé Gyges:

  Quem si puellarum insereres choro,
  Mirè sagaces falleret hospites,
  Discrimen obscurum, solutis
  Crinibus, ambiguóque vultu.

DE ses cheueux la rousoyante Aurore
  Espars en l'air les Indes remplissoit,
  Et ia le Ciel à longs traits rougissoit
De maint émail qui le matin decore:
Quand elle veit la Nymphe que i'adore,
  Tresser son chef, dont l'or qui iaunissoit,
  Le crespe honneur du sien esblouyssoit,
  Voire elle-mesme & tout le Ciel encore.

Lors ses cheueux vergongneuse arracha,
Et en pleurant sa face elle cacha,
Tant la beauté mortelle luy ennuie:
Puis en poussant maint soupir en auant,
De ses soupirs fist enfanter vn vent,
Sa honte vn feu, & ses yeux vne pluye.

MVRET.

De ses cheueux) Quelquefois sur le poinct du iour sa Dame s'estoit mise à la fenestre, estant encore toute escheuelée. Aduint que le temps, qui auparauant estoit clair & serein, soudainemat se change: tellement qu'il se prist à venter, à esclairer, à pleuuoir. Le Poëte dit, que ce fut l'Aurore, qui voyant les cheueux de Cassandre estre plus beaux que les siens, en eut honte & despit: Tellement que de sa rougeur furent engendrez les esclairs: des soupirs qu'elle en ietta, nasquirent les vents: & les pleurs qu'elle en respandit, furent cause de la pluye.

Pren ceste rose aimable comme toy,
Qui sers de rose aux roses les plus belles,
Qui sers de fleurs aux fleurs les plus nou-
uelles,
Dont la senteur me rauist tout de moy.
Pren ceste rose & ensemble reçoy
Dedans ton sein mon cœur qui n'a point d'ailes:
Il est constant, & cent playes cruelles
N'ont empesché qu'il ne gardast sa foy.
La rose & moy differons d'vne chose:
Vn Soleil voit naistre & mourir la rose,
Mille Soleils ont veu naistre m'amour,

E iij

*Ha, ie voudroy que telle amour esclose
  Dedans mon cœur qui iamais ne repose,
  Comme vne fleur, ne m'eust duré qu'vn iour.*

M V R E T.

Pren ceste rose) Ce Sonnet n'a besoin de commentaire.

Eufue maison, pleurer vous deuriez bien,
  Comme ie fais, pour la fascheuse absence
  De ce bel œil qui fut par sa presence
Vostre Soleil, ainçois qui fut le mien.
Las! de quels maux, Amour, & de combien
  Me gennes-tu pour toute recompense?
  Quand plein de honte à toute heure ie pense,
  Qu'en vn moment i'ay perdu tout mon bien.
Or adieu donc beauté qui me desdaignes,
  Bois & rochers, riuieres & montaignes
Pourront vous faire eslongner de mes yeux:
Mais non du cœur que prompt il ne vous suiues,
  Et plus en vous qu'en moymesme il ne viue,
  Comme en la part qu'il aime beaucoup mieux.

M V R E T.

Vefue maison) Il se plaint pour le departement de sa Dame, asseurant toutefois quelque part qu'elle soit, que son cœur sera tousiours auec elle.

Out me desplaist, mais rien ne m'est si grief
  Qu'estre absenté des beaux yeux de ma
    Dame,

DES AMOVRS. 103

Qui des plaisirs les plus doux de mon ame
En leurs rayons ont emporté la clef.
Vn torrent d'eau s'écoule de mon chef:
Et tout rempli de soupirs ie me pâme,
Perdant le feu dont la diuine flame
Seule guidoit de mes pensers la nef.
Depuis le iour que ie senti sa braise,
 Autre beauté ie n'ay veu qui me plaise,
Ny ne verray: Mais bien puissé-ie voir,
Qu'auant mourir seulement cette Fere
D'vn seul tour d'œil promist vn peu d'espoir
Au coup d'Amour dont ie me desespere.

MVRET.

Tout me desplaist) Ce Sonnet est presque pareil au precedent. *Fere*) C'est ce que les Latins & les Italiens disent, Fera. Fiere comme vne beste sauuage.

Jaloux Soleil contre Amour enuieux
Soleil masqué d'vne face blesmie,
 Qui par trois iours as retenu m'amie
Seule au logis par vn temps pluuieux:
Ie ne croy plus tant d'amours que les vieux
Chantent de toy: ce n'est que poësie.
S'il eust iadis touché ta fantaisie
D'vn mesme mal tu serois soucieux.
Par tes rayons à la poincte cornue,
 En ma faueur eusses rompu la nue,
Faisant d'obscur vn temps serein & beau.
Va te cacher, vieil Pastoureau champestre,
                    E iiij

Tu n'es pas digne au Ciel d'estre vn flambeau,
Mais vn Bouuier qui meine les bœufs paistre.

MVRET.

Ialoux Soleil) Il dit que le Soleil (car le Soleil, Phœbus, & Apollon ne sont qu'vne mesme chose) n'est digne de luire aux Cieux, mais d'estre Bouuier, comme autrefois il fut gardant les bœufs du Roy Admete sur le fleuue Amfryse en Thessalie: & que si le Soleil eust aimé autrefois, comme les Poëtes content, il eust eu pitié de luy, & eust serené le temps d'vne belle clairté afin que sa maistresse le fust venu voir.

Quand ie vous touche ou quand ie pense à vous,
  D'vne frisson tout le cœur me fretille,
Mon sang s'esmeut & d'vn penser fertile
Vn autre croist, tant le suget m'est dous.
Ie tremble tout de nerfs & de genous:
  Comme la cire au feu ie me distile:
  Ma raison tombe & ma force inutile
Me laisse freid sans haleine & sans pous.
Ie semble au mort qu'en la fosse on deuale,
  Tant ie suis haue espouuentable & pale,
  Voyant mes Sens par la mort se muer:
Et toutefois ie me plais en ma braise.
  D'vn mesme mal nous sommes tous deux aisé,
  Moy de mourir, & vous de me tuer.

DES AMOVRS. 105
MVRET.

Quand ie vous touche) L'argument est assez aisé.
Ie tremble tout de nerfs & de genoux) Prins d'Horace,
  Et cordè, & genibus tremit.

Orne de corps, & plus morne d'esprit
Je me trainois dedans ma terre morte,
Et sans sçauoir combien la Muse apporte
D'honneur aux siens, ie l'auois à mespris.
Mais dés le iour que de vous ie m'épris,
A la vertu vostre œil me fut escorte,
Et me rauit voire de telle sorte
Que d'ignorant ie deuins bien appris.
Doncques mon Tout, si ie fay quelque chose,
Si dignement de vos yeux ie compose,
Vous me causez vous mesmes tels effets.
Je pren de vous mes graces plus parfaites:
Vous m'inspirez & dedans moy vous faites,
Si ie fay bien, tout le bien que ie fais.

MVRET.

Morne de corps) Deuant qu'estre amoureux il estoit
tout morne, & de corps & d'esprit, & ne tenoit conte
des lettres, iusques à ce qu'Amour l'y excita. Parquoy
s'il fait quelque chose de bon, tout l'honneur en appartient à sa Dame. *Ma terre*) Mon corps fait de terre.

Ar l'œil de l'ame à toute heure ie voy
Ceste beauté dedans mon cœur presente:
Ny mont ny bois ny fleuue ne m'exente.

E v

Que par pensée elle ne parle à moy.
Dame, qui sçais ma constance & ma foy,
 Voy, s'il te plaist, que le temps qui s'absente,
Depuis sept ans en rien ne desaugmente
Le plaisant mal que i'endure pour toy.
De l'endurer lassé ie ne suis pas,
 Ny ne seroy-ie, allassé-ie là bas
Pour mille fois en mille corps renaistre:
Mais de mon cœur ie suis desia lassé,
 Qui me desplaist & qui plus ne peut estre
Mien comme il fut, puis que tu l'as chassé.

MVRET.

Par l'œil de l'ame) L'argument est facile. Pour mille fois en mille corps renaistre) Selon l'opinion des Pythagoriens, qui disoyent les ames passer d'vn corps en autre. Voy Ouide au dernier de la Metamorfose.

Vr le sablon la semence i'épan:
 Ie sonde en vain les abysmes d'vn gouffre:
 Sans qu'on m'inuite à toute heure ie m'ouffre,
Et sans loyer mon âge ie dépan.
En vœu ma vie à son portrait i'apan:
 Deuant son feu mon cœur se change en souffre,
 Et pour ses yeux ingratement ie souffre
Dix mille maux, & d'vn ne me repan.
Qui cognoistroit quelle trampe a ma vie,
 D'estre amoureux n'auroit iamais enuie,
 De chaud, de froid ie me sens allumer.
Tout mon plaisir est confit d'amertume:

Ie vi d'ennuy, de dueil ie me consume:
En tel estat ie suis pour trop aimer.

MVRET.

Sur le sablon) Il dit qu'Amour rend sa condition si miserable, que qui bien l'entendroit, n'auroit iamais enuie d'estre amoureux. *M'ouffre*) Pour m'offre. Ainsi disent les Grecs οὔνομα pour ὄνομα: τοῦσος pour νόσος: & les François chose pour chouse, espose, espouse, rose rouse, & mille autres: col pour cou, mol pour mou. *Quelle trampe a ma vie*) Metaphore prinse des armuriers. Petrarque en a aussi vsé, disant:

Si ch'io mi credo homai, che monti, e piagge,
E fiumi, e selue sappian di che tempre
Sia la mia vita, ch' é celata altrui.

Euant les yeux nuict & iour me reuient
Le saint pourtrait de l'angelique face:
Soit que i'escriue ou soit que i'entrelasse
Mes vers au Luth tousiours il m'en souuient.
Voyez pour Dieu comme vn bel œil me tient
En sa prison & point ne me delasse:
Qui me cherist, me soubrit, & menasse,
Et de pensee à mon dam m'entretient.
O le grand mal, quand nostre ame est saisie
Des monstres naiz dedans la fantaisie!
Le iugement est tousiours en prison.
Amour trompeur, pourquoy me fais-tu croire
Que la blancheur est vne chose noire,
Et que les Sens sont plus que la Raison!

E vj

MVRET.

Deuant les yeux) Il monstre par son exemple, que quand Amour a vnefois engraué la beauté d'vne Dame dans le cœur d'vn amant, il est impossible apres qu'elle s'en efface.

Pres ton cours ie ne haste mes pas
Pour te souiller d'vne amour deshonneste:
Demeure donq, le Locrois m'admonneste
Aux rocz Gyrez de ne te forcer pas.
Neptune oyant ses blasphemes d'abas,
Luy accabla son impudique teste
D'vn grand rocher au fort de la tempeste:
Le meschant court luy mesme à son trespas.
Il te voulut le meschant violer,
Lors que la peur te faisoit accoler
Les pieds vangeurs de la Greque Minerue:
Comme ton serf ie desire t'offrir
Mon humble cœur s'il te plaist de souffrir
Qu'en l'immolant de victime il te serue.

MVRET.

Apres ton cours) Iouant aux barres auec sa Dame, & la voyant fuir, il tasche à la retenir, disant qu'il ne la poursuit pas pour la violer: ains seulement pour luy sacrifier son cœur, si son plaisir est de le receuoir. *Le Locrois*) Il entend Aiax fils d'Oilée, lequel pour auoir voulu violer Cassandre, qui fuyant la fureur des Grecs, s'estoit retirée dans le temple de Minerue, ainsi qu'il s'en retournoit en Grece, fut par la Deesse foudroyé: comme raconte Virgile au premier de l'Eneide. Il eust toutefois esté preserué de ce danger, s'il ne se fust prins à maugréer, disant qu'é despit des Dieux il eschapperoit. Car lors Neptune courroucé, print vn quartier de quelques rochers, qui se nommoient les rochers Gyrez, & le luy lança dans la mer: à cause dequoy, bien tost apres il se noya. Voy Homere au quatriesme de l'Odyssée. *D'abas*) Du fond de la mer. *Les pieds vangeurs*) Les pieds de Minerue, qui vangea l'outrage, qu'on auoit voulu faire dans son temple.

IE suis larron pour vous aimer, Madame:
Si ie veux viure il faut que i'aille embler
De vos beaux yeux les regards, & troubler
Par mon regard le vostre qui me pâme.
De vos beaux yeux seulement ie m'affame,
Tant double force ils ont de me combler
Le cœur de ioye, & mes iours redoubler,
Ayant pour vie vn seul trait de leur flame.
Vn seul regard qu'il vous plaist me lascher,
Me paist trois iours, puis i'en reuiens chercher
Quand du premier la pasture est perdue,
Emblant mon viure en mon aduersité,
Larron forcé de chose defendue,
Non par plaisir mais par necessité.

M. VRET.

Ie suis larron pour vous aimer) Il dit qu'il ne vit que des regars de sa Dame, & qu'elle le contraint d'estre larron pour luy en desrober, à fin de viure. Pris de Petrarque.

ME souuenant du nom qu'au fond du cœur
Amour m'engraue en grosse lettre escrite,
Ici ie plante vne plante d'eslite,
Qui l'esmeraude efface de verdeur.

E vij

Tout ornement de royale grandeur,
Beauté sçauoir honneur grace & merite,
Sont pour racine à ceste Marguerite,
Qui ciel & terre emparfume d'odeur.
Diuine plante où mon espoir demeure,
La manne tombe & retombe à toute heure
Dessus ton front en tous temps nouuelet:
Iamais de toy la pucelle n'approche,
La mousche à miel, ne la faucille croche,
Ny les ergots d'vn folâtre aignelet.

MVRET.

Me souuenant) Quiconque soit celle, pour qui ce Sonet, & vn autre encore, qui est dans ce liure, ont esté faits, elle a nom Marguerite. D'où ie collige, que les Poëtes ne sont pas tousiours si passionnez, ne si constãs en amour, comme ils se font. Et combien qu'ils disent à la premiere, qu'ils peuuent aborder, que plustost ciel & terre periroiét, qu'ils en aimassent vne autre: si est-ce toutefois, que quand ils rencontrent chaussure à leur pied, leur naturel n'est pas d'en faire grand' cõscience. Aussi ne faut-il. Vne bonne souris doit tousiours auoir plus d'vn trou à se retirer. Il dit donc, qu'en honneur de ceste Marguerite, il plante vne fleur du mesme nõ: à laquelle il souhaite, qu'elle verdoye perpetuellement, sans que chose quelconque approche d'elle, qui la puisse aucunement offenser. *Qui l'esmeraude efface de verdeur*) Ainsi Petrarque,

Vn lauro verde, si che di colore
Ogni smeraldo hauria ben vinto et anco.

Tout ornement) Pettarque au mesme Sonnet,
Fama, honor, e virtute, e leggiadria,
Casta bellezza in habito celeste
Son le radici de la nobil pianta.

La pucelle) Pour te cueillir à faire vn bouquet. La

rgots) Le bout des pieds des cheureaux. Partie pour le tout.

Depuis le iour que le trait ocieux
Graua ton nom au roc de ma memoire,
Quand ton regard (où se pôpoit ta gloire)
Me fit sentir le brasier de tes yeux :
Mon cœur craignant l'ardeur de tant de feux,
Pour euiter ta nouuelle victoire,
S'alla cacher sous tes ondes d'yuoire,
Et sous l'abri de tes crespés cheueux :
Là s'enfuyant se mocque de ma playe,
Et seur du coup par tes cheueux s'egaye,
Tout resiouy des rais de ton flambeau :
Puis par coustume aimé de son hostesse,
Sans retourner au vieil logis, le laisse,
Comme vn esprit qui fuit de son tombeau.

MVRET.

Depuis le iour) Il dit que dés le iour qu'il deuint amoureux, son cœur le laissant, s'enfuit vers sa Dame, & depuis n'est voulu reuenir vers luy. *Le traict ocieux*) Le traict d'Amour qui vient d'oisiueté. *Ondes d'yuoire*) Le mouuement de ses reins, qui sont durs comme yuoire. *L'abri*) La couuerture. Ce mot, Abri, semble venir du Latin, *apricus*, combien qu'il signifie tout le contraire. Ainsi cuidé-ie que le mot, Lier, vient du Grec ?, qui a toutesfois contraire signification. *De ton flambeau*) De ton œil. *Comme vn esprit qui fuit de son tombeau*) C'est vne allusion à ce que dit Platon, que le corps n'est autre chose qu'vn tombeau de l'ame : ou bien, pris du vulgaire, qui estime que les sorciers tirent les ames des tombeaux, puis n'y veulent plus rentrer, & apres deuiennent esprits qui errent par les deserts, &

rabâtent par les maisons Parquoy les Grecs le nomment σῶμα, comme s'ils vouloient dire, σῆμα.

Le mal est grand, le remede est si bref
A ma douleur dont l'aigreur ne s'alente,
Que bas ne haut, dés le bout de la plante
Ie n'ay santé iusqu'au sommet du chef.
L'œil qui tenoit de mes pensers la clef,
En lieu de m'estre vne estoile brillante
Parmi les flots de l'Amour violente,
Contre vn despit a fait rompre ma nef.
Le soin meurtrier soit que ie veille ou songe,
Tigre affamé, de mille dents me ronge,
Pinçant mon cœur, mes poumons & mon flanc
Et le penser importun qui me presse
Comme vn vautour affamé, ne me laisse
Second Protee aux despens de mon sang.

MVRET.

Le mal est grand) Il racôte la misere & le desespoir où Amour l'a reduit. Vne estoile brillante) Estincelâte. Ma nef) Mon esperance. Il dit qu'il est vn second Protée.

Amour, si plus ma fiévre se renforce,
Si plus ton arc tire pour me blesser,
Auant mes iours i'ay crainte de laisser
Le verd fardeau de mon humaine escorce.
Ia de mon cœur ie sens moindre la force
Se transmuer pour sa mort auancer,
Deuant le feu de mon ardant penser,
Non en bois verd mais en poudre d'amorce.

DES AMOVRS. 113

Bien fut pour moy le iour malencontreux,
　Où i'auallay le bruuage amoureux,
　Qu'à si longs traicts me versoit vne œillade:
O bien-heureux! si pour me secourir,
　Dés le iour mesme Amour m'eust fait mourir
Sans me tenir si longuement malade.

MVRET.

Amour si plus) Tout ce Sonnet n'a rien, qui ne puisse aisément estre entendu. *Humaine escorce*) Sa peau, qui enuironne son corps, comme vne escorce fait le bois. Par metaphore il prend l'escorce pour la peau, & la peau pour le corps.

A souuenance à toute heure me tente
　De la mielleuse & fielleuse saison,
　Où ie perdi mes Sens & ma raison,
Qu'autre plaisir ma peine ne contente.
Ie ne veux point en la playe de tante
　Qu'Amour me fit pour auoir guerison,
　Et ne veux point qu'on m'ouure la prison
Pour affranchir autre part mon attente.
Plus que la mort ie fuy la liberté,
　Tant i'ay grand' peur de me voir escarté
　Loin du lien qui doucement m'offense:
Et m'est honneur de me voir martyrer,
　Sous vn espoir quelque iour de tirer
Vn seul baiser pour toute recompense.

MVRET.

La souuenance) Le souuenir de sa prinse, sa captiuité, & son tourment le delectent si fort, qu'il seroit marry de se voir en liberté. Car il estime que le seul espoir d'obtenir quelquefois vn baiser de sa Dame, est suffisant pour alleger toutes ses peines.

Eureux le iour, l'an, le mois & la place,
L'heure & le temps où vos yeux m'ont tué,
Sinon tué, à tout le moins mué
Comme Meduse en vne froide glace.
Il est bien vray que le trait de ma face
Me reste encor', mais l'esprit deslié
Pour viure en vous a son corps oublié,
Me laissant seul comme vne froide masse.
Aucune fois quand vous tournez vn peu
Vos yeux sur moy, alors ie sens vn feu
Qui me r'anime & rechauffe les veines:
Et fait au froid quelque petit effort.
Mais vos regars n'allongent que mes peines,
Tant le premier fut cause de ma mort!

M V R E T.

Heureux le iour) Ce Sonnet est assez aisé de soy.
Meduse) Il en a esté parlé en vn autre lieu.

Mour archer toutes ses fleches ront
D'vn coup sur moy, & ne me reconforte
D'vn seul regard celle pour qui ie porte
Le cœur aux yeux, les pensers sur le front.
D'vn Soleil part la glace qui me fond.
Et m'esbais que ma froideur n'est morte
Au raiz d'vn œil, qui d'vne flame forte
Me fait au cœur vn vlcere profond,
En tel estat ie voy languir ma vie,

Qu'aux plus chetifs ma langueur porte enuie,
Tant le mal croist, & le cœur me defaut:
Mais la douleur qui plus trouble mon ame,
O cruauté! c'est qu'Amour & madame
Sçauent mon mal, & si ne leur en chaut.

MVRET.

Amour archer) L'argument est facile. D'vn Soleil)
Il entend sa Dame.

IE vy ma Nymphe entre cent damoiselles,
Côme vn Croissant par les menus flâbeaux,
Et de ses yeux plus que les astres beaux
Faire obscurcir la beauté des plus belles.
Dedans son sein les Graces immortelles,
La Gaillardise & les Freres iumeaux
Alloient volant comme petits oiseaux
Parmy le verd des branches plus nouuelles.
Le ciel rauy, qui si belle la voit,
Roses & liz & ghirlandes pleuuoit
Tout au rond d'elle au milieu de la place:
Si qu'en despit de l'hyuer froidureux,
Par la vertu de ses yeux amoureux
Vn beau printemps s'engendra de sa face.

MVRET.

Ie vy ma Nymphe) Il descrit l'excellente beauté de
Dame, qui au milieu de l'hyuer, fit reuenir vn printemps. Comme vn Croissant) Ainsi Horace,
    -Micat inter omnes

*Iulium sidus, velut inter ignes
Luna minores.*

La Gaillardise) Que les Italiens appellét *Leggiadria:* les Latins, *Lasciuia. Les Freres iumeaux*) Les Amours. *La voit*) Pour la voyoir, la regardoit. *Ghirlandes*) Chapeaux de fleurs. Mot Italien.

Plus que les Rois, leurs sceptres & leur bien
J'aime ce front où mon Tyran se ioue,
Et le vermeil de ceste belle ioue,
Qui fait honteux le pourpre Tyrien.
Toutes beautez à mes yeux ne sont rien
Au pris du sein qui souspirant secoue
Son gorgerin sous qui doucement noue
Un petit flot de marbre Parien.
En la façon que Jupiter est aise,
Quand de son chant vne Muse l'appaise:
Ainsi ie suis de ses chansons épris,
Lors qu'à son Luth ses doigts elle embesongne,
Et qu'elle dit le branle de Bourgongne,
Qu'elle disoit le iour que ie fus pris.

MVRET.

Plus que les Rois) Il louë le front, la ioue, le sein de sa Dame, & la bonne grace qu'elle a, lors qu'elle ioue du Luth. *Mon Tyran*) Amour. *Tyrien*) De Tyros, ville de Fœnicie, d'où le meilleur pourpre estoit anciennement apporté. *Un petit flot*) Il entend vn petit tremblement de teins doucement repoussans le gorgerin. *Parien*) La durté de ses tetins aussi durs que le marbre apporté de Paros, vne isle des Cyclades. *En la façon que Iupiter est aise*) Hesiode dit que les Muses en chantant, & iouant du Luth, recreent l'esprit de Iupiter:

Ταύτης μικρῶν ἀρχώμεθα, ταῖ ὅτι πατρὶ
Ὑμνεῖται, τήρ τιςσι μέγαν νόον αἰὲν ὀλύμπω.

Este beauté de mes yeux adoree,
Qui me fait viure entre mille trespas,
Couploit mes chiens & poursuiuoit mes pas,
Ainsi qu'Adon Cyprine la doree:
Quand vne ronce en vain enamouree,
Ainsi que moy, du vermeil de ses bras,
En les baisant luy fit couler à bas
Vne liqueur de pourpre coloree.
La terre adonc qui soigneuse receut
Ce sang diuin, fertilement conceut
Pareille au sang vne rouge fleurette :
Et tout ainsi que d'Helene naquit
La fleur qui d'elle vn beau surnom aquit,
Du nom Cassandre elle eut nom Cassandrette.

MVRET.

Ceste beauté) Il raconte comme vn iour il alloit à la chasse, sa Dame, qui le suiuoit, fut picquee d'vne ronce: & que du sang qui sortit de son bras, fut soudainement engendree vne fleur, qui eut nom Cassandrette. *Ainsi qu'Adon*) Tout ainsi que Venus suiuoit Adonis allant à la chasse. Il a dit Adon, pour Adonis, par syncope. *Cyprine*) Venus. *La doree*) La belle. Ainsi l'appellent les Grecs χρυσῆ ou πολύχρυσος. Mimnerme,
ὡς ἐδέν μοι τερπνὸν ἄτερ χρυσῆς ἀφροδίτης.
Homere,
Μοῦσά μοι ἔννεπε ἔργα πολυχρύσου ἀφροδίτης.
Virgile,
*Iuppiter hæc paucis : at non Venus aurea contrà
nea refert.*

Quand vne ronce en vain enamouree) Ainſi dit Theocrite, que le ſangler, par qui Adonis fut mortellement bleſſé, eſtoit amoureux de la beauté d'iceluy. *Vne liqueur*) Il ne veut pas dire bonnement, que ce fut ſang, mais vne liqueur reſſemblante à ſang : ou à tout le moins vn ſang celeſte & diuin, tel qu'Homere le dit couler des Dieux, lors qu'ils ſont bleſſez. Tel fut le ſang de Venus bleſſée par Diomede:

- ῥέε δ' ἄμβροτον αἷμα θεοῖο
Ἰχώρ, οἷός πέρ τε ῥέει μακάρεσσι θεοῖσι.
Οὐ γὰρ σῖτον ἔδουσ', οὐ πίνουσ' αἴθοπα οἶνον.
Τ' ἕνεκ' ἀναίμονές εἰσι, καὶ ἀθάνατοι καλέονται.

Et tout ainſi que d'Helene) Pline dit, que la fleur nómee par les Latins, *Innula*, naſquit des larmes d'Helene, & pource les Grecs l'appellent *Helenium*. Ainſi dit on, que le Liz naſquit du laict de Iunon.

Vr mes vingt ans pur d'offenſe & de vice,
Guidé mal-caut, d'vn trop aueugle oiſeau,
En ieune ſang, en menton damoiſeau,
Sain & gaillard ie vins à ton ſeruice:
Mais ô cruelle, outré de ta malice,
Ie m'en retourne en vne vieille peau,
En chef griſon, en perte de mon beau:
Tels ſont d'Amour les jeux & l'exercice.
Helas, que dy-ie! où veux-ie m'en aller?
D'vn autre bien ie ne me puis ſouler.
Comme la caille, Amour, tu me fais eſtre,
Qui de poizon s'engreſſe & ſe repaiſt.
D'vn autre bien ie ne me veux repaiſtre,
Ny viure ailleurs, tant ta poizon me plaiſt.

MVRET.

Sur mes vingt ans) Il eſt aſſez aiſé de ſoy. Comme

DES AMOVRS. 119

la caille) Les cailles s'engreſſent d'Ellebore, autrement dit *veratrum*.

Iure vn moment ſans larmes ie n'ay peu
Depuis le iour que les yeux de ma Dame
Tous pleins d'amours verſerent en mon ame
Le doux venin dont mon cœur fut repeu.
Ma chere nege & mon cher & doux feu,
Voyez comment ie m'englace & m'enflame:
Comme la cire aux raions d'vne flame
Ie me conſume & vous en chaut bien peu.
Il eſt certain que ma vie eſt heureuſe
De s'écouler ioyeuſe & douloureuſe
Deſſous voſtre œil qui iour & nuit me poind.
Mais ce pendant voſtre beauté ne penſe,
Que l'amitié d'amitié ſe compenſe,
Et qu'vn amour ſans frere ne croiſt point.

MVRET.

Viure vn moment) Depuis qu'il fut amoureux, il n'a peu auoir vne ſeule heure de repos. Par ainſi prie il ſa Dame d'auoir quelque égard à la peine qu'il ſouffre: confeſſant bien qu'il eſt trop heureux de languir pour elle: mais la priāt toutefois de penſer, qu'il eſt mal-aiſé qu'vne amour croiſſe, ou dure touſiours, ſi elle n'eſt reciproque, & mutuelle. *Le doux venin*) Ainſi meſmes eſt nommé l'amour par Virgile,

Occultum inſpires ignem, fallaſque veneno.
Ma chere neige). Ce quatrain eſt prins d'vn Sonnet de Bembo,

Viua mea neue, e caro e dolce foco,
Vedete com' io aggiaccio, & com' io auampo,
Mentre, qual cera, adhor miſtampo
Al voſtro ſigno, e voi di cio cal poco.

écouler) Se fódre, s'apetiſſer. C'eſt ce que les Grecs diſent τήκω. *Que l'amitié d'amitié ſe compēſe*)Selō Martial, qui dit, —*Paule, vt ameris ama.* Et Bion en quelque fragmens, qui nous sont restez de ses Bucoliques,

Στέργετε τὰς φιλέοντας ἵν' ἢν φιλέντι, φιλῆσδε.

Et qu'vn amour sans frere ne croist point) Voyez qu'en dit Heroët en vn petit discours, qu'il en fait apres sa Parfaite amie.

D'Amour ministre & de perseuerance,
  Qui iusqu'au fond l'ame peux esmouuoir,
  Et qui les yeux d'vn aueugle sçauoir,
Et qui les cœurs voiles d'vne ignorance:
Va t'en ailleurs chercher ta demeurance,
  Va t'en ailleurs quelqu'autre deceuoir:
  Ie ne veux plus chez moy te receuoir,
Malencontreuse & maudite esperance.
Quand Iupiter ce Tyran criminel,
  Teignit ses mains dans le sang paternel,
  Dérobant l'or de la terre où nous sommes,
Il te laissa (comme vn monstre nouueau)
  Seule croupir au profond du vaisseau,
  Duquel Pandore empoisonna les hommes.

MVRET.

D'Amour ministre) L'esperance en la vie humaine produit de grands biens, & de grands maux. Par elle tel est quelquefois retenu en vie, qui autrement par la force des calamitez seroit induit à occire soy-mesme, selon le dict d'Ouide,

  Viuere spe vidi, qui moriturus erat.

Par ainsi disoit Menandre,

Ἄνθρωπος ἀτυχῶν σῴζετ' ὑπὸ τῆς ἐλπίδος.

Mais au rebours elle est quelquefois dommageable à merueilles, repaissant les hommes d'vn vain obiet,

DES AMOVRS.

leur faisant entreprendre choses, desquelles ils ne sçauroient venir à fin, par tel moyen les acheminant à vne infinité de malheurs. Et c'est ce que dit Euripide,

Ελπὶς βροτοῖς κάκιςον, ἣ πολλὰς πόλῃς
Συνῆψ᾽, ἄγκσα θυμὸν εἰς ὑπερβολὰς.

Mais aux amoureux elle est le plus souuét nuisible, les entretenant tousiours en leur folie, & empeschât qu'ils ne se desempestrent du lien d'Amour. Et combien qu'elle semble aucunement soulager leur martyre, si est-ce au vray, qu'elle ne sert sinon à plus fort les tourmenter, faisant qu'ils sont iour & nuict béans apres ce qu'ils ne peuuent obtenir: là où s'ils n'estoiét ainsi allechez par elle, le premier refus leur seruiroit de guerison. Le Poëte donc cognoissant l'esperance estre nourrice de ses afflictions, la reiette & deteste, disant que Iupiter ne l'a laissée entre les hommes, sinon pour troubler leur aise, & empescher leur felicité. Ce Sonnet est prins en partie d'vn de Bembo, qui commence,

Speme, che gli occhi nostri vele, e fasci.

Qui iusqu'au fond) Metaphore de la tourmente, quand la mer de fond en comble est esmeuë. *Et qui les yeux*) Qui voiles & bandes les yeux, & les cœurs d'vne ignorance, les asseurant de ce qui est incertain, leur persuadant de sçauoir ce qu'ils ignorent. *Quand Iupiter*) Il suit pour ceste heure l'opinion de ceux qui disent que Iupiter coupa les parties honteuses à son pere Saturne, entre lesquels est Fulgentius. *Desrobant l'or*) Mettât fin au siecle d'or, lequel les Poëtes disent auoir esté sous Saturne. Voy Ouide au premier des Metamorphoses. *Duquel Pandore*) I'ay ailleurs raconté la fable de Pandore. Hesiode dit, que tout sortit du vaisseau, fors l'Esperance, qui fut enfermee dedans,

Μούνη δ' αὐτόθι ἐλπὶς ἐν ἀρρήκτοισι δόμοισιν
Ἔνδον ἔμιμνε πίθου ὑπὸ χείλεσιν, οὐδὲ θύραζε
Ἐξέπτη.

F

Sans iugement, transporté de fureur,
Ie vay chassant vne Fere sauuage,
Or' sur vn mont, or' le long d'vn riuage,
Or' dans le bois de ieunesse & d'erreur.
I'ay pour ma lesse vn long trait de malheur,
I'ay pour limier vn violent courage :
I'ay pour mes chiens l'ardeur & le ieune âge,
I'ay pour piqueurs l'espoir & la douleur.
Mais eux voyans que plus elle est chassee
Plus fuit dauant d'vne course eslancee,
Quittent leur proye, & rebrossant vers moy
De ma chair propre osent bien leur repaistre.
C'est grand' pitié (à mon dam ie le voy)
Quand les valets commandent à leur maistre.

MVRET.

Sans iugement) Il veut dire que les affectiōs amoureuses qui luy rongent perpetuellement le cœur, le cōduisent à la mort. Mais il traite cela par vne fort gentile allegorie, comparant son amour à vne chasse, & dit que s'estāt osté hors du ioug de raison, pour s'assuietir à fureur, il poursuit vne Fere sauuage, c'est à dire sa Dame: ayant pour limier vn violent courage, & les affections en lieu d'autres chiens. Mais que ces chiens voyans que la Fere ne veut aucunement fuyr deuant eux, ains leur fait teste, si bien qu'ils ne la peuuent accrocher, de despit se ruent contre leur maistre, & le deuorent. C'est vne allusion à la fable d'Acteon, qui est recitee au troisiesme des Metamorfoses. *Vn long trait*) Vn trait est la corde, auec laquelle on mene les limiers à la chasse. Mot de venerie. *L'ardeur & le ieune âge*) Maniere de parler assez vsitee de nos Poëtes, pour dire la ieune ardeur du sang: c'est la ieunesse. *Rebrossant*) Rebrosser est vn mot de venerie, qui signifie retourner

DES AMOVRS.

auecques violence, & froissement de buissons.

LE Ciel ne veut, Dame, que ie iouysse
De ce doux bien que dessert mon deuoir:
Aussi ne veux-ie, & ne me plaist d'auoir
Sinon du mal en vous faisant seruice.
Puis qu'il vous plaist que pour vous ie languisse,
Ie suis heureux, & ne puis receuoir
Plus grand honneur, qu'en vous seruant pouuoir
Faire à vos yeux de mon cœur sacrifice.
Donc si ma main, maugré-moy, quelquefois
De l'amour chaste outrepasse les loix,
Dans vostre sein cherchant ce qui m'embrase,
Punissez-la du foudre de vos yeux,
Et la brulez: car i'aime beaucoup mieux
Viure sans mains, que ma main vous desplaise.

MVRET.

Le ciel ne veut) Il n'y a rien qui requiere grande exposition.

BIen que six ans soyent ja coulez arriere
Depuis le iour qu'Amour d'vn poignant
trait
Au fond du cœur m'engraua le portrait
D'vne humble-fiere, & fiere humble guerriere:
Suis-ie heureux d'auoir veu la lumiere
En ces ans tards, en-noblis du portrait
De sa beauté, qui mon esprit attrait
Pour prendre au ciel vne belle carriere.
Seul Auril de son ieune Printemps

F ij

En-dore, em-perle, en-frange nostre temps,
Qui n'a cogneu les vertus de ma belle,
Ny la splendeur qui reluist en ses yeux.
Seul ie l'ay veuë : aussi ie meurs pour elle,
Et plus grand heur ne m'ont donné les cieux.

MVRET.

Bien que six ans) Combien que par l'espace de six ans il ait esté en perpetuel martyre pour l'amour de sa Dame, si est-ce qu'il se sent bien-heureux d'auoir eu la veuë d'vne si excellente beauté, seul ornement de nostre aage. Il dit d'auantage, qu'il est seul qui l'a parfaitement veuë, ce qui luy a causé la mort : & que c'est le plus grand heur qu'il receut iamais. Humble-fiere) Humble en port & en maintien, mais fiere contre les prieres. D'auoir veu la lumiere) D'estre nay. En ces ans tards) En ce dernier aage. Le seul Auril de son ieune printemps) La seule beauté de sa ieunesse. En-dore, em-perle, en-frange) Orne, decore, illustre, embellist. Mots faits à l'imitation de Petrarque. Seul ie l'ay veuë) Il a dit deuant au Sonnet qui se commence, Si seulement que ne luy, ne les autres ne l'auoient veuë : maintenant il dit qu'il l'a veuë, & que les autres n'ont sçeu la voir. Mais ceste inconstance, & telles petites contradictions sont familieres aux amoureux.

Ice grand Prince artizan de la lyre,
Qui va bornant aux Indes son réueil,
Ains qui d'vn œil mal-appris au sommeil
Deçà delà toutes choses remire,
Lamente encor pour le bien où i'aspire,
Ne suis-ie heureux, puis que le trait pareil,
Qui d'outre en outre entama le Soleil,
Mon cœur entame à semblable martyre?

Je sens mon mal soulagé du plaisir,
 D'auoir osé pour compaignon choisir
 Vn si grand Dieu: ainsi par la campaigne
Le bœuf courbé dessous le ioug pesant,
 Traine le faix plus leger & plaisant,
 Quand son trauail d'vn autre s'accompaigne.

MVRET.

Si ce grand Prince) I'ay dit deuant, qu'Apollon fut amoureux de Cassandre. L'autheur dit, qu'il s'estime heureux, d'auoir vn si grand Dieu pour compagnō d'amours, & que sa peine luy en semble beaucoup plus legere. Si ce grand Prince) Apollon, le Soleil. Artizan de la Lyre) Horace baille cest epithete à Mercure,

   Te canam, magni Iouis, & Deorum
     Nuncium, curuæque lyræ parentem.
Toutes choses remire) Voit, regarde. Lisez l'Hymne d'Orphee, du Soleil.

LE petit chien, qui ma maistresse suit,
 Et qui iappant ne recognoist personne,
 Et cest oiseau, qui ses plaintes resonne,
Au mois d'Auril soupirant toute nuit:
Et la barriere où quand le chaud s'enfuit,
 Madame seule en pensant s'arraisonne,
 Et ce iardin où son pouce moissonne
Toutes les fleurs que Zephyre produit:
Et ceste dance où la fleche cruelle
 M'outre-perça, & la saison nouuelle
 Qui tous les ans rafraichist mes douleurs:
Le mesme iour, la mesme place & l'heure,

Et son maintien qui dans mon cœur demeure,
Baignent mes yeux de deux ruisseaux de pleurs.

MVRET.

Ce petit chien) Il nombre beaucoup de choses, desquelles ou le regard, ou l'ouye, luy remettant en memoire le commencement de ses amours, le contraint pleurer. *Moissonne to..tes les fleurs*) Amasse les fleurs. *Zephyre*) Qui est vn vent fort apte à la generation, à cause qu'il est chaud & humide. Iustin dit, que quand ce vent souffle, les iumens en Espaigne conçoiuent au seul hennissement des cheuaux estās à l'autre riue. Ce que certifie Virgile en ses Georgiques.

IE te hay peuple, icy m'en est tesmoin
Le Loir, Gastine, & les riues de Braye
Et la Neuffaune, & la verte saulaye
Que Sabut voit aboutir à son coin.
Là quand tout seul ie m'esgare bien loin,
Amour qui parle auecque moy, s'essaye
Non de guarir, mais rengreger ma playe
Par les deserts, qui augmentent mon soin.
Là pas à pas, Dame, ie rememore
Ton front, ta bouche & les graces encore
De tes beaux yeux trop fideles archers:
Puis figurant ta belle idole feinte
Au clair d'vne eau, ie sanglote vne pleinte,
Qui fait gemir le plus dur des rochers.

MVRET.

Ie te hay peupl.) Il dit, que les lieux frequentez luy sont en haine, & qu'il n'aime que les lieux solitaires pour mieux à son aise penser aux beautez de sa Dame, & pour librement se complaindre & souspirer. *Ie te hay peuple*) Ainsi Horace,

Odi profanum vulgus, & arceo.

Et Petrarque,

Cercato ho sempre solitaria vita
(Le riue il sanno, & le campagne, e i boschi)
Per fuggir questi ingegni sordi, e loschi,
Que la strada del ciel hanno smarrita.

Le Loir) Riuiere qui passe par Vendome. *Gastine*) Nom de forest. *Braye*) Autre petite riuiere. *La Neuf-saune*) Vn bocage appartenant a la maison de l'Auteur. *Sabut*) Colline fertile en bons vins, dont le bas est tout reuestu de saules. *Voit aboutir*) C'est à dire, qui sont le bout & le coin de ladite colline.

Non la chaleur de la terre qui fume
Aux iours d'Esté, luy creuassant le front:
Non l'Auant-chien, qui tarit iusqu'au fond
Les tiedes eaux, qu'ardant de soif il hume:
Non ce flambeau qui tout ce monde allume
D'vn bluetter qui lentement se fond:
Bref, ny l'Esté, ny ses flames ne font
Ce chaud brazier qui mes veines consume.
Vos chastes feux, esprits de vos beaux yeux,
Tous les presens que vous auez des cieux,
De mon brazier euantellent la flame:
Et soit Phœbus attelé pour marcher
Deuers le Cancre, ou bien deuers l'Archer,
Vostre œil me fait vn Esté dedans l'ame.

MVRET.

Non la chaleur) Il dit que la chaleur qu'il sent en soy, ne procede d'autre part que des beaux yeux de sa

F iiij

Dame. *Creuassant le front*) Faisant des creuasses & petites ouuertures au front de la terre. *L'Auant-chien*) C'est le nom d'vn Astre, nommé par les Grecs προκύων, par Ciceron en la traduction d'Arat, *Antecanis*, mais en prose, *Canicula*: d'où sont dits les iours Caniculiers, qui sont les plus chauds, & les plus dangereux de toute l'annee. *Ce flambeau*) Le Soleil. *D'vn bluetter*) Bluettes sont petites estinceles qu'on voit quasi se fondre par l'ær, aux plus chauds iours de l'esté. *Euantellent*) Euitent, & ralument souuent. *Phæbus*) Le Soleil. *Attelé*) Parce que les Poëtes luy donnent vn chariot. *Deuers le Cancre*) Auquel le Soleil entre, selon Ptolemee, le 17. de Iuin. *Ou bien deuers l'Archer*) Auquel il entre le 18. de Nouembre.

Si l'vn des deux, sans tant me déguiser
Le peu d'Amour que ton semblant me porte,
Ie ne sçauroy veu ma peine si forte,
Tant lamenter ne tant Petrarquiser.
Si tu le veux, que sert de refuser
Ce doux present dont l'espoir me conforte?
Sinon, pourquoy d'vne esperance morte
Me nourris-tu pour tousiours m'abuser?
L'vn de tes yeux dans les enfers me rue,
L'autre plus doux à l'enuy s'esuertue
De me pousser en Paradis encor:
Ainsi tes yeux pour causer mon renaistre,
Et puis ma mort, sans cesse me font estre
Or' vn Pollux, & ores vn Castor.

MVRET.

Di l'vn des deux) Il prie quelqu'vne (ie ne puis penser que ce soit Cassandre, car il ne parleroit pas si au-

DES AMOVRS. 129

acieusement à elle) de luy accorder rondement ce
qu'il demande, ou de luy refuser tout à plat. *Petrarqui-*
ser) Faire de l'amoureux transi, comme Petrarque. *Or'*
vn Pollux, & ores vn Castor) I'en ay raconté la fable
ailleurs.

    L'An mil cinq cens contant quarante & six,
    En ses cheueux vne Dame cruelle,
    Autant cruelle en mon endroit que belle,
Lia mon cœur de ses cheueux surpris.
Lors ie pensoy comme sot mal-appris,
    N'ay pour souffrir vne peine eternelle,
    Que les crespons de leur blonde cautelle
Deux ou trois iours sans plus me tiendroient pris.
L'an est passé, & l'autre commence ores
Où ie me voy plus que deuant encores
Pris dans leurs rets : & quand par fois la mort
Veut deslacer le lien de ma peine,
    Amour tousiours pour l'estreindre plus fort,
    Flatte mon cœur d'vne esperance vaine.

MVRET.

L'an mil cinq cens) L'argument est facile. Vne telle
description du temps est dans Petrarque,
    Mille trecento ventisette, à punto
    Su l'hora prima, il di sesto d'Aprile,
    Nel Labirinto intrai, ne veggio ond'esca.

    A Toy chaque an i'ordonne vn sacrifice,
    Fidele coin, où tremblant & poureux,
    Ie descouury le trauail langoureux

                  F y

Que i'enduroy, Dame, en voſtre ſeruice.
Vn coin meilleur plus ſeur & plus propice
　A declarer vn torment amoureux,
　N'eſt point en Cypre, ou dans les plus heureux
Vergers de Gnide, Amathonte ou d'Eryce.
Euſſé-ie l'or d'vn Prince ambitieux,
　Coin, tu ſerois vn temple precieux
　Enrichy d'or & de deſpenſe grande:
Où les amans par vn vœu ſolennel
Ioutant, lutant autour de ton autel,
S'immoleroient eux-meſmes pour offrande.

MVRET.

A toy chaque an) Il auoit trouué ſa Dame en quelque coin à l'eſcart, où s'enhardiſſant de luy deſcouurir le torment auquel il eſtoit pour l'amour d'elle, fit tant que pour ceſte fois elle fut aſſez gracieuſe enuers luy. Parquoy il rend graces à ce coin, diſant, qu'il luy ſacrifiera tous les ans, & que s'il eſtoit abondamment riche, il y edifieroit vn tresmagnifique temple en l'honneur de ſa Dame. *Cypre*) Iſle ſacree à Venus. *Gnide, Amathonte*) Villes auſſi dediees à Venus. *Eryce*) Montaigne de Sicile, où eſtoit vn beau temple de Venus.

　Onneur de May, deſpouille du Printemps,
　Bouquet tiſſu de la main qui me donte,
　Dont les beautez aux fleurettes font honte
Faiſant eſclorre vn Auril en tout temps:
Non pas du nez, mais du cœur ie te ſens
　Et de l'eſprit, que ton odeur ſurmonte:
　Et tellement de veine en veine monte,
Que ta ſenteur embaſme tous mes Sens.

suis, baise moy en lieu de nostre amie,
  Pren mes souspirs, pren mes pleurs ie te prie,
  Qui seruiront d'animer ta couleur.
Ainsi ta fleur croistra dans ma poictrine,
  Mes chauds soupirs seruiront de chaleur,
  Et mes pleurs d'eau pour te donner racine.

MVRET.

Honneur de May) Il caresse vn bouquet en ce Sonnet, & l'aime tant qu'il le veut faire coucher aupres de luy, disant, qu'il sent son odeur, non pas du nez, mais du cœur & de l'esprit.

Si l'on vous dit qu'Argus est vne fable,
  Ne le croyez bonne posterité,
  Ce n'est pas feinte, ains vne verité,
A mon malheur ie la sens veritable.
Vn autre Argus en deux yeux redoutable,
  En corps humain non feint, non inuenté,
  Espie, aguete & garde la beauté
Par qui ie suis douteux & miserable.
Quand par ses yeux Argus ne la tiendroit,
  Tousiours au col mignarde me pendroit,
  Je cognois bien sa gentille nature.
Ha! vray Argus, tant tu me fais gemir,
  A mon secours vienne vn autre Mercure,
  Non pour ta mort, mais bien pour t'endormir.

MVRET.

Si l'on vous dit) La fable d'Argus est si commune, qu'elle n'a besoin de longue interpretation. Voyez Oui-

F vj

de au 2. de la Metamorphose. *Tiendroit*) Rendroit. Ce Sonnet n'appartient en rien à Cassandre.

IE parangonne à ta ieune beauté,
  Qui tousiours dure en son printemps nouuelle,
Ce mois d'Auril qui ses fleurs renouuelle
  En sa plus gaye & verte nouueauté.
Loin deuant toy fuira la cruauté:
  Deuant luy fuit la saison plus cruelle.
Il est tout beau, ta face est toute belle:
  Ferme est son cours, ferme est ta loyauté.
Il peint les bords, les forests & les plaines,
  Tu peins mes vers d'vn bel émail de fleurs:
Des laboureurs il arrose les peines,
  D'vn vain espoir tu laues mes douleurs:
Du Ciel sur l'herbe il fait tomber les pleurs,
  Tu fais sortir de mes yeux deux fontaines.

MVRET.

Ie parangonne) C'est vne comparaison du mois d'Auril à sa Dame.

DOuce beauté meurdriere de ma vie,
  En lieu d'vn cœur tu portes vn rocher:
  Tu me fais vif languir & dessecher
Passionné d'vne amoureuse enuie.
Le ieune sang qui d'aimer te conuie,
  N'a peu de toy la froideur arracher,
Farouche, fier, & qui n'as rien plus cher

Que languir froide & n'estre point seruie.
Appren à viure, ô fiere en cruauté:
Ne garde point à Pluton ta beauté.
Par le plaisir toute espece s'engendre.
Le seul plaisir adoucist le trespas:
Car aussi bien sous la tombe là bas
Sans rien sentir le corps n'est plus que cendre.

MVRET.

Douce beauté meurdriere de ma vie) Il repréd sa maistresse qui bien qu'elle fust ieune, n'auoit le sang eschauffé d'amour. Puis il la conseille de n'attendre à se donner plaisir apres la mort, pour ce que lors nous ne sentons rien, & ne sommes que cendre & poudre. La fin de ce Sonnet est prins d'vn Epigramme Grec.

STANSES.

Quand au temple nous serons
Agenouillez, nous ferons
Les deuots selon la guise
De ceux qui pour louer Dieu
Humbles se courbent au lieu
Le plus secret de l'Eglise.
  Mais quand au lict nous serons
Entrelassez, nous ferons
Les lascifs selon les guises
Des Amans, qui librement
Pratiquent folastrement
Dans les draps cent mignardises.
  Pourquoy donque quand ie veux

F vij

Ou mordre tes beaux cheueux,
Ou baiser ta bouche aimee,
Ou toucher à ton beau sein,
Contrefais tu la nonnain
Dedans vn cloistre enfermee?

   Pour qui gardes-tu tes yeux
Et ton sein delicieux,
Ton front, ta leure iumelle?
En veux-tu baiser Pluton
Là bas apres que Charon
T'aura mise en sa nacelle?

   Apres ton dernier trespas
Gresle tu n'auras là bas
Qu'vne bouchette blesmie:
Et quand mort ie te verrois
Aux Ombres ie n'auou'rois
Que iadis tu fus m'amie.

   Ton test n'aura plus de peau,
Ny ton visage si beau
N'aura veines ny arteres:
Tu n'auras plus que les dents
Telles qu'on les voit dedans
Les testes des cimeteres.

   Donque tandis que tu vis,
Change, Maistresse, d'auis,
Et ne m'espargne ta bouche:
Incontinent tu mourras,
Lors tu te repentiras
De m'auoir esté farouche.

   Ah ie meurs! ah baise moy!
Ah, Maistresse, approche toy!

DES AMOVRS.

Tu fuis comme vn Fan qui tremble:
Au-moins souffre que ma main
S'esbate vn peu dans ton sein,
Ou plus bas, si bon te semble.

MVRET.

Ceste chanson n'appartient en rien à Cassandre.

CE ne sont qu'haims, qu'amorces &
   qu'appas
De son bel œil qui m'alléche en sa nasse,
Soit qu'elle rie ou soit qu'elle compasse
Au son du luth le nombre de ses pas.
Vne mi-nuit tant de flambeaux n'a pas,
  Ny tant de sable en Eurype ne passe,
  Que de beautez embellissent sa grace,
Pour qui i'endure vn millier de trespas.
Mais le torment qui desseche ma vie
  Est si plaisant que ie n'ay point enuie
  De m'esloigner de si douce langueur:
Ains face Amour que mort encores i'aye
  L'aigre-douceur de l'amoureuse playe,
  Que vif ie garde au rocher de mon cœur.

MVRET.

Ce ne sont qu'haims) Il dit, quoy que sa Dame face,
qu'il se sent perpetuellement attiré par la beauté de son
œil. Dit d'auantage, que les infinies beautez d'icelle
luy font souffrir vn torment égal à mille morts : mais

que ce torment luy est si doux, qu'il desire en auoir le
sentiment encor apres sa mort. *Tant de flambeaux*) D'e-
stoilles. *En Erype*) Eurype est vn destroit de mer, entre Aulide & l'isle Eubœe, flottant & reflottant ordinairement par sept fois en vingtquatre heures.

Eil dont l'esclair mes passions essuye,
Sourcil, mais ciel de mon cœur gouuerneur,
Front estoilé, Trofee à mon Seigneur,
Où son carquois & son arc il estuye:
Gorge de marbre où la Grace s'appuye,
Ioue, où se ioue Amour & mon bon-heur,
Tetin d'iuoire où se loge l'honneur,
Dont la beauté mes soucis des-ennuye:
Vous auez tant apasté mon desir,
Que pour souler ma faim & mon plaisir,
Cent fois le iour il faut que ie vous voye:
Comme vn oiseau, qui ne peut seiourner,
Sans sur les bords poissonneux retourner,
Et reuoler pour y trouuer sa proye.

MVRET.

Oeil dont l'esclair) Il se dit estre tellement apasté
des beautez de sa Dame, qu'il ne peut estre ny nuit ne
iour sans les voir. *Trofee*) Voy ce que i'ay dit sur le Sonnet qui se commence, O doux parler. *Comme vn oiseau*)
Comparaison prinse de Bembo. *Grace*) Vne Charite.

Ausse ton vol & d'vne aile bien ample,
Porté du vent, renforçant ton pouuoir,
Fay, Denisot, tes plumes émouuoir

Iufques au ciel où les Dieux ont leur temple,
Là, d'œil d'Argus leurs essences contemple,
Graces, beautez, deitez & sçauoir,
Et pour ma Dame au parfait conceuoir,
Sur les plus beaux fantastique vn exemple.
Choisis apres le teint de mille fleurs,
Et les detrampe en l'humeur de mes pleurs,
Que tiedement hors de mon chef ie rue.
Puis attachant ton esprit & tes yeux
Droit au patron desrobé sur les Dieux,
Pein, Denisot, la beauté qui me tue.

MVRET.

Hausse ton vol) Il escrit à Nicolas Denisot, duquel i'ay parlé ailleurs, & le prie, que pour peindre diuinement la parfaite beauté de Cassandre, il vole iusques au Ciel, & là soigneusement contemplant la beauté des Dieux, il fantastique, c'est à dire il imagine en son esprit, vn exemple de parfaite beauté. Apres, qu'il brasse ensemble le teint de toutes les plus belles fleurs qui soiét: & puis les destrempe auec les argétines larmes, qui coulent de ses yeux perpetuellement. Et que, ayant ainsi appresté son patron, & ses couleurs, il se mette à peindre, auec toute la plus grande diligence qu'il luy sera possible. *Ample*) large, estendue, spacieuse. *D'œil d'Argus*) On dit qu'Argus auoit cent yeux, desquels il y en auoit tousiours quatre vingts & dixhuict qui veilloiét. Voy le premier des Metamorphoses. *Fantastique*) Feit à sa fantasie vn portrait sur les plus belles deitez des Dieux. Fantastique, est icy verbe, comme souuent Folastre est verbe en nostre Auteur.

Ille de Blois,naissance de ma Dame,
Seiour des Roys & de ma volonté,
Où ieune d'ans ie me vy surmonté
Par vn œil brun qui m'outre-perça l'ame:
Chez toy ie pris ceste premiere flame,
Chez toy i'appris que peult la cruauté,
Chez toy ie vy ceste fiere beauté,
Dont la memoire encores me r'enflame.
Habite Amour en ta ville à iamais,
Et son carquois,ses lampes & ses trais
Pendent en toy le temple de sa gloire:
Paisse-il tousiours tes murailles couuer
Dessous son aile, & nud tousiours lauer
Son chef crespu dans les eaux de ton Loire.

MVRET.

Ville de Blois) On peut coniecturer par ce Sonnet, que sa Dame est de Blois: à l'occasion dequoy il loue la ville, & souhaitte qu'Amour y face perpetuellement sa residence. *Seiour des Rois*) Parce que les Rois de France,en leur petit aage y sont communément nourris,& pour la bonne & plaisante situation du lieu, y demeurent volontiers. *Loire*) Riuiere passant par Blois.

Eureuse fut l'estoile fortunée,
Qui d'vn bon œil ma Maistresse apperceut
Heureux le bers & la main qui la sceut
Emmaillotter le iour qu'elle fut née.
Heureuse fut la mammelle en mannée,
De qui le laict premier elle receut:

Et bien-heureux le ventre qui conceut
Telle beauté de tant de dons ornée.
Heureux parens qui eustes cest honneur
De la voir naistre vn astre de bon-heur!
Heureux les murs naissance de la belle!
Heureux le fils dont grosse elle sera,
Mais plus heureux celuy qui la fera
Et femme & mere en lieu d'vne pucelle!

MVRET.

Heureuse fut) L'argument est bien aisé. *Bers*) Berceau, mot Vendomois. *En-mannée*) Pleine de manne & de douce liqueur. *Heureux les murs*) Blois. *Mais plus heureux*) Semblable deduction de propos est en ce que dit Salmacis à Hermafrodite, au quatriesme des Metamorfoses,

  --Puer ô dignissime credi
 Esse deus, seu tu deus es (potes esse Cupido)
 Siue es mortalis, qui te genuere beati,
 Et mater felix, & fortunata profecto
 Si qua tibi soror est, & quæ dedit vberan utrix.
 Sed longè cunctis, longéque beatior illa est,
 Si qua tibi sponsa est, si quam dignabere tæda.
Ouide a traduict ces vers d'Homere en son Odyssée,
faisant parler Vlysse à Nasicaa.

Astre ascendant sous qui ie pris naissance,
De son regard ne maistrisoit les Cieux:
 Quand ie nasquis il stoit dans tes yeux,
Futurs tyrans de mon obeyssance.
Mon tout, mon bien, mon heur, ma cognoissance
Vint de ton œil: car pour nous lier mieux,
Tant nous vnit son feu presagieux,

Que de nous deux il ne fit qu'vne essence.
En toy ie suis & tu es toute en moy,
En moy tu vis & ie vis tout en toy,
Tant nostre amour est parfaitement ronde.
Tu es mon tout, ma vie & mon trespas.
La Pyralide en ce poinct ne vit pas,
Perdant sa flamme & le Daufin son onde.

MVRET.

L'astre ascendant) Les Astrologues & Iudiciaires prennent soigneusement garde à l'Astre ascendât d'vn chacun, c'est à dire, à l'Astre, qui du costé de l'Orient monte sur l'horizõ, lors que celuy, duquel ils enquieret le desti, nviét à naistre. Car ils tiénent, que de cest Astre depend principalement l'heur ou le malheur de la personne, tellement qu'ils le nomment seigneur de la natiuité. Nostre Autheur dit que son Astre ascendant, lors qu'il nasquit, estoit dans les yeux de Cassandre, & que tout ce qui est en luy, depend des yeux, & non de l'Astre. On pourroit demander, comment l'Astre pouuoit estre dãs l'œil de Cassandre, lors qu'il nasquit, veu qu'elle n'estoit pas encores née. Mais il faut entendre, que selon la fiction du Poëte, elle auoit esté long tẽps aux Cieux, plustost qu'elle nasquist: comme i'ay touché sur le Sonnet, qui se commence, *Nature ornât. Son feu presagieux*) Presagir est sentir les choses futures deuant qu'elles aduiennent. De ce Verbe est deriué le nõ Presagieux. *La Pyralide*) Pyralides sont petites bestes volantes, qui ont quatre pieds, & se trouuent en l'Isle de Cypre, ayans telle nature, qu'elles viuent dans le feu, & meurent dés qu'elles s'en estoignét vn peu trop. Autheur Pline en l'vnziesme liure. *Et le Daufin son onde*) Les Daufins meurent, dés qu'ils touchét la terre. Pline au neufiesme liure.

DE ton beau poil en tresses noircissant
Amour ourdit de son arc la ficelle:
Il fit son feu de ta viue etincelle,
Il fit son trait de ton œil brunissant.
Son premier coup me rendoit perissant:
Mais son second de la mort me rappelle,
Qui mon vlcere en santé renouuelle,
Et par son coup le coup va guarissant.
Ainsi iadis sur la poudre Troyenne,
Du soudart Grec la hache Pelienne
Du Mysien mit la douleur à fin:
Ainsi le trait que ton bel œil me rue,
D'vn mesme coup me guarist & me tue.
Hé quelle Parque a filé mon destin!

MVRET.

De ton beau poil) Il dit qu'Amour le voulant naurer, encorda son arc du poil de sa Dame, & des yeux d'icelle luy getta deux sagettes, desquelles la premiere le blessà, la seconde le reguerit. A l'occasion dequoy il compare l'œil de sa Dame à la hache d'Achille, de laquelle nous parlerons apres. *Ainsi iadis sur la poudre Troyenne*) Les Grecs allans vers Troye, apres qu'ils furent partis du port d'Aulide, duquel i'ay parlé ailleurs, ou par erreur, ou par la force des vents, furent conduits vers le païs de Mysie, où regnoit pour lors Telephe fils d'Hercule. Ainsi comme ils vouloyent prendre terre, les gens du païs se presenterent à eux, & les repousserent moult rudement, si bien qu'il y eut grande tuerie d'vne part & d'autre. Si firent tant les Grecs toutefois, qu'en fin ils gaignerent le port: & lors commencerent à s'entrechamailler encores plus fort que deuant. Le Roy mesme y vint en personne, accompagné d'vn sié frere, qui apres plusieurs beaux faits d'armes, fut tué par

Aiax. Le Roy voulant venger la mort de son frere sur quelqu'vn des ennemis (ne luy chaloit lequel, pourueu que ce fust quelqu vn des principaux de l'ost) se print à poursuiure Vlysse, & le mit en fuite: mais ainsi qu'il couroit apres, Bacchus voulant rendre la pareille à Agamemnon, qui luy auoit peu de iours deuant fait vn tresbeau sacrifice, fit soudain naistre vn sep de vigne deuant les pieds de Telephe, qui le fit cheoir. Estant cheut, Achille luy donna vn grand coup de hache en la cuisse gauche. Ce que nostre Autheur mesmes a touché dans les Bacchanales, disant ainsi,

  Teleph' sentit en la sorte
   La main forte
  Du Grec qui le combatit,
  Quand au milieu de la guerre,
   Contre terre
  Vn sep tortu l'abatit.

Le conflit dura iusqu'à ce que la nuict contraignit chacun de se retirer. Le lendemain furent enuoyez ambassades de tous costez, pour obtenir quelques trefues, durant lesquelles on peust enseuelir les morts: ce qui fut accordé. Ce temps pendant, quelques Capitaines Grecs parens prochains de Telephe, s'en vindrent vers luy, & s'estant faits cognoistre, luy remonstrerent, que ses gens auoyent eu tort de si durement receuoir les Grecs, qui ne venoyent là en intention de les offenser, ains seulement pour aller vers Troye, venger le rauissement d'Helene. Telephe respond qu'eux-mesmes en estoyent à reprendre, & que s'ils luy eussent enuoyé ambassades pour l'aduertir qui ils estoyent, & quelle estoit l'occasion de leur entreprise, il fust venu au deuant d'eux amiablement les recueillir. Apres plusieurs propos, Telephe fit crier à ses gés, que nul ne fust plus si hardy d'empescher les Grecs, ains qu'on les laissast prédre terre à leur plaisir. Parquoy la plus part des Capitaines Grecs sortis de leurs nauz, vindrent trouuer le Roy en son Palais, & luy amenerent deux excellens maistres, Machaon & Podalire fils d'Æsculape pour donner ordre à sa playe. Le Roy leur fit de tresbeaux presens, & les festoya tresbien par l'espace de quelques iours: apres lesquels, voyans la mer bonasse, & le temps propice à nauiguer, prenans congé de luy, reprindrent leur route. Huict ans apres, Telephe ne pouuant trouuer aucun remede à sa playe, receut vn oracle, qu'il falloit que celuy mesme qui l'auoit blessé, le gueriſt. Parquoy venát vers Achille, en peu de iours, par le moyen d'iceluy receut entiere guerison. Ainsi le racontent en partie Dictys dans le second liure de la guerre de Troye, en partie le Commentaire de Lycophron. Ouide,

Vulnus Achilleo quæ quondam fecerat hosti,
   Vulneris auxilium Pelias hasta tulit.

Les vns disent, que pour le reguerir, il ne fit que le retapper de la mesme hache au mesme endroit. Pline dit qu'il y appliqua de la rouille de sa hache, laquelle a vertu de lier, secher, & restraindre. Claudian dit, qu'il y appliqua quelques herbes:

Sanus Achilleis remeauit Telephus herbis.

(*la hache Pelienne*) Thessalienne. Pelion, montaigne de Thessalie.

CE ris plus doux que l'œuure d'vne abeille,
Ces dents, ainçois deux rempars argentez,
Ces diamans à double ranc plantez
Dans le coral de sa bouche vermeille:
Le doux parler qui les ames resueille,
Ce chant qui tient mes soucis enchantez,
Et ces deux cieux sur deux astres entez,
De ma Deesse annoncent la merueille.
Du beau iardin de son ieune printemps
Sort vn parfum, qui le ciel en tous temps
Peult embasmer de ses douces haleines:
Sa bouche engendre vne si douce vois,

Que son chant fait bondir rochers & bois,
Planer les monts & montaigner les plaines.

MVRET.

Ce ris plus doux) Il raconte les merueilleux effets de la beauté de sa Dame. *Que l'œuure d'vne abeille*) Que miel. Ainsi Nicandre,
ποτὲ δ' ἔργα διαθρύπτοιο μελίσσης.
Et en vn autre lieu,
ῥητήν τε ἠ ἱερὰ ἔργα μελίσσης.
Ces diamans) Il entend encore les dents. *Et ces deux cieux*) Deux sourcils. Les sourcils sont voutez comme les cieux. *Sur deux astres*) Sur deux yeux. *Planer*) Se conuertir en plaines. C'est ce que les Latins disent, *Subsidere. Montaigner*) S'esleuer comme montaigne. Mot nouueau.

A uois l'esprit tout morne & tout pesant,
Quand ie receu du lieu qui me tourmente,
L'orenge d'or comme moy iaunissante
Du mesme mal qui nous est si plaisant.
Les Pommes sont de l'Amour le present:
Tu le sçais bien, ô guerriere Atalante,
Et Cydippé qui encor se lamente
De l'escrit d'or qui luy fut si cuisant.
Les Pommes sont de l'Amour le vray signe.
Heureux celuy qui de la pomme est digne!
Tousiours Venus a des pommes au sein.
Depuis Adam desireux nous en sommes:
Tousiours la Grace en a dedans la main:
Et bref l'Amour n'est qu'vn beau ieu de pommes.

MVRET

MVRET.

J'auois l'esprit) La Pomme d'or, l'Orange, toutes sortes de pommes, & principalement les Oranges, sont dediées à la Volupté, aux Graces, & à l'Amour. Voyez Philostrate *de Imaginibus*, & Pierius en ses Hieroglyphiques: & le vray signe & symbole de Venus & d'Amour est la pomme, qui signifie volupté. *Atalante*) Voyez la Metamorfose d'Ouide. *Cydippé*) Voyez l'epistre d'Ouide, *Cydippe Acontio*. *De l'escrit d'or*) Des lettres escrites en la pomme d'or. *Vn beau ieu de pommes*) Tout ce qui est le plus delicat & mignard en l'amour, tire sur la forme ronde, la teste, les yeux, le menton, les ioües, que les Latins appellent *Malas*, quasi *Mala*: les teins, l'enflure du ventre, les genoux, le rond des cuisses, & les autres belles parties de la femme.

Tout effroyé ie cherche vne fonteine
Pour expier vn horrible songer,
Qui toute nuict ne m'a faict que ronger
L'esprit troublé d'vne idole incertaine.
Il me sembloit que ma douce-inhumaine
Crioit, Ami, sauue moy du danger:
A toute force vn larron estranger
Par les forests prisonniere m'em-meine.
Lors en sursaut, où me guidoit la vois,
Le fer au poing ie brossay par le bois:
Mais en courant apres la derobée,
Au larron mesme assaillir me suis veu,
Qui me perçant le cœur de mon espée,
M'a fait tomber dans vn torrent de feu.

G

MVRET.

Tout effroyé) Il raconte vn songe sien, qui le mit en merueilleuse frayeur. *Vne fontaine*) Les anciens, quand ils auoyent veu par nuict quelque mauuais songe, souloyent au matin s'en expier, c'est à dire purger, & nettoyer, se lauant dans quelque fontaine, ou dans la mer : comme fait Circe au quatriesme d'Apolloine:

ἔνθα δὲ κίρκω
Εὗρον ἁλὸς νοτίδ'ιον κάρη ἐπιφαιδ'ρύν' ὕσαν.
Τοῖον γὰρ νυχίοισιν ὀνείρασιν ἐπτοίητο.

Idole) le portraict de sa Dame luy apparoissant en songe. *Ie brossay*) Brosser est courir à trauers les bois, sans regarder à rien qui puisse empescher le cours du cheual. Mot de venerie. *Larron*) Amour.

CHANSON.

Las ! ie n'eusse iamais pensé
Opiniastre en ma langueur,
Que ton cœur m'eust recompensé
D'vne si cruelle rigueur,
Et qu'en lieu de me secourir
Tes beaux yeux m'eussent fait mourir.

Si preuoyant i'eusse apperceu,
Quand ie te vy premierement,
Le mal que i'ay depuis receu
Pour aimer trop loyalement,
Mon cœur qui franc auoit vescu,
N'eust pas esté si tost veincu.

Tu fis promettre à tes beaux yeux
Qui seuls me vindrent deceuoir,

De me donner encore mieux
Que mon cœur n'esperoit auoir:
Puis comme ialous de mon bien
Ont transformé mon aise en rien.

Si tost que ie vy leur beauté,
Amour me força d'vn desir
D'assuiettir ma loyauté
Sous l'empire de leur plaisir,
Et décocha de leur regard
Contre mon cœur le premier dard.

Ce fut, Damie, ton bel accueil,
Qui pour me faire bien-heureux,
M'ouurit par la clef de ton œil
Le paradis des Amoureux,
Et fait esclaue en si beau lieu,
D'vn homme ie deuins vn Dieu.

Si bien que n'estant plus à moy,
Mais à l'œil qui m'auoit blessé,
Mon cœur en gage de ma foy
A luy mon maistre i'ay laissé,
Où serf si doucement il est
Qu'vne autre beauté luy desplaist.

Et bien qu'il souffre iours & nuis
Mainte amoureuse aduersité,
Le plus cruel de ses ennuis
Luy semble vne felicité,
Et ne sçauroit iamais vouloir
Qu'vn autre œil le face douloir.

Vn grand rocher qui a le doz
Et les pieds tousiours outragez,
Ores des vents, ore des flots

G ij

Contre les riues enragez
N'est point si ferme qu'est mon cœur
Contre ton ingrate rigueur.

 Car luy sans se changer, aimant
Les beaux yeux qui l'ont en rethé,
Semble du tout au Diamant,
Qui pour garder sa fermeté
Se rompt plustost sous le marteau,
Que se voir tailler de nouueau.

 Ainsi ne l'or qui peut tenter,
Ny grace, beauté, ny maintien
Ne sçauroyent dans mon cœur enter
Un autre portrait que le tien,
Et plustost il mourroit d'ennuy,
Que d'en souffrir vn autre en luy.

 Il ne faut donc pour empescher
Qu'vne autre Dame en ait sa part,
L'enuironner d'vn grand rocher,
Ou d'vne fosse, ou d'vn rempart:
Amour te l a si bien conquis,
Que plus il ne peut estre acquis.

 Chanson, les estoiles seront
La nuict sans les Cieux allumer,
Et plustost les vents cesseront
De tempester dessus la mer,
Que de ses yeux la cruauté
Puisse amoindrir ma loyauté.

MVRET.

Las, ie n'eusse iamais pensé) Il se plaint de la cruauté
de sa Dame, & des yeux qui furent cause de sa prise. ai

feurant toutefois, quoy qu'elle face, qu'il sera constant
iusqu'à la mort. *En-rethé*) En-rether, prendre & mettre dedans les rethz.

Vn voile obscur par l'horizon espars
 Troubloit le Ciel d'vne humeur suruenue,
 Et l'air creué, d'vne gresle menue
Frappoit à bonds les champs de toutes pars :
Desia Vulcan de ses borgnes soudars
 Hastoit les mains à la forge cognue,
 Et Iupiter dans le creux d'vne nue
Armoit sa main de l'esclair de ses dars :
Quand ma Nymphette en simple verdugade
 (ueillant les fleurs, des raiz de son œillade
 Essuya l'air gresleux & pluuieux :
Des vents sortis remprisonna les tropes,
 Et fit cesser les marteaux des Cyclopes,
 Et de Iupin rasserena les yeux.

MVRET.

Vn voile obscur) Sa Dame estant allée par passetéps
cueillir des fleurs, le temps se changea tellement, qu'il
se print à venter, gresler, pleuuoir, tonner, esclairer tout
ensemble. Elle voyant cela, ne fit que simplement dōner vne gracieuse œillade vers le Ciel, par la vertu de
laquelle le tout fut incontinent appaisé. *Frappoit à
bonds*) Bondissoit sur la terre. Virgile,
 - *Crepitans salit horrida grando.*
Desia Vulcan) Le feuure des Dieux. *De ses borgnes soudars*) Des Cyclopes, qui n'ont tous qu'vn œil au front,
& forgent les foudres à Iupiter. Voy l'Ode des peintures contenues en vn tableau, qui est au second liure.
Et Iupiter) Ainsi Virgile,

G iij

Ipse pater media nimborum in nocte, corusca
Fulmina molitur dextra.
Des vents sortis remi risonna les tropes) Les fit rentrer dans les cauernes d'Æolus. Et de Iupin) De Iupiter, Mot François ancien.

EN autre lieu les deux flambeaux de celle
Qui m'esclairoit, sont allez faire iour,
Voire vn midi, qui d'vn ferme seiour
Sans voir la nuict, dans les cœurs etincelle.
Hé! que ne sont & d'vne & d'vne autre æle
Mes deux costez emplumez à l'entour?
Haut par le Ciel sous l'escorte d'Amour
Ie voleroy comme vn Cygne aupres d'elle.
De ses beaux raiz ayant percé le flanc,
I'empourpreray mes plumes en mon sang,
Pour tesmoigner la peine que i'endure:
Et suis certain que ma triste langueur
Pourroit flechir, non seulement son cœur
De mes souspirs, mais vne roche dure.

MVRET.

En autre lieu) Absent de sa Dame, il souhaite pouuoir deuenir Cygne, disant qu'il s'en-voleroit vers elle, & se presenteroit droit deuant ses yeux, à fin que les sagettes qui en sortiroyent, luy perçassent le flanc, & qu'estant ainsi percé, il peindroit dans son sang tout son plumage, pour luy faire entendre la peine qu'il souffre, si bien qu'il espereroit l'esmouuoir à pitié, ores qu'elle fust aussi rude qu'vn rocher. *Flanc*) Cœur, la partie prochaine pour l'autre.

Si tu ne veux contre Dieu t'irriter,
Escoute moy, ne mets point en arriere
L'humble souspir, enfant de la priere:
La priere est fille de Iupiter.
Quiconque veut la priere euiter,
Iamais n'acheue vne ieunesse entiere,
Et voit tousiours de son audace fiere
Iusqu'aux enfers l'orgueil precipiter.
Pource orgueilleuse, eschappe cet orage,
Dedans mes pleurs attrempe ton courage,
Sois pitoyable, & guaris ma langueur:
Tousiours le Ciel, tousiours l'eau n'est venteuse,
Tousiours ne doit ta beauté dépiteuse
Contre ma playe endurcir sa rigueur.

MVRET.

Si tu ne veux) Ce Sonnet est presque pris d'vne oraison de Fœnix, qui est en Homere au neufiesme de l'Iliade, là où il dit, que les Prieres sont filles de Iupiter, & qui les reçoit amiablement, elles luy rendét le plaisir apres, quand l'occasion s'y offre: mais quand quelqu'vn les regette orgueilleusement, elles s'en vont cóplaindre à leur pere, & font tant qu'il leur donne pour compagne, Ate qui est Deesse de dommage, à fin de punir celuy qui les a regettées.

EN ce printemps qu'entre mes bras n'arriue
Celle qui tient ma playe en sa verdeur,
Et ma pensée en oisiue langueur,
Sur le tapis de ceste herbeuse riue?
Et que n'est-elle vne Nymphe natiue

G iiij

De ce bois verd?par l'ombreuse froideur
Nouueau Syluain i'alenterois l'ardeur
Du feu qui m'ard d'vne flamme trop viue.
Et pourquoy,cieux!l'arrest de vos destins
Ne m'a faict naistre vn de ces Paladins,
Qui seuls portoyent en crope les pucelles?
Et qui tastant, baisant & deuisant,
Loin de l'enuie & loin du mesdisant,
Par les forests vinoyent auecques elles?

MVRET.

En ce printemps) L'argument est facile. *En oisiue langueur*) En amour.Amour est passion, qui naist d'oisiueté.Ouide,

Otia si tollas,periere Cupidinis arcus.

Nouueau Syluain) C'est à dire,ie me ferois vn nouueau Syluain,à fin d'alenter & appaiser auec elle l'ardeur de mon amour. Syluains sont les Dieux des forests. *Vn de ces Paladins*) Vn de ces vieux Cheualiers errans de la Table ronde.

Ve toute chose en ce monde se mue,
Soit desormais Amour saoulé de pleurs,
Des chesnes durs puissent naistre les fleurs,
Au choc des vents l'eau ne soit plus émue:
Le miel d'vn roc contre nature sue,
Soyent du printemps semblables les couleurs,
L'esté soit froid,l'hyuer plein de chaleurs,
Pleine de vents ne s'enfle plus la nue:
Tout soit changé,puis que le nœud si fort
Qui m'estraignoit & que la seule mort
Deuoit trancher,elle a voulu desfaire.

DES AMOVRS.

Pourquoy d'Amour mesprises-tu la loy?
Pourquoy fais-tu ce qui ne se peut faire?
Pourquoy romps-tu si faussement ta foy?

MVRET.

Que toute chose) Il desire que toutes choses impossibles,& contre nature se facent: parce que quelqu'vne luy a rompu la foy, ce qu'auparauant il eust estimé du tout impossible. Il est certain que ce Sónet n'appartient en rien à Cassandre. *Soit desormais Amour saoulé de pleurs*) Ce que Virgile dit estre impossible:

 Nec lachrymis crudelis Amor,nec gramina riuis,
 Nec cythiso saturantur apes,nec fronde capellæ.

Vne sentence semblable à celle de ce Sonnet est dans Virgile en l'Eclogue huictiesme,

 Nunc & oues vltro fugiat lupus, aurea duræ
 Mala ferant quercus, Narcisso floreat alnus.

Et ce qui suit apres. C'est vne imitation de Theocrite en sa premiere Eclogue,en laquelle il dit ainsi,

 Νῦν ἴα μὲν φορέοιτε βατοι, φορέοιτε δ' ἄκανθα,
 Ἁ δὲ καλὰ Νάρκισσος ἐπ' ἀρκεύθοισι κομάσαι,
 πάντα δ' ἔναλλα γένοιτο.

Saoulé) Saoul, mot Vandomois.

Vne à l'œil brun, Deesse aux noirs cheuaux,
 Qui çà qui là qui haut qui bas te tournent,
 Et de retours qui iamais ne seiournent,
Trainent ton char eternel en trauaux:
A tes desirs les miens ne sont egaux,
Car les amours qui ton ame epoinçonnent,
Et les ardeurs qui la mienne eguillonnent,
Diuers souhaits desirent à leurs maux.
Toy mignottant ton dormeur de Latmie,
Voudrois tousiours qu'vne course endormie

G v

Retint le train de ton char qui s'enfuit:
Mais moy qu'Amour toute la nuict deuore,
Depuis le soir ie souhaite l'Aurore,
Pour voir le iour que me celoit ta nuit.

MVRET.

Lune à l'œil brun) Il dit que ses souhaits sont contraires à ceux de la Lune: car elle tenant entre ses bras son Endymion, voudroit bien que la nuict durast fort long temps. Mais parce qu'il ne peut de nuict iouyr du bien que luy apporte la veuë de sa Dame, dés lecōmencement de la nuict il souhaite le iour. Ton dormeur de Latmie) Endymion fut vn fort beau ieune homme, duquel la Lune estant amoureuse, l'endormit d'vn sommeil perpetuel en vne montaigne de Carie, nommée Latme, à fin de le pouuoir baiser mieux à son aise. Autheur Ciceron au premier des Tusculanes. Les autres le racontét autremét. Mais ce ne seroit iamais fait. Qu'vne course endormie Retint le train de ton char) Que ton char courust plus lentement, à fin que la nuict fust plus lōgue. Pour voir le iour) La beauté de ma Dame

Vne diuerse amoureuse langueur,
Sans se meurir en mon ame verdoye:
Dedans mes yeux vne fontaine ondoye,
Vn Mongibel fait son feu de mon cœur.
L'vn de son chaud, l'autre de sa liqueur
Ore me gele & ore me foudroye:
Et l'vn & l'autre à son tour me guerrroye,
Sans que l'vn soit dessus l'autre veinqueur.
Fais, Amour, fais qu'vn seul gaigne la place,
Ou bien le feu ou bien la froide glace,
Et par l'vn d'eux mets fin à ce debat:

Helas! Amour, i'ay de mourir enuie,
Mais deux venins n'estouffent point la vie,
Tandis que l'vn à l'autre se combat.

MVRET.

Vne diuerse) Il se dit estre fort estrangement tourmenté, ayant tousiours les yeux en eau, & le cœur en feu: & desire n'auoir que l'vn ou l'autre, à fin de pouuoir mourir. *Sans se meurir*) Metaphore prinse des fruicts. *Vn Mong bel*) Montaigne de Sicile, nommée par les vieux Latins *Aetna*. Voy le liuret que Virgile en a fait. *Mais deux venins*) Et ceste fin, & presque tout ce Sonnet est semblable à vn d'vn Italien nommé Antonio Francesco Rinieri.

Puis que cest œil dont l'influence baille
  Ses loix aux miens sur les miens plus ne luit,
L'obscur m'est iour, le iour m'est vne nuit,
  Tant son absence asprement me trauaille.
Le lict me semble vn dur champ de bataille,
  Rien ne me plaist, toute chose me nuit,
  Et ce penser qui me suit & resuit,
Presse mon cœur plus fort qu'vne tenaille.
J'apres du Loir entre cent mille fleurs,
  Saoulé d'ennuis, de regrets & de pleurs,
  I'eusse mis fin à mon angoisse forte,
Sans quelque Dieu qui mon œil va tournant
  Vers le pays où tu es seiournant,
  Dont le seul air sans plus me reconforte.

G vj

MVRET.

Puis que cest œil) Il dit que tout luy desplaist pour l'absence de sa Dame, tellement qu'il fust ia mort de dueil, si quelque Dieu, lors qu'il est prest de mourir, ne luy faisoit tourner l'œil vers le païs où est la demeure de sa Dame. Semblable presque est le cxcj. Sonnet de la premiere partie de Petrarque.

Omme le chaud au feste d'Erymanthe,
Ou sus Rhodope, ou sur quelque autre mont
Sur le printemps la froide neige fond
En eau qui fait par les rochers coulante:
Ainsi tes yeux (Soleil qui me tourmente)
Qui cire & neige à leur regard me font,
Frappant les miens, ia distillez les ont
En vn ruisseau qui de mes pleurs s'augmente.
Herbes ne fleurs ne seiournent aupres,
Ains des Soucis, des Ifs & des Cyprés:
Ny de crystal sa riue ne court pleine.
Les autres eaux par les prez vont roulant,
Mais ceste-ci par mon sein va coulant,
Qui sans tarir s'enfante de ma peine.

MVRET.

Comme le chaud) Il dit, que comme la neige se fond au Soleil, ainsi ses yeux se sont fondus en deux ruisseaux par la force des rayons qui procedent des yeux de sa Dame. *Erymanthe*) Montaigne & forest d'Arcadie. *Rhodope*) Montaigne de Thrace, *Herbes ne*

DES AMOVRS.

fleurs) Les ruisseaux sont delectables à voir, pour la varieté des fleurs, desquelles ils sont communément entournez. Mais il dit, qu'aupres des ruisseaux ausquels ses yeux sont conuertis, il n'y croist autres herbes ny plantes, que celles qui signifient tristesse. *Ifs*) Arbres malheureux, nommez en Latin, *Taxi*.

De soins mordans & de soucis diuers
Soit sans repos ta paupiere esueillée,
Ta leure soit de noir venin mouillée,
Tes cheueux soyent de viperes couuers:
Du sang infet de ces gros lezars vers
Soit ta poitrine & ta gorge souillée,
Et d'une œillade enuieuse & rouillée,
Tant que voudras guigne moy de trauers:
Tousiours au Ciel ie leueray la teste,
Et d'vn escrit qui bruit comme tempeste,
Je foudroiray de tes monstres l'effort:
Autant de fois que tu seras leur guide
Pour m'assaillir ou pour sapper mon Fort,
Autant de fois me sentiras Alcide.

MVRET.

De soins mordans) Ce Sonnet a esté fait contre quelques petits Secretaires, muguets & mignons de Court, lesquels ayans le cerueau trop foible pour entendre les escrits de l'Autheur, & voyans bien que ce n'estoit pas leur gibier, à la coustume des ignorans, feignoient reprendre, & mespriser ce qu'ils n'entendoient pas. Le Poëte donc s'adressant à vn, qui estoit leur principal Capitaine (auquel il ne veut faire cest honneur que de le nommer) luy dit qu'il desgorge le venin de son en-

G vij

uie tant qu'il voudra, & que, auec tous les siens, il s'ef̄
force de tout son pouuoir à luy nuire: car il se sent suffisant pour foudroyer tous leurs efforts, par la vehemē-
ce de ses escrits. *Alcide*) Hercule, veinqueur des monstres, à ceste cause nommé par les Grecs ἀλεξίκακος, c'est
à dire, Chasse-mal. Il fut nommé Alcide, ou à cause de
son ayeul Alcée, ou du mot ἀλκὴ, qui signifie force.

De la mielleuse & fielleuse pasture,
De qui le nom s'appelle trop aimer,
Qui m'est & sucre & riagas amer,
Sans me saouler ie pren ma nourriture.
Ce bel œil brun, ma seconde nature,
Si fort m'altere, & me fait consumer,
Que ie ne puis ma faim des-affamer
Qu'en l'admirant ou voyant sa peinture.
Plus ie la voy, moins saouler ie m'en puis:
Vn vray Narcisse en misere ie suis.
Hé qu'Amour est vne cruelle chose!
Je cognoy bien qu'il me fera mourir,
Et si ne puis ma douleur secourir,
Tant i'ay sa peste en mes veines enclose.

MVRET.

De la mielleuse) L'argument n'a point de difficulté. *Fielleuse*) Amere comme fiel. *Riagas*) C'est vne
espece de poison. *Sa peinture*) Son pourtrait, duquel
i'ay parlé deuant. *Vn vray Narcisse*) Car ie me consume au regard d'vne peinture, comme il se consuma
voyant son image dans la fonteine. I'ay raconté la fable de Narcisse, au Sonnet qui se commence, *le voudroy bien*.

Rompé d'espoir ie me trompe les yeux,
Aimant l'obiet d'vne figure vaine.
O nouueauté d'vne cruelle peine !
O fier d'estein ! ô malice des Cieux !
Faut-il que moy de moy-mesme enuieux,
Pour aimer trop les eaux d'vne fonteine,
Que ma raison par les Sens incertaine
Cuide en faillant son mal estre son mieux?
Doncques faut-il que le vain de ma face
De membre à membre aneantir me face,
Comme vne cire aux raiz de la chaleur?
Ainsi pleuroit l'amoureux Cephiside,
Quand il sentit dessus le bord humide
De son beau sang naistre vne belle fleur.

MVRET.

Trompé d'espoir) Parce qu'au Sonnet precedent il s'estoit comparé à Narcisse, il descrit en cestuy-ci les complaintes que Narcisse faisoit, se sentant peu à peu consumer. Il n'y a point de doute, que les sens ne trompent la raison, desquels sens l'œil est le premier. *Aneantir*) Tourner à neant & en rien. *L'amoureux Cephiside*) Narcisse, fils de Cephise, fleuue de Bœotie. *Vne belle fleur*) Qui fut nommée de mesme nom comme luy.

En ma douleur, malheureux, ie m° plais,
Soit quäd la nuict les feux du Ciel augmēte,
Ou quand l'Aurore en-ionche d'Amaranthe
Le iour meslé d'vn long fleurage espais,
D'vn ioyeux dueil mon esprit ie repais:
Et quelque part où seulet ie m'absente,

160   LE PREMIER LIVRE

Deuant mes yeux ie voy tousiours presente
Celle qui cause & ma guerre & ma paix.
Pour l'aimer trop également i'endure
Ore vn plaisir, ore vne peine dure,
Qui d'ordre egal viennent mon cœur saisir:
Brief d'vn tel miel mon absinthe est si pleine,
Qu'autant me plaist le plaisir que la peine,
La peine autant comme fait le plaisir.

MVRET.

En ma douleur) Il dit que pour aimer, il reçoit maintenant peine maintenant plaisir, & que tous deux luy sont egalement plaisans. *Les feux*) Les estoiles. *En-ionche*) Tapisse. La Metaphore est prise des ioncs, qu'on iette par la place, pour donner freicheur l'esté. *Amaranthe*) Fleur, que le vulgaire nomme Passeuelours.

OR que Iupin espoint de sa semence
Sent de l'Amour des traicts accoustumez,
Et que le chaud de ses reins allumez
L'humide sein de Iunon ensemence:
Or' que la mer, or' que la vehemence
Des vents fait place aux grans vaisseaux armez,
Et que l'oiseau parmi les bois ramez,
Du Thracien les tançons recommence:
Or' que les prez, & ore que les fleurs
De mille & mille & de mille couleurs
Peignent le sein de la terre si gaye,
Seul & pensif aux rochers plus segrets
D'vn cœur muet ie conte mes regrets,
Et par les bois ie vay celant ma playe.

Or' que Iupin) Il descrit le printemps, disant qu'en la saison, en laquelle toutes choses se resiouyssent, il demeure solitaire & pensif en perpetuelle tristesse. *Or'*) Ores. *Que Iupin*) Prins de Virgile au second des Georgiques,

Vere tument terræ, & genitalia semina poscunt:
Tum pater omnipotens fæcundis imbribus æther
Coniugis in gremium lætæ descendit, & omnes
Magnus alit magno commixtus corpore fœtus.

Là où Serue dit, que Iupiter se prend pour l'air, & Iunon pour la terre. Le sens est donc, Que l'air, comme espris d'vne ardante amour de la terre, luy verse dans le sein vne pluye, qui est apte à la generation. *Espoint*) Picqué, chatouillé. *De sa semence*) Metaphore prinse des animaux, ausquels la semence, lors qu'elle est copieuse, excite le desir d'engendrer. *Sent de l'Amour les traicts accoustumez*) Deuient amoureux de la terre, selon sa coustume. *Traicts accoustumez*) Desquels Amour a de coustume de blesser Iupiter, cōme le Dieu le plus amoureux de tous. *Aux grans vaisseaux*) Aux nauires. Ainsi Horace descriuant le printemps,

Trahuntque siccas machinæ carinas.

Et Virgile,

Et vbi prima fides pelago, placatáque venti
Dant maria, & lenis crepitans vocat Auster in
altum,
Deducunt socij naues, & littora complent.

Et que l'oiseau) Le Rossignol. *Du Thracien*) De Terée. Pandion Roy d'Athenes eut deux filles, desquelles l'vne eut à nom Progné, l'autre Philomele. Progné fut mariée à Terée Roy de Thrace: auec lequel ayant demouré par l'espace de cinq ans, vn iour entre autres, elle dit à son mary, qu'elle auoit grand'enuie de voir sa sœur: par-ainsi, Monsieur, dit-elle, ie vous prie, ou de permettre que ie l'aille voir, ou de faire tant enuers mō pere, qu'il la laisse venir en ce pays se recréer auec ques moy pour quelque temps. Terée luy ayant fait responfe, qu'il aimoit mieux l'aller querir, pour la feftoyer mieux à fon aife, commanda qu'on appreftaft des nauires: & peu apres montant fur mer, fit voile vers Athenes, où il obtint aifément du bon homme Pandion, qu'il luy fuft permis mener Philomele pour quelque temps voir fa fœur. Parquoy prenans congé de luy, remonterent fur mer. Or eft à noter, que Terée, dés qu'il vit Philomele, en deuint trefamoureux, & delibera bien en foy-mefme, fi on la luy bailloit, qu'il ne la rameneroit pas pucelle. Eftant donc de retour en Thrace, auffi toft qu'il fut defbarqué, il la print par la main, & la mena dans des eftables, où par force il executa fa mefchãte deliberation. Puis voyant qu'elle crioit, & s'arrachoit les cheueux, il eut peur que fa mefchanceté fuft defcouuerte. Si luy couppa la langue, & l'ayant enfermée, la donna en garde à quelques feruiteurs, leur defendant fur peine de la vie, de la laiffer fortir, & d'en parler aucunement. Ce pendant il feignit qu'elle eftoit morte en chemin. Ayant par l'efpace d'vn an demeuré en telle mifere, elle fe va aduifer, de tirer à l'aiguille, en vne toile tout le tort qui luy auoit efté fait: ce qu'elle fit, & apres pria par fignes vne pauure femme de porter cefte toile à la Royne. Laquelle apres auoir par ce moyen entendu le faict, fut merueilleufement courroucée, & delibera de s'en venger. La nuit qu'on facrifioit à Bacchus, Progné trouua moyen d'aller querir fa fœur, là où elle eftoit, & de la conduire fecrettement iufqu'en fa chambre. Là où toutes deux fe prindrent à pleurer à chaudes larmes, & l'vne par paroles, l'autre par fignes, à deliberer de la végeance. Sur ces entrefaites, voicy arriué vn petit fils, que Progné auoit eu de fon mary, qui fe nommoit Itys, ou Ityle, lequel fe print à luy tendre les bras, luy voulant fauter au col. Mais elle næeuë de courroux, luy paffa vne efpée au trauers du corps: & l'ayãt detranché par pieces, en fit vne partie boüillir, l'autre roftir: puis quand Terée fe voulut mettre à table, elle luy feruit de ce mets, tellement que le pere fe faoula de la chair du fils. Sur le milieu du difner, il fe prend à demander où estoit Itys, ne sçachant pas qu'il en auoit desia grande partie dans son corps. Et lors se presenta Philomele, qui iusqu'à ce poinct là s'estoit tenuë cachée, & tenant entre ses mains la teste de l'enfant encore toute sanglante, la rua contre la face du pere. Lequel alors cognoissant ce qui estoit aduenu, plus effrayé qu'on ne pourroit penser, desgainant son espée, se print à poursuiure les deux sœurs. Mais ainsi qu'elles fuyoient, par le vouloir des Dieux, Progné fut chãgée en Hirondelle, & Philomele en Rossignol. D'où est que les Poëtes disent, que l'Hirondelle en son chant deplore la mort de son fils, & le Rossignol l'outrage que Terée luy fit. Voy Ouide au sixiesme des Metamorfoses. *Les tançons*) Les querelles, les complaintes.

MADRIGAL.

Ve maudit soit le mirouer qui vous mire
Et vous fait estre ainsi fiere en beauté,
Ainsi enfler le cœur de cruauté,
Me refuzant le bien que ie desire!
Depuis trois ans pour vos yeux ie souspire:
Et si mes Pleurs, ma Foy, ma Loyauté
N'ont, ô destin! de vostre cœur osté
Ce doux orgueil qui cause mon martyre.
Et ce-pendant vous ne cognoissez pas
Que ce beau mois & vostre âge se passe,
Comme vne fleur qui languist contre-bas,
Et que le temps passé ne se ramasse.
Tandis qu'auez la ieunesse & la grace,
Et le temps propre aux amoureux combats,
De suyure amour ne soyez iamais lasse,
Et sans aimer n'attendez le trespas.

MVRET.

Que maudit soit le mirouer) Il maudit le mirouer
de la Dame, qui la fait si orgueilleuse, ou si belle.

 *Ve n'ay-ie Amour, cette Fere aussi viue
Entre mes bras, qu'elle est viue en ma
cœur?*
Vn seul moment guariroit ma langueur,
Et ma douleur feroit aller à viue.
Plus elle court & plus elle est fuitiue
Par le sentier d'audace & de rigueur:
Plus ie me lasse, & recreu de vigueur
Ie marche apres d'vne iambe tardiue.
Au moins escoute, & ralente tes pas:
Comme veneur ie ne te poursuy pas,
Ou comme archer qui blesse à l'impourueue:
Mais comme amy de ton amour touché,
Nauré du coup qu'Amour m'a décoché,
Forgeant ses traits des beaux rais de ta veue.

MVRET.

Que n'ay-ie) Il souhaite tenir aussi bien sa Dame
viue entre les bras, comme il l'a viuement empreinte
dans le cœur. Ce commencement est de Bembo,
La fera, che scolpita nel cor tengo,
Cosi l'hauess' io viua entre le brachia.

Ontre le Ciel mon cœur estoit rebelle,
Quand le destin que forcer ie ne puis,
Me fist reuoir la Dame à qui ie suis,
Ains que vestir ceste escorce nouuelle.

DES AMOVRS.   165

Vn chaud adonc de moelle en moelle,
　De nerfs en nerfs, de conduits en conduits
　Brusla mon cœur : dont i'ay vescu depuis
Or' en plaisir, or' en peine cruelle.
Si qu'en voyant ses beautez, & combien
　Elle est diuine, il me resouuient bien
　L'auoir iadis en Paradis laissée :
Car dés le iour que i'en re-fu blessé,
　Soit pres ou loin, ie n'ay iamais cessé
　De l'adorer de fait ou de pensee.

MVRET.

Contre le Ciel) Il dit, que deuant qu'estre nay, il auoit desia veu sa Dame au Ciel, & auoit esté fatalemēt espris de l'amour d'icelle. *Contre le Ciel*) Conre l'amour, à laquelle i'estois eternellement predestiné par vn arrest celeste. *Ains que vestir ceste escorce nouuelle*) Deuant que mon ame descendist du Ciel, pour entrer dedans le corps. Tout cecy est dit selon l'opinion des Platoniques. *Que i'en re-fu blessé*) Il veut dire, qu'il en auoit ia esté vne fois blessé, lors que premierement la vit au Ciel.

Voicy le bois que ma sainte Angelette
　Sur le printemps resiouist de son chant :
　Voicy les fleurs où son pied va marchant,
Quand à soy-mesme elle pense seulette :
Voicy la prée & la riue mollette,
　Qui prend vigueur de sa main la touchant,
　Quand pas à pas en son sein va cachant
Le bel émail de l'herbe nouuelette.
Icy chanter, là pleurer ie la vy,

Icy sourire,& là ie fu rauy
De ses discours par lesquels ie des-uie:
Icy s'asseoir, là ie la vy danser:
Sus le mestier d'vn si vague penser
Amour ourdit les trames de ma vie.

MVRET.

Voicy le bois) Il rememore les lieux, ausquels il auoit veu sa Dame, & dit, qu'Amour ne luy permet de penser en autre chose. *Mollette*) Tendrette, delicate, mignarde. *Icy chanter*) Imitation de Petrarque,
    Qui cantò dolcemente, e qui s'assise:
    Qui si riuolse, e qui ratenne il passo;
    Qui co begli occhi mi traffise il core:
    Qui disse vna parola, & qui sorrise:
    Qui cangio'l viso, in questi pensier, lasso,
    Notte, e di tiemmi il signor nostro Amore.
Sus le mestier) Mestier, ourdir, trame, sont mots pris des tisserans.

CErtes mon œil fut trop auantureux
  De regarder vne chose si belle,
    Vne vertu digne d'vne immortelle,
Et dont Amour est mesmes amoureux.
Depuis ce iour ie deuins langoureux
  Pour aimer trop ceste beauté cruelle:
  Cruelle, non, mais doucement rebelle
A ce desir qui me rend malheureux:
Malheureux, non, heureux ie le confesse,
  Tant vaut l'amour d'vne telle maistresse,
  Pour qui ie vy, à qui seule ie suis.
En luy plaisant ie cerche à me desplaire:
  Ie l'aime tant qu'aimer ie ne me puis,
  Bien que pour elle Amour me desespere.

MVRET.

Certes mon œil) Ce Sonnet est fait de passions contraires.

Ainćte Gastine, ô douce secretaire
De mes ennuis, qui respons en ton bois,
Ores en haute, ores en basse voix,
Aux longs souspirs que mon cœur ne peut taire:

Loir, qui refreins la course volontaire
Des flots roulans par nostre Vandomois,
Quand accuser ceste beauté tu m'ois,
De qui tousiours ie m'affame & m'altere:

Si dextrement l'augure i'ay receu,
Et si mon œil ne fut hier deceu
Des doux regards de ma douce Thalie,

Maugré la mort Poete me ferez,
Et par la France appellez vous serez
L'vn mon Laurier, l'autre ma Castalie.

MVRET.

Saincte Gastine) S'estant apperceu à la contenance de sa Dame, que les vers, qu'il auoit faits pour l'amour d'elle, luy estoient aggreables, il dit, qu'il se preuoit desja Poëte, & qu'il veut que la forest de Gastine luy serue de Laurier pour le couronner, & que le fleuue du Loir luy soit en lieu de Castalie. Cette forest pour le iourd'huy est demie venduë par le mauuais mesnage des ministres du Prince. Malheureux sont les Princes & les Roys, lesquels pour fournir à leurs folles despenses, védent en vn iour ce que la Nature ne peut produire en mille ans, cōme forests, villes & chasteaux, qui ont plus cousté à bastir à coups de marteau (heritages de leurs ayeux acquis sans peine) qu'ils n'en pourroiét ce iour-

d'huy edifier en quatre mille ans. Or selõ le cours de nature & les influéces celestes & selõ le cháge & rechãge
qui se fait sous la Lune, & que la matiere appete touiours nouuelle forme, il ne se faut esbayr, si en cent ans
cyuiere, & en cét ans baniere, la bõne Nature mere cõ-
mune d'vn chacũ, n'est pas tãt obligée par sermét à laisser toũs les biẽs du móde en vn estre, qu'elle vueille pl'
fauoriser les vns que les autres: mais elle veut que chacun à son reng & ordre se sente de sa liberalité. On ne
vit iamais race en terre durer en sa splendeur & felicité
plus haut de cent ans. *Dextrement*) Heureusement.
De ma douce Thalie) Il entend sa Dame. Thalie est le
nom propre d'vne des Muses. *Castalie*) Castalie est vne
fontaine sacree aux Muses, qui est au pied du mont
Parnasse.

*P*Endant, Baif, que tu frapes au but
De la vertu, qui n'a point de seconde,
Et qu'à long traits tu t'enyures de l'onde
Que l'Ascrean entre les Muses but:
Icy bany, où le mont de Sabut
Charge de vins son espaule feconde,
Pensif ie voy la fuite vagabonde
Du Loir qui traine en la mer son tribut.
Ores vn antre, ores vn bois sauuage,
Ores me plaist le secret d'vn riuage,
Pour essayer de tromper mon ennuy:
Mais ie ne puis, quoy que seul ie me tiẽne,
Faire qu'Amour m'accompaignant ne vienne
Parler à moy, & moy tousiours à luy.

M V.

MVRET.

Pendant, Baif) Tandis que Baif ententif à l'estude, tasche d'acquerir la perfection de vertu & du sçauoir: nostre Autheur estant au pays de Vandomois, se dit hanter les lieux solitaires, pour se desennuyer, & ne pouuoir toutesfois tant faire, qu'Amour perpetuellement ne l'accompagne. *Que l'Ascrean*) Hesiode, lequel, combien qu'il fust de Cumes, si est-ce que parce qu'il fut nourry en vne ville de Bœotie, nommee Ascre, il est communément nommé Ascrean. *Bany*) Absent de sa Dame. *Mais ie ne puis*) Pris de Petrarque.

 Ma pur si aspre vie, ne si seluagge
  Cercar non so, ch'Amor non venga sempre
  Raggionando con meco, & io con lui.

Vel bien auray-ie apres auoir esté
Si longuement priué des yeux de celle,
 Qui le Soleil de leur viue etincelle
Rendroient honteux au midy d'vn esté?
Et quel plaisir voyant le Ciel vouté
De ce beau front qui les beautez recelle,
Et ce col blanc qui de blancheur excelle
Vn mont de laict sus le ionc cailloté?
Comme du Grec la trope errante & sotte,
Affriandée aux douceurs de la Lote,
Sans retourner se plaisoit d'en manger:
Ainsi i'ay peur que mon ame friande
D'vne si rare & si douce viande,
Laisse mon corps pour viure en l'estranger.

MVRET.

Quel bien auray-ie) Il se resiouist, preuoyant l'aise qu'il receura, mais qu'il reuoye sa Dame, de laquelle il doit esté long temps absent. *Qui le Soleil*) Prins de

H

Petrarque. *Comme du Grec*) D'Vlysse. *De la Lote*) La Lote est vn arbre en Afrique, portant vn si doux fruict, que les gens du pays ne viuent d'autre chose : & sont à ceste raison nommez Lotofages, c'est à dire, mangeurs de Lote. Ainsi qu'Vlysse passoit par là, quelques-vns de ses gens, ayans gousté de ce fruict, y estoient tellement affriandez, qu'ils ne vouloient plus retourner en leur pays : Mais Vlysse les fit mener par force iusques dans les nauires, & les y fit tresbien lier, & par ce moyen les ramena. Voy le neufiesme de l'Odyssée.

*Vis que ie n'ay pour faire ma retraite,*
Du Labyrinth qui me va seduisant,
Comme Thesee, vn filet conduisant
Mes pas douteux par les erreurs de Crete:
Eussay-ie au moins vne poitrine faite
Ou de cryftal ou de verre luisant,
Ton œil iroit dedans mon cœur lisant
De quelle foy mon amour est parfaite.
Si tu sçauois de quelle affection
Ie suis captif de ta perfection,
La mort seroit vn confort à ma plainte :
Et lors peut estre esprise de pitié,
Tu pousserois sur ma despouille esteinte,
Quelque souspir de tardiue amitié.

MVRET.

Puis que ie n'ay) Il dit, que veu qu'il ne peut se tirer des prisons d'Amour, il voudroit auoir la poictrine de verre, ou de cryftal, afin que sa Dame peust voir quelle affection il luy porte : & que lors ce luy seroit vn plaisir que de mourir, esperant d'estre regretté par elle. *Comme Thesee*) Thesee par le conseil d'Ariadne, dele Minotaure, & sortit du Labyrinth, ayant receu d'elle vn filet pour guider ses pas. Serue raconte amplement ceste fable, sur le commencement du sixiesme de l'Eneide. Catulle l'a diuinement descrite aux Argonautiques. *Par les erreurs de Crete*) Dans les erreurs d'Amour, qui sont semblables à celles du Labyrinth, qui estoit en Crete. *Eusssay ie au moins*) Ainsi Bembo,

Hauess' io al men d'vn bel crystallo il core:
Che quel ch'io taccio, e madonna non vede
De l'interno mio mal, senz' altra fede,
A suoi begli occhi tralucesse fore.

Sur ma despouille esteinte) Sur mon corps desia mort.

HA! Belacueil, que ta douce parolle
Vint traistrement ma ieunesse offenser,
Quand au verger tu la menas danser
Sur mes vingt ans l'amoureuse carolle!
Amour adonc me mit à son escholle,
Ayant pour maistre vn peu-sage penser,
Qui sans raison me mena commencer
Le chapelet d'vne danse si folle.
Depuis cinq ans hoste de ce verger,
Ie vay balant auecque faux-danger,
Tenant la main d'vne dame trop caute.
Ie ne suis seul par Amour abusé:
A ma ieunesse il fault donner la faulte:
En cheueux gris ie seray plus rusé.

MVRET.

Ha! Belacueil) Ce Sonnet est tiré du Romant de Rose, là où Belacueil meine l'amant dans le verger

H ij

d'Amour. Par ceste fiction on peut entendre, comment Amour abuse les siens.

Tousiours des bois la cyme n'est chargée
Du faix negeux d'vn hyuer eternel:
Tousiours des Dieux le foudre criminel
Ne darde en bas sa menace enragée.
Tousiours les vents, tousiours la mer Egée
Ne gronde pas d'vn orage cruel:
Mais de la dent d'vn soin continuel
Ma pauure vie est tousiours outragée.
Plus ie me force à le vouloir tuer,
Plus il renaist pour mieux s'éuertuer
De feconder vne guerre en moy mesine.
O fort Thebain! si ta serue vertu
Auoit encor ce monstre combatu,
Ce seroit bien de tes faits le trezicsme.

MVRET.

Tousiours des bois) Il dit, que toutes choses ont quelque intermission fors son tourment, qui ne le laisse iamais en repos. *Du faix negeux d'vn hyuer*) Sous les neiges. *Le foudre criminel*) Qui punit ceux qui ont commis des crimes & des forfaits. Tel mot en François est actif & passif, comme criminel pour coulpable, & Lieutenant criminel, qui punit les crimes. *La mer Egee*) Qui est toutesfois la plus tempestueuse mer qu'on sçache: comme tesmoigne Denys en sa Cosmographie,

Οὐδὲ τις κείνῳ ἐναλίγκιον κύμαθ' ὀφέλλει
Τ´ ἤδη μορμύρων ἑτέρας πόρος ἀμφιπελάσσας.

De feconder vne guerre en moymesine) De faire qu'vne guerre naisse perpetuellement dedans moy. *O fort*

Thebain) Il s'adresse à Hercule, qui purgea la terre de monstres: & dit, que s'il pouuoit combatre la force du soin qui luy ronge l'esprit, on pourroit bien conter cela pour le treziesme de ses beaux faits. *Ta serue vertu*) Parce que tout ce que fit Hercule, fut en obeissant à Eurysthee. *Le treziesme*) Parce qu'on nombre douze principaux labeurs d'Hercule, combien qu'il y en a beaucoup d'autres.

IE veux brusler pour m'en-voler aux cieux
Tout l'imparfait de mon escorce humaine,
M'eternisant comme le fils d'Alcmene,
Qui tout en feu s'assit entre les Dieux.
Ja mon esprit desireux de son mieux,
Dedans ma chair rebelle, se promeine,
Et ja le bois de sa victime ameine
Pour s'immoler aux rayons de tes yeux.
O saint brazier, ô flame entretenue
D'vn feu diuin, auienne que ton chaud
Brusle si bien ma despouille connue,
Que libre & nu ie vole d'vn plein saut
Outre le Ciel, pour adorer là haut
L'autre beauté dont la tienne est venue.

MVRET.

Ie veux brusler) Il dit qu'il est content de se brusler aux rayons qui sortent des yeux de sa Dame: afin que son esprit separé du corps, s'en-vole iusques au Ciel pour contempler, & adorer la beauté diuine, de laquelle est venue celle qui reluist en sa Dame. *Comme le fils d'Alcmene*) Comme Hercule, qui se brusla sur vne montaigne de Thessalie, nõmée Oete. Voy le neufiesme des Metamorfoses d'Ouide, & la derniere Tragedie de Seneque. *Desireux de son mieux*) Poingt d'vn

H iij

desir du bien qu'il espere auoir apres qu'il sera separé
du corps. Rebelle) Se faschant d'y demeurer. Se promener) Comme desireux de sortir. Ma despouille connue)
Mon corps.

MOn fol penser pour s'en-voler trop haut
Apres le bien qu'affamé ie desire,
S'est emplumé d'ailes iointes de cire,
Propres à fondre aux rais du premier chaud.
L..y fait oiseau, dispost de saut en saut
Poursuit en vain l'obiet de son martire:
Et toy qui peux & luy dois contredire,
Tu le vois bien, Raison, & ne t'en chaut.
Sous la clarté d'vne estoile si belle
Cesse, Penser, de hazarder ton aile,
Qu'on ne te voye en bruslant desplumer:
Car pour esteindre vne ardeur si cuisante,
L'eau de mes yeux ne seroit suffisante,
Ny l'eau du Ciel, ny les flots de la mer.

MVRET.

Mon fol penser) Il veut dire par ce Sonnet, qu'il
se deuroit retirer de penser en sa Dame, veu qu'en
pensant il excite vn feu dedans soy, que non seulement
ses pleurs, mais toute l'eau de la mer ne sçauroit esteindre. Mais il desguise cela par vne allegorie, & faisant
vne allusió à la fable de Dædale (qui pour soy, & pour
son fils Icare fit des ailes iointes de cire, auec lesquelles ils s'en-volerent hors de Crete, où ils estoient detenus prisonniers) il dit que son Penser s'est aussi emplumé d'ailes cirees (par ces ailes entendant vne vaine &
foible esperance) afin de paruenir à la hauteur de sa
Dame. Dit d'auantage, que Raison qui le deuoit retirer

de telle entreprise, le voit bien, & si n'en tient conte. A la fin il admoneste ce Penser, qu'il ne s'adresse plus en si haut lieu, de peur qu'à la fin il se voye desplumer en bruslant : c'est à dire, qu'il se voye embraser d'amour, & desnuer d'esperance. Vne telle inuention est dans vn Sonnet de l'Arioste, qui se commence, Nel mio penser.

O'R' que le Ciel, or' que la terre est pleine
De glas, de gresle esparse en tous endrois,
Et que l'horreur des plus froidureux mois
Fait herisser les cheueux de la plaine :
Or' que le vent qui mutin se promeine,
Rompt les rochers & desplante les bois,
Et que la mer redoublant ses abois,
Sa rage enflee aux riuages ameine :
Amour me brusle, & l'hyuer froidureux,
Qui gele tout, de mon feu chaleureux
Ne gele point l'ardeur qui tousiours dure.
Voyez, Amans, comme ie suis traité,
Ie meurs de froid au plus chaud de l'esté,
Et de chaleur au cœur de la froidure.

MVRET.

Or' que le ciel) Il est assez aisé de soy.

IE ne suis point, Muses, accoustumé
De voir vos sauts sous la tarde serée :
Ie n'ay point beu dedans l'onde sacrée,
Fille du pied du cheual emplumé.
De tes beaux rais viuement allumé

H iiij

176 LE PREMIER LIVRE

Ie fu Poete: & si ma voix recree,
Et si ma lyre en t'enchantant t'agree,
Ton œil en soit, non Parnasse, estimé.
Certes le Ciel te deuoit à la France,
Quand le Thuscan, & Sorgue, & sa Florence,
Et son Laurier engraua dans les cieux:
Ore trop tard, beauté plus que diuine,
Tu vois nostre age, helas! qui n'est pas digne
Tant seulement de parler de tes yeux.

MVRET.

Ie ne suis point) Il dit, que s'il est Poëte, ce n'est point pour auoir veu les Muses, comme Hesiode, ne pour auoir beu de l'eau d'Hippocrene, ains que cela prouiét du bel œil de sa Dame. *Sous la tarde seree*) Hesiode dit, que les Muses vont de nuit:
Ἐννύχιαι στεῖχον περικαλλέα ὄσσαν ἱεῖσαι.
Fille du pied) Voy ce que i'ay dit en l'exposition du vœu, qui est tout au commencement du liure. *Et si ma voix recrée*) Prins d'Horace,
Quòd monstror digito prætereuntium,
Romanæ fidicen lyræ:
Quòd spiro & placeo, si placeo, tuum est.
Le Ciel te deuoit) Les Dieux te deuoient faire naistre. *Quand le Thuscan*) Petrarque. *Sorgue*) Riuiere passant pres d'Auignon. *Et sa Florence*) Ville d'Italie, de laquelle il estoit natif. *Et son Laurier*) Sa Dame Laure.

NY les desdains d'vne Nymphe si belle,
Ny le plaisir de me fondre en langueur,
Ny la fierté de sa douce rigueur
Ny contre Amour sa chasteté rebelle:
Ny le penser de trop penser en elle,

Ny de mes yeux l'eternelle liqueur,
Ny mes souspirs messagers de mon cœur,
Ny de ma glace vne ardeur eternelle:
Ny le desir qui me lime & me mord,
Ny voir escrite en ma face la mort,
Ny les erreurs d'vne longue complainte,
Ne briseront mon cœur de diamant,
Que sa beauté n'y soit tousiours emprainte:
„ Belle fin fait qui meurt en bien aimant.

MVRET.

Ny les desdains) Il dit, qu'il n'y a rien qui le sceust empescher d'estre amoureux iusqu'à la mort.

Traits fichez iusqu'au fond de mon ame,
O folle emprise, ô pensers repensez,
O vainement mes ieunes ans passez,
O miel, ô fiel, dont me repaist ma Dame:
O chaud, ô froid, qui m'englace & m'enflame,
O prompts desirs d'esperance cassez,
O douce erreur, ô pas en vain trassez,
O monts, ô rocs, que ma douleur entame!
O terre, ô mer, chaos, destins & cieux,
O nuict, ô iour, ô Manes stygieux,
O fiere ardeur, ô passion trop forte:
O vous Démons, ô vous diuins esprits,
Si quelque amour quelquefois vous a pris,
Voyez pour Dieu, quelle peine ie porte!

H v

MVRET.

O traits fichez) Il inuoque toutes les choses qu'il peut ou voir, ou penser, & les prie de contempler la grandeur de la peine qu'il souffre. Vn Sonnet tout semblable est dans Petrarque, qui se commēce, *O passi sparsi*. *D'esperance cassez*) Vuides d'esperāce. Il prend cassé, ainsi que les Latins prennent, *Cassus*. Virgile,

   Demisere neci: nunc cassum lumine lugent.

Manes) Manes se nomment en Latin les ames sorties des corps. Il faut naturaliser, & faire François ce mot là, veu que nous n'en auons point d'autre.

N me bruslant il fault que ie me taise:
 Car d'autant plus qu'esteindre ie me veux,
 Plus le desir me r'allume les feux
Qui languissoient sous vne morte braise.
Si suis-ie heureux (& cela me r'apaise)
 De plus souffrir que souffrir ie ne peux,
 Et d'endurer le mal dont ie me deulx.
Je me deulx? non, mais dont ie suis bien aise.
Par ce doux mal i'adoray la beauté,
 Qui me liant d'vne humble cruauté,
 Me desnoüa les liens d'ignorance.
Par luy i'appris les mysteres d'Amour,
 Par luy i'appris que pouuoit l'esperance,
 Par luy mon ame au Ciel fit son retour.

MVRET.

En me bruslant) Combien qu'il sente vne douleur insupportable, si faut-il qu'il la souffre en le taisant. Car en se plaignant, il ne fait que plus fort allumer son feu

Si est-il toutesfois heureux d'estre en tel poinct martyré, veu que la beauté de sa Dame luy a esté premierement occasion de se desempestrer de l'ignorance, & de peu à peu esleuer son esprit à la contemplation de la beauté des choses celestes & diuines. Je me deulx? non) Ceste figure est nommee par les Grecs ἐπανόρθωσις. Les François la peuuent nommer, Correction.

Mour & Mars sont presque d'vne sorte:
L'vn en plein iour, l'autre combat de nuit,
L'vn aux riuaux, l'autre aux gēdarmes nuit,
L'vn rompt vn huis, l'autre rompt vne porte:
L'vn finement trompe vne ville forte,
L'autre coiment vne maison seduit:
L'vn le butin, l'autre le gain poursuit,
L'vn deshonneur, l'autre dommage apporte.
L'vn couche à terre, & l'autre gist souuent
Deuant vn huis à la froideur du vent:
L'vn boit mainte eau, l'autre boit mainte larme.
Mars va tout seul, les Amours vont tous seuls:
Qui voudra donc ne languir paresseus,
Soit l'vn ou l'autre, amoureux, ou gendarme.

MVRET.

Amour & Mars) C'est vne comparaison des amoureux, & des gendarmes, prinse entierement d'vne Elegie d'Ouide, qui se commence,

Militat omnis amans, & habet sua castra Cupido.
Riuaux) Compaignons d'amour. Les François ont pour le iourd'huy mal appliqué ce mot de Ribault pour signifier vn Rufien. Au contraire, c'est vn nom d'honneur, & qui honnestement poursuit vne Dame.

H vj

Amais au cœur ne sera que ie n'aye,
Soit que ie tombe en l'oubli du cercueil,
Le souuenir du fauorable accueil,
Qui reguarit & rengregea ma playe.
Cette beauté pour qui cent morts i'essaye,
Me saluant d'vn petit ris de l'œil,
Se presenta si benigne à mon dueil,
Qu'vn seul regard de tous mes maux me paye.
Si donc le bien d'vn esperé bon-iour,
Plein de caresse, apres vn long seiour,
En cent nectars mon esperance plonge,
Quel paradis m'apporteroit ce bien,
Si bras à bras d'vn amoureux lien
Je la tenois tant seulement en songe?

MVRET.

Iamais au cœur) Il se resiouyt d'vn salut, que sa Dame luy auoit donné auec vn gracieux souzris : preuoyant par là, combien de ioye luy apportera le don de iouyssance.

Eul ie me deuls, & nul ne peut sçauoir
Si ce n'est moy la peine que ie porte:
Amour trop fin, comme vn larron emporte
Mon cœur d'emblée, & ne le puis r'auoir.
Ie ne deuois donner tant de pouuoir
A l'ennemy qui a la main si forte,
Mais au premier le retenir de sorte
Qu'à la raison obeist le deuoir.
Or c'en est fait! il a pris la carriere:

Plus ie ne puis le tirer en arriere:
Opiniastre, il est maistre du frein.
Ie cognois bien qu'il entraine ma vie:
Ie voy ma faulte, & si ne m'en soucie,
,, Tant le mourir est beau de vostre main!

MVRET.

Seul ie me deuls) Il est aisé de soy. Au premier)
Dés le commencement.

Av fond d'vn val esmaillé tout au rond
De mille fleurs, de loin i'auisay celle,
Dont la beauté dedans mon cœur se cele,
Et les douleurs m'apparoissent au front:
De bois toffus voyant le lieu profond,
I'armay mon cœur d'asseurance nouuelle,
Pour luy conter les maux que i'ay pour elle,
Et les tourmens que ses beaux yeux me font.
En cent façons desia ma foible langue
Estudioit sa premiere harangue,
Pour soulager de mes peines le faix:
Quand vn Centaure enuieux de ma vie,
L'ayant en croppe, au galop l'a rauie,
Me laissant seul & mes cris imparfais.

MVRET.

Au fond d'vn val) Il dit, que se promenant quelquefois en vn lieu solitaire, il apperceut sa Dame, & incontinent accourut vers elle, pourpensant desia la maniere qu'il deuoit tenir à luy declarer la grandeur

H vij

de sa peine. Mais celuy qui la menoit en croppe, donna des esperons au cheual, & l'en emmena. *Quand vn Centaure*) Ainsi appelle-il celuy qui menoit sa Dame en croppe. Les poëtes feignent, comme i'ay dit desia, que les Centaures estoient à demy-hommes, à demy-cheuaux. Mais au vray, ce furent peuples de Thessalie, qui premiers monterent à cheual : & le simple peuple les apperceuant de loing, par derriere iugeoit qu'ils estoient my-cheuaux & my-hommes. κυτᾶν en Grec, est à dire, piquer.

E sens portraits dedans ma souuenance
Tes longs cheueux & ta bouche & tes yeux,
Ton doux regard, ton parler gracieux,
Ton doux maintien, ta douce contenance.
Vn seul Ianet, honneur de nostre France,
De ses crayons ne les portrairoit mieux,
Que de l'Archer le trait ingenieux
M'a peint au cœur leur viue remembrance.
Dans le cœur donque au fond d'vn diamant
I'ay son portrait, que ie suis plus aimant
Que mon cœur mesme. O viue portraiture!
De ce Ianet l'artifice mourra :
Dedans mon cueur le tien me demourra,
Pour estre vif apres ma sepulture.

MVRET.

Ie sens portrait) Peintre du monde ne sçauroit bien portraire sa Dame, comme il se dit l'auoir portraite dans le cœur. *Vn seul Ianet*) Ianet, peintre du Roy, homme sans controuerse, premier en son art.

Puis qu'auiourd'huy pour me donner confors,
De ses cheueux ma maistresse me donne:
D'auoir receu, mon cœur, ie te pardonne,
Mes ennemis au dedans de mon Fort:
Non pas cheueux, mais vn fil bien fort,
  Qu'Amour me lasse, & que le ciel m'ordonne,
  Où franchement captif ie m'abandonne
En si beau poil, le lien de ma mort.
De tels cheueux le Dieu que Déle honore,
Son col de laict blondement ne decore,
Ny les flambeaux du chef Egyptien,
  Quand de leurs feux les astres se couronnent,
  Maugré la nuict ne reluisent si bien
  Que ces beaux nœuds qui mes bras enuironnent.

MVRET.

Puis qu'auiourd'huy) Il louë les cheueux de sa Dame, qu'elle luy auoit donnez pour en faire des brasselets. *Mes ennemis*) Amour & ses supposts. Voy ce que i'ay dit sur le Sonnet, *Quand le Soleil*. *De tels cheueux*) Il dit que les cheueux d'Apollon, ne ceux de la Royne Berenice, ne furent iamais si beaux, comme ceux que sa Dame luy a donnez. *Le Dieu que Déle honore*) Apollon, qui est toutefois loué d'auoir belle perruque. Orphee,

Χρυσοκόμα, καθαρὰς φήμας, χρησμὸς τ' ἀναφαίνων.

Ny les flambeaux du chef Egyptien) Berenice, Royne d'Egypte, à cause d'vn vœu qu'elle auoit fait pour son mary Ptolemee, surnõmé Euergete (lequel estoit aussi son frere) appendit ses cheueux, qu'elle auoit merueilleusement beaux, au temple de Venus. Le lendemain ils n'y furent point trouuez. Lors vn grand Mathema-

ticien nommé Conon, pour appaiser le Roy qui en estoit fasché, luy fit accroire que les Dieux les auoient fait venir au ciel, & les auoient changez en vn Astre de sept estoiles, lequel est encores auiourd'huy nommé la Perruque de Berenice. Callimach en fit vne Elegie, qui a esté tournee en Latin par Catulle, & se commence,
Omnia qui magni dispexit sidera mundi.

IE m'asseuroy qu'au changement des
 cieux,
 Cet an nouueau romproit ma destinée,
 Et que sa trace en serpent retournée
Adouciroit mon trauail soucieux:
Mais puis qu'il est neigeux & pluuieux,
 Baignant son front d'vne humide iournee,
 Cela me dit qu'au cours de ceste annee
 I'escouleray ma vie par les yeux.
O toy qui es de moy la quinte essence,
 De qui l'humeur sur la mienne a puissance,
 Ou de tes yeux appaise mes douleurs,
Ou bien les miens alambique en fontaine,
 Pour estoufer mon amoureuse peine
 Dans le ruisseau qui naistra de mes pleurs.

MVRET.

Ie m'asseuroy) Il dit qu'il esperoit, qu'au changemét de l'annee son destin se changeroit aussi, & qu'il ne seroit plus si asprement tourmenté. Mais voyant le dernier iour de Decembre, & le premier de Ianuier estre pluuieux, il prend de là vn presage qu'il pleurera son ame par les yeux, c'est à dire, qu'il se cösumera de pleurs tout le long de l'annee. A la fin il prie sa Dame, qu

qu'elle appaise ses pleurs, ou qu'elle luy en face tant
getter, que le ruisseau qui en sortira, soit suffisant
pour y estoufer sa fiame. *Et que sa trace en serpent retournée*) il semble que l'an se retourne en soy-mesmes,
comme vn serpent: d'où mesme il a prins le nom. car,
Am, en composition de mots Latins signifie quelque
rondeur. De là sont, *Annus, annalus, ambio, ambustus,
ambss,* & tels autres. Virgile,
  Atque in se sua per vestigia voluitur annus.
A ceste occasion les Egyptiens, comme tesmoigne
Orus Apollo, voulans peindre l'an, peignoient vn serpent mordant sa queuë. *La quint essence*) La meilleure
& plus pure partie. Si tu veux entendre plus amplemét
que c'est à dire quinte essence, voy vn liure appelé le
Ciel des Philosophes. *Alambique*) Fay distiller.

Meschante Aglaure, ame pleine d'ennie,
  Langue confite en caquet indiscret,
  D'auoir osé publier le secret
Que ie tenois aussi cher que ma vie.
Fiere à ton col Tisiphone se lie,
  Qui d'vn remors, d'vn soin & d'vn regret,
  D'vn feu, d'vn foet, d'vn serpent, & d'vn trait,
Sans se lasser punisse ta folie.
Pour me venger ce vers iniurieux
  Suiue l'horreur du despit furieux,
  Dont Archiloch aiguisa son Iambe:
Mon fier courroux t'ourdisse le licol
  Du fil meurtrier, que l'ennieux Lycambe
  Pour se sauuer estraignit à son col.

MVRET.

Meschante Aglaure) Il maudit vne qui auoit reuelé
quelque sien secret. *Meschante Aglaure*) Aglaure fille

de Cecrops, parce qu'ayāt promis à Mercure de luy ayder, moyennant quelque somme d'argēt, à iouyr d'vne sœur qu'elle auoit, nōmee Herse, par apres estāt meue d'enuie le voulut empescher, fut par luy conuertie en pierre. Voy le second des Metamorfoses. D'Enuie) Qui est le plus grand torment qui soit. Horace,
Inuidia Siculi non inuenere tyranni
Maius tormentum.

Tisiphon) Vne des Furies. *Pour me venger*) Les vers d'Archiloch furent cause, que Lycambe se pendit: il souhaite que ces vers en facent autant à celle qui l'a offensé. Lycambe auoit promis de bailler sa fille Neobole en mariage au Poëte Archiloch: & apres la luy refusa. Le Poëte courroucé fit des carmes Iambiques contre luy, par lesquels il le diffama si bien, que le pauure Lycambe de honte & de regret se pendit par le col. *Sus Iambe*) Son vers Iambique.

En nul endroit, comme a chanté Virgile,
 La foy n'est seure, & me l'a fait sçauoir
 Ton ieune cœur, mais vieil pour deceuoir,
Rompant la sienne en amour trop fragile.
Tu ne sçaurois comme femme inutile,
 Assuiettir les cœurs à ton pouuoir,
 Iouet à vent, flot prompt à s'esmouuoir,
 Beauté trop belle en ame trop mobile.
Escoute, Amour, si tu as quelquefois
 Haussé ton vol où te poussoit ma vois,
 Iamais mon cœur de son cœur ne racointes.
Puisse le Ciel sur sa langue enuoyer
 Le plus aigu de sa foudre à trois pointes
 Pour le payment de son iuste loyer.

MVRET.

En nul endroit) Ce Sonnet & le precedent appartient à vne mesme. *Comme a chanté Virgile*) Au quatriesme de l'Eneide,

Nusquam tuta fides.

Son chef est d'or, son front est vn tableau,
Où ie voy peint le gain de mon dommage:
Belle est sa main qui me fait deuant l'âge
Changer de teint, de cheueux & de peau.
Belle est sa bouche & son soleil iumeau,
De neige & feu s'embellist son visage,
Pour qui Iupin reprendroit le plumage
Ore d'vn Cygne, or' le poil d'vn Toreau.
Doux est son ris, qui la Meduse mesme
Endurciroit en quelque roche blesme,
Vangeant d'vn coup cent mille cruautez.
Mais tout ainsi que le Soleil efface
Les moindres feux, ainsi ma foy surpasse
Le plus parfait de toutes ses beautez.

MVRET.

Son chef est d'or) Les beautez de sa Dame sont grandes: mais la foy qui est en luy, les surpasse d'autāt, comme le Soleil les estoiles. *Ore d'vn Cygne*) Comme pour Lede, de laquelle la fable est descrite amplemēt dans le troisiesme des Odes. *Or' le poil d'vn Toreau*) Comme pour Europe, de laquelle voy le liuret de Baïf. *Meduse*) Voy ce que i'ay dit sur le Sōnet, *Lors que mon œil*.

Tousiours l'erreur qui seduit les Menades,
  Ne deçoit pas leurs cerueaux eslonnez :
  Tousiours au son des cornets entonnez
Les monts Troyens ne foulent de gambades.
Tousiours le Dieu des vineuses Thyades
  N'affolle pas leurs cœurs espoinçonnez,
  Et quelquefois leurs esprits forcenez
Cessent leur rage & ne sont plus malades.
Le Corybante a quelquefois repos,
  Et le Curet sous les armes dispos,
  Sent par saisons le Tan de sa Deesse :
Mais la beauté qui me pousse en erreur,
  En patience vne heure ne me laisse :
,, Le sang qui boust est tousiours en fureur.

MVRET.

Tousiours l'erreur) Les ministres de Bacchus, & de Cybele, lors qu'ils sacrifioyēt, estoyent espris d'vne fureur qui les faisoit courir, crier, sauteler, comme hors du sens : mais ceste fureur ne les tenoit pas tousiours. Mais le Poëte dit, que la fureur que sa Dame luy liure, ne le laisse pas vne heure en repos. *Menades*) Prestresses de Bacchus, ainsi dites du verbe μαίνεσθαι, qui signifie estre hors du sens. *Des cornets*) Aux sacrifices de Bacchus on iouoit de cornets, de trompettes, de fleutes, de tabourins, tout l'vn parmy l'autre. Catulle,

  Plangebant alii proceris tympana palmis,
  Aut tereti tenues tinnitus ære ciebant,
  Multi raucisonis efflabant cornua bombis,
  Barbaráque horribili stridebat tibia cantu.

Thyades) Ainsi se nomment aussi les Prestresses de Bacchus, lequel entre ses autres noms, est appelé Thyonée : ou à cause de sa mere Thyone, ou parce qu'il in-

DES AMOVRS. 189

stitua premier les sacrifices, ou parce que le verbe θύειν en Grec, signifie quelquefois auoir l'esprit hors de soy. *Le Corybante*) Corybantes estoyent nommez les Prestres de Cybele, du verbe κρύψω, qui signifioit cacher: parce qu'ils cacherent Iupiter nouuellemẽt né, cõme ie diray apres. *Le Curet*) Rhée, autrement nommée Cybele, mere de Iupiter, apres qu'il fut né, le porta en Crete, & le bailla en charge aux Curetes, peuples de ce païs là, de peur que Saturne, selon sa coustume, ne le mangeast. Les Curetes le cacherent dans vn antre, autour duquel ils dançoyent tous armez, crians, & faisans entreheurter leurs boucliers, de peur que Saturne ne l'entendist. Callimach,

Οὐλα δὲ κυρῆτες γε περὶ πρύλιν ὠρχήσαντο,
Τεύχεα πεπλήγοντες, ἵνα κρόνος κλύοι ἠχὼ
Ἀσπίδος εἰσαΐων, καὶ μή σεο κυρίζοντος.

Arat aussi le raconte. De là les Prestres de Cybele furẽt nommez Curetes, & retindrent ceste maniere de danser en armes. Voy Ouide au quatriesme des Fastes. *Le Tan*) La fureur. Ainsi prennent souuent les Grecs le mot, οἶστρος. *Fureur*) Platon dit, que l'amour n'est autre chose que fureur.

Bien que les champs, les fleuues & les lieux,
Les monts, les bois que i'ay laissez derriere,
Me tiennent loin de ma douce guerriere,
Astre fatal d'où s'escoule mon mieux:
Quelque Démon par le congé des Cieux,
Qui presidoit à mon ardeur premiere,
Conduit tousiours d'vne aile coustumiere
Sa belle image au seiour de mes yeux.
Toutes les nuicts impatient de haste,
Entre mes bras ie r'embrasse & retaste
Son vain portrait en cent formes trompeur:
Mais quand il voit que content ie sommeille,

Rompant mon bien s'envole, & ie m'esueille
Seul en mon lict plein de honte & de peur.

MVRET.

Bien que les champs) Combien qu'il soit loin de sa Dame, si est-ce que quelque bon Ange la luy fait voir toutes les nuicts en songeant. Il ne se plaint que d'vne chose: c'est que ses songes sont trop courts, & qu'ils finissent lors qu'il y prend plus grand plaisir. *Astre fatal*) Laquelle est vn astre fatal. *Son vain portrait en cent formes trompeur*) Son simulacre qui le trompe ondoyant deuant luy en cent formes.

    IL faisoit chaud, & le somne coulant
    Se distilloit par mon ame songearde,
    Quand l'incertain d'vne idole gaillarde
Fut doucement mon dormir affolant.
Panchant sous moy son bel yuoire blanc,
    Et m'y tirant sa langue fretillarde,
    Me baisottoit d'vne léure mignarde,
Bouche sur bouche, & le flanc sus le flanc.
Que de coral, que de liz, que de roses,
    Ce me sembloit à pleines mains descloses
Tastay-ie lors entre deux maniments?
Mon Dieu, mon Dieu, de quelle douce haleine,
    De quelle odeur estoit sa bouche pleine,
    De quels rubis, & de quels diamans?

MVRET.

Il faisoit chaud) Il descrit le plaisir qu'il print en songeant, s'estât endormi quelque apres-disnée d'esté le sens n'est pas fort difficile à comprendre. Ce Sonnet est contraire au precedent.

Es flots iumeaux de laict bien espoissi
Vont & renont par leur blanche valée,
Comme à son bord la marine salée,
Qui lente va lente reuient aussi.
Vne distance entre eux se fait ainsi
Qu'entre deux monts vne sente égalée,
Blanche par tout de neige deualée,
Quand au printemps le ciel s'est adouci.
Là deux rubis haut esleuez rougissent,
Dont les rayons cet yuoire finissent
De toutes parts vniment arrondis:
Là tout honneur, là toute grace abonde:
Et la beauté, si quelqu'vne est au monde,
Vole au seiour de ce beau paradis.

MVRET.

Ces flots iumeaux) Il descrit la beauté des tetins de la Dame, disant que le sein d'icelle est vn paradis de beauté, auquel s'en-volent toutes les autres beautez qui sont au monde. *Vont & reuont*) Ainsi Ariofte,

Due pome acerbe, e pur d'auorio fatte
Vengono, e van come onda al primo margo,
Quando piaceuole aura il mar combatte.

Vne distance) L'Ariofte mesmes en vn autre lieu,
Spatio fra lor tal discendea, qual fatte
Esser veggiam fra piccolini colli
L'ombrose valli in sua stagione amene,
Ch'el verno habbia di neue all'hora piene.

Uelle langueur ce beau front deshonore?
Quel voile obscur embrunist ce flambeau?
Quelle palleur dépourpre ce sein beau,
Qui per à per combat auec l'Aurore?
Dieu Medecin si en toy vit encore
L'antique feu du Thessale arbrisseau,
Vien au secours de ce teint damoiseau,
Et son liz palle en œillets recolore.
Et toy Barbu, fidele gardien
Des Rhagusins, peuple Epidaurien,
Fais amortir le tizon de ma vie:
S'il vit ie vy, s'il meurt ie ne suis riens:
Car tant son ame à la mienne est vnie,
Que ses destins seront suiuis des miens.

MVRET.

Quelle langueur) Sa Dame estant malade d'vne fieure, il prie Apollon & Æsculape de la guerir, disant, que si elle meurt, il est impossible qu'il viue. *Dieu medecin*) Il entend Apollon, qui premier inuenta la medecine. *Du Thessale arbrisseau*) De Dafné pucelle Thessalienne, qui fut changée en Laurier. Voy le premier des Metamorfoses. *Et toy Barbu*) Il entend Æsculape fils d'Apollon, lequel les anciens souloyét peindre auec longue barbe. *Des Rhagusins, peuple Epidaurien*) Marulle au quatriesme liure des Epigrammes, tesmoigne que les Rhagusins, peuples d'Italie, sont venus d'Epidaure ville dediée à Æsculape. *Fais amortir le tizon de ma vie*) Oste l'ardeur de la fiéure à celle, de laquelle depend ma vie, comme celle de Meleagre dependoit d'vn tizon. Voy Ouide au huictiesme des Metamorfoses. *Que ses destins*) Sa mort. Ainsi disent souuent les Latins, *fata*, & les Grecs, κῆρ.

Du bord

DES AMOVRS.

Dv bord d'Espagne, où le iour se limite,
Iusques à l'Inde il ne croist point de fleur,
Qui de beauté, de grace & de valeur
Puisse egaler le teint de Marguerite.
Si riche gemme en Orient eslite
Comme est son lustre enrichi de bon-heur,
N'emperla point de la Conche l'honneur
Où s'apparut Venus encor petite.
Le pourpre esclos du sang Adonien,
Le triste Ai Ai du Telamonien,
Ny des Indois la gemmeuse largesse,
Ny tous les biens d'vn riuage estranger,
A leurs tresors ne sçauroyent eschanger
Le moindre honneur de sa double richesse.

MVRET.

Du bord d'Espagne) Il loue celle-là, de laquelle i'ay parlé au Sonnet, qui se commence, *Me souuenant*. *Si riche gemme*) C'est à dire, en la coquille dans laquelle Venus nouuellement née vint à bord, n'y auoit point de si belle perle, comme est ceste Marguerite. *Le pourpre esclos du sang Adonien*) La fleur qui nasquit du sang Adonis, apres qu'il fut tué par le Sanglier. Voy la fin du dixiesme des Metamorfoses. *Ai Ai du Telamonien*) La fleur en laquelle sont escrites ces deux lettres, & qui nasquit du sang d'Aiax, fils de Telamon. Voy ce que i'ay dit sur le Sonnet qui se commence, *le veux aisser*: Aussi que le nom d'Aiax, vient du verbe Grec, ..., qui signifie pleurer, comme dit Sophocle. *Ny des Indois*) Le pays d'Indie est abondant en pierres precieuses. *De sa double richesse*) Il dit double, parce que le nom Marguerite, est le nom d'vne fleur, & d'vne ...

AV plus profond de ma poitrine morte
Il m'est aduis qu'vne main ie reçoy,
Qui me pillant entraine auecque soy
Mon cœur captif que maistresse elle emporte.
Coustume inique & de mauuaise sorte,
Malencontreuse & miserable loy,
Tu m'as tué, tant tu es contre moy,
Loy des humains, bride trop dure & forte.
Faut-il que veuf, seul entre mille ennuis,
Mon lict desert ie couue tant de nuits?
Hà! que ie porte & de haine & d'enuie
A ce Vulcan ingrat & sans pitié,
Qui s'opposant aux raiz de ma moitié,
Fait eclipser le Soleil de ma vie.

MVRET.

Au plus profond) Ainsi qu'il estoit à deuiser auec que sa Dame, vn qui auoit authorité sur elle, la vint prendre, & l'emmena: dequoy il se plaint, disant, qu'en s'en allant, elle luy auoit arraché le cœur. *A ce Vulcan*) Ainsi nôme-il celuy qui emmenoit sa Dame. *Eclipser*) Esuanouir, disparoistre. Ce Sonnet n'appartient point à Cassandre, non plus que d'autres qui sont en ce liure.

REn moy mon cœur, ren moy mon cœur, mi-
gnarde,
Que tu retiens dans ton sein arresté:
Ren moy, ren moy ma douce liberté,
Qu'à tes beaux yeux, mal-caut, ie mis en garde:
Ren moy ma vie, ou bien la mort retarde,
Qui me poursuit en aimant ta beauté,

Par ne sçay quelle honneste cruauté,
Et de plus pres mes angoisses regarde.
Si d'un trespas tu payes ma langueur,
L'âge à venir maugreant ta rigueur,
Dira sus toy: De ceste fiere amie
Puissent les oz reposer durement,
La terre soit à son corps ennemie,
Et vif & mort soit tousiours en tourmens.

MVRET.

(Ren moy mon cœur) Il dit à sa Dame, ou qu'elle luy rende son cœur, ou qu'elle vse enuers luy de quelque humanité pour retarder sa mort: l'asseurant qu'elle sera maudite de la posterité, si par sa rigueur elle le contraint à mourir.

Quand le grand œil dans les Iumeaux arriue,
Vn iour plus doux seréne l'vniuers,
D'espics crestez ondoyent les champs vers,
Et de couleurs se peinture la riue.
Mais quand sa fuite obliquement tardiue,
Par le sentier qui roulle de trauers,
Atteint l'Archer, vn changement diuers
De iours, de fleurs, & de couleurs nous priue.
Ainsi quand l'œil de ma Deesse luit
Dedans mon cœur, en mon cœur se produit
Maint beau penser qui me donne asseurance:
Mais aussi tost que son rayon s'enfuit,

I ij

De mes pensers fait auorter le fruit,
Et sans meurir tranche mon esperance.

MVRET.

Quand le grand œil) Il fait vne cōparaison de l'œil de sa Dame au Soleil. Le grand œil) Le Soleil. Dans les Iumeaux)Ce qui se fait le dixhuictiesme de May,selon Ptolomée. Par le sentier qui roulle de trauers) Parle cercle appellé Zodiaque. Atteint l'Archer) Le dixhuictiesme de Nouembre.

Page suy moy: par l'herbe plus espesse
Fauche l'esmail de la verte saison,
Puis à plein poing en-ionche la maison
Des fleurs qu'Auril enfante en sa ieunesse.
Despen du croc ma lyre chanteresse,
Je veux charmer si ie puis la poison,
Dont vn bel œil enchanta ma raison
Par la vertu d'vne œillade maistresse.
Donne moy l'encre & le papier aussi:
En cent papiers tesmoins de mon souci
Je veux tracer la peine que i'endure:
En cent papiers plus durs que Diamant,
A fin qu'vn iour nostre race future
Iuge du mal que ie souffre en aimant.

MVRET.

Page suy moy)Il parle à l'vn de ses seruiteurs,luy disant qu'il aille cueillir force fleurs à getter parmi sa chambre,& qu'il luy donne sa lyre, à fin d'adoucir vn peu son tourment. Dit d'auantage, que puis qu'il ne peut faire autre chose, pour le moins fera-il tant, que sa peine sera entendue de toute la posterité. *En cent papiers plus durs que Diamant*) C'est à dire, ausquels il escrira choses, qui seront de plus longue durée que le Diamant.

Amour, que i'aime à baiser les beaux yeux
De ma maistresse, & à tordre en ma bouche
De ses cheueux l'or fin qui s'escarmouche
Dessus son front astré comme les cieux!
C'est à mon gré le meilleur de son mieux
Que son bel œil, qui iusqu'au cœur me touche,
Dont le beau nœud d'vn Scythe plus farouche
Rendroit le cœur courtois & gracieux.
Ses longs cheueux, & ses sourcis encore
De leurs beautez font vergongner l'Aurore,
Quand au matin elle embellist le iour.
En son œil vole vne image vestue
D'aile & de traicts : ie croy que c'est Amour,
Je le cognois, il me blesse, il me tue.

MVRET.

Amour, que i'aime) L'argument est bien aisé. *D'vn Scythe*) Les Scythes sont peuples Septentrionaux, barbares au possible. *Vergongner*) Auoir honte.

Es vers d'Homere entre-leus d'auenture,
Soit par destin, par rencontre ou par sort,
En ma faueur chantent tous d'vn accord
La guarison du tourment que i'endure.
Ces vieux Barbus, qui la chose future

J iij

Des traits des mains, du visage & du port
Vont predisant, annoncent reconfort
Au‍‍x passions de ma peine si dure.
Mesmes la nuict, le somne qui vous met
Douce en mon lict, augure me promet
Que ie verray vos fieriez adoucies:
Et que vous seule oracle de l'amour,
Verifirez en mes bras quelque iour
L'arrest fatal de tant de propheties.

MVRET.

Les vers d'Homere) Il dit que toutes les choses, par lesquelles on peut preuoir ce qui est à aduenir, luy predisent qu'à la fin il obtiendra de sa Dame ce qu'il desire. *Les vers d'Homere*) C'estoit vne chose vsitée aux anciens d'ouurir vn Homere, ou vn Virgile, ou vn autre tel poëte à l'auēture, & des vers qu'ils rencontroyēt à ceste fortuite ouuerture, colliger les choses qui leur deuoyent aduenir. Les exemples en sont assez frequens aux histoires. *Ces vieux Barbus*) Il entend ceux, qui vulgairement sont appellez Bohemiens. *Vous seule oracle de l'amour*) Vous qui estes seule, de laquelle la voix peut seruir de certain oracle à mon amour.

MADRIGAL.

VN sot Vulcan ma Cyprine faschoit:
Elle en pleurant qui son courroux ne cele,
L'vn de ses yeux armà d'vne estincelle,
De l'autre vne eau sur sa ioue épanchoit.
Tandis Amour, qui petit se cachoit
Comme vn oiseau és cheueux de la belle,

En l'œil humide alloit baignant son aile,
Puis en l'ardant ses plumes il sechoit.
Ainsi voit-on d'vne face diuerse
Rire & pleurer tout en vn mesme temps
Douteusement le Soleil du printemps,
Quand vne nue à demi le trauerse.
Quel dueil ensemble & quel plaisir c'estoit
De voir son geste, & les pleurs qu'elle verse
Pleins de regrets que le Ciel escoutoit?

MVRET.

Vn sot Vulcan) Il descrit en ce Madrigal la contenãce de sa Dame estant faschée. *Ainsi voit-on*) Comparaison prinse de l'Arioste, parlant d'Olympie,
    Era il be i viso, qual esser suol
    Da primauera alcuna volta il cielo,
    Quando la pioggia cade: e à vn tempo il Sol
    Si sgombra intorno il nubiloso velo.

Amour, quel dueil & quelles larmes feintes,
    Et quels souspirs ma Dame alloit formant,
    Et quels sanglots alors que le tourment
D'vn teint de mort ses graces auoit peintes!
Croizant ses mains à l'estomach estreintes
    Fichoit au Ciel son regard lentement,
    Et larmoyant parloit si tristement,
Que les rochers se brisoyent de ses pleintes.
Les Cieux fermez aux cris de sa douleur,
    Changeant de teint de grace & de couleur,
    Par sympathie en deuindrent malades:

Tous renfrongnez les Astres secouvyent
  Leurs raiz du chef: telles pitiez nous oyent
  Dans le crystal de ses moites œillades.

MVRET.

Amour, quel dueil) L'argument de ce Sonnet depend du precedent. *Les Cieux fermez*) Arrestez. Mot Italien. *Par sympathie*) Par vne similitude, & conionction de nature qui est entre elle & les cieux. Sympathie est vn mot Grec: mais il est force d'en vser, veu que nous n'en auons point d'autre.

LE feu iumeau de ma Dame brusloit
  Par le rayon de leur flamme diuine,
  L'amas pleureux d'vne obscure bruine,
  Qui de leur iour la lumiere celoit.
Vn bel argent chaudement s'escouleit
  Dessus sa ioue, en la gorge yuoirine,
  Au beau seiour de sa chaste poitrine,
  Où l'Archerot ses fleches émouloit.
De neige tiede estoit sa face pleine,
  D'or ses cheueux, ses deux sourcis d'ébene,
  Ses yeux luisoyent comme vn astre fatal:
Roses & lis où la douleur contrainte
  Formoit l'accent de sa iuste complainte,
  Feu ses souspirs, ses larmes vn crystal.

MVRET.

Le feu iumeau) Il continue encor à descrire la côtenance de sa Dame estât ainsi faschée. *L'amas pleureux*) vn amas de larmes & de pleurs, qui comme vne bruine commençoit à se fondre. *Bruine*) Vient de brun, ce sont petites nuées espaisses & obscures, qui pendent sur le hault des montaignes. *Vn bel argent*) Il entend les larmes. *Emouloit*) Aiguisoit. *De neige tiede*) Ces six carmes sont presque traduits de Petrarque,

La testa or fino, e calda neue il volto,
Hebeno i cigli, e gli occhi eran due stelle,
Ond' Amor l'arco non tendeua in fallo:
Perle e rose vermiglie, oue l'accolto
Dolor formaua ardenti voci e belle,
Fiamma i sospir, le lagrime cryſtallo.

Eluy qui fit le monde façonné
Sur le portraict duquel il fut l'exemple,
Le couronnant des voûtes de son temple,
M'a par destin ton esclaue ordonné.
Comme l'esprit qui saintement est né
Pour voir son Dieu, quand sa face il contemple,
Plus heureux bien, recompense plus ample,
Plus grand loyer ne luy est point donné.
Ainsi ie pers ma peine coustumiere,
Quand à longs traits i'œillade la lumiere
De ton bel œil, chef-d'œuure nompareil.
Voila pourquoy, quelque part qu'il seiourne,
Tousiours vers luy maugré moy ie me tourne,
Comme vn Souci aux rayons du Soleil.

MVRET.

Celuy qui fit) Ce Sonnet est presque traduit d'vn de Bembo, qui se commence, *L'alta cagion*. *L'exemple*) De l'Idée qu'il en auoit eternellement conceuë, & qui luy seruit de patron pour faire ce monde icy. *De son*

I v

temple) Du Ciel. *Comme un Soucy*) Le Soucy est vne fleur nommée par les Grecs *Heliotropium*, à cause qu'elle se tourne tousiours vers le Soleil.

LE doux Sommeil qui toute chose appaise,
  N'appaise point le soing qui m'a rauy:
  En vous ie meurs, en vous seule ie vy,
  Ne voyant rien sinon vous qui me plaist.
Vos yeux au cœur m'ont ietté telle braise,
  Qu'vn feu depuis m'a tousiours poursuiuy,
  Et dés le iour qu'en dançant ie vous vy,
  Ie meurs pour vous & si en suis bien aise.
De mal en mal, de souci en souci
  I'ay l'ame triste & le corps tout transi,
  Sans eschauffer le froid de vostre glace.
Au moins lisez & voyez sur mon front
  Combien de morts vos doux regars me font:
  Le soing caché se cognoist à la face.

MVRET.

Le doux Sommeil) Ce Sonnet est assez aisé de soy.

COmme on souloit si plus on ne me blasme
  D'auoir l'esprit & le corps ocieux,
  L'honneur en soit au trait de ces beaux yeux
  Qui m'ont poli l'imparfait de mon ame.
Le seul rayon de leur gentille flame
  Dressant en l'air mon vol audacieux
  Pour voir le Tout m'esleue iusqu'aux Cieux,
  Dont ici bas la partie m'enflame.

Par le moins beau qui mon penser aila,
  Au sein du beau mon penser s'en-vola,
  Espoinçonné d'vne manie extresme:
Là du vray beau i'adore le parfait,
  Là d'ocieux actif ie me suis fait,
  Là ie cogneu ma maistresse & moy-mesme.

MVRET.

Comme on souloit) Il dit, que si maintenant on ne le blasme d'estre paresseux, côme il souloit, l'honneur en est deu aux beaux yeux de sa Dame. *Pour voir le Tout*) Pour contempler la beauté diuine, source de toutes autres beautez. *Manie*) Fureur. Platon au Fædre tesmoigne, que les anciens estimoyent ce nom là tres-honneste. *Actif*) Diligent.

F Ier Aquilon horreur de la Scythie,
  Le chasse-nue, & l'esbranle-rocher,
  L'irrite-mer, & qui fais approcher
Aux enfers l'vne, aux cieux l'autre partie:
S'il te souuient de la belle Orithye,
  Toy de l'Hiuer le ministre & l'archer,
  Fais à mon Loir ses rides relascher,
Tant que ma Dame à riue soit sortie.
Ainsi ton front ne soit iamais moiteux,
  Et ton gosier horriblement venteux
  Mugle tousiours dans les cauernes basses:
Ainsi les bras des chesnes les plus vieux,
  Ainsi la terre & la mer & les cieux
  Tremblent d'effroy, quelque part où tu passes.

J vj

204 LE PREMIER LIVRE
MVRET.

Fier Aquilon) Voyant quelquefois sa Dame tourmentée des vents sur la riuiere du Loir, il fait ce vœu au vent Borée, le priant de s'appaiser tant qu'elle vienne à bord. *Horreur de la Scythie*) Ouide,
  - Scythiam,septémque triones
  Horrifer inuasit Boreas.
Le chasse-nue) Parce qu'il a vertu de chasser & dissiper les nues, comme tesmoigne le Commentaire d'Arat sur ce lieu,
 -μέχει ζοφεᾶς ἀπυσράψαντος ἰϡηχι.
Ces trois mots chasse-nue, esbranle-rocher, & irrite-mer, sont heureusement composez à la maniere Grecque: pour signifier les effects du vent Borée, desquels il se vante luy-mesmes en Ouide, disant ainsi,
  Apta mihi vis est: hac tristia nubila pello,
  Hac freta concutio, nodosáque robora verto.
Orithye) C'est le nō d'vne fille du Roy Erechthée, de laquelle le vent Borée fut amoureux, & la rauit. Voy la fin du sixiesme des Metamorfoses. *Mugle*) Mugler se dit proprement du cry des bœufs, *Mugire*.

Oeur de Pâris, la fille au Roy d'Asie,
A qui Phebus en doute fit auoir
Peu cautement l'aiguillon du sçauoir,
Dont sans profit ton ame fut saisie:
Tu variras vers moy de fantaisie,
Puis qu'il te plaist (bien que tard) de vouloir
Changer ton Loire aux riues de mon Loir,
Pour y fonder ta demeure choisie.
En ma faueur le Ciel te guide ici,
Pour te monstrer de plus pres le souci
Qui peint au vif de ses couleurs ma face.
Vien Nymphe vien, les rochers & les bois

Qui de pitié s'enflamment sous ma vois,
Pleurant ma peine, eschaufferont ta glace.

MVRET.

Sœur de Paris) Il se resiouit dequoy sa Dame viēt demeurer au pays de Vandomois, esperant par là, plus aisément amollir la rigueur d'icelle. Au Roy d'Asie) De Priam. A qui Phebus) Voy ce que i'ay dit sur le Sonnet qui se commence, Ie ne serois d'vn abusé.

'Or crespelu que d'autant plus i'honore,
Que mes douleurs s'augmētent de son beau,
Laschant vn iour le noud de son bandeau,
S'esparpilloit sur le sein que i'adore.
Mon cœur helas ! qu'en vain ie r'appelle ore,
Vola dedans ainsi qu'vn ieune oiseau,
Qui s'en-volant dedans vn arbrisseau,
De branche en branche à son plaisir s'essore.
Lors que dix doits, dix rameaux yuoirins,
(En ramassant de ce beau chef les brins)
Prindrent mon cœur en leur reth qui m'affolle:
Ie le vy bien, mais ie ne peus crier,
Tant vn effroy ma langue vint lier,
Glaçant d'vn coup mon cœur & ma parolle.

MVRET.

L'or crespelu) La fiction de ce Sonnet est prinse de Bembo, au Sonnet qui se cōmence, Da que' bei crin. Il dit que sa Dame auoit vn iour deslié ses cheueux, & que son cœur vola dedans comme vn oiseau, si bien qu'à

J vÿ

la fin il y fut empeſtré. *Le noud*) Le Poëte vſe de ces deux mots neud & noud indifferentement en tous ſes liures. *S'eſſore*) Mot de fauconnerie. *Brins*) Cheueux.

L'Homme a la teſte ou de plomb ou de bois,
S'il ne treſſaut de crainte & de merueille,
Quand face à face il voit ma non-pareille,
Ou quand il oit les accords de ſa voix:
Ou quand penſiue, aux iours des plus beaux mois
Amour tout ſeul ſeulette la conſeille
Par les iardins, & d'vne fleur vermeille
Faire vn bouquet trié de ſes beaux dris:
Ou quand l'Eſté, lors que le chaud s'auale,
Au ſoir à l'huis l'apperçoit qu'elle egale
La ſoye à l'or d'vn pouce ingenieux:
Puis de ſes doigts qui les roſes effacent,
Toucher ſon Luth, & d'vn tour de ſes yeux
Piller les cueurs de mille hommes qui paſſent.

MVRET.

L'homme a la teſte) Il eſt aſſez aiſé de ſoy. *Trié*) Choiſi, eſleu.

Vec les fleurs & les boutons eſclos
Le beau Printemps fait printaner ma peine,
En chaque nerf, en chaque pouls & veine
Soufflant vn feu qui m'ard iuſques à l'os.
Le marinier ne conte tant de flos,
Quand plus Borée horrible ſon haleine,
Ny de ſablons l'Afrique n'eſt ſi pleine,

Que de tourmens dans mon cœur sont enclos.
J'ay tant de mal, qu'il me prendroit enuie
Cent fois le iour de me trancher la vie,
Minant le Fort où loge ma langueur:
Si ce n'estoit que ie tremble de crainte,
Qu'apres la mort ne fust la playe esteinte
Du coup mortel qui m'est si doux au cœur.

MVRET.

Auec les fleurs) Il dit que le Printeps luy renouuelle sa douleur: & qu'il sent vn si grand nombre de maux, que cent fois le iour luy prendroit enuie de se tuer, si n'estoit qu'il craint, que la mort mesme ne puisse mettre fin à sa peine. *Printaner*) Reuerdir. *Horrible*) Horribler, est rendre horrible. Mot inuenté par l'Autheur. Il en a vsé aussi en l'Ode de la Paix. *L'Afrique*) Laquelle est toutefois merueilleusement sablonneuse. Catulle,
Quàm magnus numerus Libyssæ arenæ
Laserpiciferis iacet Cyrenis.
Le Fort) Son cœur, où sa langueur demeure.

I blond si beau, comme est vne toison
Qui mon dueil tue & mon plaisir renforce,
Ne fut oncq l'or, que les toreaux par force
Aux champs de Mars donnerent à Iason.
De ceux qui Tyr ont choisi pour maison,
Si fine soye au mestier ne fut torce:
Ny mousse au bois ne reuestit escorce
Si tendre qu'elle en la prime saison.
Poil digne d'estre aux testes des Deesses,
Puis que pour moy tes compagnons tu laisses,

Je sens ramper l'esperance en mon cœur:
Courage Amour, desia la ville est prise,
 Lors qu'en deux parts, mutine, se diuise,
 Et qu'vne part se vient rendre au veinqueur.

MVRET.

Si blond, si beau) Ayant receu des cheueux de sa Dame, il louë la beauté d'iceux. Sur la fin il dit, que comme quand les citoyens d'vne ville assiegée se diuisent entre-eux, tellement que l'vne partie se rend, c'est vn tresbon signe pour ceux qui tiennent le siege: ainsi, veu que les cheueux de sa Dame se diuisent, & que l'vne partie se vient rendre à luy, cela luy est vn presage certain de victoire. *Aux champs de Mars*) Voy le septiesme des Metamorfoses. *De ceux qui Tyr*) la soye de l'isle de Tyr estoit anciennement fort estimée. Ce Sonnet n'appartient point à Cassandre.

'Vne vapeur naissante de la terre
 Ne se conçoit vn air si ventueux:
 Ny de ses flots le Loir impetueux
Se debordant nos campagnes n'atterre.
Le Prince Eole en ces mois ne deterre
 L'esclaue orgueil des vents tumultueux,
 Ny l'Ocean des flots tempestueux
De sa grand' clef les sources ne desserre.
Seuls mes souspirs ont ce vent enfanté,
 Et de mes pleurs le Loir s'est augmenté
 Pour le depart d'vne beauté si fiere:
Et m'esbahis de tant continuer
 Souspirs & pleurs, que ie n'ay veu muer
 Les rus en vent, les autres en riuiere.

MVRET.

D'vne vapeur) Sa Dame estant departie d'auecques luy, aduint que tresgrāds vents s'esmeurent, & la riuiere du Loir s'enfla plus que de coustume. Il dit que les vents ont esté engendrez de ses souspirs, & la riuiere augmentee de ses pleurs. *Vn air*) Ce vent. Voyez ce qu'en dit Seneque. *N'atterre*) Ne fracasse & rompt &. porte par terre. Il y a difference entre Enterrer, Atterrer, & Terrasser. Enterrer, mettre dedans la terre: Atterrer, briser & rompre contre la terre, comme les lutteurs, qui atterrent leurs aduersaires: Terrasser, c'est mettre de la terre l'vne dessus l'autre. De là vient vne terrasse. *L'esclaue orgueil des vents tumultueux*) Les vents orgueilleux & tumultueux, lesquels il tient esclaues & enserrez dans ses cauernes. Voyez Homere & Virgile.

Ie suis plus aise en mon cœur que les Dieux,
 Quand chaudement tu me baises, Maistresse:
De ton baiser la douceur larronnesse
Tout esperdu m'en-vole iusqu'aux Cieux.
Baise moy donc, mon cœur: car i'aime mieux
 Ton seul baiser, que si quelque Deesse
Au lieu d'Amour d'vne accollade espesse
M'embrassoit nud d'vn bras delicieux.
Mais ton orgueil a tousiours de coustume
 D'accompagner ton baiser d'amertume,
Froid sans saueur: aussi ie ne pourrois
Souffrir tant d'heur: car mon ame qui touche
 Mille beautez, s'enfuiroit par ma bouche,
Et de trop d'aise en ton sein ie mourrois.

MVRET.

Ie suis plus aise) Il descrit le plaisir, qu'il prend à baiser sa Dame. *La douceur larronnesse*) Qui me desrobe le cœur. *M'enuole*) Me rauit. Ce Sonnet, comme plusieurs autres, n'appartient en rien à Cassandre.

DE ses Maris, l'industrieuse Heleine,
L'esguille en main retraçoit les combats
Dessus sa toile : en ce poinct tu t'esbats
D'ouurer le mal duquel ma vie est pleine.
Mais tout ainsi, Maistresse, que ta leine
Et ton fil noir desseignent mon trespas,
Tout au rebours pourquoy ne peins-tu pas
De quelque verd vn espoir à ma peine ?
Mon œil ne voit sur ta gaze rangé
Sinon du noir, sinon de l'orangé,
Tristes tesmoins de ma longue souffrance.
O fier destin ! son œil ne me desfait
Tant seulement, mais tout ce qu'elle fait,
Ne me promet qu'vne desesperance.

MVRET.

De ses Maris) Voyant quelquefois sa Dame s'esbatre à ouurer à l'esguille, il dit que cest ouurage mesmes ne luy signifie que desespoir. *De ses Maris*) De Menelas & de Paris, maris d'Helene. Homere au troisiesme de l'Iliade raconte, que Iris, entrant en la chambre d'Helene, la trouua faisant vn ouurage, auquel elle traßoit vne partie des combats qui auoient desia esté donnez entre les Grecs & les Troyens :

Τὴν δ' εὗρ' ἐν μεγάρῳ, ἡ δὲ μέγαν ἱστὸν ὕφαινε
Δίπλακα μαρμαρέην, πολέας δ' ἐνέπασσεν ἀέθλους
Τρώων θ' ἱπποδάμων, καὶ Ἀχαιῶν χαλκοχιτώνων.

D'ouurer) De mettre en ouurage. *Sur ta gaze*) Gaze est vne maniere de toile, de laquelle les Damoiselles vsent à faire leurs ouurages.

L'Arc qui commande aux plus braues gen-
    darmes,
  Qui n'a soucy de plastron ny d'escu,
  D'vn si doux trait mon courage a veincu,
  Que sus le champ ie luy rendy les armes.
Comme apostat ie n'ay point fait d'alarmes
  Depuis que serf sous Amour i'ay vescu,
  Ny n'eusse peu: car pris ie n'ay oncq eu
  Pour tout secours que l'aide de mes larmes.
Et toutefois il me fasche beaucoup
  D'estre défait, mesme du premier coup,
  Sans resister plus long temps à la guerre:
Mais ma défaite est digne de grand pris,
  Puis que le Roy, ains le Dieu, qui m'a pris,
  Combat le Ciel, les Enfers, & la Terre.

MVRET.

L'arc qui commande) Il se plaint d'auoir si tost esté vaincu par Amour. En fin il se console, considerant que par Amour il n'y a si grand, qui ne soit surmonté. *Apostat*) Vn soldat qui abandonne son Capitaine apres la foy promise. *Combat le Ciel, les Enfers, & la Terre*) Au Ciel il a vaincu Iupiter, aux enfers Pluton, en la terre les hommes.

Et œil qui fait qu'au monde ie me plais,
  Qui fait rocher celuy qui s'en approuche,
  Ore d'vn ris, or' d'vn regard farouche
Nourrit mon cœur en querelle & en pais.
Car vous, bel œil, en souffrant ie me tais:
  Mais aussi tost que la douleur me touche,

Toy belle sainte & angelique bouche,
De tes douceurs re-uiure, tu me fais.
Bouche, pourquoy me viens-tu secourir
De tes propos lors que ie veux mourir?
Pourquoy veux-tu que vif ie redeuienne?
Fertile au soing ie reuis en langueur,
Vn vray Prothee, afin que le soing vienne
Plus longuement se paistre de mon cœur.

MVRET.

Cet œil qui fait) Quand l'œil de sa Dame est prest à le faire mourir, la bouche le fait reuiure, afin que son torment soit perpetuel, comme celuy de Promethee, duquel nous auons parlé cy dessus.

Epuis le iour que captif ie souspire,
Côme vn serpent l'an s'est tourné sept fois
(Sous astre tel ie pris l'haim) toutesfois
Plus qu'au premier ma fieure me martire.
Quand ie soulois en mon estude lire
Du Florentin les lamentables vois,
Comme incredule alors ie ne pouuois
En le mocquant, me contenir de rire.
Je ne cuidoy, tant nouice i'estoy,
Qu'homme eust senti ce que ie ne sentoy,
Pensant l'Amour estre œuure d'escritoire.
Mais l'Archerot qui de moy se fâcha,
Pour me punir vn tel traict me cacha
Dedans le cœur, qu'il me le fit bien croire.

MVRET.

Depuis le iour) L'argument est facile. *L'an s'est tourné sept fois*) C'est à dire, sept ans sont passez. C'est vne allusion au carme que i'ay desia allegué,

Atque in se sua per vestigia voluitur annus.

Du Florentin) De Petrarque. *Oeuure d'escritoire*) Ie pensois que les Amours ne fussent que passions escrites & feintes à plaisir.

Vand ie te voy discourant à par-tey,
Toute amusee auecques ta pensee,
Vn peu la teste encontre bas baissee,
Te retirant du vulgaire & de moy:
Ie veux souuent pour rompre ton esmoy,
Te saluer, mais ma voix offensee,
De trop de peur se retient amassee
Dedans la bouche, & me laisse tout coy.
Mon œil confus ne peut souffrir ta veuë:
De ses rayons mon ame tremble esmeuë:
Langue ne voix ne font leur action.
Seuls mes souspirs, seul mon triste visage
Parlent pour moy, & telle passion
De mon amour donne assez tesmoignage.

MVRET.

Quand ie te voy) Ce Sonnet se commente de soy-mesme.

E veine en veine, & d'artere en artere,
De nerfs en nerfs le salut me passa,
Que l'autre iour ma Dame me laissa

Dedans le cœur tout triste & solitaire.
Il fut si doux que ie ne puis m'en taire,
 Tant en passant d'aiguillons me laissa,
 Et tellement de son trait me blessa,
Que de mon cœur il ne fist qu'vn vlcere.
Les yeux, la voix, le gracieux maintien
 A mesme fois s'accorderent si bien,
 Que l'ame fut d'vn tel plaisir si gloute,
Qu'affriandee au goust d'vn si doux bien,
Entrerompant son terrestre lien,
De me laisser fut mille fois en doute.

MVRET.

De veine en veine) La fin de ce Sonnet est de Petrarque.

Qve dites-vous, que faites-vous mignonne?
 Que songez-vous? pensez vous point en moy?
 Auez-vous point soucy de mon esmoy,
 Comme de vous le soucy m'espoinçonne?
De vostre amour tout le cœur me bouillonne,
 Deuant mes yeux sans cesse ie vous voy,
 Ie vous entens absente, ie vous oy,
Et mon penser d'autre Amour ne resonne.
I'ay vos beautez, vos graces & vos yeux
 Grauez en moy, les places & les lieux,
 Où ie vous vy danser, parler & rire.
Ie vous tien mienne, & si ne suis pas mien,
Vous estes seule en qui mon cœur respire,
Mon œil, mon sang, mon malheur & mon bien.

MVRET.

Que dites vous) Ce Sonnet de soy mesme se donne entendre sans autre interpretation.

Ets en oubly, Dieu des herbes puissant,
Le mauuais tour que nō loin d'Hellesponte
Te fit m'amie, & vien d'vne main pronte
Guarir son teint de fiéures pallissant.
Tourne en santé son beau corps perissant!
Ce te sera, Phebus, vne grand' honte,
Si la langueur sans ton secours surmonte
L'œil qui te tint si long temps languissant.
En ma faueur si tu as pitié d'elle,
Ie chanteray comme l'errante Dele
S'enracina par ton commandement :
Que Python fut ta premiere conqueste,
Et comme Dafne aux tresses de ta teste
Donna l'honneur du premier ornement.

MVRET.

Mets en oubly) Il prie Apollon de donner guerison à sa Dame, qui estoit malade. *Dieu des herbes puissant*) Apollon, qui parle ainsi de soy en Ouide,

Adde, quòd herbarum est subiecta potentia nobis.

Le mauuais tour) Lequel i'ay raconté sur le Sonnet qui se commence, *Ie ne serois d'vn abusé*. *D'Hellesponte*) Bras de mer passant assez prés de Phrygie. *Ce sera, Phebus, vne grand' honte*) Ainsi Properce,

Tam formosa tuum mortua crimen erit.

L'errante Dele) L'isle de Dele estoit errante & vagabonde par la mer, iusqu'à ce qu'Apollon y nasquit, lequel la rendit stable. Voy Virgile sur le commencement du troisiesme de l'Eneide. *Que Python sui)* Apollon, dés qu'il fut né, tua le serpent Python. Voy le premier des Metamorfoses. *Dafne*) Laquelle, comme i'ay dit deuant, fut changee en Laurier.

Bien que ton trait, *Amour*, soit rigoureux,
   Et toy remply de fraude & de malice,
   Assez, Amour, en te faisant seruice,
Suyuant ton camp, i'ay vescu bien-heureux.
Ceste beauté qui me fait langoureux,
   Non, mais qui veut qu'en vain ie ne languisse,
   En la baisant me dit que ie tondisse
De son poil d'or vn lien amoureux.
I'eus tant d'honneur, que de son ciseau mesme
   Ie le tranchay. Voyez l'amour extresme,
   Voyez, Amans, la grandeur de mon bien.
Iamais ne soit, qu'en mes vers ie n'honore
   Et le ciseau, & les cheueux encore,
   L'vn mon ministre, & l'autre mon lien.

MVRET.

Bien que ton trait) Par ce Sonnet voir-on, que les Amoureux font souuent grand cas de bien peu de chose. *Ministre*) Qui me seruit, & ayda à couper les cheueux. Il entend les ciseaux. Ce Sonnet n'appartiét point à Cassandre.

Si hors du cep où ie suis arresté,
   Cep où l'Amour de ses fleches m'encloue,
   I'eschappe franc, & du reth qui me noue,
En libre col ie me voy de-rheté:
Au cœur d'vn pré loing de gens escarté,

Qu'à bru

Qu'à bras fourchus l'eau du Loir entrenoue,
De gazons d'herbe vn temple ie te voue
Heureuse franche & alme Liberté.
Là ie veux pendre au plus haut chœur du temple
Vn sainct tableau, qui seruira d'exemple
A tous Amans, qu'ils ne m'aillent suyuant.
Et pour garder que plus ie n'y retombe,
Ie veux macter aux Dieux vne Hecatombe.
" Belle fin fait qui s'amende en viuant.

MVRET.

Si hors du cep) S'il peut eschapper de la seruitude, en laquelle il est, il vouë vn temple & des sacrifices à la Deesse Liberté. *Du cep*) Du lien. *De-rethé*) Deslié. *A bras fourchus*) Tellement qu'elle en fait comme vne isle. *Gazons*) Les Latins diroient, *Viuo de cespite*. *Macter*) Tuer, immoler. Il faut faire ce mot Latin, François. *Hecatombe*) C'estoient anciennement sacrifices de cent bœufs.

Eu la douleur qui doucement me lime,
Et qui me suit, compagne, pas-à-pas,
Ie preuoy bien qu'encor ie ne suis pas
Pour trop aimer à la fin de ma rime.
Dame, l'ardeur qui de chanter m'anime,
Et qui me rend en ce labeur moins las,
C'est que ie voy qu'agreable tu l'as,
Et que ie tiens de tes pensers la cime.
Ie suis, Amour, heureux & plusqu'heureux
De viure aimé, & de viure amoureux
De la beauté d'vne Dame si belle,
Qui list mes vers, qui en fait iugement,

K

Et dont les yeux me baillent argumens
De souspirer heureusement pour elle.

MVRET.

Veu la douleur) Il est assez aisé.

LE Ieu, la Grace, & les Freres iumeaux
Suiuent ma Dame, & quelque part qu'elle
erre,
Dessous ses pieds fait esmailler la terre,
Et des hyuers fait des printemps nouueaux.
En sa faueur iargonnent les oiseaux,
Ses vents Eole en sa cauerne enserre,
Le doux Zephyre vn doux souspir desserre,
Et tous muets s'accoisent les ruisseaux.
Les Elemens se remirent en elle,
Nature rit de voir chose si belle:
Je tremble tout, que quelqu'vn de ces Dieux
Ne passionne apres son beau visage,
Et qu'en pillant le tresor de nostre âge,
Ne la rauisse & ne l'emporte aux Cieux.

MVRET.

Le Ieu, la Grace) Il dit que sa Dame est si belle, qu'il a crainte qu'elle ne luy soit rauie par vn Dieu, faisant allusion aux anciennes Amoureuses des Dieux, lesquelles furent rauies pour l'excellence de leur beauté. *S'acoisent*) Appaisent. Vieil mot François. *Ne passionne*) Ne deuienne furieux & transporté de passion.

BAISER.

Quand hors de tes leures décloses
(Comme entre deux fleuris sentiers)
Ie sens ton haleine de roses,
Les miennes les auant-portiers
Du baiser, se rougissent d'aise,
Et de mes souhaits tous entiers
Me font iouyr, quand ie te baise.
Car l'humeur du baiser appaise,
S'escoulant au cœur peu à peu,
Ceste chaude amoureuse braise,
Dont tes yeux allumoient le feu.

MVRET.

Quand hors de) Ce baiser est tiré d'vn baiser, qui est en Aule Gelle.

ELEGIE A CASSANDRE

Mon œil, mon cœur, ma Cassandre, ma vie,
Hé! qu'à bon droit tu dois porter d'enuie
A ce grand Roy, qui ne veut plus souffrir
Qu'à mes chansons ton nom se vienne offrir.
C'est luy qui veut qu'en trompette i'echange
Mon Luth, afin d'entonner sa louange,
Non de luy seul, mais de tous ses ayeux
Qui sont là hault assis au rang des Dieux.
Ie le feray puis qu'il me le commande:
Car d'vn tel Roy la puissance est si grande,

K ij

Que tant s'en faut qu'on la puisse euiter,
Qu'vn camp armé n'y pourroit resister.

   Mais que me sert d'auoir tant leu Tibulle,
Properce, Ouide, & le docte Catulle,
Auoir tant veu Petrarque & tant noté,
Si par vn Roy le pouuoir m'est oté
De les ensuiure, & s'il faut que ma lyre
Pendue au croc ne m'ose plus rien dire?

   Doncques en vain ie me paissois d'espoir
De faire vn iour à la Tuscane voir,
Que nostre France, autant qu'elle est heureuse
A souspirer vne pleinte amoureuse:
Et pour monstrer qu'on la peut surpasser,
J'auois desia commencé de trasser
Mainte Elegie à la façon antique,
Mainte belle Ode, & mainte Bucolique.

   Car, à vray dire, encore mon esprit
N'est satisfait de ceux qui ont escrit
En nostre langue, & leur Muse merite
Ou du tout rien, ou faueur bien petite.

   Non que ie sois vanteur si glorieux
D'oser passer les vers laborieux
De tant d'Amans qui se pleignent en France:
Mais pour le moins i'auois bien esperance,
Que si mes vers ne marchoient les premiers,
Qu'ils ne seroient sans honneur les derniers.
Car Eraton qui les Amours descœuure,
D'assez bon œil m'attiroit à son œuure.

   L'vn trop enflé les chante grossement,
L'vn enerué les traine bassement,
L'vn nous depeint vne Dame paillarde,
L'vn plus aux vers qu'aux sentences regarde,

Et ne peut onq, tant se sceut desguiser,
Apprendre l'art de bien Petrarquiser.

Que pleures-tu, Cassandre, ma douce ame?
Encor Amour ne veut couper la trame
Qu'en ta faueur ie pendis au métier,
Sans acheuer l'ouurage tout entier.

Mon Roy n'a pas d'vne beste sauuage
Succé le laict, & son ieune courage,
Ou ie me trompe, a senti quelquefois
Le trait d'Amour, qui surmonte les Rois.

S'il l'a senti, ma coulpe est effacee,
Et sa grandeur ne sera courroucee,
Qu'à mon retour des horribles combas,
Hors de son croc mon Luth i'aueigne à-bas,
Le pincetant, & qu'en lieu des alarmes
Ie chante Amour, tes beautez & mes larmes.
„ Car l'arc tendu trop violentement,
„ Ou s'alentit, ou se rompt vistement.

Ainsi Achille apres auoir par terre
Tant fait mourir de soudars en la guerre,
Son Luth doré prenoit entre ses mains
Teintes encor de meurdres inhumains,
Et vis à vis du fils de Menetie,
Chantoit l'amour de Briseis s'amie:
Puis tout soudain les armes reprenoit,
Et plus vaillant au combat retournoit.

Ainsin apres que l'ayeul de mon maistre
Hors des combats retirera sa dextre,
Se desarmant dedans sa tente à part,
Dessus le Luth à l'heure ton Ronsard
Te chantera : car il ne se peut faire

K iij

Qu'autre beauté luy puisse iamais plaire,
Ou soit qu'il viue, ou soit qu'outre le port,
Leger fardeau, Charon le passe mort.

MVRET.

Mon œil, mon cœur) Par ceste Elegie le Poëte veut rendre sa maistresse ialouse du commandement que le Roy Henry deuxiesme de ce nom, son maistre, luy auoit fait, de ne plus chanter d'Amour, & totalement s'adonner aux vers Heroiques, & descrire les faits de Francus, fils d'Hector, tige primitif des Roys de France, & luy dit, qu'il est impossible de pouuoir resister à la volonté d'vn si grand & magnanime Prince, veu que mesme vn camp armé n'y pourroit resister. Il l'asseure toutesfois de iamais ne l'oublier, & s'il peut desrober quelques heures de relasche en chantant son Francus, les employer comme vn bon seruiteur, à la loüange d'elle, à l'augmétation de sa renōmee, & à la memoire eternelle de son nom. Il se plaint apres d'auoir perdu le temps en la lecture des liures Amoureux, puis que par le commandement de son maistre, le moyen luy est osté de plus escrire d'Amour: & d'auantage que tous ceux qui ont escrit de son temps de leurs mieux aimees, ne l'ont point encore rendu satisfait: & bien qu'ils soient paruenus à vn grand auancement, si est-ce que l'on pourroit encore mieux dire, & atteindre (come a fait Petrarque) au comble de la perfection. *De fils de Menetie*) De Patrocle. *De Briseis s'amie*) Briseis fut aimee d'Achille, laquelle à la fin luy fut ostee par Agamemnon, dont proceda son ire contre les Grecs, laquelle ire à cause de son amie qui luy auoit esté rauie, bailla l'argument au diuin Homere de chanter le venerable poëme de son Iliade, ainsi qu'asseure Virgile en ses fragmens:

Principium sacri carminis illa fuit.

Que l'ayeul de mon maistre) Francus ayeul des Roys

de France. *Leger fardeau*) C'est ce qu'Homere appelle, parlant des Idoles des morts qui sont aux enfers, ἀμενηνὰ κάρηνα.

ELEGIE A MVRET.

Non Muret, non, ce n'est pas du iourd'huy,
Que l'Archerot qui cause nostre ennuy,
Cause l'erreur qui retrompe les hommes:
Non Muret, non, les premiers nous ne sommes,
A qui son arc d'vn petit trait veinqueur,
Si grande playe a caché sous le cœur:
Tous animaux, ou soient ceux des campagnes,
Soient ceux des bois, ou soient ceux des montagnes,
Sentent sa force, & son feu doux-amer
Brusle sous l'eau les Monstres de la mer.
Hé! qu'est-il rien que ce garçon ne brûle?
Ce porte-ciel, ce tu'-geant Hercule
Le sentit bien: ie dy ce fort Thebain
Qui le sangler estrangla de sa main,
Qui tua Nesse, & qui de sa massue
Morts abbatit les enfans de la Nue:
Qui de son arc toute Lerne estonna,
Qui des enfers le chien emprisonna,
Qui sur le bord de l'eau Thermodontee
Prit le baudrier de la vierge dontee:
Qui tua l'Ourque, & qui par plusieurs fois
Se remocqua des feintes d'Achelois:
Qui fit mourir la pucelle de Phorce,
Qui le Lion desmachoira par force,
Qui dans ses bras Anthee acrauanta,

K iiij

Qui deux piliers pour ses marques planta.
    Bref, cest Héros correcteur de la terre,
Ce cœur sans peur, ce foudre de la guerre,
Sentit ce Dieu, & l'amoureuse ardeur
Le matta plus que son Roy commandeur.
Non pas espris comme on nous voit esprendre,
Toy de ta Janne ou moy de ma Cassandre:
Mais de tel Tan Amour l'aiguillonnoit,
Que tout son cœur sans raison bouillonnoit
Au souffre ardent qui luy cuisoit les veines:
Du feu d'Amour elles fumoient si pleines,
Si pleins ses os, ses muscles & ses ners,
Que dans Hercul qui purgea l'vniuers,
Ne resta rien sinon vne amour fole,
Que luy versoient les deux beaux yeux d'Iole.
    Tousiours d'Iole il aimoit les beaux yeux,
Fust que le char qui donne iour aux Cieux
Sortist de l'eau, ou fust que devalee
Tournast sa roue en la plaine salee,
De tous humains accoisant les trauaux,
Mais non d'Hercul les miserables maux.
    Tant seulement il n'auoit de sa Dame
Les yeux fichez au plus profond de l'ame:
Mais son parler sa grace & sa douceur
Tousiours colez s'attachoient à son cœur.
    D'autre que d'elle en son ame ne pense:
Tousiours absente il la voit en presence.
Et de fortune, Alcid', si tu la vois,
Dans ton gosier begue reste ta vois,
Glacé de peur voyant la face aimee:
Ore vne fiéure amoureuse allumee
Ronge ton ame, & ores vn glaçon

Te fait trembler d'amoureuſe friſſon.
    Bas à tes piets ta meurdriere maſſue
Giſt ſans honneur, & bas la peau velue
Qui ſur ton dos roide ſe heriſſoit,
Quand ta grand' main les Monſtres puniſſoit.
    Plus ton ſourcil contre eux ne ſe renfrongne:
O vertu vaine, ô baſtarde vergongne,
O vilain blaſme, Hercule eſtant donté
(Apres auoir le Ciel, courbe porté)
Non d'Euryſthee ou de Iunon cruelle,
Mais de la main d'vne ſimple pucelle.
    Voyez pour Dieu! quelle force a l'Amour
Quand vne fois elle a gaigné la tour.
De la Raiſon, ne nous laiſſant partie
Qui ne ſoit toute en fureur conuertie.
    Ce n'eſt pas tout : ſeulement pour aimer,
Il n'oublia la façon de s'armer,
Ou d'empoigner ſa maſſe hazardeuſe,
Ou d'acheuer quelque empriſe douteuſe:
Mais lent & vain anonchalant ſon cœur,
Qui des Tyrans l'auoit rendu veinqueur,
Terreur du monde (ô plus laſche diffame)
Il s'habilla des habits d'vne femme,
Et d'vn Hêros deuenu damoiſeau,
Guidoit l'eſguille & tournoit le fuſeau,
Et vers le ſoir comme vne chambriere,
Rendoit ſa taſche à ſa douce joliere,
Qui le tenoit en ſes fers plus ſerré
Qu'vn priſonnier dans les ceps enferré.
    Grande Iunon, tu es aſſez vengee
De voir ſa vie en pareſſe changee,
De voir ainſi deuenu filandier

K v

Ce grand Alcid' des Monstres le meurdrier,
Sans adiouster à ton ire indomtee
Les mandemens de son frere Eurysthee.
 Que veux-tu plus? Iôle le contraint
D'estre vne femme: il la doute, il la craint.
Il craint ses mains plus qu'vn valet esclaue
Ne craint les coups de quelque maistre braue.
 Et ce-pendant qu'il ne fait que penser
A s'atiffer, à s'oindre, à s'agencer,
A dorloter sa barbe bien rongnee,
A mignoter sa teste bien pignee,
Impuniment les Monstres ont loisir
D'assuiettir la terre à leur plaisir,
Sans plus cuider qu'Hercule soit au monde:
Aussi n'est-il: car la poison profonde,
Qui dans son cœur s'alloit trop deriuant,
L'auoit tué dedans vn corps viuant.
 Nous donq, Muret, à qui la mesme rage
Peu cautement affole le courage,
S'il est possible, euitons le lien
Que nous ourdist l'enfant Cytherien:
Et rabaisson la chair qui nous domine,
Dessous le ioug de la raison diuine,
Raison qui deust au vray bien nous guider,
Et de nos Sens maistresse presider.
 Mais si l'Amour de son traict indomtable
A desia fait nostre playe incurable,
Tant que le mal peu subiect au conseil
De la raison desdaigne l'appareil,
Vaincuz par luy, faisons place à l'enuie,
Et sur Alcid' desguisons nostre vie:
En ce-pendant que les rides ne sont

Cresper encor l'aire de nostre front,
Et que la neige en vieillesse venue
Encor ne fait nostre teste chenue,
Qu'vn iour ne coule entre nous pour neant
Sans suiure Amour:il n'est pas mal-seant,
Mais grand honneur au simple populaire,
Des grands seigneurs imiter l'exemplaire.

MVRET.

Non Muret, non) Si les autheurs, comme i'ay dit au Prologue de ce liure, se fussent rendus familiers de ceux qui les ont commentez, nous n'eussions esté en la peine, où depuis nous sommes tombez, pour les entendre: car facilement ils eussent sceu leurs conceptions. Or le Poëte, comme l'vn de mes meilleurs amis, m'a rescrit ceste Elegie, en laquelle il s'efforce de prouuer que ce n'est point vice d'aimer, par l'exemple des plus grands personnages de ce monde, lesquels ont viuement senti la puissance d'Amour, ineuitable à tout hôme de bon cœur. Il preuue si doctement son dire par le tesmoignage du magnanime Hercule, qui aima la pucelle Iole, que cela ne nous sçauroit estre tourné à vice, d'aimer nos maistresses, puis qu'vn si grand personnage deuant nous est tombé en pareil erreur. Ie ferois icy vn discours particulier des faits & labeurs d'Hercule: mais pource qu'ils sont cognus à tout le monde, ie m'en deporteray. *Si grande plye a caché sous le taur*) C'est ce que dit Theocrite, ὑποκύρφιον ἄχος. *Que son Roy commandeur*) Eurysthee qui commandoit à Hercule. *Alcid'*) Alcide, Hercule. *L'exemplaire*) L'exemple, le patron.

K rj

CHANSON.

D'Vn gosier masche-laurier
J'oy crier
Dans Lycofron ma Cassandre,
Qui prophetize aux Troyens
Les moyens
Qui les reduiront en cendre.

Mais ces pauures obstinez
Destinez
Pour ne croire à leur Sibylle,
Virent, bien que tard, apres
Les feux Grecs
Forcener parmy leur ville.

Ayant la mort dans le sein,
De la main
Plomboient leur poitrine nue,
Et tordant leurs cheueux gris,
De longs cris
Pleuroient qu'ils ne l'auoient creue.

Mais leurs cris n'eurent pouuoir
D'esmouuoir
Les Grecs si chargez de proye,
Qu'ils ne laisserent sinon
Que le nom
De ce qui fut iadis Troye.

Ainsi pour ne croire pas,
Quand tu m'as
Predit ma peine future:
Et que ie n'aurois en don,
Pour guerdon
De t'aimer, que la mort dure:

Un grand brasier sans repos,
Et mes os,
Et mes nerfs, & mon cœur brûle:
Et pour t'amour i'ay receu
Plus de feu,
Que ne fit Troye incredule.

MVRET.

D'vn gosier masche-laurier) Il parle en ceste chanson à sa Dame, comme si elle estoit celle Cassandre, qui fut fille à Priam: ce que i'ay desia noté en d'autres lieux. Il dit donc, que comme les Troyens se trouuerent tresmal, pour n'auoir voulu croire les predictions de leur Cassandre, ainsi l'Autheur s'est mal trouué, par faute de n'auoir pas creu ce que la sienne luy predisoit. Pour mieux entendre cecy, voy ce que i'ay desia dit sur deux Sonnets, desquels l'vn se commence, *Auant le temps*: l'autre, *Ie ne serois d'vn ab sé*. D'vn gosier masche-laurier) D'vn gosier prophetique. Les Prestres & Prestresses anciennement, lors qu'ils vouloient prophetiser, & chanter les oracles, mangeoient du laurier, & s'en couronnoient aussi, afin qu'Apollon, qui aime cest arbre, prenant plaisir à leur haleine & à leur regard, leur enuoyast plus aisément l'esprit prophetique. Lycofron parlant de Cassandre,

Ἀλλ' ἄσπετον χεύσα παμμιγῆ βοὴν,
Δαφνηφάγων Φοιβαζι ἐκ λαιμῶν ὄπα.

Tibulle,
Vera cano: sic vsque sacras innoxia lauros
Vescar, & æternum sit mihi virginitas.

Dans Lycofron) Lycofron natif de Chalcide, fut vn des sept Poëtes, qui florirent du temps de Ptolemee Philadelphe Roy d'Ægypte, & furent nommez la Pleiade. Ce Lycofron, entre autres œuures, a fait vn poëme intitulé Cassandre, qui seul nous est demeuré: auquel il la feint predire les maux qui deuoient arriuer à la ville

K vij

de Troye. *A leur Sibylle*)Sibylles se nommoient femmes, qui predisoient les choses à venir. Ειὸς, Dieu: βελὴ, vouloir, ou conseil. *Plomboient*) Meurdrissoient: par ce que la chair meurdrie deuient de couleur plombee.

CHANSON.

V iour que ie fus amoureux,
Nul past, tant soit-il sauoureux,
Ne vin tant soit il delectable,
Au cœur ne me fut agreable:
Car depuis l'heure ie ne sceu
Manger ou boire qui m'ait pleu.
Vne tristesse en l'ame close
Me nourrist, & non autre chose.

 Tous les plaisirs que i'estimois
Alors que libre ie n'aimois,
Maintenant ie les desestime:
Plus ne m'est plaisante l'escrime,
La paume, la chasse, & le bal,
Mais comme vn farouche animal
Je me pers pour celer ma rage,
En l'abry d'vn antre sauuage.

 L'amour fut bien forte poison
Qui m'ensorcela la raison,
Et qui me desroba l'audace
Que ie portoy dessus la face,
Me faisant aller pas à pas,
Triste & pensif le front à bas,
En homme qui craint & qui n'ose
Se fier plus en nulle chose.

K vij

Le torment qu'on feint d'Ixion,
N'approche de ma passion,
Et mieux i'aimerois de Tantale
Endurer la peine fatale
Vn an, qu'estre vn iour amoureux,
Pour languir autant malheureux
Que i'ay fait, depuis que Cassandre
Tient mon cœur & ne le veut rendre.

MVRET.

Du iour que ie fus amoureux) Il dit que depuis le iour qu'il deuint amoureux, il n'a prins plaisir à boire ny à manger: & qu'il s'est seulement entretenu d'vne tristesse enclose dedans son cœur. Dit outre, qu'il ne prend plus de plaisir au passetemps, qu'il auoit accoustumé d'exercer, ains se retirant de toute compagnie humaine, ne s'esiouist qu'à songer en son mal, lequel surpasse (comme il dit) la peine de Tantale & d'Ixió. Du iour) Depuis le iour.

ELEGIE A IANET
PEINTRE DV ROY.

Pein moy, Ianet, pein moy ie te supplie,
Sur ce tableau les beautez de m'amie
De la façon que ie te les diray.
Comme importun ie ne te suppliray
D'vn art menteur quelque faueur luy faire.
Il suffit bien si tu la sçais portraire
Telle qu'elle est, sans vouloir desguiser

Son naturel pour la favoriser :
Car la faueur n'est bonne que pour celles
Qui se font peindre, & qui ne sont pas belles.

 Fay luy premier les cheueux ondelez,
Serrez, retors, recrespez, annelez,
Qui de couleur le cedre representent :
Ou les allonge, & que libres ils sentent
Dans le tableau, si par art tu le peux,
La mesme odeur de ses propres cheueux :
Car ses cheueux comme fleurettes sentent,
Quand les Zephyrs au printemps les éuentent.

 Que son beau front ne soit entre-fendu,
De nul sillon en profond estendu,
Mais qu'il soit tel qu'est l'eau de la marine,
Quand tant soit peu le vent ne la mutine,
Et que gisante en son lict elle dort,
Calmant ses flots sillez d'vn somne mort.

 Tout au milieu par la gréue descende
Vn beau ruby, de qui l'esclat s'espande
Par le tableau, ainsi qu'on voit de nuit
Briller les rais de la Lune, qui luit
Dessus la neige au fond d'vn val coulee,
De trace d'homme encore non foulee.

 Apres fay luy son beau sourcy voutis
D'Ebene noir, & que son ply tortis
Semble vn Croissant, qui monstre par la nue
Au premier mois sa vouture cornue :
Ou si iamais tu as veu l'arc d'Amour,
Pren le portrait dessus le demy-tour
De sa courbure à demy-cercle close :
Car l'arc d'Amour & luy n'est qu'vne chose.

 Mais las ! Ianet, helas ie ne sçay pas
Par quel moyen, ny comment tu peindras

(Voire eusses-tu l'artifice d'Apelle)
De ses beaux yeux la grace naturelle,
Qui font vergongne aux estoiles des Cieux.
Que l'vn soit doux, l'autre soit furieux,
Que l'vn de Mars, l'autre de Venus tienne :
Que du benin toute esperance vienne,
Et du cruel vienne tout desespoir :
L'vn soit piteux & larmoyant à voir,
Comme celuy d'Ariadne laissee
Aux bords de Die, alors que l'insensee
Pres de la mer, de pleurs se consommoit,
Et son Thesee en vain elle nommoit :
L'autre soit gay, comme il est bien croyable
Que l'eut iadis Penelope louable
Quand elle vit son mary retourné,
Ayant vingt ans loing d'elle seiourné.
  Apres fay luy sa rondelette oreille
Petite, vnie, entre blanche & vermeille,
Qui sous le voile apparoisse à l'egal
Que fait vn lis enclos dans vn crystal,
Ou tout ainsi qu'apparoist vne rose
Tout fraischement dedans vn verre enclose.
  Mais pour neant tu aurois fait si beau
Tout l'ornement de ton riche tableau,
Si tu n'auois de la lineature
De son beau nez bien portrait la peinture.
Pein-le moy donc ny court, ny aquilin,
Poli, traitis, où l'enuieux malin
Quand il voudroit n'y sçauroit que reprendre,
Tant proprement tu le feras descendre
Parmi la face, ainsi comme descend
Dans vne plaine vn petit mont qui pend.

Apres au vif pein moy sa belle ioue
Pareille au teint de la rose qui noue
Dessus du laict, ou au teint blanchissant
Du lis qui baise vn œillet rougissant.
　Dans le milieu portrais vne fossette,
Fossette, non, mais d'Amour la cachette,
D'où ce garçon de sa petite main
Lasche cent traits & iamais vn en vain,
Que par les yeux droit au cœur il ne touche.
　Helas! Ianet pour bien peindre sa bouche,
A peine Homere en ses vers te diroit
Quel vermillon egaler la pourroit:
Car pour la peindre ainsi qu'elle merite,
Peindre il faudroit celle d'vne Charite.
Pein la moy doncq, qu'elle semble parler,
Ores sou-rire, ores embasmer l'air
De ne sçay quelle ambrosienne haleine:
Mais par sur tout fay qu'elle semble pleine
De la douceur de persuasion.
Tout à l'entour attache vn milion
De ris, d'attraits, de jeux, de courtoisies,
Et que deux rangs de perlettes choisies
D'vn ordre egal en la place des dents
Bien poliment soyent arrangez dedans.
　Pein tout autour vne léure bessonne,
Qui d'elle-mesme en s'eleuant semōne
D'estre baisee, ayant le teint pareil
Ou de la rose, ou du coural vermeil:
Elle flambante au Printemps sur l'espine,
Luy rougissant au fond de la marine.
　Pein son menton au milieu fosselu,
Et que le bout en rondeur pommelu

DES AMOVRS.   235

Soit tout ainſi que lon voit apparoiſtre
Le bout d'vn coin qui ia commence à croiſtre.
   Plus blanc que laict caillé deſſus le ionc
Pein luy le col, mais pein-le vn petit long,
Greſle & charnu, & ſa gorge douillette
Comme le col ſoit vn petit longuette.
   Apres fay luy par vn iuſte compas,
Et de Iunon les coudes & les bras,
Et les beaux doigts de Minerue, & encore
La main egale à celle de l'Aurore.
   Ie ne ſçay plus, mon Ianet, où i'en ſuis:
Ie ſuis confus & muet: ie ne puis
Comme i'ay fait, te declarer le reſte
De ſes beautez qui ne m'eſt manifeſte:
Las! car iamais tant de faueurs ie n'u,
Que d'auoir veu ſes beaux tetins à nu.
Mais ſi lon peut iuger par coniecture,
Perſuadé de raiſons ie m'aſſeure
Que la beauté qui ne s'apparoiſt, doit
Eſtre ſemblable à celle que lon voit.
Donque pein-la, & qu'elle me ſoit faite
Parfaite autant comme l'autre eſt parfaite:
   Ainſi qu'en boſſe eſleue moy ſon ſein
Net, blanc, poli, large, entre-ouuert & plein,
Dedans lequel mille rameuſes veines
De rouge ſang treſſaillent toutes pleines.
   Puis quand au vif tu auras deſcouuers
Deſſous la peau les muſcles & les ners,
Enfle au deſſus deux pommes nouuelettes,
Comme l'on voit deux pommes verdelettes
D'vn orenger, qui encores du tout
Ne font qu'à l'heure à ſe rougir au bout.

Tout au plus haut des espaules marbrines,
Pein le seiour des Charites diuines,
Et que l'Amour sans cesse voletant
Tousiours les couue & les aille esuentant,
Pensant voler auec le Ieu son frere
De branche en branche és vergers de Cythere.
　Vn peu plus bas en miroir arrondi,
Tout potelé, grasselet, rebondi,
Comme celuy de Venus, pein son ventre :
Pein son nombril ainsi qu'vn petit centre,
Le fond duquel paroisse plus vermeil
Qu'vn bel œillet fauoris du Soleil :
　Qu'attens-tu plus? portray moy l'autre chose
Qui est si belle, & que dire ie n'ose,
Et dont l'espoir impatient me poind :
Mais ie te pry, ne me l'ombrage point,
Si ce n'estoit d'vn voile fait de soye
Clair & subtil, à fin qu'on l'entre-voye.
　Ses cuisses soyent comme faites au Tour
A pleine chair, rondes tout à l'entour,
Ainsi qu'vn Terme arrondi d'artifice
Qui soustient ferme vn royal edifice.
　Comme deux monts enleue ses genous,
Douillets, charnus, ronds, delicats & mous,
Dessous lesquels fay luy la gréue pleine,
Telle que l'ont les vierges de Lacene,
Quand pres d'Eurote en s'accrochant des bras
Luttent ensemble & se gettent à bas :
Ou bien chassant à meutes decouplees
Quelque vieil cerf és forests Amyclees.
　Puis pour la fin portray-luy de Thetis
Les pieds estroits, & les talons petis.

Ha, ie la voy! elle est presque portraite:
Encore vn trait, encore vn, elle est faite.
Leue tes mains, hà mon Dieu, ie la voy!
Bien peu s'en faut qu'elle ne parle à moy.

MVRET.

Pein moy Ianet) Il prie en ceste Elegie Ianet Peintre tresexcellent (qui pour representer viuement la nature a passé tous ceux de nostre aage en son art) de pourtraire les beautez de s'amie dedans vn tableau. Ie pense qu'il aura bien à faire de la pourtraire aussi bien par couleurs, comme le Poëte par la seule couleur de l'encre l'a icy pourtraite. Au reste, ce ne sont que belles descriptions, viues representations, & douces mignardises d'amour, prise des beautez de la mesme Venus. Il a expressément imité en ceste Elegie deux Odes d'Anacreon, esquelles en l'vne il fait peindre s'amie, & en l'autre son mignon. *Aux bords de Die*) Die est vne petite Isle, où Ariadne (du nom de laquelle est venu le nom d'Adrienne) fut delaissee par son traistre amoureux Thesee. Theocrite, ὅσον ποκα ἰασία φωτὶ χασθημέν εὐπλοκάμω Ἀριάδνας. *Es forests Amyclees*) Les filles de Lacedemone & de Lacene, auoient vne coustume de se despouiller toutes nuës au bord du fleuue Eurote, & de luitter les vnes contre les autres, mesmement contre les garçons, ou d'aller à la chasse par les forests Amyclees, c'est à dire d'aller à la chasse par quelques forests de ce pays là ainsi nommees, en monstrant leur belle gréue, chaussees d'vn brodequin à la façon de leur pays.

A lloy roulant ces larmes de mes yeux,
Or' plein de doute, ore plein d'esperance,
Lors que Henry loing des bornes de Frāce

Vengeoit l'honneur de ses premiers ayeux:
Lors qu'il trenchoit d'vn bras victorieux
Au bord du Rhin l'Espagnole vaillance,
Ia se traçant de l'aigu de sa lance
Vn beau sentier pour s'en aller aux cieux.
Vous sainct troupeau, mon soustien & ma gloire,
De qui le vol m'a l'esprit enleué,
Si autrefois m'auez permis de boire
L'eau dont Amour a Petrarque abreuué,
Soit pour iamais ce souspir engraué
Au plus sainct lieu du temple de Memoire.

MVRET.

I'alloy roulant) Il descrit le temps, auquel ce liure fut composé, entremeslant vne louange du tres-Chrestien & tres-victorieux Roy Henry deuxiesme. A la fin il prie les Muses, qu'elles luy facent ce bien d'immortaliser son liure. Vn semblable lieu est à la fin des Georgiques de Virgile. *Petrarque*) Excellent Poëte Florentin, duquel la poësie vulgaire est toute amoureuse,

FIN DV PREMIER LIVRE.

LE SECOND LIVRE
DES AMOVRS DE P. DE RONSARD, COMMENTE'
par Remy Belleau, de Nogen le Rotrou, au Perche.

A MONSIEVR DE St. FRANÇOIS, CONSEILLER DV *Roy en son privé Conseil, & Euesque de Bayeux.*

MONSIEVR, si par la bonté de Nature, mere & mesnagere vniuerselle de toutes choses, iusques aux bestes brutes, il y a quelque intelligence particuliere, par laquelle ils cognoissent les lieux plus asseurez, & plus reculez de la surprinse des hommes, pour faire leurs petits, & se descharger de leur ventrée: Si par mesme experience les oiseaux cognoissent combien il est plus asuré de choisir les arbres les plus hauts, pour bastir & façonner leurs nids, à fin que leurs petits esclos, vestus & armez de leurs plumes, pratiquet vn chemin large & moins fascheux, pour desployer plus librement leurs ailes par la grande region de l'air:

A plus iuste occasion les hómes, qui sont participans de la raison, de la prudence, & prouidence celeste, doiuent faire chois de celuy, auquel ils donnent & sacrent ce que leur esprit a enfanté & produit: à fin que sous ceste asseurance, il puisse prendre vie,& demeurer en toute seureté, pour estre, sans crainte d'vn ignorant mocqueur, communiqué entre les hommes de bon iugement. Ce que i'ay voulu faire à l'imitation de la Nature, vous ayant choisi pour vne colonne des plus fermes & des plus asseurées de nostre France, pour le seur appuy de ceux qui suiuent la vertu, & qui font profession des sciences liberales, à fin de vous faire garde de ce mien petit ouurage, esperant qu'en faueur des Muses, de l'Autheur & de moy vous tiendrez nostre party,

Destournant les pointes cruelles
D'vn siecle mordant & ialous
Aspre, rebours, dur & farouche
Qui nous iette dedans la bouche
Tousiours l'aigre,& iamais le dous.

Vous priant n'attendre choses grandes, ni dignes de vostre lecture en ce petit Commentaire: mais bien de vous contenter de la recherche que i'ay faicte, pour vous remarquer seulement quelques lieux, que l'Autheur a voulu imiter en ce style vulgaire, du tout different de la maiesté, & docte industrie de ses premiers Sonnets. Ce qu'il n'a voulu faire en ceste seconde partie, propre
& par

& particuliere pour l'Amour, tant pour satisfaire à ceux qui se plaignoyent de la graue obscurité de son style premier, que pour monstrer la gentillesse de son esprit, la fertilité & diuersité de ses inuentiõs, & qu'il sçait bien escrimer à toutes mains des armes qu'il manie. L'asseurance que i'ay que prendrez plaisir à recognoistre vne infinité de belles imitations antiques, en ce qui a esté estimé le plus vulgaire, & moins retiré des anciés, me fera vous supplier, Monsieur, de prendre ce mien petit labeur, d'aussi bonne affection, que d'obeissante volonté ie le vous presente.

Vostre humble & obeissant seruiteur,
R. BELLEAV.

Vid tibi nunc misero prodest graue dicere carmen?
Aut Amphioniæ mœnia flere lyræ?
Plus in amore valet Mimnermi versus Homero:
Carmina mansuetus lenia quærit amor.
Quæso, & tristes istos depone libellos,
Et cane quod quæuis nosse puella velit.

PROPER.

L

ELEGIE A SON LIVRE.

MON fils, si tu sçauois ce qu'on dit
    de toy,
Tu ne voudrois iamais desloger de
    chez moy,
Eeclos en mon estude: & ne vou-
    drois te faire
Salir ny fueilleter aux mains du populaire.
Quand tu seras parti sans iamais retourner,
Estranger loin de moy te faudra seiourner:
,, Car ainsi que le vent sans retourner s'en-vole,
,, Sans espoir de retour s'eschappe la parole.
    Or tu es ma parole, à qui de nuict & iour
J'ay conté les propos que me contoit Amour,
Pour les mettre en ces vers qu'en lumiere tu portes,
Crochetant maugré moy de ma chambre les portes,
Pauuret! qui ne sçais pas que nos citoyens sont
Plus subtils par le nez que le Rhinoceront.
    Donc auant que tenter la mer & le naufrage,
Voy du port la tempeste, & demeure au riuage:
,, Tard est le repentir de tost s'estre embarqué.
    Tu seras tous les iours des médisans moqué
D'yeux, & de hausse-becs, & d'vn branler de teste,
,, Sage est celuy qui croit à qui bien l'amoneste.
    Tu sçais (mon cher enfant) que ie ne te voudrois
Tromper, contre nature impudent ie faudrois,
Et serois vn Serpent de farouche nature

Si ie voulois trahir ma propre geniture:
Car tout tel que tu es, n'agueres ie te fis,
Et ie ne t'aime moins qu'vn pere aime son fils.
  Quoy? tu veux donc partir: & tant plus ie te cuide
Retenir au logis plus tu hausses la bride.
Va donq', mais au partir, mon fils, ie te priray
De respondre à chacun ce que ie te diray,
A fin que tes raisons gardent bien en l'absence
De moy le pere tien l'honneur & l'innocence.
  Si quelque dame honneste & gentille de cœur
(Qui aura l'inconstance & le change en horreur)
Me vient, en te lisant, d'vn gros sourcil reprendre
Dequoy ie ne deuois oublier ma Cassandre,
Qui la premiere au cœur le trait d'amour me mist,
Et que le bon Petrarque vn tel peché ne fist,
Qui fut trente & vn an amoureux de sa dame,
Sans qu'vn autre penser luy peust eschauffer l'ame:
Respons-luy ie te pri, que Petrarque sur moy
N'auoit authorité de me donner sa loy,
Ny à ceux qui viendroyent apres luy, pour les faire
Si long temps enchainez sans leur lien desfaire.
  Luy-mesme ne fut tel: car à voir son escrit
Il estoit esueillé d'vn trop gentil esprit
Pour estre sot trente ans, abusant sa ieunesse
Et sa Muse au giron d'vne vieille maistresse:
Ou bien il iouyssoit de sa Laurette, ou bien
Il estoit vn grand fat d'aimer sans auoir rien.
Ce que ie ne puis croire, aussi n'est-il croyable:
Non, il en iouyssoit: puis la fist admirable,
" Chaste, diuine, saincte: aussi l'amoureux doit
" Celebrer la beauté dont plaisir il reçoit:
" Car celuy qui la blasme apres la iouyssance

L ij

» N'est hôme, mais d'un Tygre il a prins sa naissâce.
Quand quelque ieune fille est au commencement
Cruelle dure fiere à son premier amant,
Constant il faut attendre: il peut estre qu'une heure
Viendra sans y penser qui la rendra meilleure.
Mais quand elle deuient voire de iour en iour
Plus dure & plus rebelle & plus rude en amour,
On s'en doit esloigner, sans se rompre la teste
De vouloir adoucir une si sotte beste.
Ie suis de tel aduis: me blasme de ceci,
M'estime qui voudra, ie le conseille ainsi.

    Les femmes bien souuent sont cause que nous sômes
Volages & legers, amadouans les hommes
D'un espoir enchanteur, les tenans quelquefois
Par vne douce ruse vn an ou deux ou trois,
Dans les liens d'Amour sans aucune allegeance:
Ce-pendant vn valet en aura iouyssance,
Ou bien quelque badin emportera ce bien
Que le fidele amy à bon droit cuidoit sien.
Et si ne laisseront, ie parle des rusées
Qui ont au train d'Amour leurs ieunesses vsées
(C'est bien le plus grand mal qu'vn homme puisse
    auoir
Que seruir vne femme accorte à deceuoir)
D'enioindre des trauaux qui sont insupportables,
Des seruices cruels, des tâches miserables:
Car sans auoir esgard à la simple amitié
De leurs pauures seruans, cruelles n'ont pitié,
Non plus qu'vn fier Corsaire en arrogance braues,
N'a pitié des captifs à l'auiron esclaues.
Il faut vendre son bien, il faut faire presens
De chaisnes de carquans de diamans luisans:

Il faut donner la perle & l'habit magnifique,
Il faut entretenir la table & la musique,
Il faut prendre querelle, il faut les supporter.
Certes i'aimerois mieux dessus le dos porter
La hotte pour curer les estables d'Augée,
Que me voir seruiteur d'vne Dame rusée.
,, La mer est bien à craindre, aussi est bien le feu,
,, Et le Ciel quand il est de tonnerres esmeu.
,, Mais trop plus est à craindre vne femme clergesse,
,, Sçauante en l'art d'amour, quand elle est trompe-
resse:
,, Par mille inuentions mille maux elle fait,
,, Et d'autant qu'elle est femme, & d'autant qu'elle
sçait.
Quiconque fut le Dieu qui la mit en lumiere,
Il fut premier autheur d'vne grande misere.
Il falloit par presens consacrez aux autels
Acheter nos enfans des grands Dieux immortels,
Et non vser sa vie auec ce mal aimable,
Les femmes, passion de l'homme miserable,
Miserable & chetif, d'autant qu'il est vassal,
Durant le temps qu'il vit, d'vn si fier animal.
Mais ie vous pri', voyez comme par fines ruses
Elles sçauent trouuer mille feintes excuses,
Apres qu'elles ont failly! voyez Helene apres
Qu'Ilion fut bruslé par la flamme des Grecs:
Comme elle amadoua d'vne douce blandice
Son badin de mary, qui luy remit son vice,
Et qui plus que deuant de ses yeux fut épris,
Qui scintilloient encor les amours de Pâris.
Que dirons nous d'Vlysse? encore qu'vne trope
De ieunes poursuyuans aimassent Penelope,

L iij

Deuorans tout son bien, si est-ce qu'il brusloit
D'embrasser son espouse, & iamais ne vouloit
Deuenir immortel auec Circe la belle,
Pour ne reuoir iamais Penelope, laquelle
Pleurant luy rescriuoit de son fascheux seiour,
Pendant qu'en son absence elle faisoit l'amour :
Si bien que le Dieu Pan de ses ieux print naissance,
(D'elle & de ses muguets la commune semence)
Enuoyant tout expres, pour sa commodité,
Le fils chercher le pere en Sparte la cité.
,, Voila comment la femme auec ses ruses donte
,, L'homme de qui l'esprit toute beste surmonte.
    Quand on peut par hazard heureusement choisir
Quelque belle maistresse & l'auoir à plaisir,
Soit de haut ou bas lieu, pourueu qu'elle soit fille
Humble courtoise honneste amoureuse & gentille,
Sans fard sans tromperie, & qui sans mauuaitié
Garde de tout son cœur vne simple amitié,
Aimant trop mieux cent fois à la mort estre mise,
Que de rompre sa foy quand elle l'a promise :
Il la faut honorer tant qu'on sera viuant,
Comme vn rare ioyau qu'on treuue peu souuent.
,, Celuy certainement merite sur la teste
,, Le feu le plus ardent d'vne horrible tempeste,
,, Qui trompe vne pucelle, & mesmement alors
,, Qu'elle se donne à nous & de cœur & de cors.
    N'est ce pas vn grand bien quand on fait vn
      voyage,
De rencontrer quelcun qui d'vn pareil courage
Veut nous accompagner, & comme nous passer
Tant d'estranges chemins, fascheux à trauerser ?
Aussi n'est-ce vn grand bien de trouuer vne amie,

DES AMOVRS.

Qui nous aide à passer cette chetiue vie,
Qui sans estre fardée ou pleine de rigueur,
Traite fidellement de son amy le cœur?
 Dy leur, si de fortune vne belle Cassandre
Vers moy se fust monstrée vn peu courtoise & tendre,
Et pleine de pitié eust cherché de guarir
Le mal dont ses beaux yeux dix ans m'ont fait mourir,
Non seulement du corps, mais sans plus d'vne œillade
Eust voulu soulager mon pauure cœur malade,
Ie ne l'eusse laissée, & m'en soit à tesmoin
Ce ieune enfant ailé qui des amours a soin.
 Mais voyant que tousiours elle marchoit plus fiere,
Ie desliay du tout mon amitié premiere,
Pour en aimer vne autre en ce pays d'Aniou,
Où maintenant Amour me detient sous le iou:
Laquelle tout soudain ie quitteray, si elle
M'est comme fut Cassandre, orgueilleuse & rebelle,
Pour en chercher vne autre, à fin de voir vn iour
De pareille amitié recompenser m'amour,
Sentant l'affection d'vn autre dans moy mesme:
Car vn homme est bien sot d'aimer si on ne l'aime.
 Or' si quelque impudent me vient blasmer dequoy
Ie ne suis plus si graue en mes vers que i'estoy
A mon commencement quand l'humeur Pindarique
Enfloit empoulément ma bouche magnifique:
Dy luy que les amours ne se souspirent pas
D'vn vers hautement graue, ains d'vn beau stile bas,
Populaire & plaisant, ainsi qu'a fait Tibulle,

L iiij

L'ingenieux Ouide, & le docte Catulle.
Le fils de Venus hait ces oftentations:
Il suffist qu'on luy chante au vray ses passions
Sans enflure ny fard, d'vn mignard & doux stile,
Coulant d'vn petit bruit, comme vne eau qui distile.
Ceux qui font autrement, ils font vn mauuais tour
A la simple Venus & à son fils Amour.

 S'il aduient quelque iour que d'vne voix hardie
I'anime l'eschafaut par vne Tragedie
Sentencieuse & graue, alors ie feray voir
Combien peuuent les nerfs de mon petit sçauoir.
Et si quelque furie en mes vers ie rencontre,
Hardi i'opposeray mes Muses alencontre:
Et feray resonner d'vn haut & graue son
(Pour auoir part au bouc) la tragique tançon.
Mais ores que d'Amour les passions ie pousse,
Humble ie veux vser d'vne Muse plus douce.

 Ie ne veux que ce vers d'ornement indigent
Entre dans vne escole, ou qu'vn braue regent
Me life pour parade: il suffit si m'amie
Le touche de la main dont elle tient ma vie.
Car ie suis satisfait, si elle prend à gré
Ce labeur que ie voue à ses pieds consacré.

BELLEAV.

Mon fils) L'Autheur, apres auoir longuement chaté
sa Cassandre, voyant son seruice n'estre recompensé
que de rigueurs & de cruautez, sans espoir d'autre meilleur traitement, delibera, suiuant les remedes de Lucrece & d'Ouide, prendre la medecine propre & particuliere pour se purger de ce mal, qui est de s'absen-

ter de la personne aimée,& par là se donner occasion d'en perdre du tout le souuenir. Or estât ieune, dispos, & desireux de son ancienne liberté, arriua en Anjou, voulant mettre fin à son malheur,& esteindre(comme il feit) vne vieille & trop ingrate amitié, pour iamais ne s'empestrer és liens d'Amour. Vn iour d'Auril accōpagné d'vn sien amy, r'alluma plus cruellement que deuant vn nouueau feu dedans son cœur, & deuint amoureux & affectiōné seruiteur d'vne ieune, belle, hōneste & gracieuse maistresse, laquelle il celebre en ceste seconde partie de ses Amours. Et pour autant qu'il s'estoit trouué mal satisfait de la premiere, qu'il auoit chantée si grauement, delibera faire preuue, si l'Amour luy seroit plus fauorable, changeant de façon d'escrire, estimant son premier stile auoit esté cause de son malheur. Doncques s'accommodant à l'esprit de sa seconde maistresse, laquelle en fin s'est monstrée en son endroit autant ingrate & cruelle que la premiere(soit que cela vienne par le destin particulier du Poëte, soit pour s'adresser tousiours à quelque Dame de nature reuesche & mal-née à l'amour) il suit ici vn nouueau stile, & commence par vne Elegie qu'il addresse à son liure, l'aduertissant de trois choses : La premiere, qu'il seroit plus seurement enfermé en son estude, que d'estre si conuoiteux de se mettre en lumiere, pour seruir de risée aux mesdisans. La seconde, que si quelque amoureuse opiniastre en sa loyauté, reprend l'Autheur d'auoir esté au change, l'accusant d'estre inconstant & variable en amours, il prie son liure de respondre, que telle legereté n'est procedée que du mal incroyable qu'il enduroit en ce seruice tant rigoureux, & que s'il eust esté tāt fortuné, que de trouuer vne Dame qui seulement l'eust estimé digne de quelque amoureuse faueur, que pour mourir ne l'eust abandonnée. Puis il aduertit ceux qui donnent leur ieunesse en proye à l'amour, de tēporiser quelques années, pour essayer si la longueur du temps est suffisante d'adoucir la cruauté de leur maistresse,& s'ils ont experience du cōtraire, qu'ils cherchent ailleurs nouueau party : car c'est vne

L γ

folle entreprise de vouloir aimer, sans esperáce d'estre aimé. Au reste, qu'ils se donnent bien garde de se mettre au seruice d'vne Dame rusée, vieille, & de trop subtil esprit, estant la presente ruine d'vn ieune homme de languir si long temps dessus les froides cendres d'vne vieille amoureuse, & principalemét quád elle fait de la clergesse & de la sçauante. Vne simple Penelope vaudroit mieux, *quæ tantum lanas non nat esse ruas*. Au contraire, si de bon-heur ils tombent és mains d'vne ieune, douce, & courtoise maistresse, qui de bonne & entiere volonté leur porte affection, que de toute courtoisie & ferme fidelité ils la seruent & l'honorent iusques à la mort. La troisieme est, qu'il prie son liure de respondre à ceux qui trouueront estrange qu'il a changé de façon d'escrire, & de leur dire qu'Amour estant nud & sans armes, se contente de voir nos passions nues & descouuertes, sans estre masquées, ny voylées d'vn trop presomptueux & industrieux sçauoir: Et que la graue doctrine & les mots recherchez & trop elabourez, sont propres aux poëmes graues & ensanglantez, comme est l'œuure Heroique & Tragique. En outre, il ne se faut esbahir, si l'Autheur a escrit en vers Alexandrins la plus grande part de ce liure, pour autant qu'il a opinion que ce soyent les plus François, & les plus propres pour bien exprimer nos passions: & si quelqu'vn les blasme de sentir leur prose, ce n'est que faute d'estre bien faits, & bien prononcez: mais la pluspart de ceux qui escriuent auiourd'huy, ne les sçauent pas animer, ny leur donner la grace qu'il leur faut. Car s'ils estoyent composez & forgez par bons artizás, ils changeroyent d'opinion. Aussi que les Latins & les Grecs escriuent ordinairement leurs passions amoureuses en vers Elegiaques, qui consistent d'vn Hexametre & Pentametre, encores que les Hédecasyllabes & Saphiques, qui semblent plus mignards, & propres pour l'amour, ne leur defaillent point. Puis on ne doit prendre garde en quel genre de vers on escriue, pourueu qu'on escriue bien. *Mon fils*) Il appelle son fils sa composition. Ce commencement est pris d'vn Epi-

gramme de Martial,
Argiletanas mauis habitare tabernas,
Cùm tibi paruę liber scrinia nostra vacent.
Panuret qui ne sçais pas que nos citoyens sont *Plus subtils par le nez que le Rhinoceront*) Voy Pline au huictiesme liure, vingtiesme chapitre, de la nature du Rhinoceron, *Vnius in nare cornu*, comme l'interpretation de son nom le porte, ennemy mortel des Elephans, contre lesquels *cornu ad saxa limato præparat se pugnæ*. Auoir le nez d'vn Rhinoceron, ceste façon de parler est tirée du prouerbe ancien, *Naso suspendere*, qui signifie se mocquer couuertement de quelcun. Horace, *Naso suspendis adunco*. Perse, *Callidus exterso populum suspendere naso*. Martial, *Non cuicunque datum est habere nasum.*

Maiores nusquam rhonchi, iuuenésque, senésque,
Et pueri nasum Rhinocerotis habent.
Ce que les Grecs disết en vn mot μυκτηρίζν, ἀντιμυκτηρί-ζωνde nasuti, mocqueurs.

Nasutus sis vsque licet, sis denique nasus. Perse. Et c'est pourquoy l'on disoit anciennement, *Subdolæ irrisioni dicatum fuisse nasum. La mer est bien à craindre*) Ces vers sont tirez d'Euripide.
Si bien que le Dieu Pan de ses ieux prit naissance) Pan, comme dit le Commentaire de Theocrite, nasquit de la semence des courtiseurs & ribaux de Penelope. *Pour auoir part au bouc*) Pour auoir part à la Tragedie. Le Bouc estoit anciennement le loyer du Poëte tragique. Horace, *Carmine qui tragico vilem certauit ob hircum.* *Tançon*) Courroux, noise. vieil mot François, d'où vient le mot, Tancer.

A Muse estoit blasmee à son commencement
D'apparoistre trop haulte au simple populaire:
Maintenant des-enflee on la blasme au contraire,

L vj

Et qu'elle se desment parlant trop bassement.
Toy de qui le labeur enfante doctement
  Des liures immortels, dy-moy, que doy-ie faire?
  Dy-moy (car tu sçais tout) comme doy-ie complaire
  A ce monstre testu diuers en iugement?
Quand ie tonne en mes vers il a peur de me lire:
  Quãd ma voix se rabaisse il ne fait qu'en mesdire.
  Dy-moy de quel lien force tenaille ou clous
Tiendray-ie ce Proté qui se change à tous coups?
  Tyard, ie t'enten bien, il le faut laisser dire,
  Et nous rire de luy comme il se rit de nous.

BELLEAV.

Ma Muse estoit blasmee) Il escrit ce Sonnet à Pontus de Tyard, homme des plus doctes de nostre temps, & des mieux versez en toutes bonnes disciplines, principalement és Mathematiques, Philosophie, & Poësie. Or l'Autheur le prie de luy donner conseil, touchant ce qu'il doit faire pour s'accommoder aux diuerses opinions du vulgaire: parce que les vns se plaignét, qu'en ses premiers Sonnets il s'est monstré trop graue & trop obscur: les autres, qu'il a fait tort à la graue maiesté de son stile, de s'estre tant abaissé en ses derniers. En fin il delibere de n'en faire conte pour l'aduenir, mais bien de suiure l'ancienne liberté des Poëtes, & ne brider sa volonté à l'opinion d'autruy. *A ce monstre testu*) Au peuple. Il accompare la populace à l'hydre qui auoit cent testes. *Dy moy de quel lien force tenaille ou clous*) Il y a vn trait semblable dedans Horace,

  Quo teneam nodo mutantem Protea vultus?
Tiendray-ie ce Proté qui se change à tous coups) Il fait vne comparaison du peuple & de Proté, Dieu marin,

& grand Prophete de Neptune, lequel se desguisoit en telle forme & figure qu'il vouloit, pour plus aisément deceuoir ceux qui s'adressoyent à luy, desireux de sçauoir les choses futures : mais pour en auoir la raison, il le falloit surprendre à toute force, & luy garroter pieds & mains: lors il reprenoit sa forme naturelle, & annonçoit le futur à ceux qui le demandoyent. Voy Homere au quatriesme de l'Odyssée,

Τὸν μὲν ἐπὴν δὴ πρῶτα κατευνηθέντα ἴδησθε,
Καὶ τότ' ἔπειθ' ὑμῖν μελέτω κάρτος τε βίη τε.

Ouide en ses Fastes,

Ille suam faciem transformat & alterat arte,
Mox domitus vinclis in sua membra redit.

Tyard, ie l'enten bien, il le faut laisser dire) Il y a vn semblable conseil dedans Properce, lequel estant trauaillé de mesme passions, respond en ceste façon,

Me iuuat in gremio doct.e legisse puellæ,
Auribus & puris scripta probasse mea.
Hæc ubi contigerint, populi confusa valete
Fabula. nam domina iudice tutus ero.

MADRIGAL.

Ô cte Butet, qui as monstré la voye
Aux tiens de suiure Apollon & son Chœur,
Qui le premier t'espoinçonnant le cœur
Te fist chanter sur les monts de Sauoye:
Puis que l'amour à la mort me conuoye,
Dessur ma Tombe (apres que la douleur
M'aura tué) engraue mon malheur
De ces sept vers que pleurant ie t'enuoye.
CELVY QVI GIST SOVS CETTE
TOMBE ICY,
AIMA PREMIERE VNE BELLE
CASSANDRE,

L vij

AIMA SECONDE VNE MARIE AVSSI
TANT EN AMOVR IL FVT FACILE
A PRENDRE:
DE LA PREMIERE IL EVT LE
CVEVR TRANSI,
DE LA SECONDE IL EVT LE CVEVR
EN CENDRE,
ROCHERS POVR LVY, NON
CVEVRS PLEINS DE MERCI.

BELLEAV.

Amy Buret) Ce Madrigal s'adresse à Marc Claude de Buret, gentilhomme Sauoisien, lequel outre la parfaite cognoissance qu'il a de la Poësie (de laquelle il a le premier illustré son pays) est merueilleusement bien versé aux sciences de Philosophie, & pource le surnō de docte luy est ici attribué par nostre Autheur: lequel le supplie, s'il suruit apres luy, d'engrauer les sept lignes dernieres de ce Madrigal sur sa tombe.

Marie vous auez la ioue aussi vermeille
Qu'vne rose de May, vo° auez les cheueux
Entre bruns & chatains, frisez de mille
neuds,
Crespez & tortillez tout autour de l'oreille.
Quand vous estiez petite vne mignarde abeille
Sur vos leures forma son nectar sauoureux,
Amour laissa ses traits en vos yeux rigoureux,
Pithon vous feit la voix à nulle autre pareille.
Vous auez les tetins comme deux monts de lait,
Qui pommelent ainsi qu'au printemps nouuelet
Pommelent deux boutons que leur chasse enuiront.

De Iunon sont vos bras, des Graces vostre sein,
Vous auez de l'Aurore & le front & la main,
Mais vous auez le cœur d'vne fiere Lionne.

BELLEAV.

Marie vous auez) Qui voudra cognoistre ce qui est le plus souhaitable en vne perfectiō de beauté, qu'il life diligemment ce Sonnet. *Marie vous auez la iouë aussi vermeille Qu'vne rose de May*) Ceste comparaison comme de roses, de lis, d'œillets, au teint vermeil de la iouë, est assez vulgaire, toutefois prise des plus anciens Poëtes. Anacreon,

γράφε ῥῖνα ἢ παρειὰς
ῥόδα τῷ γάλακτι μίξας.

Properce,

Et Mæotica nix minio si certet Hibero,
Vtque rosæ puro lacte natant folia.

Gallus,

Candida contempsi, nisi quæ suffusa rubore
Vernarent propriis ora serena rosis.

Entre bruns & chatains) Cela est certain & confessé par tous les Poëtes, que les cheueux bruns & de couleur de chastaigne, sont plus beaux que les blonds. Et pource il me souuient auoir leu en quelque Commentaire Grec, que Venus estoit nommée Chastaignere, à cause de son teint, & de ses cheueux de mesme couleur. *Quand vous estiez petite, vne mignarde abeille Sur vos léures forma son nectar sauoureux*) Ceste façon de parler est gentille, pour signifier l'odeur suaue d'vne douce haleine, ensemble la douce parole. Il y a vn trait pareil dedans Molza,

Donna Gentil, ne le cui labbra il nido
Di nettar gran' api celesti e rare

Poser.

Amour laissa ses traits en vos yeux rigoureux) Semblables traits se trouuent communément dedans les Poëtes, pour nayuement defcrire les yeux amoureux de leurs Dames, par la force & puiſſance defquels ils ſont premierement naurez. Car ils feignent qu'Amour s'y tient en embufcade, ou pour y acerer ſes fleches, ou pour les tremper, ou pour allumer ſon flambeau: puis par le clair rayon des yeux defcoche viuement ſes ſagettes dedans les cœurs des hommes.

   Tibulle,
Illi s ex oculis cùm vult exurere diuos,
 Accendit geminas lampadas acer Amor.
   Naugeri,
Begli occhi oue Amor regna, e onde tira
 Mille ſtralli pugnanti nel mio petto.

Pithon vous feit la voix à nulle autre pareille) Pithon eſt la Deeſſe de perſuaſion, que les anciens Romains ont appellée *Suadam*, ou *Suadelam*, dite du verbe Grec πείθω, qui ſignifie perſuader. Les Grecs la ſouloyent peindre pour vne des compaignes de Venus, entre les Graces, parce que le bien parler eſt vne choſe des mieux ſeantes, & plus requiſes à faire l'amour. Il ſemble que ce trait ſoit pris d'Anacreon, faiſât le pourtrait de s'amie, où il dit,

 γράφε χείλος οἷα πειθοῦς,
 προκαλούμενον φίλημα.
   Marulle,
 Mellita comitante dicta Suada.

Vous auez les tetins comme deux monts de Lait) On ne pourroit mieux deſcrire la nayue blancheur d'vn tetin trouſſé, ny ſa rondeur egalement proportionnée, que par ces deux belles cóparaiſons, dont l'vne eſt de deux montaignettes de lait caillé, pour ſignifier l'enfleure gétille de ſon tetin, lequel ne ſurpaſſe la groſſeur d'vne pomme. Et pource il a proprement vſurpé ce mot mignard de Pommeler, tiré du verbe Grec κυδωνιάω, qui ſignifie groſſir en forme d'vne cognaſſe. Il a imité auſſi en ceſte comparaiſon, vn Epigramme de Leonide, où il dit, parlant du tetin de Venus, ἢ μαςὸς ἀκμῆς ἄντυγι κυδωνίᾳ. L'autre, par le bouton vermeil de la roſe, qui commençant à poindre, s'enfle peu à peu au commécement du Printemps, & s'esleue hors de sa chasse. *Chasse*) Est la reuesture barbelée, en laquelle le bouton est enclos, appellé des Grecs κάλυξ. *De Iunõ sont vos bras*) Les Poëtes ont tousiours celebré les bras de Iunon entre ses autres beautez. Et pource est dite λευκώλενος ἥρη dedans Homere. *Vous auez de l'Auro e & le front & la main*) L'Aurore a tousiours esté estimée pour ses beaux doigts, & pourtant a esté surnommée des Poëtes ῥοδοδάκτυλος. *Mais vous auez le cœur d'vne fiere lionne*) Les Poëtes sont riches de telles comparaisons, voulant signifier la cruauté de leurs maistresses, disans qu'elles ont succé le laict d'vne tygresse, d'vne lionne, qu'elles ont esté conceuës d'vn rocher, d'vne mer, ou d'vn gouffre.

CHANSON.

Etite pucelle Angeuine,
Qui m'as d'vn amoureux sou ris
Tiré le cœur de la poitrine:
Puis dés l'heure que tu le pris,
Tu l'enfermas contre raison
Dans les liens de ta prison.

Ainsi perdant la iouyssance
De sa premiere liberté,
Il vit sous ton obeyssance
Si mal-mené si mal traité,
Qu'vn Lion tout plein de rigueur
Auroit pitié de sa langueur.

Car toy, de façon plus cruelle
Qu'vn roc pendu dessus la mer,
Tu te fais tous les iours plus belle
Du mal qui le vient consommer,
Honorant depuis que tu l'as,

Tes victoires de son trespas.

Non seulement comme trop rude,
Tu fais languir mon cœur à tort
Par vne honneste ingratitude,
Luy donnant vne lente mort,
Voyant pasmer en triste esmoy
En tes liens mon cœur & moy.

Mais en lieu d'vn sacré Poete,
Qui si haut chantoit ton honneur,
Tu as nouuelle amitié faite
Auecques vn nouueau Seigneur,
Qui maintenant tout seul te tient,
Et plus de moy ne te souuient.

Hà vierge simple & sans malice,
Tu ne sçais encore que c'est
De faire aux grands Seigneurs seruice,
Qui en amour n'ont point d'arrest,
Et qui suiuent sans loyautez
En vn iour dix mille beautez.

Si tost qu'vne proye ils ont prise
Ils la desdaignent tout expres,
Afin qu'vne autre soit conquise
Pour s'en mocquer bien tost apres,
Et n'ont iamais autre plaisir
Que de changer & de choisir.

Le Ciel qui les Amans contemple,
Sçait les periures rechercher:
Anaxarete en sert d'exemple,
Qui fut changée en vn rocher,
Portant la semblable rigueur
Au rocher qu'elle auoit au cœur.

BELLEAV.

Petite pucelle) Il se plaint en ceste Chanson des cruelles rigueurs de sa Dame, qui ne peuuent s'amollir par pitié ny par douceur, faisant vne comparaison du fier naturel d'elle à vne roche pendante sur la mer. Outre se plaint d'vn Seigneur qui luy fait l'amour, & sous vne couuerture ialouse par vn artifice gentil, il amoindrit le seruice de ce Seigneur, pour rendre le sien plus recommandable. En fin il conclud, que le Ciel vengeur de ceux qui sont desloyaux & traistres en amour, luy en fera la raison, à l'exemple d'Anaxarete : laquelle fut transmuée en vn rocher, pour auoir deceu son amy. Ceste Chanson est prise d'vn Epigramme de Marulle, qui se commence,

 Puella Hetrusca quæ meum
 Pectus tot annos perdité
 Torsisti amore mutuo.

Anaxarete en sert d'exemple) Pris d'vn autre lieu de Marulle,

 Parcite tormentis iuuenum gaudere puellæ,
  Parcite, habet magnos iusta querela Deos:
 Et quoties aliquis flendus succurrit amator,
  Parcere Anaxarete, dicite, acerba monet.

Iean Second à ce propos,

 Qualis Anaxaretes fastum puer vltus amarum,
  Flebile compressa fauce pependit onus.

O Delle, l'autre iour l'enfant de Cytheree
Au combat m'appella courbant son arc Turquois :
Et lors comme hardi ie vesti le harnois,
Pour auoir contre luy la chair plus asseuree.
Il me tira premier vne fleche aceree
Droit au cœur, puis vne autre, & puis tout à la
Il decocha sur moy les traits de son carquois, (fois

Sans qu'il euſt d'vn ſeul coup ma poitrine enferrée,
Mais quand il vit ſon arc de fleches deſarmé,
Tout deſpit s'eſt luy meſme en fleche transformé,
Puis en moy ſe rua d'vne puiſſance extreſme.
Quand ie me vey vaincu, ie me deſarmay lors:
Car rien ne m'euſt ſerui de m'armer par dehors,
Puiſque mon ennemy eſtoit dedans moy meſme.

BELLEAV.

Iodelle l'autre iour) Il eſcrit ce Sonnet à Eſtienne Iodelle, l'vn des plus gentils eſprits, & des mieux naiz à la Poëſie Latine & Françoiſe, que noſtre France recognoiſſe pour le iourd'huy. Or le Poëte voulant monſtrer qu'il auoit ſouuentesfois vaillamment reſiſté cōtre la puiſſance d'Amour, il feint auoir combatu en camp clos contre luy : & pour plus ſeurement prendre les armes, qu'il s'eſtoit armé à ſon auantage: puis venus aux priſes, qu'Amour luy deſcoche à l'aborder d'vne fleche des mieux acerées, s'aſſeurant qu'il ne faudroit de l'enferrer: puis voyant qu'elle ne pouuoit faire breche, il en tira vne autre, laquelle ne trouua moindre reſiſtance que la premiere : puis par cholere il laſcha le reſte de ſon carquois. En fin ſe voyant nud & ſans armes, à fin de ne receuoir vne honte d'eſtre vaincu d'vn mortel, luy-meſme ſe transforma en ſagette, & employant toutes ſes forces, s'eſlança dedans ſon vainqueur, lequel ſe voyant ainſi miſerablement nauré, ſe deſarme. Car que vaudroit (dit-il) à vn braue ſoldat de veſtir les armes, s'il cache ſon mortel ennemy dedans ſoy-meſme ? Ce Sonnet eſt preſque vne traduction d'vne Ode d'Anacreon, commençant:

θέλω θέλω φιλῆσαι,
ἔπειθ' ἔρως φιλεῖν με.
ἐγὼ δ' ἔχων νόημα
ἄβουλον οὐκ ἐπείσθην.

ἐλ'ἰυθὺ τόξον ἄρας
ἠ χρυσέῃ φαρέτρῃ,
μάχῃ με προκαλεῖ το.

Le vingtiesme d'Auril couché sur l'herbelette,
Ie vy ce me sembloit en dormãt vn Cheureuil,
Qui çà qui là marchoit où le menoit sõ vueil,
Foulant les belles fleurs de mainte gambelette.
Vne corne & vne autre encore nouuelette
Enfloit son petit front d'vn gracieux orgueil:
Comme vn Soleil luisoit la rondeur de son œil,
Et vn carquan pendoit sous sa gorge douillette.
Si tost que ie le vy, ie voulu courre apres,
Et luy qui m'auisa print sa fuite és forests,
Où se mocquant de moy ne me voulut attendre:
Mais en suiuant son trac, ie ne m'auisay pas
D'vn piege entre les fleurs, qui me lia le pas:
Ainsi pour prendre autruy moy-mesme me fis
  prendre.

BELLEAV.

Le vingtiesme d'Auril) Il descouure par vne gentille allegorie le lieu & la saison, en laquelle il commença à faire l'amour à sa Dame, disant que le vingtiesme d'Auril estant couché sur l'herbe, & pressé de sommeil, il songea voir vn Cheureuil courant par la prée, ayant vn carquan pendu au col, & portant deux petits cornichons qui ne commençoyent qu'à poindre, entez sur son front esleué, & tout remply d'orgueil, l'œil aussi beau que le Soleil: puis courant apres, & poursuiuant sa proye, il tomba dedans vn piege. Ainsi luy-mesme se vit, cuidant prendre sa maistresse. Par ce Cheureuil il entend sa Marie. Il y a vn semblable Sonnet dedans

Petrarque, en semblable allegorie,
Vna candida cerua sopra l'herba
Verde m'apparue con dua corna d'oro.
Le vingtiesme d'Auril) Mois sacré à Venus.
Venimus ad quartum, quo tu celeberrima, mensem:
Et vatem & mensem scis Venus esse tuos. Ouide.

CE-pendant que tu vois le superbe riuage
De la riuiere Tusque, & le mont Palatin,
Et que l'air des Latins te fait parler Latin,
Changeant à l'estranger ton naturel langage:
Vne fille d'Anjou me detient en seruage,
Ores baisant sa main & ores son tetin,
Et ores ses beaux yeux astres de mon destin:
Je vy (cōme lon dit) trop plus heureux que sage.
Tu diras à Maigni, lisant ces vers ici,
C'est grand cas que Ronsard est encore amoureux,
Mon Bellay, ie le suis, & le veux estre aussi,
Et ne veux confesser qu'amour soit malheureux,
Ou si c'est vn malheur, baste, ie delibere
De viure malheureux en si belle misere.

BELLEAV.

Cependant que tu vois) Il addresse ce Sonnet à
Ioachim du Bellay, l'vn de ses plus parfaits amis, & duquel la France a suffisante preuue, pour confesser qu'il
a esté des premiers & des plus gentils esprits, & des
mieux accomplis de l'Europe. Il mourut le premier
iour de l'an 1559. au grand regret des hommes doctes, & de toute la France. Or il luy rescriuoit ce Sonet
lors que du Bellay estoit à Rome, & qu'il prenoit plaisir
à composer des vers Latins, l'aduertissant du plaisir
qu'il auoit, viuant entre les delices du pays d'Anjou,
amoureux d'vne gentille maistresse, ne se deliberant de

faire autre chose pour le reste de ses ans : & qu'il se
plaist de viure ainsi à iamais malheureux, s'il est vray
que l'amour soit vn malheur. *De la riuiere Tusque*) Il
entend le Tybre, fleuue qui passe par dedans Rome.

Qui Tuscum Tyberim & Romana palatia seruas.
Virgile.
Iámque ratem doctæ monitu Carmentis in amnem
Egerat, & Tuscis obuius ibat aquis.
Ouide.

Le mont Palatin) L'vne des sept collines de Rome
du costé d'Orient, où estoit anciennement le palais
d'Auguste, & de Tibere.

Douce belle amoureuse & bië-fleurãte Rose,
Que tu es à bon droit aux amours consacree!
Ta delicate odeur hommes & Dieux recree,
Et bref Rose tu es belle sur toute chose.
Marie pour son chef vn beau bouquet compose
De ta fueille, & tousiours sa teste en est paree:
Tousiours ceste Angeuine, vnique Cytheree,
Du parfum de ton eau sa ieune face arrose.
Ha Dieu que ie suis aise alors que ie te voy
Esclorre au poinct du iour sur l'espine à requoy,
Aux iardins de Bourgueil pres d'vne eau solitaire!
De toy les Nymphes ont les coudes & le sein,
De toy l'Aurore emprunte & sa ioue & sa main,
Et son teint la beauté qu'on adore en Cythere.

BELLEAV.

Douce belle amoureuse & bien-fleurante Rose) Voy
en peu de paroles toutes les singulieres beautez de la
Rose, & ce que les anciens en ont dit, & à quels vsages
ils l'ont accommodee. Ce Sonnet est pris d'vne Ode
d'Anacreon,

ςεφανηφόρου μει' ἤρος
μέλπουσι ῥόδον ϑελκτόν.
σιωπάρι αὖξι μέλπειν.
τὸ δὲ γὰ ϑεῶν ἄπιμα,
τόδε κ βροτῶν τὸ χάρμα.

La beauté) qu'on adore en Cythere) Venus est appellée la Cytherée, ἀπὸ τῦ κύειν, pource qu'elle fait enfanter & conceuoir.

MADRIGAL.

Prenez mon cœur, Dame, prenez mon cœur,
Prenez mon cœur, ie vous l'offre, ma Dame,
Il est tout vostre, & ne peut d'autre femme
Tant vostre il est, deuenir seruiteur.
Doncques si vostre, il meurt vostre en langueur:
Vostre à iamais, vostre en sera le blame:
Et si là bas on punira vostre ame
Pour tel peché d'vne iuste rigueur.
Quand vous seriez quelque fille d'vn Scythe,
Encor l'amour qui les Tygres incite,
Vous flechiroit: mais trop cruellement
Du frein d'Amour vous me serrez les resnes,
Et me gesnez de tourment sur tourment,
Me reperçant d'amoureuses halesnes,
Pour tesmoigner que du commencement
L'homme nasquit de rochers & de chesnes.

BELLEAV.

Prenez mon cœur) Ce Sonnet est assez aisé de soy.
Resnes) La bride. *L'homme nasquit*) Voy Hesiode, qui dit que les hommes nasquirent des rochers & des chesnes.

nes demy-creuez. Il dit, que si ne fust la dure naissance
qu'il a prise, il seroit desia mort par la cruauté de sa
Dame.

MADRIGAL.

Mon docte Peletier, le temps leger s'enfuit,
 Ie change nuict & iour de poil & de ieu-
 nesse:
Mais ie ne change pas l'amour d'vne maistresse,
Qui dans mon cœur collée eternellement me suit.
Toy qui es des enfance en tout sçauoir instruit
 (Si de nostre amitié l'antique neud se presse)
Comme sage & plus vieil, donne moy quelque
 adresse
Pour euiter ce mal qui ma raison seduit.
Aide moy Peletier, si par Philosophie
 Ou par le cours des Cieux tu as iamais appris
Vn remede d'amour, dy-le moy ie te prie.
De l'arbre à Iupiter qui fut iadis en prix,
 (De nos premiers ayeuls la vieille Prophetie,)
Tu auras à bon droit la couronne & le pris
D'auoir par le conseil de tes doctes escris
Sauué de ton amy la franchise & la vie.

BELLEAV.

Mon docte Peletier) Il adresse ce Sonnet à Iaques
Peletier, Docteur en Medecine, homme de nostre téps
des plus doctes & mieux versez en toutes bonnes disciplines. Il le prie luy donner quelque secours, soit par
Philosophie ou autre science, par le moyen duquel il
puisse ralenter le feu d'amour qui le suit & consomme

M

eternellement. Puis luy dit, qu'encores qu'il se soit maintenāt du tout reduit à la cognoissance des astres, si est-ce pourtant qu'il est impossible qu'il n'ait esté quelquefois amoureux: pourtāt le prie luy dire le moyē comme il s'est sauué de ce danger, à fin que par iceluy il puisse affranchir sa liberté, maintenant prisonniere ès liens d'Amour, & qu'il aura la couronne de Chesne en recompense, pour le loyer d'auoir sauué son compatriot & ancien amy.

Ie change nuict & iour de poil & de ieunesse,
Mais ie ne change pas l'amour d'vne maistresse)
Seruitium sed triste datur, teneórque catenis,
Et nunquam misero vincla remittit Amor.
Tibulle.

Il y a presque vn tel commencement dedans vn Sonnet de Petrarque,

Di di in di vo cangiando il viso e'l petto,
Ne pero smorso e dolci inescati hami.

La vieille Prophetie) Les chesnes de Dodone, furent les premiers oracles des hommes.

CHANSON.

IE veux chanter en ces vers ma tristesse:
Car sans pleurer chanter ie ne pourrois,
Veu que ie suis absent de ma maistresse:
Si ie chantois autrement ie mourrois.

Pour ne mourir il faut donc que ie chante
En chants piteux ma plaintiue langueur,
Pour le depart de ma maistresse absente,
Qui de mon sein m'a desrobé le cœur.

Desia l'Esté, & Ceres la blétiere
Ayant le front orné de son present,
Ont ramené la moisson nourriciere
Depuis le temps que d'elle suis absent,

Loin de ses yeux, dont la lumiere belle
Seule pourroit guarison me donner:
Et si i'estois là bas en la nacelle,
Me pourroit faire au monde retourner.

Mais ma raison est si bien corrompue
Par vne fausse & vaine illusion,
Que nuict & iour ie la porte en la veue,
Et sans la voir i'en ay la vision.

Comme celuy qui contemple les nues,
Fantastiquant mille monstres bossus,
Hommes, oiseaux, & chimeres cornues,
Tant par les yeux ses esprits sont deceus.

Et comme ceux, qui d'vne haleine forte,
En haute mer, à puissance de bras
Tirent la rame, ils l'imaginent torte,
Et toutefois la rame ne l'est pas:

Ainsi ie voy d'vne œillade trompee
Cette beauté dont ie suis depraué,
Qui par les yeux dedans l'ame frapee
M'a viuement son portrait engraué.

Et soit que i'erre au plus haut des montaignes,
Ou dans vn bois, loin de gens & de bruit,
Ou sur le Loir, ou parmy les campaignes,
Tousiours au cœur ce beau portrait me suit.

Si i'apperçoy quelque champ qui blondoye
D'espics frisez au trauers des sillons,
Ie pense voir ses beaux cheueux de soye
Espars au vent en mille crespillons.

Si le Croissant au premier mois i'auise,
Ie pense voir son sourcil ressemblant
A l'arc d'vn Turc qui la sagette a mise
Dedans la coche & menace le blanc.

M ÿ

Quand à mes yeux les estoiles brillantes
Viennent la nuict en temps calme s'offrir,
Je pense voir ses prunelles ardantes,
Que ie ne puis ny fuyr ny souffrir.

Quand i'apperçoy la rose sur l'espine,
Ie pense voir de ses leures le teint:
La rose au soir de sa couleur decline,
L'autre couleur iamais ne se desteint.

Quand i'apperçoy les fleurs en quelque prée
Ouurir leur robe au leuer du Soleil,
Ie pense voir de sa face pourprée
S'espanouir le beau lustre vermeil.

Si i'apperçoy quelque chesne sauuage,
Qui iusqu'au Ciel éleue ses rameaux,
Ie pense voir sa taille & son corsage,
Ses pieds, sa gréue & ses coudes iumeaux.

Si i'entens bruire vne fontaine claire,
Je pense ouyr sa voix dessus le bord,
Qui se plaignant de ma triste misere,
M'appelle à soy pour me donner confort.

Voila comment pour estre fantastique,
En cent façons ses beautez i'apperçoy,
Et m'esiouis d'estre melancholique,
Pour receuoir tant de formes en moy.

Aimer vrayment est vne maladie,
Les medecins la sçauent bien iuger,
Nommant ce mal fureur de fantasie,
Qui ne se peut par herbes soulager.

J'aimerois mieux la fiéure dans mes veines,
Ou quelque peste ou quelque autre douleur,
Que de souffrir tant d'amoureuses peines,
Dont le bon-heur n'est sinon que malheur.

Or-va,Chanson,dans le sein de Marie,
Pour l'asseurer que ce n'est tromperie
Des visions que ie raconte icy,
Qui me font viure & mourir en soucy.

BELLEAV.

Ie veux chanter en ces vers ma tristesse) Ce commencement est d'vn Epigramme de Marulle,

Inuisus mihi Ianus adest absente Neæra,
Ite procul lusus,deliciæque leues.

Puis là où il dit, *Desia l'Esté & Ceres la blétiere*, c'est le commencement d'vn autre qui commence,

Iam æstas torrida tertium
Æstatisque parens flaua redit Ceres
Cincta concaua tempora.

Blétiere) Qui preside aux bleds: mot bien inuenté, & tiré du nom de Blatier, qui est pour ce iourd'huy fort en vsage par tous les marchez, qui signifie vn védeur de bled, ou qui amene du bled védre au marché.

Et soit que i'erre au plus haut des montagnes,
Ou dans vn bois,loing de gens & de bruit,
Ou sur le Loir,ou parmy les campagnes.
Toussiours au cœur ce beau portrait me suit.)

Lucrece dit vn beau trait à ce propos, voulant rendre la raison de telles imaginations amoureuses.

Nam si & abest quod amas, præsto simulacra tamen sunt
Illius,& nomen dulce obseruatur ad aures.

A l'arc d'vn Turc) Prins d'vn autre Epigramme qu'il y a,

Quid cilia dicam Bistonum æmula arcubus?

Aimer vrayement est vne maladie
Qui ne se peut par herbes soulager)
Hei mihi quod nullis amor est medicabilis herbis.
Ouide.

M iij

Nec potuit curas sanare salubribus herbis:
Quicquid erat medua vicerat artis Amor.
Tibulle.

Scoute mon Aurat, la terre n'est pas digne
De pourrir en la tōbe vn tel corps que le tien,
Tu fus en ton viuant des Muses le soustien,
Et pource apres ta mort tu deuiendras vn Cygne.
Tu deuiendras Cigalle ou Mousche Limousine
 Qui fait vn miel plus doux que n'est l'Hymetiu,
 Ou Voix qui redit tout & si ne redit rien,
 Ou l'Oiseau qui maudit Teré sur vne espine.
Si tu n'es transformé tout entier en quelcun,
 Tu vestiras vn corps à cinq autres commun,
 Et seras composé de tous les cinq ensemble,
Car vn seul pour d'Aurat suffisant ne me semble:
 Et d'homme seras fait vn beau monstre nouueau,
 De Voix, Cygne, Cigalle, & d'Auette, & d'Oiseau.

BELLEAV.

Escoute mon Aurat) Ce Sonnet est fait en faueur de Iean d'Aurat, Poëte du Roy és langues Grecque & Latine, par le labeur duquel se sont polis mille gentils esprits à la cognoissance des lettres, ayant esté des premiers, qui a soigneusement recueilly les cendres de la venerable antiquité. Or l'Autheur ayant esté de ses meilleurs disciples, le fauorise de ce Sonnet, se iouant sur l'opinion de Pythagore, disant, que la terre n'est pas digne de pourrir vn si docte corps que le sien, mais que les Dieux le changerōt en Voix, c'est à dire en Echon, en Cygne, en Cigalle, en Mousche à miel, ou en Rossignol, tous animaux celebrez ou de leur bien chanter, ou de leur douceur. Puis par vne gentille inuention il se corrige, & dit, qu'encores les Dieux ne luy feront ce tort de le metamorphoser en l'vn de ceux qu'il a nōmez, mais bien qu'ils en feront naistre vn nouueau mōstre, composé de Voix, Cygne, Cigalle, & de Mousche, & d'Oiseau. *Miel Hymettien*) Hymettus, montaigne d'Attique, memorable pour le bon miel qui s'en tire. Voy Pline au douziesme liure. *Teré*) Teree. Voy Muret en ses Commentaires. *Limousine*) Pource que d'Aurat est Limousin.

MADRIGAL.

E n'est-ce, mon Pasquier, hé n'est-ce pas
   grand cas?
Bien que le corps party de tant de membres
   i'aye,
De muscles, nerfs, tendons, poulmons, arteres, faye,
De mains, de pieds, de flancs, de iambes, & de bras,
Qu'Amour les laisse en paix, & ne les naure pas,
Et que son traict sans cesse opiniastre essaye
De faire dans mon sein vne eternelle playe,
Sans que iamais il vise ou plus haut ou plus bas?
Il n'est tel en mon cœur qu'on le feint en peinture.
S'il estoit vn enfant sourd, volage, aueuglé,
Il ne feroit en l'ame vne telle ouuerture,
Et son coup ne seroit si seur ne si reiglé.
Ce n'est pas vn enfant: car ses traicts sans mesure
N'auroyent pour certain but tousiours vn mesme
   lieu.
Apollon tire droit: mais Amour est vn Dieu,
Qui sans viser aux cœurs, y frappe de nature.

M iiij

Hé n'est-ce mon Pasquier) Il adresse ce Madrigal à Pasquier, Aduocat fameux à la Court de Parlement de Paris, fort docte & de gentil esprit, & du nombre de ceux qui meritent bien entreprendre la charge d'vne belle histoire, comme estant des mieux versez de nostre siecle, & l'vn des plus curieux à rechercher les precieux tresors des antiquitez de nostre France. Or il se plaint à luy de la cruauté d'Amour, & de son estrange nature, disant qu'il s'estône qu'Amour ne le frappe iamais qu'au cœur, encores qu'il ayt muscles, faye, poulmons, nerfs, veines & arteres : & que s'il estoit aueugle comme on le fait, il ne viseroit point si droit au cœur, mais auroit quelque autre but pour descocher ses traits. Toutesfois il conclud, que cela luy est propre, & que naturellement il tire aux cœurs des hômes sans y viser.

De faire dans mon sein vne eternelle playe) Pris de Lucrece :
Namque voluptatem praesagit muta Cupido.
Hæc Venus est nobis, hinc autem est nomen Amoris.
Hinc illa ex priùs Veneris dulcedinis in cor
Stillauit gutta, & successit frigida cura.

Arie, qui voudroit vostre nom retourner,
Il trouueroit aimer : aimez-moy donc Marie,
Vostre nô de luymesme à l'amour vous cônie,
Il fault suyure Nature, & ne l'abandonner.
S'il vous plaist vostre cœur pour gage me donner,
Ie vous offre le mien : ainsi de ceste vie
Nous prendrons les plaisirs, & iamais autre enuie
Ne me pourra l'esprit d'vne autre emprisonner.
Il faut aimer, maistresse, au monde quelque chose.
Celuy qui n'aime point, malheureux se propose
Vne vie d'vn Scythe, & ses iours veut passer

Sans gouster la douceur des douceurs la meilleure.
Rien n'est doux sans Venus & sans son fils: à l'heure
Que ie n'aimeray plus, puissé-ie trespasser.

BELLEAV.

Marie, qui voudroit) Il se ioüe sur l'anagramme du nom de Marie, les lettres duquel retournees sõt aimer. Il s'inuite à l'amour, & à taire ce dont son nom la prie, qui est aimer. Plus, que celuy qui n'aime, veritablemẽt est de cruelle nature, disant qu'il n'y a douceur en ce monde, s'elle n'est confite & assaisonnee en la saulce d'amour. *Marie, qui voudroit vostre nom retourner*) Ceste façon de tourner leurs noms, & d'y rencontrer quelques deuises, ou presages de fortune, n'est point moderne, ains fort ancienne. Les Grecs l'appellent ἀναγραμματισμὸν. Voy le commentaire de Lycophron. *Rien n'est doux sans Venus*) Vn pareil trait dedans Lucrece:

Nec sine te quicquam dias in luminis oras
Exoritur, neque fit lætum nec amabile quicquam.
ὡς δέ μοι τερπνὸν ἔτι χρυσῆς ἀφροδίτης.
τεθναίην ὅτε μοι μηκέτι ταῦτα μέλῃ.

Mimnerme.

MArie, en me tanceant vous me venez re-
    prendre
  Que ie suis trop leger, & me dites tousiours,
Quand i'approche de vous que i'aille à ma Cas-
    sandre,
Et tousiours m'appellez inconstant en amours.
" *L'inconstance me plaist: les hommes sont bien lours,*
" *Qui de nouuelle amour ne se laissent surprendre:*
Qui veult opiniastre vne seule pretendre,
N'est digne que Venus luy face de bons tours.

M v

Celuy qui n'ose faire vne amitié nouuelle,
 A faute de courage, ou faute de ceruelle,
 Se défiant de soy que ne peut auoir mieux.
Les hommes maladifs, ou mattez de vieillesse
 Doiuent estre constans, mais sotte est la ieunesse,
 Qui n'est point esueillee & qui n'aime en cent
 lieux.

BELLEAV.

Marie, en me tanceant) Il respond à sa Dame, qui l'accusoit d'estre variable & inconstant en amours, & qui le renuoyoit à sa Cassandre, lors qu'il la prioit d'vn baiser: puis comme par cholere il dit, que c'est le faict d'vn homme couard & sans cœur, de se contenter d'vne maistresse, & qu'il n'appartient qu'aux vieillards, ou à ceux qui sont affoiblis d'vne longue & fascheuse maladie, d'estre fideles & constans. Il n'y a point de difficulté.

Amour estant marry qu'il auoit ses sagettes
 Tiré contre Marie, & ne l'auoit blessee,
 Par despit en vn bois sa trousse auoit laissee
Tant que pleine elle fust d'vn bel essain d'Auettes.
Ia de leurs picquerons ces captiues mouschettes
 Pour auoir liberté la trousse auoient persee,
 Et s'enfuyoient alors qu'Amour l'a renuersee
 Sur la face à Marie, & sur ses mammelettes.
Soudain apres qu'il eut son carquois deschargé,
 Tout riant sautela, pensant s'estre vangé
 De celle à qui son arc n'auoit sceu faire outrage.
Mais il rioit en vain : car ces filles du Ciel

En lieu de la piquer, baisans son beau visage,
En amassoient les fleurs & en faisoient du miel.

BELLEAV.

Amour estant marry) Il descrit comme sa Dame a le cœur tellement opiniastre & rendurcy à ne vouloir aimer, qu'elle resiste aiséement contre la puissance d'Amour, quelque ruse qu'il puisse inuenter pour la surprendre, comme celle cy que le Poëte raconte, feignant qu'Amour auoit pendu sa trousse dans vn bois, despité de l'auoir en vain desgarnie de fleches contre le cœur de Marie. Puis par succession de temps, que les mousches à miel en auoient fait leur ruche, & que desia ils l'auoient pertuiseé à force d'aiguillons pour en sortir, quand Amour la dependit, & de cholere la renuersa sur la bouche de sa maistresse, pour auoir vengeance d'elle: toutesfois les mousches moins cruelles qu'Amour, ne la voulurent en rien offenser, mais doucemét la baisottant y ramassoient les fleurs pour l'esconfire en miel. *Essain d'auettes*) Essain, c'est le ietton, ou troupe de ieunes mousches volant ensemble, accrochees par les pieds au commencement du Printemps, dit des Latins, *examen*.

Vt cùm prima noui ducent examina reges
Vere suo, ludétque fauis emissa iuuentus.

Filles du Ciel) Abeilles appellees filles du Ciel, par ce que la plus douce partie de leur miel coule du Ciel. Voy Pline en son vnziesme liure chap. douziesme parlant du miel, qu'il appelle *Cæli sudorem, siderum salinam, aeris succum*. Voy Columelle en son neufiesme liure, chap. vnziesme, où il appelle les mousches à miel *Sole genitas, & Iouis nutrices*.

L'inuention de ce Sonnet est prise d'vn Epigramme de Cælius Calcagninus.

Ε veux me souuenant de ma gentille Amie,
Boire ce soir d'autant, & pource Corydon,
Fay rēplir mes flacons, & verse à l'abandō
Du vin pour resiouir toute la compaignie.
Soit que m'amie ait nom ou Cassandre ou Marie,
Neuf fois ie m'en vois boire aux lettres de sō nom,
Et toy si de ta belle & ieune Madelon,
Belleau, l'amour te poind, ie te pri' ne l'oublie.
Apporte ces bouquets que tu m'auois cueillis,
Ces roses, ces œillets, ce iosmin & ces lis.
Attache vne couronne à l'entour de ma teste.
Gaignon ce iour icy, trompon nostre trespas:
Peult estre que demain nous ne reboirons pas.
S'attendre au lendemain n'est pas chose trop preste.

BELLEAV.

Ie veux me souuenant) On peut coniecturer par ce Sonnet, qu'il m'adresse, qu'il auoit desrobé quelque baiser à sa Dame, & pour en celebrer la memoire, il delibere de s'esgayer, me priant luy faire compagnie. C'estoit la façon des Poëtes anciens en signe de ioye, de s'inuiter à faire bonne chere, & boire autant de fois que le nom de leurs maistresses portoit de lettres, & d'inuoquer leurs noms, & d'espandre du vin sur la terre. Voy le commentaire sur Theocrit. ἔτω γδ εἰώθασι ποιεῖν ἐν τοῖς συμποσίοις ἄκρατον λαμβάνειν, ἢ ὀνομάζειν τινὰς ἐρωμένας ἢ φίλας, ἐπιχεῖν τῇ γῇ ἢ φθέγγεσθαι τῶν φιλτάτων τὰ ὀνόματα. Toutes les ceremonies anciēnes sont gardeeˌ sen ceste collatiō. *Attache vne couronne*) Pris d'Anacreon:

στεφάνοις μὲν κροτάφοισι
ῥοδίνοις συναρμόσαντες
μεθύωμεν ἁβρὰ γελῶντες.

Chare puer, madeant generoso pocula Baccho,

Et nobis prona funde Falerna manu.
Ite procul durum curæ genus, ite labores. Tibul.

Ma plume sinon vous ne sçait autre suiet,
Mon pied qu'à vous chercher ne sçait autre voyage;
Ma langue sinon vous ne sçait autre langage,
Et mon œil ne cognoist que vous pour son obiet.
Si ie souhaitte rien, vous estes mon souhait,
Vous estes le doux gain de mon plaisant dõmage,
Vous estes le seul but où vise mon courage,
Et seulement en vous tout mon rond se parfait.
Ie ne suis point de ceux qui changent de fortune.
Puis que ie n'ay qu'vn cœur, ie n'en puis aimer qu'vne:
Vne m'est vn milier, la nature y consent.
Il faudroit pour vestir toute amour rencontree,
Estre nay Gerion, ou Typhe, ou Briaree.
Qui n'en peult seruir vne, il n'en peult seruir cent.

BELLEAV.

Ma plume sinon vous) Pour donner ferme asseuráce de sa loyauté, il dit à sa Dame, que sa plume, son pied, sa langue, son œil ne pourroient choisir autre suiet que le sien; bref, qu'elle est le seul obiet de ses passions, son souhait, sa vie, son tout, & qu'il aimeroit mieux mourir de cent morts, que d'estre variable en son endroit, & de luy manquer de foy. Il y a presque vn tel Sonnet dedans Petrarque.

Amor in altra parte non mi sprona,
Ne i pie sanno altra via, ne le man, come
Lodar si possa in Carte altra persona.

M vij

Gerion, ou Typhe, ou Briaree) Nôs de Geans, qui auoient les vns cent bras, les autres cent corps, les autres trois testes, & par consequent pleins d'innombrables & monstrueuses affections.

AMour, quiconque ait dit que le Ciel fut ton pere,
    Et que la Cyprienne en ses flancs te porta,
Il trompa les humains, vn Dieu ne t'enfanta:
Tu n'es pas fils du Ciel, Venus n'est pas ta mere.
Des champs Massyliens la plus cruelle Fere
    Entre ses lionneaux dans vn roc t'alaitta,
    Et t'ouurant ses tetins par son laict te ietta
Tout à l'entour du cœur sa rage la plus fiere.
Rien ne te plaist, cruel, que sanglots & que pleurs,
    Que deschirer nos cœurs d'espineuses douleurs,
    Que tirer tout d'vn coup mille morts de ta trousse.
Vn si meschant que toy du ciel n'est point venu:
    Si Venus t'eust conceu, tu eusses retenu
    Quelque peu de douceur d'vne mere si douce.

BELLEAV.

Amour, quiconque ait dit) Il dit que le Ciel, qui est gracieux & benin, n'est point pere d'Amour, & que Venus qui est Deesse amiable & courtoise, n'est point sa mere, & que s'il estoit issu de tels parens, il retiendroit quelque douceur du lieu de sa naissance. Il dit apres, que pour sa nourriture il a succé le laict d'vne Lionne Massylienne, c'est à dire d'Afrique, où les lions sont remplis d'extreme fureur, & que le nourrissant par les forests, auec ses petits lionneaux, elle luy versa dedans l'estomac, auec son laict, sa rage & sa fureur, & qu'il monstre bien qu'il est yssu d'vne telle race: car bien que la cruauté & la tyrannie ne luy plaisent. Pour sçauoir comme les enfans retiennent les conditions de leurs parens & de ceux qui les nourrissent, voy Macrobe au cinquiesme liure des Saturnales, chap. 11. *D'espineuses douleurs*) C'est ce que dit Catulle,

Spinosas Erycina serens in pectore curas.

Mille morts de ta trousse) Mille traits mortels. L'argument de ce Sonnet est pris d'vne reproche que fait Phœnix dedans Homere à Achille, lequel ny pour l'amour de luy qui l'auoit si cherement nourry en son enfance, ny pour les dons que luy promettoit Agamemnon, ne se vouloit armer contre les Troyens.

Νηλεὴς, ὐκ ἄρα σοίγε μυτήρ ἦν ἱππότα πηλεύς,
οὐδὲ Θέτις. μήτηρ γλαυκὴ δέ σε τίκτε θάλασσα,
πέτραι τ' ἠλίβατοι, ὅτι τοι νόος ἐστὶν ἀπηνής.

Theocrite parlant de la cruauté d'Amour, dit de luy semblables choses,

Νῦν ἔγνων τὸν ἔρωτα. βαρὺς θεός, ἦ ῥα λεαίνας
μαζὸν ἐθήλαζε, δρυμῷ τέ μιν ἔτρεφε μήτηρ.

Ce que Virgile en son quatriesme liure des Æneides a imité, feignant ainsi parler Didon courroucee, contre Ænee, lequel secrettement la vouloit abandonner,

Nec tibi diua parens, generis nec Dardanus author
Perfide, sed duris genuit te cautibus horrens
Caucasus, Hyrcanæque admorunt vbera Tygres.

Beauté dont la douceur pourroit vaincre les Rois,
Renuoyez moy mon cœur qui languist en seruage,
Ou si le mien vous plaist baillez le vostre en gage:
Sans le vostre ou le mien viure ie ne pourrois.
Quand mort en vous seruant sans mon cœur ie serois,
Ce me seroit honneur, à vous seroit dommage,
Dommage en me perdant, à moy trop d'auantage:
I'en iure par vos yeux, quãd pour vo⁹ ie mourrois

Pourueu que mon trespas vous plaise en quelque chose,
Il me plaist de mourir mon trespas poursuyuant,
Sans plus r'auoir le mien dont le vostre dispose:
Et veux que sur ma lame Amour aille escriuant,
CQLVY QVI GIST ICY SANS
COEVR ESTOIT VIVANT,
ET TREPASSA SANS COEVR, ET
SANS COEVR IL REPOSE.

BELLEAV.

Beauté dont la douceur) Ce Sonnet n'a besoin de longue interpretation. Il dit à sa maistresse, qu'elle luy rende son cœur, ou bien qu'elle luy donne le sien, & qu'vn homme ne sçauroit viure sans en auoir vn. Sur la fin du Sonnet, il veut qu'Amour engraue deux vers dessus sa tombe, pour monstrer à la posterité, que contre tout l'ordre de nature humaine il a vescu en ce monde, c'est à dire sans auoir vn cœur, qui est (comme disent les Medecins) autheur de la vie. *Lame*) La pierre qui couure le corps du mort.

A Mour, qui dés ieunesse en ton camp m'as
  tenu,
Qui premier desbauchas ma liberté nouuelle,
S'il te plaist d'adoucir la fierté de ma belle,
Et si par ton moyen mon mal est recognu:
Sur vn pilier d'airain ie t'apendray tout nu,
  En l'air vn pied leué, à chaque flanc vne aile,
  L'arc courbé dans la main, le carquois sous l'aisselle,
Le corps gras & douillet, le poil crespe & menu.

Tu vois (*vn Dieu voit tout*) *combien i'ay de tri-*
 steſſe:
 Tu vois de quel orgueil me braue ma maiſtreſſe:
 Ton ſoldat en ton camp te doit accompagner.
Mais tu le dois defendre: & ſi tu le deſdaignes,
 Seul tu voirras aux champs ſans hommes tes en-
 ſeignes.
,, *Vn Roy qui perd les ſiens, n'eſt digne de regner.*

BELLEAV.

Amour qui dés ieuneſſe) Noſtre Autheur promet en ce ſonnet vne ſtatue au Dieu d'Amour, s'il luy plaiſt d'adoucir la cruauté de ſa maiſtreſſe. Les plus anciens, comme Platon, ont deſcrit Amour, enfant ayant des ailes, auecques vn arc, & des traits, le corps gras & poupelé, le ſang chaud, & la couleur viue: ce qui a eſté diuinement interpreté par Marſile Ficin en ſon Commétaire ſur le Banquet d'amour. Pource ſi tu veux voir de belles choſes de ce petit Dieu, & de ſes effets, prens peine de lire ce Commentaire tout entier, & vne Elegie de Properce (Poëte ſur tous les autres le plus paſſionné) qui ſe commence,
 Quicunque ille fuit puerum qui pinxit Amorem,
 Nonne putas miras hunc habuiſſe manus?

Vyon, mon cœur, fuyon, que mon pied ne
 s'arreſte
 Vn quart d'heure à Bourgueil, où par l'ire
 des Dieux
Sur mes vingt & deux ans le feu de deux beaux
 yeux
 (Souuenir trop amer) me foudroya la teſte.
Le Grec qui a ſenty la meurdriere tempeſte

Des rochers Cafarez, abomine tels lieux,
Et s'il les apperçoit, ils luy sont odieux,
Et pour n'y aborder tient sa nauire preste.
Adieu donc ville adieu, puis qu'en toy ie ne fais
   Que re-semer le mal dont tousiours ie me pais,
   Et tousiours refraischir mon ancienne playe.
Viuon, mon cœur, viuon sans desirer la mort:
   Ie ne cours plus fortune, il est temps que i'essaye
   Apres tant de rochers de rencontrer le port.

BELLEAV.

Fuyon, mon cœur, fuyon) A ce que ie puis coniecturer, nostre Autheur estoit à Bourgueil, quand il fit ce Sonnet, lieu qui luy est aussi odieux, que les rochers Cafarez furent odieux aux Grecs, qui victorieux retournoient de Troye. L'histoire de cecy est tout au long dedans Lycophron, laquelle briefuement ie reciteray. Apres que par la finesse d'Vlysse, Palamede eut esté occis par les Grecs, Nauplie son pere desira tousiours de s'en pouuoir venger. Et pource qu'il n'auoit l'heure opportune de ce faire, il temporisa iusques à leur retour. Estant donques l'ost des Grecs dedans la mer, & faisãt voile chacun en sa maison chargé de la despouille Troyenne, Pallas marrie contre Aiax, dequoy il auoit violé Cassandre dedans son temple, excita vne horrible tempeste sur la mer, aupres de la riue Euboée, & lors Nauplie, qui estoit sur le haut des rochers Cafarez, autrement dits Gyrez, situez sur le riuage, & tresdágereux pour vne infinité de petits escueils qui ne se descouuroient qu'à fleur d'eau, que les Grecs appellent ὑφάλους, prit vn flambeau en sa main, faisant semblant de leur esclairer, pour les conduire à bord. Eux donques trõpez par la clarté de telle fausse lumiere, laquelle ils pésoient reluire pour les guider au port, finablement firent voile vers le flambeau, & par la violence de l'orage, & l'extreme impetuosité du vent, furent côtre les rochers brisez & noyez, excepté quelques vns, qui par la grace des Dieux euiterent le danger. L'argument de ce Sonnet est pris d'Ouide en ses Tristes, où il dit ainsi, parlant du palais d'Auguste, duquel estoit forty la sentence de son piteux bannissement,

Venit in hoc illa fulmen ab arce caput.

Et vn peu apres auecques maintes belles comparaisons de ceux qui ont peur, il adiouste encore ceste cy,

Quicunque Argolica de classe Capharea fugit,
Semper ab Euboicis vela retorquet aquis.

Homere parlant du naufrage des Grecs, faict contre ces rochers, raconte au quatriesme liure de l'Odyssée la mort d'Aiax en telle maniere,

Αἴας μὲν μετὰ νηυσὶ λάβεν δολιχηρέτμοισι.
Γυρῆσι μὲν πρῶτα ποσειδάων ἐπέλασσε
Πέτρησι μεγάλης.

Et ce qui s'ensuit. Plus il dit apres:

Ὣς ὁ μὲν ἔνθ' ἀπόλωλεν, ἐπεὶ πίεν ἁλμυρὸν ὕδωρ.

L'Amant est vne beste, & beste est qui s'empestre
 Dans les liens d'Amour: sa peine est plus cruelle
Que s'il tournoit là bas la rou' continuelle,
 Ou s'il bailloit son cœur aux vautours à repaistre.
Maugré luy dans son ame à toute heure il sent naistre
 Vn ioyeux desplaisir, qui douteux l'espointelle.
Quoy? l'espointelle! ainçois le gesne & le martelle:
 Sa raison est veincue, & l'appetit est maistre.
Il ressemble à l'oiseau, lequel plus se remue
 Captif dans les gluaux, tant plus fort se renglue,
 Se debatant en vain d'eschapper l'oiseleur:
Ainsi tant plus l'amant les rets d'amour secoue,

Plus à l'entour du col son destin les renoue,
Pour iamais n'eschaper d'vn si plaisant malheur.

BELLEAV.

L'amant est vne beste) Il dit que celuy qui est amoureux, souffre plus de peine qu'Ixion n'en souffre là bas dedans les enfers, attaché sur vne rouë, sans se pouuoir iamais deslier, ny que Promethee, qui a le cœur touiours mangé d'vn Aigle. Le reste du Sonnet est bien aisé de soy. Voyez cy deuant bien au long la fable d'Ixion & de Promethee. *La rou' continuelle*) La rou par syncope. Ie serois bien d'auis qu'on vsast librement de telle syncope en tous les noms qui se finissent par ee, oee, oue, & mille autres, pour euiter vn mauuais son que ces vocales, ee, oee, oue, quand elles sont finales rendent au milieu d'vn vers, comme espées, espés, roues, rou's, ioues, iou's.

CHANSON.

Ma maistresse est toute angelette,
Ma toute rose nouuellette,
Toute mon gracieux orgueil,
Toute ma petite brunette,
Toute ma douce mignonnette,
Toute mon cœur, toute mon œil.

Toute mes ieux & mes blandices,
Mes mignardises, mes delices,
Toute mon tout, toute mon rien,
Toute ma maistresse Marie,
Toute ma douce tromperie,
Toute mon mal, toute mon bien.

DES AMOVRS. 285

Toute fiel, toute ma sucree,
Toute ma belle Cytheree,
Toute ma ioye, & ma langueur,
Toute ma petite Angevine,
Ma toute simple & toute fine,
Toute mon ame & tout mon cœur.
Encore vn enuieux me nie
Que ie ne dois aimer Marie.
Mais quoy? si ce sot enuieux
Disoit que mes yeux ie n'aimasse,
Voudriez-vous bien que ie laissasse
Pour vn sot à n'aimer mes yeux?

BELLEAV.

Ma maistresse est toute angelette) Ce ne sont que
mignardises & affections prises de Marulle,
Tota est candida, tota munda, tota
Succi plenula, tota mollicella,
Tota nequitiæ, amorque tota.

CHANSON.

Si le Ciel est ton pays & ton pere,
Si le Nectar est ton vin sauoureux,
Si Venus est ta delicate mere,
L'Ambrosie est ton pain bien-heureux:
Pourquoy viens-tu loger en nostre terre?
Pourquoy viens-tu te cacher en mon sein?
Pourquoy fais-tu contre mes os la guerre?
Pourquoy bois-tu mon pauure sang humain?
Pourquoy prens-tu de mon cœur nourriture?

O fils d'vn Tygre! ô cruel animal!
Tu es vn Dieu de meschante nature!
Je suis à toy, pourquoy me fais-tu mal?

BELLEAV.

Si le Ciel est ton pays) Il dit que l'Amour, pour estre trop cruel enuers les hommes, deshonore le lieu de sa naissance, qu'on dit estre du ciel. Puis il conclud qu'il desment la mammelle de sa tant douce & delicate mere. Tout est de Marulle, commençant,
Si cœlum patria est puer beatum,
Si verò peperit Venus benigna.

Marie leuez-vous, vous estes paresseuse,
Ia la gaye Alouette au ciel a fredonné,
Et ia le Rossignol doucement iargonné
Dessus l'espine assis sa complainte amoureuse.
Sus debout allon voir l'herbelette perleuse,
Et vostre beau rosier de boutons couronné,
Et vos œillets mignons ausquels auiez donné
Hier au soir de l'eau d'vne main si songneuse.
Harsoir en vous couchant vous iurastes vos yeux
D'estre plus-tost que moy ce matin esueillée:
Mais le dormir de l'Aube aux filles gracieux
Vous tient d'vn doux sommeil encor les yeux sillée.
Ça ça que ie les baise & vostre beau tetin
Cent fois pour vous apprendre à vous leuer matin.

BELLEAV.

Marie, leuez vous) Ce ne sont que mignardises, lesquelles sont plus belles en leur simplicité, que toutes inuentions alambiquees des Espagnols, & de quelques Italiens, dont la monstrueuse conception ne se peult comprendre des Lecteurs, non plus que le baragoin d'vn estrange iargon.

Ie ne suis variable, & si ne veux apprendre
Le mestier d'inconstance, aussi ce n'est qu'esmoy:
Ie ne dy pas si Iane estoit prise de moy,
Que tost ie n'oubliasse & Marie & Cassandre.
Ie ne suis pas celuy qui veux Pâris reprendre
D'auoir manqué si tost à Pegasis de foy:
Plustost que d'accuser ce ieune enfant de Roy
D'auoir changé d'amour, ie voudrois le defendre.
Pour ne garder long temps sa sotte loyauté
Il fit bien de rauir ceste ieune beauté,
Bien qu'à sa propre ville elle fust malheureuse.
L'amant est bien nouice, & son art il apprend,
Quand il trouue son mieux si son mieux il ne prend,
Sans grisonner au sein d'vne vieille amoureuse.

BELLEAV.

(Ie ne suis variable) A l'exemple de Pâris, fils de Priã, lequel ayant promis la foy à Pegase, autrement dite Oenone, peu de temps apres la laissa, & fut espris des rares beautez d'Helene, il dit, qu'encore qu'il ne delibere d'estre variable, ny moins apprendre à l'estre, toutefois si Iane luy vouloit porter amitié, qu'aisémét il oublioit & Marie & Cassandre. Puis il reprend la ieunesse, laquelle se propose, sous ombre de ce masque de loyauté, de languir à iamais au sein d'vne vieille amoureuse, sans esprouuer le plaisir du changement. C'est le contraire du Sonnet, *Marie en me tançant.*

Mour est vn charmeur: si ie suis vne année
Auecque ma maistresse à babiller tousiours
Et à luy raconter quelles sont mes amours,
L'an me semble plus court qu'vne courte iournée.
Si quelque tiers suruient, i'en ay l'ame gennee,
Ou ie deuiens muet, ou mes propos sont lours:
Au milieu du deuis s'esgarent mes discours,
Et tout ainsi que moy ma langue est estonnee.
Mais quand ie suis tout seul aupres de mon plaisir,
Ma langue interpretant le plus de mon desir,
A lors de caqueter mon ardeur ne fait cesse:
Ie ne fais qu'inuenter, que conter, que parler:
Car pour estre cent ans aupres de ma maistresse,
Cent ans me sont trop courts, & ne m'en puis aller

BELLEAV.

Amour est vn charmeur) Il dit le contentemét qu'il reçoit de la presence de sa Dame, n'estant iamais las de discourir auec elle de ses passions, & comme il ne se trouue iamais defourny de mille gentils propos & occasions de parler. Au contraire, s'il se rencontre en autre compaignie, il deuient sourd & muet de tous poincts, & trouue les iours plus longs & plus faschez que les annees entieres.

Ve ne suis-ie insensible? ou que n'est mon visage
De rides labouré? ou que ne puis-ie espandre

Sans trespasser, le sang, qui chaud subtil & tendre
Bouillonnât dans mon cœur me trouble le courage?
Ou bien, en mon erreur que ne suis-ie plus sage?
Ou, pourquoy la raison qui me deuroit reprendre,
Ne commande à ma chair, sans paresseuse attendre
Qu'vn tel commandement me soit enioint par l'âge?
Mais que pourroy-ie faire, & puis que ma maistresse,
Mes sens, mes ans, Amour, & ma raison traitresse
Ont iuré contre moy? las! quand mon chef seroit
Aussi blanc que celuy de la vieille Cumee,
Encor dans le tombeau mon mal ne cesseroit,
Tant l'Astre eut contre moy son influence armee.

BELLEAV.

Que ne suis-ie insensible) Ce Sonnet est tout plein de diuerses passions. L'Autheur dit, que pour n'aimer iamais, il voudroit estre insensible comme vn rocher, ou estre vieil, & auoir le visage ridé, & n'auoir plus le sang ieune & chaud, pour receuoir les impressions d'amour: ou bien estre plus sage en son malheur, ou bien que sa raison commandast à ses sens deprauez, sans attendre qu'vn tel commandement luy soit fait par la vieillesse. Il dit apres, qu'il luy est impossible de n'estre plus amoureux, comme estant persuadé de ce faire par raison, qui l'en deuroit empescher. *La vieille Cumee*) La Sibylle Cumee ayant esté deflorée par Apollon, luy demanda de viure autant d'annees qu'elle pourroit prendre de grains de sable dedans la main: ce que le Dieu luy octroya. Et par ainsi elle & Nestor sont mis au rang de ceux qui ont le plus vescu.

Orfée, si en songe il te plaist presenter
Ceste nuit ma maistresse aussi belle & gentille,

Que ie la vy le soir que sa viue scintille
 Par vn poignant regard vint mes yeux enchâiner,
Et s'il te plaist, ô Dieu, tant soit peu d'alenter
 (Miserable souhait) de sa Feinte inutile
 Le feu, qu'Amour me vient de son aile sutile
 Tout alentour du cœur en dormant esuenter:
I'appendray sur mon lit ta peinture plumeuse
 En la mesme façon que ie t'auray conceu
 La nuict par le plaisir de ta forme douteuse:
Et comme Iupiter à Troye fut deceu
 Du Somme & de Iunon, apres auoir receu
 De la simple Venus la ceinture amoureuse.

BELLEAV.

Morfée, si en songe) Les Poëtes ont feint vn Dieu qui preside aux diuerses fantasies, formes, & figures, qui nous sont representees en dormant, & l'ont nommé Morphée, de μορφή, qui signifie forme. Nostre Poëte prie ce Dieu de luy presenter en dormant sa Dame aussi belle qu'il la vit le soir qu'il en deuint amoureux, & qu'il luy dediera vn tableau, dedans lequel tout ce qui appartient aux songes, sera depeint: & mesme l'histoire, comme Iupiter fut deceu sur la montaigne Idée, par Iunon, & par le Somme, ayant Iunon emprunté la ceinture de Venus pour se mettre en la bonne grace de son mary, & le faire dormir, afin qu'il n'aydast plus aux Troyens. Ce conte est dedans l'Iliade d'Homere, où Venus preste sa ceinture à Iunon.

ἦ, καὶ ἀπὸ στήθεσφιν ἐλύσατο κεστὸν ἱμάντα·
 ἔνθ' ἔνι μὲν φιλότης, ἐν δ' ἵμερος, ἐν δ' ὀαριστύς,
πάρφασις, ἥτ' ἔκλεψε νόον πύκα περ φρονεόντων·
τόν ῥά οἱ ἔμβαλε χερσίν.

Icy fault noter, que les Poëtes modernes, voire les Latins, se sont fort abusez, comme m'a conté nostre Au-

theur, d'auoir appellé la ceinture, ou tissu, ou demy-
ceint de Venus, Ceston: car Ceston n'est que l'epithete
de ἱμάντα. ἱμὰς est donc la ceinture, ou demy-ceint de
Venus, & Cestos, l'epithete ou adiectif, qui signifie,
brodee, ouuree à l'aiguille, peinte, & bien façonnee.
Nostre Autheur confesse y auoir failly comme les autres, tant l'exemple depraué des anciens peut corrom-
pre la posterité. Si tu veux sçauoir la description du
Dieu des songes, & de sa maison, voy Ouide en sa Metamorphose, liure vnziesme: ou si tu veux entendre cōme on peut deuiner les choses futures en songeant, voy
Synesius en son liure περὶ τῶν ἐνυπνίων. Les Medecins disent, que les songes qui se presentent à nostre fantasie,
deuant que la viande qui est dedans l'estomach, soit
digeree, ne sont pas veritables, & n'apportent rien de
certain, mais bien ceux qui se font au poinct du iour,
desquels parle Theocrite en son Europe,

εὖτε ἡ ἀτρεκέων ποιμαίνεται ἔθνος ὀνείρων.

Sa Feinte inutile. Forme douteuse) C'est ceste ressemblance des choses qui de nuict apparoist à nos sens endormis: les Grecs l'appellēt εἴδωλον ἀμαυρόν. *Plumeuse*)
Pource que Morfée est vn Dieu couuert d'ailes & de
plumes, comme la Renommee, Amour, & autres. *Sim-*
ple) Sotte, facile à deceuoir, aisee & facile à se laisser
tromper, comme fut Venus par Iunon. C'est vn epithete non oisif, mais propre, & seruant à la cause. Car
souuent selon les argumens on donne d'autres epithe-
tes à Venus, comme, belle, ieune, trompeuse, parjure,
menteuse, puissante, germeuse: mais la maniere de bié
apposer & appliquer tels adiectifs, ne sort que par l'artifice d'vn excellent Poëte, & bien rusé.

Scumiere Venus, Royne en Cypre puissante,
Mere des doux amours, à qui tousiours se
 ioint
Le plaisir & le ieu, qui tout animal point
A tousiours reparer sa race perissante:

Sans toy Nymphe aime-ris la vie est languissante,
 Sans toy rien n'est de beau de vaillant ny de coint,
 Sans toy la Volupté ioyeuse ne vient point,
 Et des Graces sans toy la grace est desplaisante.
Ores qu'en ce printemps on ne sçauroit rien voir,
 Qui fiché dans le cœur ne sente ton pouvoir,
 Sans plus vne pucelle en sera-t'elle exente?
Si tu ne veux du tout la traiter de rigueur,
 Au moins que sa froideur en ce mois d'Auril sente
 Quelque peu du brasier qui m'enflame le cœur.

BELLEAV.

Escumiere Venus) Ce Sonnet est fort aisé de soy, dedans lequel est compris vn bel hymne de Venus, que rien sans elle (comme a chanté Lucrece) ne peut estre ny plaisant, ny beau: & que c'est elle qui incite tous les animaux à conseruer leur espece, & que la mesme Volupté, ny les Graces ne sont point douces, ny gracieuses, sans leur maistresse Venus, qui est le plaisir d'engendrer, & de faire vne chose semblable à soy. Nostre Poëte l'appelle Escumiere, du nom Grec ἀφροδίτη, qui signifie escume: car tout spérme, dont se fait la generation, est humide, blanc & escumeux. Il a esté dit par cy deuant, comme Venus fut née de l'escume de la mer, & des parties honteuses de Saturne. Si tu veux lire plus amplement sa naissance, voy Hesiode en sa Theogonie. *Nymphe aime-ris*) Voyez le Sonnet, qui se commence, *Quand en naissant*.

Ache pour ceste nuit ta corne, bonne Lune:
Ainsin Endymion soit tousiours ton amy,
Ainsi soit il tousiours en ton sein endormy,
Ainsi nul enchanteur iamais ne t'importune.

Le iour m'est odieux, la nuit m'est opportune,
 Ie crains de iour l'aguet d'vn voisin ennemy:
 De nuit plus courageux ie trauerse parmy
 Les espions, couuert de ta courtine brune.
Tu sçais, Lune, que peut l'amoureuse poison:
 Le Dieu Pan pour le pris d'vne blanche toison
 Peut bié flefchir ton cœur. Et vous Astres insignes,
Fauorisez au feu qui me tient allumé:
 Car s'il vous en souuiët, la plus part de vous, Signes,
 N'a place dans le ciel que pour auoir aimé.

BELLEAV.

Cache pour ceste nuict) Voulât aller de nuict voir sa Dame, il supplie la Lune & les Astres de ne reluire, afin de n'estre descouuert. Il supplie la Lune par son amy Endymiō, & prie que toufiours, sans se pouuoir resueiller, il téde sa bouche endormie aux baisers de la Lune. Ceste fable est assez cogneuë: pource ce seroit chose superflue de la raconter. Seulement ie diray, qu'anciennement quand on voyoit la Lune eclipsee ou palle, ou blanche de couleur, la gent simple de ce téps-là croyoit qu'elle auoit esté enchâtée. Et pour destourner cest enchantemét, faisoiét vn châriuary de poesles, & autres vaisseaux d'airain, afin que le son rompist l'enchantement, & que la Lune fust deliuree de sa douleur. Ouide fait à ce propos, quand il dit, parlant de la sorciere Medée,

 *Te quoque Luna traho, quamuis Temesæa labores
  Aera tuos minuant.*

Tu sçais Lune que peut l'amoureuse poison) Pan estant amoureux de la Lune, eut la iouïssance d'elle, luy donnant la toison d'vne brebis blâche. Virgile en ses Georgiques a touché ceste fable, disant ainsi,

 *Munere sic niueo lanæ (si credere dignum est)
  Pan Deus Arcadiæ captam te Luna fefellit.*

Et vous astres insignes) Il dit que les astres le doiuent

fauoriser en son amour, & que la plus grande part d'iceux ne reluist au ciel, que pour auoir autresfois aimé, comme Caliston, les Pleiades, & mille autres qui ont esté estimees dignes de la demeure du ciel, pour ceste mesme raison.

CHANSON.

On iour mon cœur, bon iour ma douce vie,
Bon iour mon œil, bon iour ma chere amie,
Hé bon iour ma toute belle,
  Ma mignardise bon iour,
  Mes delices mon amour.
Mon doux printemps, ma douce fleur nouuelle,
Mon doux plaisir, ma douce colombelle,
Mon passereau, ma gente tourterelle,
  Bon iour ma douce rebelle.
Ie veux mourir si plus on me reproche
  Que mon seruice est plus froid qu'vne roche
  T'abandonnant, ma maistresse,
  Pour aller suiure le Roy,
  Et chercher ie ne sçay quoy,
Que le vulgaire appelle vne largesse.
Plustost perisse honneur, court & richesse,
Que pour les biens iamais ie te relaisse,
  Ma douce & belle Deesse.

BELLEAV.

Bon iour mon cœur) Apres auoir caressé sa maistresse de cent & cent mignardises, il l'asseure qu'on ne luy reprochera iamais d'auoir le cœur assis en si mauuais lieu, qu'il la vueille absenter, pour quelque bien qui luy puisse estre presenté, souhaitans plustost la perte, voire de son honneur, que celle des yeux de s'amie. Tout est de Marulle,

Salue nequitiæ meæ, Neæra,
Mi passercule, mi albe turturille.

CHANSON.

Leur Angeuine de quinze ans,
　Ton front monstre assez de simplesse:
　Mais ton cœur ne cache au dedans
Sinon que malice & finesse,
Celant sous ombre d'amitié
Vne ieunette mauuaistié.
Ren moy (si tu as quelque honte)
　Mon cœur que ie t'auois donné,
Dont tu ne fais non-plus de conte
Que d'vn esclaue emprisonné,
T'esiouyssant de sa misere,
Et te plaisant de luy desplaire.
Vne autre moins belle que toy,
　Mais bien de meilleure nature,
Le voudroit bien auoir de moy.
Elle l'aura, ie te le iure:
Elle l'aura, puis qu'autrement
Il n'a de toy bon traitement.
Mais non, i'aime trop mieux qu'il meure
Sans esperance en ta prison:
J'aime trop mieux qu'il y demeure
Mort de douleur contre raison,

Qu'en te changeant iouyr de celle
Qui m'est plus douce, & non si belle.

BELLEAV.

Fleur Angevine de quinze ans) Il se plaint de la cruauté de sa maistresse, veu qu'elle est si ieunette, qu'on ne la pourroit soupçonner encores de nourrir tant de rigueur: puis feignãt le coleré, la prie renuoyer son cœur, d'autant qu'elle ne luy fait meilleur traitement, que s'il estoit quelque forçat de galere. Puis par vne ruse bien inuentée, la voulant tirer en ialousie, la menace d'vne autre, laquelle s'estimeroit bien-heureuse d'auoir vn tel seruiteur à son commandement. En fin, comme se repentant de telles paroles, dit qu'il aime encore mieux mourir à son seruice, receuant cruel traitement, que d'auoir la iouyssance d'vne autre. Pris de Marulle,

Puella mure delicatior Scytha,
 Folij ve Serici comis,
Vel educata rure Pestano rosa.

*Es Villes & les Bourgs me sont si odieux,*
 Que ie meurs si ie voy quelque tracette humaine:
Seulet dedans les bois pensif ie me promeine,
Et rien ne m'est plaisant que les sauuages lieux.
Il n'y a dans ces bois sangliers si furieux,
 Ny roc si endurci, ny ruisseau, ny fontaine,
 Ny arbre tant soit sourd qui ne sçache ma peine,
Et qui ne soit marri de mon mal ennuyeux.
Vn penser qui renaist d'vn autre, m'accompaigne
 Auec vn pleur amer qui tout le sein me baigne,
Trauaillé de souspirs qui compaignons me sont:

Si bien que si quelcun me trouuoit au bocage,
Voyant mon poil rebours & l'horreur de mon
front,
Ne me diroit pas hôme, ains vn monstre sauuage.

BELLEAV.

Les Villes & les Bourgs) L'Autheur ayant receu
quelque mauuais visage de sa Dame, ou biē estant entré en quelque ialousie, delibere de s'absenter, & se retirer en lieu solitaire & essoigné de toute compagnie,
pour plus librement descharger sa colere, & discourir
de ses passions: lesquelles estoyent si violentes, qu'il asseure que mesme les rochers, les bois & les ruisseaux,
encores qu'ils n'ayent sentiment, estoyent marris & desplaisans de son infortune, comme participans de ses
doleances. Les Poëtes ont tousiours eu ceste opinion,
pour plus commodément escrire leurs passions, de se
retirer en lieux champestres, eslongnez des mignardises & delicatesses des villes. Petrarque,
  Cercato ho sempre solitaria vita,
  Le riue il sanno, & le campagne, & i boschi.
Properce à ce propos,
  Hæc certe deserta loca, & taciturna querenti,
    Et vacuum Zephyri possidet aura nemus.
  Hic licet occultos proferre impunè dolores,
    Si modo sola queant saxa tenere fidem.
Que ie meurs si ie voy quelque tracette humaine)
       Tibulle,
  Sic ego secretis possum bene viuere syluis,
    Quà nulla humano sit via trita pede.

A Mour (i'en suis tesmoin) ne naist d'oisiueté:
S'il naissoit du loisir il ne fust plus mon maistre:

Je cours ie vais ie viens, & si ne me despestre
De son lien qui tient serue ma liberté.
Ie ne suis paresseux & ne l'ay point esté:
Tousiours la harquebuze, ou la paume champestre,
Ou l'escrime qui rend vne ieunesse adextre,
Me retient en trauail tout le iour arreste.
Ore le chien couchant, les oiseaux, & la chasse,
Ore vn ballon poussé sur vne verte place,
Ore nager lutter courir & voltiger,
Iamais à mon esprit de repos ie ne baille.
Et si ne puis Amour de mon cœur desloger:
Plus ie suis en affaire & plus il me trauaille.

BELLEAV.

Amour (i'en suis tesmoin) ne naist d'oisiueté) Il dit contre l'opinion d'Ouide, qu'Amour ne prend sa naissance d'vn paresseux repos: car s'il estoit vray, il n'auroit puissance de luy commander, attendu qu'il est en perpetuel exercice, sans donner tant soit peu de relasche à son labeur. *Et si ne me despestre De son lien qui tient serue ma liberté.*)

Tibulle,
-tenebrque catenis,
Et nunquam misero vincla remittit Amor.

Ous mesprisez nature: estes-vous si cruelle
De ne vouloir aimer? voyez les Passereaux
Qui demenent l'amour, voyez les Colombeaux,
Regardez le Ramier, voyez la Tourterelle:
Voyez deçà delà d'vne fretillante aile

Voleter par les bois les amoureux oiseaux:
Voyez la ieune vigne embrasser les ormeaux,
Et toute chose rire en la saison nouuelle.
Ici la bergerette en tournant son fuseau
Desgoise ses amours, & là le pastoureau
Respond à sa chanson, ici toute chose aime:
Tout parle de l'amour, tout s'en veut enflamer:
Seulement vostre cœur froid d'vne glace extreme
Demeure opiniastre & ne veut point aimer.

BELLEAV.

Vous mesprisez nature) Il est vray-semblable, qu'il commença à s'enamourer au mois d'Auril, saison propre & sacrée à l'Amour. Iean Second,

Vel Veneri domini, vel si sibi legit Aprilem,
 At puero Veneris debuit esse sacer.

Il y a vne belle description du Printemps dedans Lucrece parlant de l'amour, & semble que ce Sonner en soit tiré.

Nam simul ac species patefacta est verna dici,
Et reserata viget genitabilis aura Fauoni,
Aeriæ primum volucres te, diua, tuúmque
Significant initum perculsæ corda tua vi:
Inde feræ pecudes persultant pabula læta,
Et rapidos tranant amnes: ita capta lepore,
Illecebrisque tuis omnis natura animantum
Te sequitur cupidè, quò quamque inducere pergis.

Les Poëtes sont tous pleins de telles descriptions, Virgile en ses Bucoliques, Georgiques: Ouide en mille endroits. Ie n'ay voulu omettre vn vers de Pontan, qui me semble fort à propos,

Huc veris te poscit honos, rurisque beati,
 Et rure & verno tempore natus amor.

Et toute chose rire.) Ce mot est vsurpé des Latins,

N vj

duquel ils vſent ſouuent, pour dire s'eſgayer & ſe reſ-
iouyr, comme, *Ridet ager, rident prata.*

CHANSON.

LE Printemps n'a point tant de fleurs,
L'Automne tant de raiſins meurs,
L'Eſté tant de chaleurs hâlées,
L'Hyuer tant de froides gelées,
Ny la mer n'a tant de poiſſons,
Ny la Beauce tant de moiſſons,
Ny la Bretaigne tant d'arenes,
Ny l'Auuergne tant de fonteines,
Ny la nuict tant de clairs flambeaux,
Ny les foreſts tant de rameaux,
Que ie porte au cœur, ma maiſtreſſe,
Pour vous de peine & de triſteſſe.

BELLEAV.

Le printemps) Il monſtre par vne gentille comparaiſon des choſes qui ne ſe peuuent aucunement conter, le nombre infini des souſpirs, peines & trauaux
qu'il endure pour ſa maiſtreſſe. Pris de Marulle:
Non tot Attica mella, littus algas,
Montes robora, ver habet colores,
Non tot triſtis hyems riget pruinis.

CHANSON.

Emandes-tu, chere Marie,
Quelle eſt pour toy ma pauure vie?
Je iure par tes yeux qu'elle eſt

Telle qu'ordonner te la plaist.
Pauure, chetiue, langoureuse,
　Dolente, triste, malheureuse:
Et tout le mal qui vient d'amour,
Ne m'abandonne nuict ny iour.
Apres demandes tu, Marie,
　Quels compaignons suiuent ma vie?
Suiuie en sa fortune elle est
De tels compaignons qu'il te plaist.
Ennuy, trauail, peine, tristesse,
Larmes, souspirs, sanglots, destresse,
Et tout le mal qui vient d'amour,
Ne m'abandonne nuict ny iour.
Voyla comment pour toy, Marie,
Ie traine ma chetiue vie,
Heureux du mal que ie reçoy
Pour t'aimer cent fois plus que moy.

BELLEAV.

Demandes-tu, chere Marie) Il descrit le piteux estat de sa vie, disant que la suite continuelle de son malheur ne procede d'autre occasion, que du plaisir que sa maistresse prend à le voir tourmenter. C'est vne version de Marulle:

Rogas quę mea vita sit, Neæra:
Qualem scilicet ipsa das amanti,
Infelix, misera, inquies, molesta.

　Aime la fleur de Mars, i'aime la belle
　　rose,
L'vne qui est sacrée à Venus la Deesse,

L'autre qui a le nom de ma belle maistresse,
　Pour qui troublé d'esprit en paix ie ne repose.
J'aime trois oiselets, l'vn qui sa plume arrose
　De la pluye de May, & vers le Ciel se dresse:
　L'autre qui veuf au bois lamente sa destresse:
　L'autre qui pour son fils mille versets compose.
J'aime vn pin de Bourgueil, où Venus appendit
　Ma ieune liberté, quand prise elle rendit
　Mon cœur que doucement vn bel œil emprisonne.
J'aime vn ieune laurier de Phebus l'arbrisseau,
　Dont ma belle maistresse en pliant vn rameau
　Lié de ses cheueux me fit vne couronne.

BELLEAV.

I'aime la fleur de Mars) Il se ioüe sur le nom de sa Marie, disant qu'il aime sur toutes les autres fleurs la violette de Mars, par ce qu'elle retient ie ne sçay quoy du nom d'elle, & la rose, pour estre sacrée à Venus & à son fils. Plus se vante d'aimer trois oiselets, le naturel desquels est si nayuement descrit, qu'on ne peut douter de leurs noms, l'vn est l'Aloüette, l'autre la Tourterelle, le tiers le Rossignol: d'autant que ce sont les messagers du Printemps, auquel il commença à se rendre prisonnier és liens d'Amour. Plus il dit aimer vn Pin, qui est au lieu de Bourgueil, demeure de sa maistresse, où il feint que Venus appendit sa liberté pour vn trophée, quand premierement il deuint amoureux: & vn Laurier, duquel sa Dame façonna vne couronne qu'elle mesme luy mit sur le chef. L'vne qui est sacrée à Venus la Deesse) Pris d'Anacreon, Τὸ ῥόδον τὸ τῶν ἐρώτων. En vn autre lieu Anacreon l'appelle ἀφροδίσιον ἄρωμα, comme les delices & mignardises de Venus. L'vn qui sa plume arrose) Le naturel de l'Aloüete est de receuoir le matin la fraischeur de la rosee sur les ailes estendues

contre terre, puis au premier rayon du Soleil, de s'esle-
ner en l'air à petites remises. *L'autre qui pour son fils*)
Il entend le Rossignol. Voy Ouide en sa Metamorfose,
au sixiesme. Horace en vne description du Printemps,

  Nidum ponit, Itym flebiliter gemens,
  Infelix auis, & Cecropiæ domus
  Aeternum opprobrium, quòd malè barbaras
  Regum est vlta libidines.

Mars fut vostre parrein quand nasquistes,
  Marie,
La Mer vostre marreine : vn Dieu cruel &
fier :
Vne Mer à laquelle on ne se doit fier :
Luy tousiours est colere, elle est tousiours marrie.
Sous vn tiltre d'honneur ce guerrier nous conuie
De hanter les combats, puis est nostre meurtrier :
La Mer en se calmant fait semblant de prier
Qu'on aille en son giron, puis nous oste la vie.
Vous tenez de ce Dieu, mais trop plus de la Mer,
Qui fistes vos beaux yeux serenement calmer,
Pour m'attirer chez vous par vos belles œillades.
Heureux & plus qu'heureux si ie m'estois gardé,
Et si i'eusse la Mer du haure regardé,
Sans me faire presser en tant de Symplegades.

BELLEAV.

Mars fut vostre parrein) Le Poëte voulant monstrer
couuertement la cruauté de sa maistresse, se iouant sur
l'equiuoque de son nom, feint par vne gentille inuention, que le iour de sa naissance Mars luy seruit de parrein, & la Mer de marreine, deux noms de nature cruelle, & puis ayans quelque voisinage auec celuy de Ma-

rie, faisant comparaison, il se dit estre en pareille fortune, que celuy, lequel se persuade suiure les armes, sous ombre de s'enrichir de quelque tiltre honorable, ou de quelque butin, ne rapportant en fin qu'vne ruine de son bien, ou vne playe, ou bien souuent la mort. Il dit qu'il est aussi semblable au marinier, lequel esperant tromper le malheur, & receuoir quelque bon visage de fortune, attiré d'vne douce & calme tranquillité de mer, sans consideration des naufrages, infortunes, & tourmentes qui y suruiennent apres, se donne en proye à l'impitoyable cruauté des vagues & des vents : toutefois perseuerant en sa Metaphore, il dit qu'elle retire plus du naturel de la mer, faisant comparaison de ses yeux, de son front, & de ses beautez à la Mer, quand elle est calme, disant qu'il fut conuié d'aimer par leurs doux attraits. Puis estant attiré, qu'elle le ietta à la merci des tempestes & des orages d'amour. *Mars fut vostre parrein*) Semblable inuention est sur le nom de *Martia*, dedans vn Epigramme de Marulle:

Cùm sit Acidaliæ facies artésque Minerua,
Et Latonigenæ pectora casta deæ,
Cur tibi Mars tribuit speciosum Martia nomen?
An contrà quòd non tam fera bella facis?

Plaute parlant d'amour, par vne comparaison de la mer: *Ita me Amor lapsum animi ludificat, fugat, agit, Appetit, raptat, retinet, iactat, largitur, quod dat non dat, maritimis moribus mecum experitur.* En tant) Entretant. Symplegades) Symplegades, deux isles qui sont *in Ponto*, appellées d'vn autre nom *Cyaneæ, traditque fabulis inter se concurrisse: quoniam paruo discretæ interuallo, ex aduerso intrantibus geminæ cernebantur, paulùmque deflexa acie in unium speciem præbebant.* Pline. *Sub Bosphoro Thraciæ Cyanorū insulæ.* Ptolomée. Voy aussi Apolloine des Symplegades.

'Il y a quelque fille en toute vne contrée,
Qui soit inexorable, inhumaine & cruelle,
Tousiours elle est de moy pour dame rencontrée,

Et toufiours le malheur me fait feruiteur d'elle.
Mais fi quelcune eft douce honefte aimable & belle,
La prinfe en eft pour moy toufiours defefperee:
J'ay beau eftre courtois ieune accort & fidelle,
Elle fera toufiours d'vn fot enamouree.
Sous tel aftre malin ie nafquis en ce monde!
Voyla que c'eft d'aimer: ceux qui ont merité
D'eftre recompenfez, font en douleur profonde:
Et le fot volontiers eft toufiours bien traité.
O traiftre & lafche Amour que tu es malheureux!
Malheureux eft celuy qui deuient amoureux.

BELLEAV.

S'il y a quelque fille) Il fe plaint de fon defaftre, qui eft fi malheureux, qu'il femble que le Ciel le fit naiftre en ce monde feulement pour feruir de proye aux rigueurs & cruautez d'Amour, fans iamais auoir fauouré vne de fes moindres douceurs. Sous tel aftre malin) les Poëtes voulans cacher leur malheur de quelque honefte couuerture, ont accouftumé d'accufer le Ciel, ou les aftres, ou les Dieux, comme premiers Autheurs de leurs infortunes: auffi que la faute s'en excufe plus doucement.

Marulle,
Miſtor autore eſt credita culpa Deo.
Malheureux eft celuy) Secundus,
O natum trifti fydere quifquis amat.

CHANSON.

Amour, dy ie te prie (ainfi de tous humains
Et des Dieux foit toufiours l'empire entre tes
mains).

Qui te fournist de fleches?
Veu que tousiours colere en mille & mille lieux
Tu pers tes traits és cœurs des hommes & des
  Dieux,
Empennez de flammeches?
Mais ie te pri' dy moy! est-ce point le Dieu Mars,
Quand il reuient chargé du butin des soldars
  Tuez à la bataille?
Ou bien si c'est Vulcan qui dedans ses fourneaux
(Apres les tiens perdus) t'en refait de nouueaux
  Et tousiours t'en rebaille?
Pauuret (respond Amour) & quoy? ignores-tu
La rigueur, la douceur, la force, la vertu
  Des beaux yeux de t'amie?
Plus ie respan de traits sus hommes & sus Dieux
Et plus d'vn seul regard m'en fournissent les yeux
  De ta belle Marie.

BELLEAV.

Amour, dy ie te prie) Il demande à Cupidon qui est celui qui le fournist de fleches, veu qu'il n'en est iamais desgarny, & que sans donner trefue à ses petits bras, tire continuellement aux cœurs des Dieux & des hommes. Puis par vne gentille inuention il demande, si ce point Mars ou Vulcan, l'vn pour en auoir à commandement, comme chef & Capitaine d'armes, l'autre pour en estre l'artizan, & le forgeron. En fin Amour luy fait responſe, que les beaux yeux de sa Marie sont la bouticque où il se charge de traits, tant pour descocher sur les Dieux que sur les hommes. Amour dy ie te prie) Tout est de Marulle,

  Cùm tot tela die proteruè spargas,
  Tot figas sine fine & hic, & illic.

J'Ay pour maistresse vne estrange Gorgonne
Qui va passant les Anges en beauté:
C'est vn vray Mars en dure cruauté,
En chasteté la fille de Latonne.
Quand ie la voy mille fois ie m'estonne,
La larme à l'œil, ou que ma fermeté
Ne la flechit, ou que sa dureté
Ne me conduit d'où plus on ne retourne.
De la nature vn cœur ie n'ay receu,
Ainçois plustost pour se nourrir en feu
En lieu de luy i'ay vne Salamandre:
Mon corps n'est point ny de terre, ny d'eau
Ny d'air leger, il est fait d'vn flambeau
Qui se consume & n'est iamais en cendre.

BELLEAV.

J'ay pour maistresse) Le Poëte dit que sa maistresse
vn monstre composé d'vne Gorgonne, de la beauté
vn Ange, de la fierté de Mars, & de la chasteté de
ane. Il dit apres que la Nature en lieu d'vn cœur luy
onné vne Salamandre, laquelle passe, tant elle est
ide, par le feu sans mourir, & que s'il eust eu vn
ur de chair comme les autres, long temps y a qu'il
consumé du feu d'amour. Salamandre est vne pe-
beste à quatre pieds, qui ressemble vn Lezard, ex-
mement froide. Voyez Nicandre.

Si tost qu'entre les bois tu as beu la rosee,
Soit de nuict soit de iour logé dans vn buisson,
Des ailes tremoussant tu dis vne chanson
D'vne note rustique à plaisir composee.
contraire de toy i'ay la voix disposee

A chanter en ce bois, mais en autre façon,
Car tousiours en pleurant ie desgoise mon son:
Aussi i'ay tousiours l'ame en larmes arrosee.
Ie te gaigne à chanter: ta voix est de trois mois,
L'an entier oyt tousiours les plaintes de ma voix,
Nauré d'vne beauté qui me tient en seruage.
Mais helas! Rossignol, ou bien à mes chansons
(Si quelque amour te poingt) accorde tes doux sons
Ou laisse moy tout seul pleurer en ce bocage.

BELLEAV.

Si tost qu'entre les bois) L'Autheur oyant vn Rossignol desgoiser dedans vn bocage, le prie, s'il est espoinçonné de quelque passion amoureuse, qu'il accorde sa voix à la sienne, ou bien qu'il le laisse seulet au bois sans l'ennuyer d'auantage. Il fait vne gentille comparaison de sa vie à celle du Rossignol, accommodant la rosee du Ciel aux larmes de ses yeux, le mignard desgoisement à ses tristes chansons. Toutefois il se dit different d'vn poinct, d'autant que le Rossignol n'a que trois mois de l'an pour lamenter, & luy a l'annee entiere pour pleurer ses douleurs. Le commencement de ce Sonnet est fait à l'imitation d'vne Ode d'Anacreon de la Cigalle.

BElle gentille honneste humble & douce Marie,
   Qui mon cœur en vos yeux prisonnier detenez,
Et qui sans contredit à vostre gré menez
De vostre blanche main les brides de ma vie:
Quantesfois en l'esprit sens-ie naistre vne enuie
De couper vos liens par monceaux trançonnez?

Mais mon ame s'en rit que vous emprisonnez,
Et qui mourroit de dueil sans vous estre asseruie.
Hà ie vous aime tant que ie suis fol pour vous!
J'ay perdu ma raison, & ma langue debile
En parlant à quelcun vous nôme à tous les coups:
Vous, comme son suiet sa parolle & son stile,
Et qui parlant ne fait qu'interpreter sinon
Mon esprit qui ne pense en rien qu'en vostre nom.

BELLEAV.

Belle gentille honneste humble & douce Marie) Il dit que sa vie est tellement esclaue & prisonniere sous la puissance de sa Dame, qu'elle le tourne en telles passiōs que bon luy semble, encores que mille fois le iour il veille forcer la prison, & se remettre en liberté. Mais la moindre esperance qu'elle luy puisse donner, emprisonne plus serrément son ame qu'auparauant, laquelle toutefois languiroit, s'elle n'estoit à son seruice. Puis il conclud, qu'il est tellement espris, qu'il en a perdu la raison, & que sa langue foible & debile entremesle à tous coups & sans propos le nom de sa maistresse, comme seruant d'interprete aux affections passionnees de son esprit. *Et ma langue debile En parlant à quelcun vous nomme à tous les coups*) Cornelius Gallus fort bien touché ceste passion:

Certè difficile est abscondere pectoris æstus,
  Panditur & clauso sæpius ore furor.
Nam subito inficiens vultum pallórque rubórque
  Interdum certæ vocis habebat opus.
Nec minus ipsa meas prodebant somnia curas,
  Somnia secreti non bene fida mei.
Nam cùm sopitos premerent obliuia sensus,
  Confessa est facinus conscia lingua suum.

MADRIGAL.

Comment au departir adieu pourroy-ie dire,
Duquel le souuenir tant seulement me pâme,
Adieu ma chere vie, adieu ma seconde ame,
Adieu mon cher souci, pour qui seul ie souspire,
Adieu le bel obiet de mon plaisant martyre,
Adieu bel œil diuin qui m'englace & m'eflame,
Adieu ma douce glace, adieu ma douce flame,
Adieu par qui ie vis & par qui ie respire:
Adieu belle humble honneste & gentille maistresse,
Adieu les doux liens où vous m'auez tenu
Maintenant en trauail, maintenant en liesse:
Il est temps de partir, le iour en est venu.
Le besoin importun non le desir me presse.
Le desir ne sçauroit desloger de son lieu:
Le pied vous laisse bien, mais le cœur ne vous
laisse.
Ie vous coniure ici par Amour nostre Dieu
De prendre ce pendant mon cœur: tenez maistresse,
Voy-le-là, baisez-moy, gardez-le, & puis adieu.

BELLEAV.

Comment au departir) Estant pressé de faire quelque long voyage, il dit adieu à sa maistresse, certes assez amoureusement, l'appellant sa vie, son ame, son soucy, son obiet, son œil, sa glace, son feu, n'oubliant rien de toutes mignardises, desquelles il sçait fort bien s'accoustrer quand il veut. En fin la baise, & luy fait present de son cœur. L'Autheur appelle Madrigals les Sonnets qui

DES AMOVRS. 311

nt plus de quatorze lignes, comme cestuy-cy qui en a
dixhuict. C'est vn mot Italien, qui vient de *Mandra*
si signifie, troupeau. Ce sont chansons sans contrainte
lignes ordonnees, que chantent les pasteurs à plaisir.

Vand ie vous voy ma mortelle Deesse,
Ie deuiens fol sourd muet & sans ame:
Dedans mon sein mon pauure cœur se pâme,
Entre-surpris de ioye & de tristesse.
Mon poil au chef se frissonne & se dresse,
De glace froide vne fiéure m'enflame,
Ie pers le sens par vos regars ma dame,
Et quand à vous pour parler ie m'adresse.
Mon œil craint plus les vostres, qu'vn enfant
Ne craint la verge, ou la fille sa mere,
Et toutesfois vous ne m'estes seuere,
non au poinct que l'honneur vous defend.
Mais c'est assez puis que de ma misere
La guarison d'autre part ne depend.

BELLEAV.

Quand ie vous voy) Il descrit comme il deuient passionné, en iettant l'œil sur les beautez de sa maistresse,
tant qu'il perd tout sentimét, qu'il deuient fol, sourd,
muet, sans ame: le commencement de ce Sonnet est
pris d'vn Epigramme de Iean Lascaris. Puis par vne bel-
comparaison il dit, que son œil craint à regarder les
yeux de sa maistresse, comme le petit en-
fant craint la verge, ou la fille le courroux de sa mere,
encores que sa Dame ne luy tienne autre rigueur, sinon
au poinct que l'honneur luy commande de garder, se
contentant, puis que la guarison de son mal ne depend
d'autre occasion. Lascaris,

φεῦ τάλας, ἀντιάω ὅτι πότνια, ἢ γεγένημαι
ἄφρων, κωφός, ἄτης, ἄπνοος, ἐξαπίνης.

Mon œil craint plus les vostres qu'vn enfant
craint la verge) Pris de Petrarque,

 Io temo sì de begli occhi l'assalto,
 Ne quale amore, e la mia morte alberga,
 Che fuggo lor, comme fanciul la verga.

Es souspirs mes amis vous m'estes agreables,
 D'autant que vous sortez pour vn lieu qui vaut:
Je porte dans le cœur des flammes incurables,
 Le feu pourtant m'agree & du mal ne me chaut:
Autant me plaist sentir le froid comme le chaud:
 Plaisir & desplaisir me sont biens incroyables.
 Bien-heureux ie m'estime aimant en lieu si haut,
 Bien que mon sort me mette au rang des miserables.
Des miserables ? non, mais au rang des heureux.
,, Vn homme ne pourroit sans se voir amoureux
,, Cognoistre par le mal que valent les liesses.
Non, ie ne voudrois pas pour l'or de l'Vniuers
 N'auoir souffert les maux qu'en aimant i'ay souferts
 Pour l'attente d'vn bien qui vaut mille tristesses

BELLEAV.

Mes souspirs mes amis) Il dit que le mal qu'il endure sous la rigueur de sa maistresse, luy est doux & plaisant, parce que ses graces & ses perfections sont si rares qu'elle merite bien qu'on souffre quelque chose

DES AMOVRS. 313

plus grand encores, s'estimant bien-heureux d'auoir
esté espris de son amour, & d'estre miserable à iamais,
esperant en fin receuoir vn bien, suffisant d'enseuelir
toutes les rigueurs qu'il auroit souffertes pour elle. *Mes*
souspirs) Il parle à ses souspirs, comme Petrarque en
mille endroits. Il dit que celuy ne peut faire iugement
du bon-heur, qui n'a fait preuue du malheur premierement. Tout est aisé. Ce Sonnet, & le Madrigal precedent, comme beaucoup d'autres de ce liure, sont fort
simples, & faits sans grand artifice, tout exprès composez ainsi par nostre Autheur, comme il m'a dit, pour
varier son style, tantost hault, tantost bas, tantost me-
diocre, selon qu'il l'a voulu, encores que la grauité luy
fust propre & naturelle.

'Ay cent mille tourmens, & n'en voudrois
moins d'vn,
Tant ils me sont plaisans pour vous, belle
maistresse:
Vn fascheux desplaisir me vaut vne liesse,
Et iamais vostre orgueil ne me fut importun.
Ie suis bien asseuré que si iamais aucun
Fut heureux en seruant vne humaine Deesse,
Sur tous les amoureux heureux ie me confesse,
Et ne veux point ceder en bon-heur à quelcun.
Plus ie suis abaissé plus i'espere de gloire:
Plus ie suis en l'obscur plus i'espere de iour.
Il vaut trop mieux mourir pour si belle victoire,
Que de gaigner ailleurs ce bon enfant Amour,
Qui blanchist & noircist ma fortune à son tour.
Ie iure par ses traits, & ie le veux bien croire.

O

I'ay cent mille tourmens) Il confesse que plus grand heur ne luy pourroit aduenir, que d'endurer pour celle dont il parle, disant que le trauail luy sert de repos, le desplaisir de plaisir, & qu'il ne voudroit la diminution du moindre de ses maux. Il finit par vne comparaison prise de la guerre, disant qu'il vaut trop mieux mourir pour quelque glorieuse victoire, que de faire butin en lieu moins honorable. Qu'il ne soit vray, Amour l'en asseure, iurant par son arc & par ses fleches. I'ay cent mille tourmens, & n'en voudrois moins d'vn, Tant ils me sont plaisans) Properce,

Omne in amore malum, si patiare, leue est.

A son tour) L'vn apres l'autre, *vicissim*, ἐναλλάξ. *Ie iure par ses traits*) Ceste inuention est tirée des anciens Grecs & Latins, lesquels feignoient, pour fauoriser leurs deliberations, que sur l'heure, le Dieu auquel ils se fioyent, leur enuoyoit quelque bon ou mauuais augure, ou mesme qu'il estoit present pour les secourir en leur fortune, les appellans *Deos præsentes*, louch *præsentem*, pour dire, *Propitium*. Catulle,

Dextra sternuit approbatione.

Et Properce,

Aridus argutum sternuit omen Amor.

Petrarque en a pareillement vsé.

SI quelque amoureux passe en Anjou à
 Bourgueil,
Voye vn Pin qui s'esleue au dessus du vi-
 lage,
Et là sur le sommet de son pointu fueillage,
Voirra ma liberté trofee d'vn bel œil,
Qu'Amour victorieux, qui se plaist de mon dueil,
Appendit pour sa pompe & mon seruil hommage
Afin qu'à tous passans elle fust tesmoignage

Que l'amoureuse vie est vn plaisant cercueil.
Ie ne pouuois trouuer plante plus estimee
Pour pendre ma despouille, en qui fut trásformee
La ieune peau d'Atys dessur le mont Idé.
Mais entre Atys & moy il y a difference,
C'est qu'il fut amoureux d'vn visage ridé,
Et moy d'vne beauté qui ne sort que d'enfance.

BELLEAV.

Si quelque amoureux passe) Par vne gentille inuention il marque le lieu où il fut amoureux, disant que quiconque verra vn Pin surpassant de sa haute cyme la bourgade de Bourgueil, qu'il se souuiéne, que c'est l'arbre auquel Amour a pendu pour trophée les douces despouilles de sa liberté. Puis il dit, qu'Amour ne pouuoit choisir vn arbre plus propre que le Pin pour les pendre: parce qu'Atys ieune & gaillard, estant entré en furie de l'amour, qu'il portoit à Cybele mere des Dieux, fut transformé en vn Pin. Toutefois il dit ne ressembler en tout à Atys, parce qu'il estoit amoureux d'vne vieille ridée, & luy d'vne ieune & gaillarde maistresse. Voy les furies d'Atys dans Catulle, *Super alta vectus Atys.* Voy Ouide en sa Metamorfose. *Voirra ma liberté*) Ceux qui aiment, feignent tousiours auoir fait sacrifice de leur liberté à l'Amour. Properce,

Libertas quoniam nulli iam restat amanti,
Nullus liber erit, quisquis amare volet.

Mon mal, mon soin, mon esmoy,
Voyez combien de merueilles
Vous acheuez dedans moy
Par vos beautez nompareilles.
De telle façon vos yeux,
Où tousiours mon cœur s'en-vole,

Vostre front imperieux,
Vostre ris vostre parole
　Me bruslent depuis le iour
Que i'en eu la cognoissance,
Desirant d'extreme amour
En auoir la iouissance:
　Que sans l'aide de mes pleurs
Dont ma vie est arrosee,
Long temps a que les chaleurs
D'amour l'eussent embrasee.
　Au contraire vos beaux yeux,
Où tousiours mon cœur s'en-vole,
Vostre front imperieux,
Vostre ris vostre parole
　Me gelent depuis le iour
Que i'en eu la cognoissance,
Desirant d'extreme amour
En auoir la iouyssance:
　Que sans l'aide des chaleurs
Dont mon ame est embrasee,
Long temps a que par mes pleurs
En eau se fust espuisee.
　Voyez donc mon doux esmoy,
Voyez combien de merueilles
Vous parfaites dedans moy
Par vos beautez nompareilles.

BELLEAV.

Mon soin mon amour(ux esmoy) Il monstre les contraires & differentes passions d'amour, qui s'engendrent aux cœurs des hommes par la force & puissance

DES AMOVRS. 317

d'vne rare & parfaite beauté. Ceste chanson est prise
entierement de Marulle, mais si nayuement renduë en
nostre langue, qu'on douteroit lequel des deux en a
esté l'inuenteur. Voy l'Epigramme,

Sic me blanda tui, Næra, ocelli,
Sic candentia colla, sic patens frons,
Sic parex minio genæ perurunt,
Ex quo visa mihi & simul cupita es:
Vt ni me lachrymæ rigent perennes,
Totus in tenues eam fauillas.

LE VOYAGE DE TOVRS,
OV LES AMOVREVX.

Thoinet, & Perrot.

'Estoit en la saison que l'amoureuse Flore
Faisoit pour son amy les fleurettes esclore
Par les prez bigarrez d'autant d'esmail de
fleurs,
Que le grand arc du Ciel s'esmaille de couleurs:
Lors que les papillons & les blondes auettes,
Les vns chargez au bec, les autres aux cuissettes,
Errent par les iardins, & les petits oiseaux
Voletans par les bois de rameaux en rameaux
Amassent la bechee, & parmy la verdure
Ont souci comme nous de leur race future.
Thoinet au mois d'Auril passant par Vando-
mois,
M'emena voir à Tours Marion que i'aimois,
Qui aux nopces estoit d'vne sienne cousine:
Et ce Thoinet aussi alloit voir sa Francine,

O iij

Qu'Amour en se iouät d'vn trait plein de rigueur
Luy auoit pres le Clain escrite dans le cœur.
  Nous partismes tous deux du hameau de Cou-
   flures,
Nous passasmes Gastine & ses hautes verdures,
Nous passasmes Marré & vismes à mi-iour
Du pasteur Phelippot s'esleuer la grand tour,
Qui de Beaumont la Ronce honore le village
Comme vn Pin fait honneur aux arbres d'vn bocage
Ce pasteur qu'on nommoit Phelippot tout gaillard
Chez luy nous festoya iusques au soir bien tard.
De là vinsmes coucher au gué de Lengenrie,
Sous des saules plantez le long d'vne prairie:
Puis dés le poinct du iour redoublant le marcher,
Nous vismes en vn bois s'esleuer le clocher
De sainct Cosme pres Tours, où la nopce gentille
Dans vn pré se faisoit au beau milieu de l'isle.
  Là Francine dançoit, de Thoinet le souci,
Là Marion balloit, qui fut le mien aussi:
Puis nous mettans tous deux en l'ordre de la dance
Thoinet tout le premier ceste plainte commence.
  Ma Francine, mon cœur, qu'oublier ie ne puis
Bien que pour ton amour oublié ie me suis,
Quand dure en cruauté tu passerois les Ourses
Et les torrens d'hyuer desbordez de leurs courses,
Et quand tu porterois en lieu d'humaine chair
Au fond de l'estomach pour vn cœur vn rocher:
Quand tu aurois succé le laict d'vne Lyonne,
Quand tu serois cruelle, vne beste felonne,
Ton cœur seroit pourtant de mes pleurs adouci,
Et ce pauure Thoinet tu prendrois à merci.

Ie suis,s'il t'en souuient,Thoinet qui dés ieunesse
Te voyant sur le Clain t'appella sa maistresse,
Qui musette & flageol à ses léures vsa
Pour te donner plaisir,mais cela m'abusa:
Car te pensant flechir comme vne femme humaine,
Ie trouuay ta poitrine & ton oreille pleine,
Helas qui l'eust pensé ! de cent mille glaçons
Lesquels ne t'ont permis d'escouter mes chansons:
Et toutefois le temps,qui les prez de leurs herbes
Despouille d'an en an,& les champs de leurs gerbes,
Ne m'a point despouillé le souuenir du iour
Ny du mois où ie mis en tes yeux mon amour:
Ny ne fera iamais,voire eussé-ie aualleé
L'onde qui court là bas sous l'obscure vallee.
C'estoit au mois d'Auril,Francine,il m'en souuient,
Quand tout arbre florit,quand la terre deuient
De vieillesse en iouuance,& l'estrange arondelle
Fait contre vn soliueau sa maison naturelle:
Quand la Limace au dos qui porte sa maison,
Laisse vn trac sur les fleurs:quand la blonde toison
Va couurant la chenille,& quand parmy les prées
Volent les papillons aux ailes diaprées,
Lors que fol ie te vy,& depuis ie n'ay peu
Rien voir apres tes yeux que tout ne m'ait despleu.

Six ans sont ia passez,toutefois dans l'oreille
I'entens encor' le son de ta voix nompareille,
Qui me gaigna le cœur,& me souuient encor
De ta vermeille bouche & de tes cheueux d'or,
De ta main,de tes yeux,& si le temps qui passe
A depuis desrobé quelque peu de leur grace,
Helas!ie ne suis moins de leurs graces rauy,

O iiij

Que ie fus sur le Clain, le iour que ie te vy
Surpasser en beauté toutes les pastourelles
Que les ieunes pasteurs estimoyent les plus belles.
Car ie n'ay pas esgard à cela que tu es,
Mais à ce que ie fus, tant les amoureux traits
Te grauerent en moy, voire de telle sorte
Que telle que tu fus telle au sang ie te porte.

Dés l'heure que le cœur de l'œil tu me perças,
Pour en sçauoir la fin ie fis tourner le Sas
Par vne Ianeton, qui au bourg de Crotelles
Soit du bien soit du mal disoit toutes nouuelles.

Apres qu'elle eut trois fois craché dedans son sein,
Trois fois esternué, elle prist du leuain,
Le restate en ses doigts, & en fist vne image
Qui te sembloit de port de taille & de visage:
Puis tournoyant trois fois, & trois fois marmonnant,
De sa gertiere alla tout mon col entournant,
Et me dit, Ie ne tiens si fort de ma gertiere
Ton col, que ta vie est de malheur heritiere,
Captiue de Francine, & seulement la mort
Desnou'ra le lien qui te serre si fort:
Et n'espere iamais de vouloir entreprendre
D'eschauffer vn glaçon qui te doit mettre en cendre.

Las! ie ne la creu pas, & pour vouloir adonc
En estre plus certain, ie fis couper le ionc
La veille de sainct Iean: mais ie vy sur la place
Le mien, signe d'Amour, croistre plus d'vne brasse,
Le tien demeurer court, signe que tu n'auois
Soucy de ma langueur, & que tu ne m'aimois,
Et que ton amitié qui n'est point asseuree,
Ainsi que le ionc court, est courte demeuree.

Je mis pour t'essayer encores dauant-hier
Dans le creux de ma main des fueilles de coudrier:
Mais en tappant dessus, nul son ne me rendirent,
Et flaques sans sonner sur la main me finirent,
Vray signe que ie suis en ton amour moqué,
Puis qu'en frapant dessus elles n'ont point craqué:
Pour monstrer par effet que ton cœur ne craquette
Ainsi que fait le mien d'vne flame secrette.
  O ma belle Francine, ô ma fiere, & pourquoy
En dansant de tes mains ne me prens tu le doy?
Pourquoy lasse du bal entre ces fleurs courbee,
N'ay-ie sur ton giron ou la teste panchee,
Ou mes yeux sur les tiens, ou ma bouche dessus
Tes deux tetins de neige & d'yuoire conceus?
Te sembly-ie trop vieil? encor la barbe tendre
Ne fait que commencer sur ma ioue à s'estendre,
Et ta bouche qui passe en beauté le coural,
S'elle veut me baiser, ne se fera point mal:
Mais ainsi qu'vn Lezard se cache sous l'herbette,
Sous ma blonde toison cacheras ta languette:
Puis en la retirant, tu tireras à toy
Mon cœur, pour te baiser, qui sortira de moy.
  Helas prens donc mon cœur auecques ceste paire
De ramiers que ie t'offre, ils sont venus de l'aire
De ce gentil ramier dont ie t'auois parlé:
Margot m'en a tenu plus d'vne heure acollé,
Les pensant emporter pour les mettre en sa cage.
Mais ce n'est pas pour elle & demain d'auantage
Ie t'en rapporteray, auecques vn pinson
Qui desia sçait par cœur vne belle chanson,
Que ie fis l'autre iour dessous vne aubespine,
Dont le commencement est Thoinet & Francine.
O v

Hà, cruelle, demeure, & tes yeux amoureux
Ne destourne de moy: hà ie suis malheureux!
Car ie cognois mon mal, & si cognois encore
La puissance d'Amour, qui le sang me deuore.
Sa puissance est cruelle, & n'a point d'autre ieu,
Sinon de rebrusler nos cœurs à petit feu,
Ou de les englacer, comme ayant pris son estre
D'vne glace ou d'vn feu ou d'vn rocher champestre.
Ha! que ne suis-ie abeille, ou papillon, i'irois
Maugré toy te baiser, & puis ie m'assirois
Sur tes tetins, afin de succer de ma bouche
Ceste humeur qui te fait contre moy si farouche.

 O belle au doux regard, Francine au beau sourcy,
Baise moy ie te prie, & m'embrasses ainsy
Qu'vn arbre est embrassé d'vne vigne bien forte.
,, Souuent vn vain baiser quelque plaisir apporte.
Je meurs! tu me feras despecer ce bouquet,
Que i'ay cueilly pour toy, de Thym & de Muguet,
Et de la rouge-fleur qu'on nomme Cassandrette,
Et de la blanche-fleur qu'on appelle Oliuette,
A qui Bellot donna & la vie & le nom,
Et de celle qui prend de ton nom son surnom.

 Las! où fuis tu de moy? hà ma fiere ennemie,
Je m'en vois despouiller iaquette & souquenie,
Et m'en courray tout nud au haut de ce rocher,
Où tu vois ce garçon à la ligne pescher,
Afin de me lancer à corps perdu dans Loire
Pour lauer mon soucy, ou afin de tant boire
D'escumes & de flots, que la flamme d'aimer
Par l'eau contraire au feu se puisse consumer.

 Ainsi disoit Thoinet, qui se pasma sur l'herbe,
Presque transi de voir sa dame si superbe,

Qui rioit de son mal, sans daigner seulement
D'vn seul petit clin d'œil appaiser son tourment.
　J'ouurois desia la léure apres Thoinet pour dire
De combien Marion m'estoit encores pire,
Quand i'auise sa mere en haste gaigner l'eau,
Et sa fille emmener auec elle au bateau,
Qui se iouant sur l'onde attendoit ceste charge,
Lié contre le tronc d'vn saule au feste large.
　Ja les rames tiroient le bateau bien pansu,
Et la voile en enflant son grand reply bossu
Emportoit le plaisir qui mon cœur tient en peine,
Quand ie m'assis au bord de la premiere arene:
Et voyant le bateau qui s'enfuyoit de moy,
Parlant à Marion, ie chantay ce conuoy.
　Bateau qui par les flots ma chere vie emportes,
Des vents en ta faueur les haleines soient mortes:
Et le Ban perilleux qui se trouue parmy
Les eaux, ne t'enuelope en son sable endormy:
Que l'air, le vent, & l'eau fauorisent ma dame,
Et que nul flot bossu ne destourbe sa rame.
En guise d'vn estang, sans vagues paresseux
Aille le cours de Loire, & son limon crasseux
Pour ce iourd'huy se change en grauelle menue,
Pleine de maint ruby & mainte perle esleue.
　Que les bords soient semez de mille belles fleurs,
Representant sur l'eau mille belles couleurs,
Et le tropeau Nymphal des gentilles Naiades
Alentour du vaisseau face mille gambades:
Les vnes balloyant des paumes de leurs mains
Les flots deuant la barque, & les autres leurs seins
Descouurent à fleur d'eau, & d'vne main ouuriere
Conduisent le bateau du long de la riuiere.
　　　　　　　　　O vj

L'azuré Martinet puisse voler dauant
Auecques la Mouette, & le Plongeon suiuant
Son malheureux destin pour le iourd'huy ne songe
En sa belle Hesperie, & dans l'eau ne se plonge:
Et le Heron criard, qui la tempeste fuit,
Haut pendu dedans l'air ne face point de bruit:
Ains tout gentil oiseau qui va cherchant sa proye
Par les flots poissonneux, bien-heureux te conuoye,
Pour seurement venir auecq' ta charge au port,
Où Marion voirra, peut estre, sur le bort
Vn orme des longs bras d'vne vigne enlassee,
Et la voyant ainsi doucement embrassee,
De son pauure Perrot se pourra souuenir,
Et voudra sur le bord embrassé le tenir.

On dit au temps passé que quelques vns changerẽt
En riuiere leur forme, & eux mesmes nagerent
Au flot qui de leur sang goutte à goutte sailloit,
Quand leur corps transformé en eau se distilloit.

Que ne puis-ie muer ma ressemblance humaine
En la forme de l'eau qui ceste barque emmeine?
J'irois en murmurant sous le fond du vaisseau,
J'irois tout alentour, & mon amoureuse eau
Baiseroit or' sa main, ore sa bouche franche,
La suiuant iusqu'au port de la Chapelle blanche:
Puis laissant mon canal pour iouyr de mon vueil,
Par le trac de ses pas i'irois iusqu'à Bourgueil,
Et là dessous vn Pin, couché sur la verdure,
Je voudrois reuestir ma premiere figure.

Se trouue point quelque herbe en ce riuage icy
Qui ait le goust si fort, qu'elle me puisse ainsi
Muer comme fut Glauque, en aquatique monstre,
Qui homme ne poisson, homme & poisson se monstre,

Ie voudrois estre Glauque, & auoir dans mon sein
Les pommes qu'Hippomane eslançoit de sa main
Pour gaigner Atalante: à fin de te surprendre,
Ie les ru'rois sur l'eau, & te ferois apprendre
Que l'or n'a seulement sur la terre pouuoir,
Mais qu'il peult desur l'eau des femmes deceuoir.
Or cela ne peult estre, & ce qui se peult faire,
Ie le veux acheuer afin de te complaire:
Ie veux soigneusement ce coudrier arroser,
Et des chapeaux de fleurs sur ses fueilles poser:
Et auecq' vn poinçon ie veux desur l'escorce
Engrauer de ton nom les six lettres à force,
Afin que les passans en lisant Marion,
Facent honneur à l'arbre entaillé de ton nom.
  Ie veux faire vn beau lict d'vne verte ionchee
De Paruanche fueillue encontre-bas couchee,
De Thym qui fleure bon, & d'Aspic porte-epy,
D'odorant Poliot contre terre tapy,
De Neufard tousiours verd, qui la froideur incite,
Et de Ionc qui les bords des riuieres habite.
  Ie veux iusques au coude auoir l'herbe, & ie veux
De roses & de lis couronner mes cheueux.
Ie veux qu'on me défonce vne pipe Angeuine,
Et en me souuenant de ma toute diuine,
De toy, mon doux soucy, espuiser iusqu'au fond
Mille fois ce iourd'huy mon gobelet profond,
Et ne partir d'icy iusqu'à tant qu'à la lie
De ce bon vin d'Anjou la liqueur soit faillie.
  Melchior Champenois, & Guillaume Manceau,
L'vn d'vn petit rebec, l'autre d'vn chalumeau,
Me chanteront comment i'eu l'ame despourueue

O vij

De sens & de raison si tost que ie t'eu veuë:
Puis chanteront comment pour flechir ta rigueur
Je t'appellay ma vie, & te nommay mon cœur,
Mon œil, mon sang, mon tout: mais ta haute pensée
N'a voulu regarder chose tant abaissee,
Ains en me dedaignant tu aimas autre part
Vn qui son amitié chichement te depart.
Voila comme il te prend pour mespriser ma peine,
Et le rustique son de mon tuyau d'aueine.

 Ils diront que mon teint vermeil au parauant,
Se perd comme vne fleur qui se fanist au vent:
Que mon poil deuient blanc, & que la ieune grace
De mon nouueau printemps de iour en iour s'efface:
Et que depuis le mois que l'Amour me fit tien,
De iour en iour plus triste & plus vieil ie deuien.

 Puis ils diront comment les garçons du village
Disent que ta beauté tire desia sur l'age,
Et qu'au matin le coq dés la poincte du iour
N'oyra plus à ton huis ceux qui te font l'amour.
,, Bien fol est qui se fie en sa belle ieunesse,
,, Qui si tost se desrobe, & si tost nous delaisse.
,, La rose à la parfin deuient vn gratecu,
,, Et tout auecq' le temps par le temps est vaincu.

 Quel passetemps prens-tu d'habiter la vallee
De Bourgueil où iamais la Muse n'est allee?
Quitte moy ton Anjou, & vien en Vandomois:
Là s'esleuent au ciel le sommet de nos bois,
Là sont mille taillis & mille belles plaines,
Là gargouillent les eaux de cent mille fontaines.
Là sont mille rochers, où Echon alentour
En resonnant mes vers ne parle que d'Amour.

 Ou bien si tu ne veux, il me plaist de me rendre

Angeuin pour te voir, & ton langage apprendre:
Et pour mieux te flechir, les hauts vers que i'auois
En ma langue traduit du Pindare Gregeois,
Humble, ie veux redire en vn chant plus facile
Sur le doux chalumeau du pasteur de Sicile.
  Là parmy tes sablons Angeuin deuenu,
Ie veux viure sans nom comme vn pauure incognu,
Et dés l'aube du iour auecq' toy mener paistre
Aupres du port Guiet nostre tropeau champestre:
Puis sur le chaud du iour ie veux en ton giron
Me coucher sous vn chesne, où l'herbe à l'enuiron
Vn beau lict nous fera de mainte fleur diuerse,
Pour nous coucher tous deux sous l'ombre à la ren-
    uerse:
Puis au Soleil penchant nous conduirons nos bœufs
Boire le haut sommet des ruisselets herbeux,
Et les reconduirons au son de la musette,
Puis nous endormirons dessus l'herbe mollette.
  Là sans ambition de plus grands biens auoir,
Contenté seulement de t'aimer & te voir,
Ie passerois mon âge, & sur ma sepulture
Les Angeuins mettroient ceste breue escriture.
  Celuy qui gist icy, touché de l'aiguillon
Qu'Amour nous laisse au cœur, garda côme Apollon
Les tropeaux de sa dame, & en ceste prairie
Mourut en bien aimant vne belle Marie,
Et elle apres sa mort mourut aussi d'ennuy,
Et sous ce verd tombeau repose auecques luy.
  A peine auois-ie dit, quand Thoinet se dépâme,
Et à soy reuenu alloit apres sa dame:
Mais ie le retiray le menant d'autre part
Pour chercher à loger, car il estoit bien tard.

Nous auions ia passé la sablonneuse riue,
Et le flot qui bruyant contre le pont arriue,
Et ia dessus le pont nous estions paruenus,
Et nous apparoissoit le tombeau de Turnus,
Quand le pasteur Ianot tout gaillard nous emmeine
Dedans son toict couuert de iauelles d'aueine.

BELLEAV.

C'*estoit en la saison*) Il escrit en ce Chant pastoral vn voyage que Iean Anthoine de Baif & luy firent à Tours pour voir leurs maistresles. Ce commencement est pris de la Thalysie de Theocrite, qui se commence τῶ χρόνω. Thalysie est la feste, en laquelle on donnoit à Ceres les premices des bleds. *Blondes auettes*) Il donne l'epithete de blondes aux Auettes, à la mode des Grecs, qui les appellent ordinairement ξάνθας μελίσσας. *Et les petits oiseaux*) C'est vne imitation des Syracusiennes de Theocrite, où il dit, que les petits Amours voloient autour d'Adonis mort, comme les petits Rossignols volent de branche en branche. *Ont soucy comme nous*) Il dit que les oiseaux ont soucy de leurs petits, comme les hommes de leurs enfans. *Du hameau de Coustures*) Hameau est vn petit village de vingt ou trete maisons, côme est Coustures, le lieu de la naissâce de nostre Autheur. *Gastine*) Le nô d'vne forest. *Marré*) Propre nom d'vn village. *Beaumont la Ronce*) Le nom propre d'vn village. *Lengenrie*) Nom d'vn petit village. *Sainct Cosme*) Sainct Cosme est vn Prieuré situé dedans vne isle aupres de Tours. *Sur le Clain*) Le Clain est la riuiere qui passe par Poictiers, où premierement Baif fut amoureux de Francine. *L'Onde qui court là bas*) L'eau de Lethes, l'eau qui fait perdre la memoire de tout ce qu'on a iamais fait en ce monde. *Et l'estrange arondelle*) Pour dire estrangere, passagere. *Quand la limace, au dos qui porte sa maison*) Les Grecs disent

DES AMOVRS. 329

tout ce vers en vn mot, appellant le Limaçon φερέοικον c'eſt à dire porte-maiſon. *La blonde toiſon*) C'eſt ceſte petite barbe qui couure les chenilles, que les Grecs appellent ἴουλον, qui ſignifie auſſi la chenille qui eſt couuerte de ce petit poil follet. *Dés l'heure que le cœur de l'œil tu me perças*) Cecy eſt pris de Theocrite en ſon Amarylle. Les amoureux auoient au temps paſſé accouſtumé d'aller aux ſorciers, & à celles qui font tourner le ſas, pour ſçauoir s'ils eſtoient aimez. c'eſt ce que dit Theocrite,

εἶπε κ᾽ ἀγροιὼ ταλαθέα κοσκινόμαντις.

Au bourg de Crotelles). Crotelles eſt vn village pres Poictiers. Les amoureux auoient encore vne autre façon d'eſſayer pour ſçauoir s'ils eſtoiét aimez de leurs amoureuſes. Ils prenoient des fueilles de pauot, & les arrangeoient entre leurs mains, puis frappoient deſſus. S'ils faiſoient bruit, c'eſtoit ſigne qu'ils eſtoient bien aimez: c'eſt ce qu'a dit le meſme Theocrite,

οὐδέ τι τηλέφιλον ποτὶ μαξάμψον πλατάγησε.

O ma belle Francine, ô ma ſœur, & pourquoy) Qui voudra voir comme noſtre Autheur a gentillement imité Theocrite depuis ces vers icy iuſques à la fin de la complainte de Thoinet, qu'il voye la troiſieſme Eglogue, qui s'intitule le Cheurier ou Amarylle. *Et de la rougeſleur qu'on nomme Caſſandrette*) Noſtre Autheur pour donner loüange immortelle à ſa premiere maiſtreſſe, ne l'a pas ſeulement par ſes vers celebree, mais auſſi il a nommé du nom d'elle, vne belle fleur rouge, qui communément s'appelle de la Gantelee. Du Bellay a fait le ſemblable, nommant vne fleur blanche, qu'au parauant on ſouloit appeller la fleur de Noſtredame, qui vient au mois de Feurier, Oliuette, du nom de s'amie Oliue. Il dit ainſi auoir nommé du nom de ſa Fracine, vne belle fleur, qui maintenant s'appelle Francinette, auparauant appellee du nom Grec Anemoné, ou Coquerets. *Le Ban*) Les bans, ce ſont de grands monceaux de ſable amaſſez ſous l'eau, qui engardêt que les vaiſſeaux ne peuuent paſſer outre. Les Latins les appelloient Breuia. *Martinet*) Eſt le nom d'vn oiſeau qui ſuit les

330 LE SECOND LIVRE

eaux, beau en perfection. *Et le Plongeon suiuant*) Æsacus fils de Priam, fut mué pour l'amour de s'amie Hesperie, en Plongeon. Voy les derniers vers de l'vnziesme liure de la Metamorphose d'Ouide. *Et le Heron criard*) Le Heron preuoyāt la tēpeste, laisse les estāgs, & s'enfuit par les nues en criant. Virgile l'a presque ainsi traduit des Prognostiques d'Aratus:

    -Notasque paludes
Deserit, atque altam supra volat ardea nubem.

On dit au temps passé) Il voudroit estre mué en riuiere comme le Satyre Frygien, afin de pouuoir suyure sa maistresse. *La Chapelle blanche*) La Chapelle blanche est vn port, où abordent les bateaux de Loire pres de Bourgueil, le lieu de la naissance de s'amie. *Ie voudroi estre Glauque*) Voyez le quatorziesme d'Ouide, cōme Glauque fut mué en monstre marin. *Ie veux soigneusement ce coudrier arroser*) C'est vne imitatiō de Theocrite, ia plusieurs fois allegué, en l'Epithalame d'Helene, lequel introduisant les plus honorables filles de Lacedemone, les fait auec des cruches d'argent huiler & arrouser vn arbre, qui se nomme Platain, & leur fait escrire vn Epigramme dedans l'escorce ainsi:

  γράμματα δ' ἐν φλοιῷ γεγράψεται(ὡς παριών τις
  ἀνγνοίη) Δωρισί, Σέβευ μ', ἑλένας φυτὸν εἰμί.

De Paruāche fueillue) Paruāche est vne herbe tousiours verte, qui a les fueilles approchantes de celles d'vn Laurier: elle croist cōtre terre: pource nostre Autheur dit estre, Encontre-bas couchee. *D'aspic porté-espy*) C'est ce que les Latins appellent *Spica nardi*, vulgairemēt Lauande. *De Neufard*) Neufard, ou Neneufard, est vne herbe qui croist au milieu des estangs, qui a la fueille fort large & toute ronde, & qui est froide au possible: on la met sous les reins des malades pour les refraichir. *Puis ils diront comment les garçons du village* C'est ce que dit Theocrite, parlant de Philin, dont Aratus estoit amoureux,

  αἶ αἶ φαντὶ Φιλῖνε, τό τοι καλὸν ἄνθος ἀπορρεῖ.

Aupres du port Guiet) C'est vne maison qui appartient à Marie. *Garda comme Apollon*) Apollon garda les troupeaux du Roy Admete, non pas bany du Ciel, comme dit Ouide, mais estant amoureux du iouuenceau Admete, comme dit Callimache en ses Hymnes, ἤδη ὑπ' ἔρωτος κεκαυμένος ἀδμήτοιο. Or tout ainsi qu'Apollon garda les troupeaux de son amy, l'Autheur voudroit garder les troupeaux de s'amie. *Le tombeau de Turnus*) On dit que Turnus, qui fonda Tours, est enterré sous le Chasteau de la ville, laué des flots de Loire, que l'on voit encores auiourd'huy pres le pont en la muraille dudit Chasteau.

MADRIGAL.

Maistresse, de mon cœur vous emportez
   la clef,
La clef de mes pensers & la clef de ma
   vie :
Et toutesfois (helas!) ie ne leur porte enuie,
Pourueu que vous ayez pitié de leur meschef.
Vous me laissez tout seul en vn torment si gref,
Que ie mourray de dueil d'ire & de ialousie :
Tout seul ie le voudrois, mais vne compagnie
Vous me donnez de pleurs qui coulent de mon
   chef.
Que maudit soit le iour que la fleche cruelle
M'engraua dans le cœur vostre face si belle,
Vos cheueux, vostre front, vos yeux & vostre
   port,
Qui seruent à ma vie & de Fare & d'estoile !
Ie deuois mourir lors sans plus craindre la mort,
Le despit m'eust seruy pour me conduire au port,
Mes pleurs seruy de fleuue, & mes souspirs de
   voile.

BELLEAV.

Maiſtreſſe, de mon cœur) Il dit que ſa maiſtreſſe en s'en allant luy emporte ſon cœur, ſa vie, & ſes penſers, & qu'il deuoit mourir le iour qu'il en deuint amoureux: car auſſi bien le temps qu'il a veſcu depuis, luy a ſemblé pire que la mort. *Souſpirs de voile*) Metaphore trop rude. Il veult entendre que ſes ſouſpirs côme vents, ſouflerõt la voile du bateau de Caron.

Vand rauy ie me pais de voſtre belle
  face,
 Ie voy dedans vos yeux ie ne ſçay
  quoy de blanc,
Ie ne ſçay quoy de noir, qui m'eſmeu
 tout le ſang,
Et qui iuſques au cœur de veine en veine paſſe.
Ie voy dedans Amour qui va changeant de place,
 Ores bas ores haut touſiours me regardant,
 Et ſon arc contre moy coup ſur coup desbandant.
 Si ie faux, ma raiſon, que veux-tu que ie face?
Tant s'en faut que ie ſois alors maiſtre de moy,
 Que ie ni'rois les Dieux, & trahirois mon Roy,
 Ie vendrois mon pays, ie meurtrirois mon pere:
Telle rage me tient apres que i'ay taſté
 A longs traits amoureux de la poiſon amere,
 Qui ſort de ces beaux yeux dont ie ſuis enchanté.

BELLEAV.

Quand rauy ie me pais) Il dit qu'en voyant les yeux de ſa Marie, il eſt tellement hors de ſoy, qu'il n'a ſoucy de ſa vie.

E reçoy plus de ioye à regarder vos yeux,
Qu'à boire, qu'à manger, qu'à dormir, ny qu'à faire
Chose qui soit à l'ame ou au corps necessaire,
Tant de vostre regard ie suis ambitieux.
Pource ny froid hyuer, ny esté chaleureux
Ne me peut empescher que ie n'aille complaire
A ce cruel plaisir, qui me rend tributaire
De vos Astres qui sont si doux & rigoureux.
Marie, vous auez de vos lentes œillades
Gasté de mes deux yeux les lumieres malades,
Et si ne vous chaut point du mal que m'auez fait.
Ou guarissez mes yeux, ou confessez l'offense:
Si vous la confessez, ie seray satisfait,
Me donnant vn baiser pour toute recompense.

BELLEAV.

Ie reçoy plus de ioye) Ce Sonnet exprime la vertu des yeux de Marie, & dit comme au precedẽt Sonnet, que les voyant il n'a soucy de rien, pourueu qu'il les puisse tousiours regarder.

S I i'estois Iupiter, Maistresse, vous seriez
Mon espouse Iunon: si i'estois Roy des ondes
Vous seriez ma Tethys, Royne des eaux profondes,
Et pour vostre palais les ondes vous auriez.
Ile Monde estoit mien, auec moy vous tiendriez
L'empire de la terre aux mammelles fecondes,
Et dessus vn beau Coche en longues tresses blondes,
Par le peuple en honneur Deesse vous iriez.

Mais ie ne suis pas Dieu, & si né le puis estre,
 Le ciel pour vous seruir seulement m'a fait naistre,
 De vous seule ie prens mon sort auantureux.
Vous estes tout mon bien, mon mal, & ma fortune.
 S'il vous plaist de m'aimer, ie deuiēdray Neptune,
 Tout Iupiter tout Roy tout riche & tout heureux.

BELLEAV.

Si i'estois Iupiter) Il desire estre Iupiter, afin que Marie fust sa Iunon, & Neptune, afin qu'elle fust sa Tethys. La terre aux mamelles fecondes.) Les anciens peignoient la bonne mere Tellus, qui est la Deessè, & le genie de la terre, auec beaucoup de tetins, pour signifier que la terre nourrit tous les animaux.

Marie, ainçois mon ciel, mon sort & mon destin,
 Quand d'vn baiser d'amour vostre bouche me baise
Ie suis tout esperdu, tant le cœur me bat d'aise:
Entre vos doux baisers puissé-ie prendre fin.
Il sort de vostre bouche vn doux flair qui le thin
 Le iosmin & l'œillet la framboise & la fraise
Surpasse de douceur, tant vne douce braise
Vient de la bouche au cœur par vn nouueau chemin.
Il sort de vostre sein vne odoreuse haleine
 (Ie meurs en y pensant) de parfum toute pleine,
Digne d'aller au ciel embasmer Iupiter.
Mais quand toute mon ame en plaisir se consomme

Mourant deſſus vos yeux, lors pour me deſpiter,
Vous fuyez de mon col pour baiſer vn ieune
homme.

BELLEAV.

Marie, ainçois mon ciel) Ce Sonnet eſt tout plein
d'amour ſur le commencement, & de ialouzie ſur la
fin. Quand d'vn baiſer d'amour) C'eſt ce que les Grecs
appellent καταγλωτισμόν.

Madame, baiſez moy: non, ne me baiſez pas,
Mais tirez moy le cœur de voſtre douce ha-
    leine:
Non, ne le tirez pas, mais hors de chaſque veine
Succez moy toute l'ame eſparſe entre vos bras.
Non, ne la ſuccez pas: car apres le treſpas
Que ſerois-ie ſinon vne ſemblance vaine,
Sans corps deſur la riue, où l'Amour ne demeine
(Pardonne moy Pluton) qu'en feintes ſes eſbas?
Tandis que nous viuons, entr'aimons nous, Marie,
Amour ne regne point ſur la troupe bleſmie
Des morts, qui ſont ſillez d'vn long ſomme de fer.
C'eſt abus que Pluton ait aimé Proſerpine,
Si doux ſoin n'entre point en ſi dure poitrine:
Amour regne en la terre & non point en enfer.

BELLEAV.

Madame, baiſez moy) Ce Sonnet eſt des plus beaux
qui ſe puiſſe trouuer, pour eſtre tout plein de gentilles
petitions contraires. Sur la fin il dit, que c'eſt folie de

croire, que iamais Pluton fut amoureux de Proserpine
& qu'Amour n'a puissance sur les morts. *Vne sembla-*
ce vaine) C'est ce qu'Homere appelle εἴδωλον ἀμαυρόν.
Ce Sonnet & les precedents ne sont que mignardises
& baisers.

MADRIGAL.

Omme d'vn ennemy ie veux en toute place
   M'eslogner de vos yeux, qui m'ont le cœur
    deceu,
Petits yeux de Venus, par lesquels i'ay receu
   Le coup mortel au sang qui d'outre en outre passe.
Ie voy, les regardant, Amour qui me menasse,
   Aumoins voyant son arc ie l'ay bien apperceu:
Mais remparer mon cœur contre luy ie n'ay sceu,
   Dont le trait fausseroit vne forte cuirasse.
Or pour ne les voir plus, ie veux aller bien loing
   Viure desur le bord d'vne mer solitaire:
Encore i'ay grand' peur de ne perdre le soing,
   Qui m'est par habitude vn mal hereditaire,
Tant il a pris en moy de force & de seiour.
,, *On peut outre la mer vn long voyage faire,*
,, *Mais on ne peut changer ny de cœur ny d'amour.*

BELLEAV.

Comme d'vn ennemy) Il delibere de s'esloigner des
yeux de sa Dame, comme de ses cruels ennemis : puis
il se reprend, & conclud à l'imitation d'Horace, que
pour abandonner vn pays, on ne change pourtant d'affection ny de volonté, laquelle nous accompagne touiours quelque part que nous puissions aller, *Cælum non
animum mutant, qui trans mare currunt.*

Astres

Astres qui dans le ciel rouez vostre voyage,
D'où vient nostre destin de la Parque or-
donné?
Si ma Muse autrefois vos honneurs a sonné,
Destournez (s'il vous plaist) mon malheureux
presage.
Ceste nuict en dormant sans faire aucun outrage
A l'anneau que Marie au soir m'auoit donné,
S'est rompu dans mon doigt, & du faict estonné,
I'ay senty tout mon cœur bouillonner d'vne rage.
Si ma Dame periure a peu rompre sa foy
Ainsi que cest anneau s'est rompu dans mon doy,
Astres, ie veux mourir, enuoyez moy le Somme,
Somme aux liens de fer, ennemy du Soleil,
Et faites, s'il est vray, que mes yeux il assomme
Pour victime eternelle au frere du Sommeil.

BELLEAV.

Astres qui dans le ciel) Sa Dame luy auoit donné
vne bague, laquelle de fortune se rompit de son doigt
la nuict comme il dormoit. Il prie les astres & son destin, que si l'amitié de sa Marie s'est rompue en son endroit, comme la bague en son doigt, de le faire dormir vne longue nuict. Les Poëtes appellét la mort, vne
dure & longue nuict, vn somme ferré, vn somme d'airain, representant par cela la dureté de la mort.
Olli dura quies oculos & ferreus vrget
Somnus, in æternam clauduntur lumina noctem.
Homere parlant de la mort, l'appelle χάλκεον ὕπνον: &
Orphee en l'hymne de la Mort,
ὅς γὰρ ὕπνος ψυχῆς θραύει χὴ σώματος ὁλκόν,
ἥν ἀνεκλύσης φύσεως κεκρατημένα δεσμά,
ὕ μακρὸν ζωοῖσι φέρων αἰώνιον ὕπνον.

P

Il met icy difference entre le Somme, & le Sommeil. Le Somme est le Dieu qui preside aux songes, & aux fantastiques visions de nuict : le Sommeil est le dormir. *Au frere du sommeil*) A la mort.

Vos yeux estoient moiteux d'vne humeur enflammee,
Qui m'ont gasté les miens d'vne semblable humeur,
Et pource que vos yeux aux miens ont fait douleur,
Je vous ay d'vn nom Grec Sinope surnommee:
Mais cest' humeur mauuaise au cœur est deuallee,
Et là comme maistresse a pris force & vigueur,
Gastant mon pauure sang d'vne blesme langueur
Qui ja par tout le corps lente s'est escoulee.
Mon cœur enuironné de ce mortel danger,
En voulant resister au malheur estranger,
A conuerty mon sang en larmes & en pluye:
Afin que par les yeux autheurs de mon souci
Mon malheur fust noyé, ou que par eux aussi
Fuyant deuant le feu, i'espuisasse ma vie.

BELLEAV.

Vos yeux estoient moiteux) Marie auoit mal aux yeux & le Poëte ententiuement la regardant, l'humeur des yeux offensez, comme par contagion entrant dedans les siens, les firent malades. Et pource il a nommé Marie Sinope, qui vaut autant à dire, comme gastant & perdant les yeux. *Mais cest' humeur*) Voy ce que Marf. Ficin en son Commentaire sur le Banquet d'Amour en Platon, quand les humeurs des yeux mal des viennent infecter les yeux sains de ceux qui les regardent, & comme ils portent leur venin iusques au cœur.

A ! que ie porte & de haine & d'enuie
Au medecin qui vient soir & matin
Sans nul propos tastonner le tetin,
Le sein le ventre & les flancs de m'amie.
Lui il n'est pas si songneux de sa vie
Comme elle pense, il est meschant & fin:
Cent fois le iour il la visite, afin
De voir son sein qui d'aimer le conuie.
Vous qui auez de sa fiéure le soin,
Parens, chassez ce medecin bien loin,
Ce medecin amoureux de Marie,
Qui fait semblant de la venir penser.
Que pleust à Dieu pour l'en recompenser,
Qu'il eust mon mal, & qu'elle fust guarie!

BELLEAV.

Ha! que ie porte) Il estoit deuenu ialoux du bon-heur d'vn Medecin, lequel auoit soin de sa Dame pour vne fiéure qui la tourmentoit: & dit que ce Medecin feignant luy taster le pouls, luy manioit le tetin, & iouyssoit de la liberté qui luy estoit defendue. En fin souhaite qu'elle guarisse, & que le Medecin pour punition de son merite, puisse esprouuer la maladie d'amour.

P ij

CHANSON.

Eu que tu es plus blanche que le lix,
Qui t'a rougi ta léure vermeillette?
Qui est l'ouurier qui proprement t'a mis
Dessus ton teint ceste couleur rougette?
Qui t'a noircy les arcs de tes sourcis?
Qui t'a noircy tes yeux brunets, Madame?
O corps diuin sujet de mes soucis,
O doux regard qui me resiouis l'ame!
O douce belle honneste cruauté
Qui doucement me contrains de te suiure!
O fiere ingrate & fascheuse beauté
Auecques toy ie veux mourir & viure!

BELLEAV.

Veu que tu es plus blanche que le lix. Il descrit vne beauté telle que les anciens Grecs & Romains ont tousiours estimee. Marulle aussi, Grec de nation (du-quel l'Autheur a pris ceste chanson) l'auoit choisie, sui-uant la naturelle affection de son pays. Puis il finist honorant & accusant ceste beauté, comme la seule cause des passions diuerses qui le contraignent de le suiure. Marulle,

Cum tu candida sis magis ligustro,
Quis genas minio Nigra tinxit?

Hacun qui voit ma couleur triste &
noire,
Me dit assez, vous estes amoureux!
Mais ce bel œil qui me fait langoureux,

DES AMOVRS. 341

Le sçait, le voit, & si ne le veut croire.
Dequoy me sert que mon mal soit notoire
Quand à mon dam son œil trop rigoureux,
Par ne sçay quel desastre malheureux
Voit bien ma playe, & si la prend à gloire?
I'ay beau pleurer protester & iurer,
I'ay beau promettre & cent fois asseurer
Qu'autre iamais n'aura sus moy puissance,
Qu'elle s'esbat de me voir en langueur:
Et plus de moy ie luy donne asseurance,
Moins me veut croire, & m'appelle vn moqueur.

BELLEAV.

Chacun qui voit) Il se plaint de ne pouuoir persuader à sa Dame, pour quelque asseurance qu'il luy donne de sa foy, qu'il soit amoureux d'elle, encores que chacun cognoisse aisément à son palle & triste visage qu'il le soit bien fort, luy estant impossible dissimuler l'amour qu'il luy porte.

Ouide,
Quis enim celauerit ignem,
Lumine qui semper proditur ipse suo?
Ce Sonnet est tiré d'vn de Petrarque:
Lasso, ch'i ardo, e altri non me'l crede
Si crede ogni huom', se non sola colei
Che sopr' ogni altra, & ch'i sola vorrei,
Ella non par che'l creda, & si se'il vede.

CHANSON.

Vandie te veux raconter mes douleurs,
Et de quel mal en te seruant ie meurs,
Et quelle fiéure ard toute ma mouelle,

P iij

Ma voix tremblote, & ma langue chancelle,
Mon cœur se pasme, & le sang me tressaut:
En mesme instant i'endure froid & chaut,
Sur mes genoux descend vne gelee,
Iusqu' aux talons vne sueur salee
De tout mon corps comme vn fleuue se suit,
Et sur mes yeux nage vne obscure nuit:
Tant seulement mes larmes abondantes
Sont les tesmoings de mes flames ardantes,
De mes souspirs & de mon long soucy,
Qui sans parler te demandent mercy.

BELLEAV.

Quãd ie te veux racõter mes douleurs) Il dit à sa dame
l'occasion, pour laquelle il ne luy peut bien descou‑
urir comment il est espris de son amour, lors qu'il est
en sa presence, n'oubliant rien de toutes les passions
amoureuses, qu'vn vray & fidele seruiteur endure
tellement passiõné, qu'il ne luy reste rien que ses lar‑
mes, qui sans parler, d'elles mesmes demandent merci
C'est vne traduction d'vne Ode de Sapphon.

CHANSON.

IE suis si ardent amoureux,
Que fol souuenir ne me puis,
Ny où ie suis ne qui ie suis,
Ny combien ie suis malheureux.
I'ay pour mes hostes nuict & iour
En mon cœur la rage & l'esmoy,
Qui vont pratiquant dessus moy

Toutes les cruautez d'Amour.
Et toutesfois ie n'ose aymer
Ma raison pour vaincre le tort:
Plus elle me donne la mort,
Plus ie suis content de l'aimer.

BELLEAV.

Ie suis si ardent amoureux) Il n'y a autre intention en ceste Chanson, qu'vne fureur, & vne rage passionnee d'amour. Marulle,

    Iactor, dispereo, crucior, trahor huc miser atque huc:
    Ipse ego iam quis sim nescio, nec vbi sim.
    Tot simul insidiis premor vndique, proh dolor! in me
    Sauitię Cypris dat documenta suæ.

SI vous pensez qu'Auril & sa belle verdure
De vostre fievre quarte effacent la langueur,
Vous estes bien trompee, il faut guarir mon cœur
Du chaud mal dont il meurt, duquel vous n'auez cure.

Il faut premier guarir l'ancienne pointure
Que vos yeux en mon sang me font par leur rigueur,
Et en me guarissant vous reprendrez vigueur
Du mal que vous souffrez, & du mal que i'endure.

La fievre qui vous ard, ne vient d'autre raison,
Sinon de moy qui feis aux Dieux vne oraison,
Pour me contre-venger, de vous faire malade.

Vous souffrez à bon droict. Quoy? voulez-vous guarir,

P iiij

Et si ne voulez pas vos amis secourir,
Que vous guaririez bien seulement d'une œillade.

BELLEAV.

Si vous pensez qu'Auril) Il dit que sa Dame ne peut receuoir guarison, encores que la saison luy soit fauorable, si premierement il n'est guary: & que la fiéure qu'elle a, ne vient d'autre occasion, que des humbles prieres qu'il fait aux Dieux, pour auoir vengeance de sa cruauté.

J'Ay desiré cent fois me transformer, & d'estre
Vn esprit inuisible afin de me cacher
Au fond de vostre cœur, pour l'humeur rechercher
Qui vous fait contre moy si cruelle apparestre.
Si i'estois dedans vous, au moins ie serois maistre
De l'humeur qui vous fait contre l'Amour pecher,
Et si n'auriez ny pouls ny nerfs dessous la chair,
Que prompt ie ne cherchasse à fin de vous cognestre.
Je sçaurois maugré vous & vos complexions,
Toutes vos volontez & vos conditions,
Et chasserois si bien la froideur de vos veines,
Que les flames d'Amour vous y allumeriez:
Puis quand ie les voirrois de son feu toutes pleines,
Ie reprendrois ma forme, & lors vous m'aimeriez

BELLEAV.

I'ay desiré cent fois) Il souhaite estre quelque esprit inuisible, pour auoir moyen de bien cognoistre les passions de sa Dame, & pour rechercher dedans ses veines la malignité de l'humeur contraire à l'amour: puis l'ayant purgee de ce mal, qu'il retournast en son premier estre.

T V as beau, Iupiter, l'air de flames dissoudre,
 Et faire d'vn grand bruit galloper tes cheuaux
Ronflans à longs esclairs par le creux des nuaux,
 Et en cent mille esclats coup sur coup les descoudre:
Je ne crains tes esclairs ny ton son ny ta foudre,
 Comme le cœur peureux des autres animaux:
 Il y a trop long temps que les foudres iumeaux
Des yeux de ma maistresse ont mis le mien en poudre.
Je n'ay plus ny tendons ny arteres ny nerfs:
Les feux trop violents qu'en aimant i'ay soufferts,
 M'ont tourné tout le corps & toute l'ame en cedre.
Je ne suis plus vn homme (ô estrange meschef!)
 Mais vn fantaume vain, qu'on ne sçauroit plus prendre,
Tant la foudre amoureuse est cheute sus mon chef.

BELLEAV.

Tu as beau, Iupiter) Il asseure qu'il n'est pas de ces hommes peureux, qui craignent la foudre ou le tonnerre, & que long temps a que les yeux de sa Dame ont reduit le sien en poudre, de façon qu'il ne reste

P v

plus qu'vne statue de pierre, qui n'a sentiment aucun,
Tu as beau, Iupiter) En ces quatre premiers vers il a diuinement exprimé ce que dit Horace:

> Nanque Diespiter
> Igni corusco nubila diuidens,
> Plerunque per purum tonantes
> Egit equos, volucrémque currum.

Comme le cœur peureux des autres animaux) Ce que dit Virgile au premier des Georgiques,

> Ipse pater media nimborum in nocte, corusca
> Fulmina molitur dextra, quo maxima motu
> Terra tremit, fugere feræ, & mortalia corda
> Per gentes humilis strauit pauor.

Veux-tu sçauoir, Binet, en quel estat ie suis?
Ie te le veux conter: d'vn pauure miserable
Il n'y a nul malheur, tant soit-il pitoyable,
Que ie n'aille passant du seul de mes ennuis.

Ie tiens tout ie n'ay rien ie veux & si ne puis,
Ie reuiuy ie remeurs, ma playe est incurable:
Qui veut seruir Amour, ce Tyran execrable,
Pour toute recompense il reçoit de tels fruis.

Pleurs larmes & souspirs accompagnent ma vie,
Langueur douleur regret soupçon & ialousie,
Transporté d'vn penser qui me vient deceuoir.

Ie meurs d'impatience: & plus ie ne sens viure
L'esperance en mon cœur, mais le seul desespoir
Qui me guide à la mort, & ie le veux bien suiure

BELLEAV.

Veux tu sçauoir, Binet) Il adresse ce Sonet à Claude Binet, homme fort docte, & des mieux versez en la cognoissance du Droict & de la Poësie, & l'vn de no

DES AMOVRS.   347

meilleurs amis. Or il se plaint à luy du mal qu'il reçoit en Amour. *Ie tiens tout, ie n'ay rien, ie veux, & si ne puis*) Ces passions contraires sont prises d'vn Sonnet de Petrarque, qui commence,

 Pace non trouo, e non ho da far guerra,
 E temo, e spero, e ardo, e son vn ghiaccio,
 E vólo sopra'l cielo, e ghiaccio in terra,
 E nulla stringo, e tutto'l mondo abraccio.

Quiconque voudra suiure Amour ainsi que
 moy,
Celuy se delibere en penible tristesse
Viure comme ie vy. Il pleut à la Deesse
Qui tient Cypre en ses mains, d'ordonner telle loy.
Apres auoir souffert les maux que ie reçoy,
Il mourra de langueur, & sa fiere maistresse
Le voyant trespassé sautera de liesse
Sur le tombeau du mort, se moquant de sa foy.
Allez donc Amoureux faire seruice aux Dames,
Offrez leur pour present & vos corps & vos
 ames,
Vous aurez pour salaire vn dedain vn courrous.
Ie croy que Dieu les feit à fin de nuire à l'homme:
Il les feit (Pardaillan) pour nostre malheur,
 comme
Les Tygres les Lions les Serpens & les Loups.

BELLEAV.

Quiconque voudra suiure) Ce Sonnet est vn aduertissement à ceux qui font l'amour, qu'ils ne doiuēt esperer autre recompense de leurs seruices que la mort, ou des cruautez insupportables, & que les femmes ne

P vj

sont en ce monde que pour vn tourment perpetuel de
nostre vie. Qui tient Cypre en ses mains) Il entend Venus Dame de Cypre. Diua potens Cypri, Horace.

J'Auois cent fois iuré de iamais ne reuoir
(O serment d'amoureux!) l'angelique visage
Qui depuis quinze mois en peine & en seruage
Emprisonne mon cœur que ie ne puis r'auoir.
I'en auois fait serment: mais ie n'ay le pouuoir
D'estre seigneur de moy: tant mon traistre courage
Violenté d'amour & conduit par vsage,
Y reconduit mes pieds abusé d'vn espoir.
,, Le destin, Pardaillan, est vne forte chose:
,, L'homme animal prudent ses affaires dispose,
,, Mais l'Astre fait tourner ses desseins au rebours.
Ie sçay bien que ie fais ce que ie ne doy faire,
Ie sçay bien que ie suy de trop folles amours:
Mais quoy, puis que le Ciel delibere au contraire?

BELLEAV.

I'auois cent fois iuré) Il dit en ce Sonnet, que les
deliberations humaines ne peuuent empescher l'vrgente necessité du destin, & que cent fois il s'estoit proposé de iamais ne reuoir sa maistresse, toutefois que son
desastre le forçoit d'y retourner. O sermet d'amoureux
C'est à dire, autant leger, comme legerement il est fait.
Pris de Callimach, duquel l'exemplaire est maintenant
depraué, toutefois le sens est aisé à coniecturer,

ὤμοσεν, ἀλλὰ λέγουσι διὰ τόπους ἐν ἔρωτι
ὅρκους μὴ δύνειν κατ᾽ ἰς ἀθανάτων.

DES AMOVRS. 349

Ne me suy point, Belleau, allant à la maison
De celle qui me tient en douleur nompareille:
Ignores-tu les vers chantez par la Corneille
A Mopse qui suiuoit la trace de Iason?
Prophete, dit l'oiseau, tu n'as point de raison
De suiure cest amant qui tout seul s'appareille
» D'aller voir ses amours: malheureux qui cōseille,
» Et qui suit l'amoureux quand il n'en est saison.
Pour ton profit, Belleau, que ton regard ne voye
Celle qui par les yeux la playe au cœur m'enuoye,
De peur qu'il ne reçoiue vn mal au mien pareil.
Il suffist que sans toy ie sois seul miserable:
Reste sain ie te pri' pour estre secourable
A ma douleur extreme, & m'y donner conseil.

BELLEAV.

Ne me suy point, Belleau) Il dit que les beaux yeux de la Dame ont telle force, qu'aisément ceux qui en sont touchez, deuiennent malades de mesme maladie que luy. Pourtant il me prie de ne l'accompagner lors qu'il va voir sa maistresse, à fin que restant sain, ie le puisse consoler, & que le tiers ne sert bien souuent que de rompre l'entreprise. *Ignores-tu les vers chantez par la Corneille A Mopse, qui suiuoit la trace de Iason?*) Ceste inuention est prise du troisiesme liure des Argonautes d'Apolloine Rhodien, où il conte comme Iason ayant deliberé vn iour d'aller voir Medée, s'accompagna de Mopsus grand Augure & grand Prophete. Toutefois Iunon qui fauorisoit Iason, sçachant qu'il ne receuroit aucune courtoisie, si Medée le trouuoit accompagné, en faueur de luy suscita soudain vne Corneille sur le haut d'vn chesne, à laquelle elle fit chanter ces vers Grecs en colere, à fin que Mopsus eust à se retirer:

ὅρη κακόμαντι κακοφραδὲς, οὐδέ σε κύνες
ἠρ' ἀσαν οἱ φιλέοντες ὑποπτεύσω ἐν ἔρωτος·

P iij

CHANSON.

Omme la cire peu à peu,
Quand pres de la flamme on l'approche,
Se fond à la chaleur du feu:
Ou comme au feste d'une roche
La neige encore non foulee
Au Soleil se perd escoulee:
Quand tu tournes tes yeux ardans
Sur moy d'une œillade gentille,
Ie sens tout mon cœur au dedans
Qui se consomme & se distille,
Et ma pauure ame n'a partie
Qui ne soit en feu conuertie.

Comme une rose qu'un amant
Cache au sein de quelque pucelle
Qu'elle enferme bien cherement
Pres de son tetin qui pommelle,
Puis chet fanie sur la place
Au soir quand elle se delace.

Et comme un lis par trop laué
De quelque pluye printaniere,
Panche à bas son chef aggraué
Dessus la terre nourriciere,
Sans que iamais il se releue,
Tant l'humeur pesante le gréue:

Ainsi ma teste à tous les coups
Se panche de tristesse à terre,
Sur moy ne bat veine ny pouls,
Tant la douleur le cœur me serre:
Ie ne puis parler, & mon ame
Engourdie en mon corps se pâme.

Adonques pasmé ie mourrois,
Si d'vn baiser fils de ta bouche
Mon ame tu ne secourois,
Et mon corps froid comme vne souche:
Me resoufflant en chaque veine
La vie par ta douce haleine.

Mais c'est pour estre tourmenté
De plus longue peine ordinaire,
Comme le cœur de Promethé,
Qui se renaist à sa misere,
Eternel repas miserable
De son vautour insatiable.

BELLEAV.

Comme la cire peu à peu) Il dit que les rayons des beaux yeux de sa Dame ont telle puissance sur luy, qu'ils le font distiler & consommer comme la cire pres du feu, ou la neige qui fond au Soleil, perdant sa force & sa couleur. comme la rose portée dedans le sein de quelque ieune pucelle, ou comme le lis trop laué & battu d'vne trop ennuyeuse pluye. Pris de Marulle,

Ignitos quoties tuos ocellos
In me victa mouens, repentè qualis
Cera defluit impotente flamma,
Aut nix vere niuo.

SI i'auois vn haineux qui machinast ma
   mort,
  Pour me contre-venger d'vn si fier aduer-
   saire,
Ie voudrois qu'il aimast les yeux de ma contraire,
Qui si fiers contre moy me font si doux effort.

Ceste punition, tant son regard est fort,
  Luy seroit vn enfer & se voudroit desfaire:
Ny le mesme plaisir ne luy sçauroit plus plaire,
  Seulement au trespas seroit son reconfort.
Le regard monstrueux de la Meduse antique
  N'est rien au pris du sien que fable Poetique.
Meduse seulement tournoit l'homme en rocher:
Mais ceste-ci en-roche, en-eaue, en-foue, en-glace
  Ceux qui de ses regars osent bien approcher.
  De quel monstre, Lecteur, at-elle pris sa race?

BELLEAV.

Si i'auois vn haineux) Il poursuit le mesme argument pour parler des yeux de sa Dame: toutefois la passion est differente. Car pour auoir vegeance de son ennemy, il souhaite qu'il en soit regardé, & que non seulement il sera transformé en rocher, comme ceux qui regardoyent l'horrible face de Meduse, mais aussi tourné en glace, en feu, & en eau. Voy la fable de Meduse au cinquiesme de la Metamorphose d'Ouide, & le docte Muret en ses Cōmentaires. Desfaire) Tuer. En-rocher, en-eauer, en-glacer, en-fouer) Tourner en roche, en eau, en glace, en feu. Mots nouueaux & necessaires pour enrichir la pauureté de nostre langue, laquelle ne manqueroit auiourd'huy d'vne infinité de beaux mots bien inuentez & bien recherchez, si du commencement les enuieux de la vertu de l'Autheur ne l'eussent destourné d'vne si louable entreprise. Car de ce mot de feu, tournant le e en o, vient fouyer, & fouaee, qui est vne certaine galette ou tourteau cuit au feu. Puis fouë, qui signifie vne grande flamme de feu, telle que nous faisons en nos villages la vigile de la S. Iean. En-eauë) Il est certain que nos peres disoyent eauë, pour eau: tesmoins en sont les vieux Romās. Or d'eauë le Poëte a fait le verbe En-eauër, comme de glace, enplacer. Les François le deuroyent suiure en telles compositions, pourueu qu'elles fussent bien reiglées, & proprement faites. *At-elle*) En lieu de dire A elle, pour euiter la cacophonie, c'est à dire, le mauuais son des voyeles.

J'Auray tousiours en l'ame attachez les rameaux
    Du lierre, où ma Dame osa premier escrire
L'amour qu'elle n'osoit de sa bouche me dire
Pour crainte d'vn seigneur, la cause de mes maux.
Sur toy iamais Hiboux Orfrayes ny Corbeaux
Ne se viennent brancher, iamais ne puisse nuire
Le fer à tes rameaux, & à toy soit l'empire,
O lierre amoureux, de tous les arbrisseaux.
Non pour autre raison le grand fils de Semelle
Enuironne de toy sa perruque immortelle,
Que pour recompenser le bien que tu luy fis,
Quand pleine de sanglots Ariadne laissee,
Comme sur vn papier luy trassa ses ennuis,
Escriuant dessus toy s'amour & sa pensee.

BELLEAV.

J'auray tousiours en l'ame.) Il souhaite que les oiseaux de mauuais augure iamais ne puissent brancher sur le lierre, pour auoir esté fidele messager de ses amours. Puis feint que Bacchus ne le porte pour autre occasion, que pour luy auoir serui de tel secretaire, lors qu'il deuint amoureux d'Ariadne, laissée du pariure & desloyal Thesée sur le riuage de la mer: qui toute gonfle de souspirs, & ne pouuant aisément parler, s'aida du lierre que Bacchus portoit sur son chef, pour escrire d'vne espingle sur les fueilles le contract amoureux de son mariage. *Le grand fils de Semele*) Bacchus fils de Semele & de Iupiter. Voy Ouide en sa Metamorfose. Ariadne fut fille de Minos Roy de Crete, par le secours & moyen de laquelle Thesée se depestra du Labyrinthe, & se sauua du Minotaure: puis pour recognoissance de ce bien-fait, enleua ceste fille de la maison de son pere, & vne nuict se desrobant secrettement d'elle, la laissa seule & esplorée dedans vne petite isle appellée Die, à la merci des bestes sauuages. Voy ses doleances dedans Catulle, & toute la fable du Minotaure & de Thesée. Ceste inuention est propre à nostre Autheur.

Amour voulut le corps de ceste mousche prendre,
   Qui fait courir les bœufs en esté par les bois
Puis il choisit vn trait de ceux de son carquois,
   Qui piquant sçait le mieux dedans les cœurs descendre.
Il eslongna ses mains & feit son arc estendre
   En croissant, qui se courbe aux premiers iours du mois,
Puis me lascha le trait, contre qui le harnois
   D'Achille ny d'Hector ne se pourroit defendre.
Se moquant de ma playe esbaudy s'en-vola,
   Et par l'air mon penser auec luy s'en-alla.
Penser va-t'en au Ciel, la terre est trop commune
Adieu Amour adieu, adieu penser adieu:
   Ny l'vn ny l'autre en moy vous n'aurez plus de lieu:
Tousiours l'vn me maistrise, & l'autre m'importune.

BELLEAV.

Amour voulut le corps de ceste mousche prendre) Il dit qu'Amour pour luy dresser vne escarmouche, s'estoit mis en embuscade dedãs les yeux de sa Dame en forme de mousche, qui fait moucher les bœufs: puis qu'à l'aborder luy fist telle playe au cœur, qu'il n'espere iamais guarison que par la seule mort. *Qui fait courir les bœufs*) Il entend vne espece de grosses mousches piquantes, que les Grecs appellent οἴσρον, les Latins, *Asilum*. Virgile:

   Cui nomen Asilo
Romanum est, œstrum Graii vertere vocantes,
Asper acerba sonans, quo tota exterrita sylvis
Diffugiunt armenta.

Ce commencement est tiré du troisiesme liure des Argonautes d'Apolloine, où il dit qu'Amour se vint cacher dedans les plis de la robbe de Iason, pour plus facilement descocher ses fleches dedans les yeux de Medée, s'eslançant par l'air horrible & effroyable, comme vn Tan qui fait moucher les genisses.

   τόφρα δ' ἔρως πολιοῖο δι' ἠέρος ἷξεν ἄφαντος
   τετρηχὼς, οἷόν τε νέαις ἐπὶ φορβάσιν οἶστρος
   τέλλεται, ὅν τε μύωπα βοῶν κλείουσι νομῆες.

Il eslongna ses mains) Pris d'Anacreon:

   ταινεῖ δὲ κ᾽ με τύπτει
   Μέσον ἧπαρ ὥσπερ οἶστρος.

Il a voulu peindre au naturel les gestes mesmes que on fait pour bien encorder vn arc, vsant d'vne belle similitude d'vn nouueau Croissant, pour exprimer ce que les Poëtes Latins disent, *Lunare*:

   Luna itaque genus sinuosum fortiter arcum.

Le harnois d'Achille) Le harnois d'Achille auoit esté forgé de la main de Vulcan, & pource estimé de meilleure estoffe, & de meilleure trampe, que s'il eust esté d'vn autre armurier. *Esbaudy*) Resiouy, esgayé. Ce vieil mot François signifie, monstrer sa ioye auec mines & gestes, & face ioyeuse.

CHANSON.

Oulant, ô ma douce moitié,
T'asseurer que mon amitié
  Ne se voirra iamais finie:
Ie fis pour t'en asseurer mieux,
Un serment iuré par mes yeux
Et par mon cœur & par ma vie.
Tu iures ce qui n'est à toy,
  Ton cœur & tes yeux sont à moy
  D'vne promesse irreuocable,
  Ce me dis-tu:Helas au moins
  Reçoy mes larmes pour tesmoins
  Que ma parolle est veritable.
Alors belle tu me baisas
  Et doucement des-attizas
  Mon feu d'vn gracieux visage:
  Puis tu fis signe de ton œil,
  Que tu receuois bien mon dueil
  Et mes larmes pour tesmoignage.

BELLEAV.

Voulant, ô ma douce moitié) Il auoit fait serment à sa Dame par ses yeux, par son cœur, & par sa vie, qu'il seroit à iamais son seruiteur, voire iusques apres la mort: puis par vne gentille inuention, il feint qu'elle feit respôse que les yeux, le cœur, & la vie de l'Autheur de long temps n'estoyent plus à luy, mais à elle, & qu'il ne pouuoit iurer par choses qui n'estoyent plus siennes. Puis confessant la debte, il dit au moins, que sa langueur & ses larmes qui sont siennes, seront tel-

moins de son martyre. En fin ils appointent leur differend par vn baiser. Pris de Marulle,
Iuraui fore me tuum perenne,
Per me, per caput hoc, per hos ocellos.

A Phebus, Patoillet, tu es du tout semblable
De face & de cheueux & d'art & de sçauoir:
A tous deux dans le cœur Amour a fait auoir
Pour vne belle Dame vne playe incurable.
Ny herbe ny onguent contre Amour n'est valable:
Car rien ne peut forcer de Venus le pouuoir:
Seulement tu peux bien par tes vers receuoir
A ta playe amoureuse vn secours allegeable.
Enchantant, Patoillet, on charme le soucy:
Le Cyclope Aetnean se guarissoit ainsi,
Chantant sur son flageol sa belle Galatee.
La peine descouuerte adoucist nostre ardeur:
Ainsi moindre deuient la plaisante langueur
Qui vient de trop aimer quand elle est bien chantee.

BELLEAV.

A Phebus, Patoillet) Il addresse ce Sonnet à Iean Patoillet, l'vn de nos meilleurs & plus fideles amis, homme de grand iugement, de grande lecture, & des plus versez en la cognoissance des langues, histoires & autres bonnes sciences. Ce commencement est tiré d'vne Eglogue de Theocrite, qui se commence, ὡς ἴσπαρτα. *Le Cyclope Aetnean*) Polypheme, ainsi nommé, pource qu'il demeuroit en la montaigne Aetna. *Ainsi moindre deuient la plaisante langueur*) que Theocrite aussi raconte de Polypheme, lequel passoit son mal en chantant sa belle Galatée. Voyez Ouide en sa Metamorfose.

Marie tout ainsi que vous m'auez tourné
Ma raison qui de libre est maintenant ser-
uile,
Ainsi m'auez tourné mon graue premier stile,
Qui pour chanter si bas n'estoit point ordonné.
Au moins si vous m'auiez pour ma perte donné
Non vn Empire enflé de mainte riche ville,
Mais vn petit baiser, recompense facille,
Je n'eusse regretté mon stile abandonné.
Las! ce qui plus me deult c'est que n'estes contante
De voir que ma Muse est si basse & si rampante
Qui souloit apporter aux François vn effroy:
Mais vostre peu d'amour ma loyauté tourmente,
Et sans aucun espoir d'vne meilleure attente
Tousiours vous me liez & triomphez de moy.

BELLEAV.

Marie tout ainsi) Il s'excuse en ce Sonnet d'auoir changé de façon d'escrire en ceste Seconde partie, disant que tout ainsi que Marie luy a tourné le sens & la raison, aussi elle l'a fait chanter d'autre stile & d'autre sorte que parauant. Toutefois quelques-vns des plus gaillards esprits de ce siecle, & des mieux appris, ont estimé ces Amours de Marie, pour leur nayue simplicité, plus beaux & plus amoureux que ceux de Cassandre, & ceux d'Helene les plus beaux, & les mieux polis de tous. Mais ils se trompent du tout.

DES AMOVRS.

CHANSON.

Ie t'assauls, Amour, Dieu qui m'es trop co-
gnu,
Pour neant en ton camp ie feray des alarmes:
Tu es vn vieil routier & bien appris aux armes,
Et moy ieune guerrier mal-appris & tout nu.
Si ie fuy deuant toy, ie ne sçaurois aller
En lieu que ie ne sois deuancé de ton aile:
Si ie veux me cacher, l'amoureuse estincelle
Qui reluist en mon cœur me viendra deceler.
Si ie veux m'embarquer tu es fils de la mer,
Si ie m'en-vole au Ciel ton pouuoir y cômande,
Si ie tombe aux enfers ta puissance y est grande:
Ainsi maistre de tout, force m'est de t'aimer.
Or ie t'aimeray donq, bien qu'ennuis de mon cœur,
Si c'est quelque amitié que d'aimer par contrainte:
Toutefois (comme on dit) on voit souuent la
crainte
S'accompagner d'amour & l'amour de la peur.

BELLEAV.

Si ie t'assauls) Il monstre comme il est difficile de
combatre l'Amour, veu qu'il tient fort en quelque lieu
que nous peussions l'assieger, soit au Ciel, en la terre,
ou en la mer, lesquels obeissent tous à son commandement. Ennuis) Maugré moy : vieil mot François, pris du
Latin inuitus.

CHANSON.

Ie suis vn demi-Dieu quãd assis vis-à-v[is]
De toy, mon cher souci i'escoute les deuis,
Deuis entre-rompus d'vn gracieux sou-ri[s]
Sou-ris qui me retient le cœur emprisonné:
En contemplant tes yeux ie me pasme estonné,
Et de mes pauures flancs vn seul vent ie ne tire.
Ma langue s'engourdist, vn petit feu me court
Fretillant sous la peau: ie suis muet & sourd,
Vn voile sommeillant dessus mes yeux demeure:
Mon sang deuient glacé, le courage me faut,
Mon esprit s'euapore, & alors peu s'en faut
Que sans ame à tes pieds estendu ie ne meure.

BELLEAV.

Ie suis vn demi-Dieu) C'est la traduction de l'O[de]
de Sapphon, que ie t'ay cy dessus alleguée. En la li[re]
tu la pourras admirer, au moins si iamais tu as e[sté]
espoinçonné d'affection & de passion amoureuse,
quelles sont toutes icy representées. Catulle l'a[...]
traduite:

Ille mi par esse videtur,
Ille (si fas est) superare diuos.

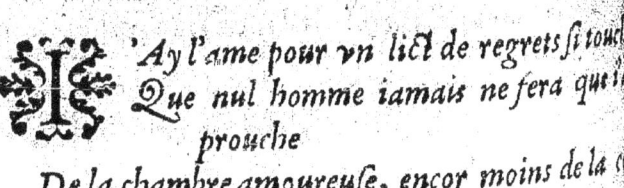

'Ay l'ame pour vn lict de regrets si touc[hé]
Que nul homme iamais ne sera qui [ap]prouche
De la chambre amoureuse, encor moins de la c[ou]che

DES AMOVRS.

Où ie vey ma maistresse au mois de May cou-
chee.
Vn somme languissant la tenoit mi-panchee
  Dessus le coude droit fermant sa belle bouche,
  Et ses yeux dans lesquels l'archer Amour se cou-
che,
  Ayant tousiours la fleche à la corde encochee.
Sa teste en ce beau mois sans plus estoit couuerte
  D'vn riche escofion ouuré de soye verte,
  Où les Graces venoyent à l'enuy se nicher :
Puis en ses beaux cheueux choisissoient leur demeure.
  I'en ay tel souuenir que ie voudrois qu'à l'heure
  Mon cœur pour n'y penser fust deuenu rocher.

BELLEAV.

I'ay l'ame pour vn lict) Voy dans ce Sonnet le diuin pourtrait d'vne femme endormie de bonne grace
sur vn lict, & peinte de la main d'vn gentil ouurier.

Aliste, pour aimer ie pense que ie meurs,
  Ie sens dedans mon sang la fiéure con-
tinue,
  Qui de chaud qui de froid iamais ne di-
minue,
Ainçois de pis en pis rengrege mes douleurs.
Plus ie vueil refroidir mes bouillantes chaleurs,
  Plus Amour les r'allume : & plus ie m'esuertue
  De rechaufer mon froid, plus la froideur me tue,
Pour languir au milieu de deux diuers malheurs.
Vn ardent appetit de iouyr de l'aimee
  Tient tellement mon ame en pensers allumee,

Et ces pensers fieureux me font resuer si fort,
Que diete ne ius ny section de veine
  Ne me sçauroyent guarir: car de la seule mort
  Depend & non d'ailleurs le secours de ma peine.

BELLEAV.

Caliste pour aimer) Il escrit ce Sonnet à Caliste, fort docte, bien nay, & bien versé en l'vne & l'autre langue, lequel fut tué à Paris, l'an mil cinq cens soixante deux. Il se plaint à luy de la fiéure amoureuse qui le tient en langueur. Il poursuit fort bien la metaphore d'vne ti[ncture] continue sur les passions d'amour.

Ve dis-tu, que fais-tu, pensiue Tourterelle
Dessus cest arbre sec? T. Viateur, ie la[mente.]
R. Pourquoy lamentes-tu? T. Pour ma compa[g]ne absente,
Dont ie meurs de douleur. R. En quelle part es[t] elle?
T. Vn cruel oiseleur par glueuse cautelle
L'a prise & l'a tuee: & nuict & iour ie cha[nte]
Ses obseques icy, nommant la mort meschante
Qu'elle ne m'a tuee auecques ma fidelle.
R. Voudroi-tu bien mourir & suiure ta compagn[e]
T. Aussi bien ie languis en ce bois tenebreux,
Où tousiours le regret de sa mort m'accompag[ne]
R. O gentils oiselets que vous estes heureux!
Nature d'elle mesme à l'amour vous enseigne,
Qui mourez & viuez fideles amoureux.

BELLEAV.

Que dis-tu, que fais tu) Ce Sonnet est fait en Dialogue, où il fait lamenter la Tourterelle du regret qu'elle a pour l'absence de sa compagne : puis voulant couuertement toucher l'inconstance de sa Dame, il dit que les oiseaux sont heureux d'aimer si constamment.

CHANSON.

Harsoir, Marie, en prenant maugré toy
Vn doux baiser accoudé sur ta couche,
 Sans y penser ie laissay dans ta bouche
L'ame en baisant qui s'enfuit de moy.
Comme i'estois sur le poinct de mourir,
Et que mon ame amusee à te suiure,
Ne reuenoit mon corps faire reuiure,
Ie renuoyay mon cœur pour la querir.
Mais mon cœur pris de ton œil blandissant
Aima trop mieux estre chez toy (Madame)
Que retourner, & non-plus qu'à mon ame
Ne luy chalut de mon corps perissant.
Si ie n'eusse en te baisant rauy
De ton haleine vne vapeur ardente,
Qui depuis seule (en lieu de l'ame absente
Et de mon cœur) de vie m'a seruy:
Voulant harsoir mon tourment appaiser,
Par qui sans ame & sans cœur ie demeure,
Ie fusse mort entre tes bras à l'heure
Que maugré toy ie te pris vn baiser.

Harsoir Marie) Il dit qu'en desrobant vn baiser de sa Dame, il laissa son ame prisonniere entre ses leures, puis pour la retirer, il feit vn messager de son cœur, lequel trouua la demeure si gracieuse, qu'il ne feit conte de reuenir au seruice de son maistre: puis dit, que soudain il fust mort, n'eust esté qu'en la baisant il receut vne chaude flame, qui depuis l'a fait viure, luy seruant & d'ame & de cœur. Ceste inuention est diuine, comme sont celles de ce gentil Marulle, & de nostre Autheur, lequel ne l'eust peu si bien imiter, s'il ne fut tombé en pareilles affections, & possible en suiet de mesme grace & pareille beauté. Voy Marulle:

Suauiolum inuitæ rapio dum casta Neæra,
Imprudens vestris liqui animam in labiis.

BIen que ton œil me face vne dure écarmouche,
Moy veincu sans reuanche & luy tousiours veinqueur:
Bien que depuis trois ans sa cruelle rigueur
Me tienne prisonnier de ta beauté farouche:
Bié que son traict meurtrier iusqu'à l'ame me touche,
Si ne veux-ie eschapper de si douce langueur,
Ne viure sans auoir ton image en mon cœur,
Tes mains dedans ma playe, & ton nom en la bouche.
Ce m'est extreme honneur de trespasser pour toy,
Qui passes de beauté la beauté la plus belle,
Vn soudart pour garder son enseigne & sa foy,
Meurt bien sur le rempart d'vne forte Rochelle.
Ie mourray bien-heureux s'il te souuient de m
La mort n'est pas grãd mal, c'est chose naturelle.

BELLEAV.

Bien que ton œil me face) Le Poëte asseure, bien que sa Dame luy soit tousiours cruelle & fascheuse, qu'il ne laissera iamais de l'aimer.

Mour voyant du Ciel vn pescheur sur la
    mer,
Calla son aile bas sur le bord du nauire:
Puis il dit au pescheur, Ie te pri' que ie tire
Ton reth qu'au fond de l'eau le plomb fait abys-
    mer.
Vn Dauphin qui sçauoit le feu qui vient d'aimer,
Voyant Amour sur l'eau, à Tethys le va dire:
Tethys si quelque soin vous tient de nostre Empire,
Secourez le ou bien tost il s'en va consumer.
Tethys laissa de peur sa caverne profonde,
Haussa le chef sur l'eau & vit Amour sur
    l'onde.
Puis elle s'escria: Mon mignon, mon nepueu,
Fuyez & ne bruslez mes ondes, ie vous prie.
Ma tante, dit Amour, n'ayez peur de mon feu,
Ie le perdis hier dans les yeux de Marie.

BELLEAV.

Amour voyant du Ciel,) Il feint qu'Amour estant vn iour sur la mer, fut descouuert par vn Dauphin, qui soudain aduertit Tethys de dôner ordre à son Royaume, autrement ce boute-feu Amour estoit prest de embraser. Lors Tethys supplia Amour de se retirer: à laquelle il feit responce, qu'il estoit sans feu & sans armes, & qu'il auoit laissé son brandon dedans les yeux de Marie. *Vn Dauphin*) Il fait aduertir Tethys par vn Dauphin, à l'imitation de la fable qu'en raconte Oppian, qui dit que Neptune estant amoureux, & ne pouuant trouuer sa Dame qui se cachoit de luy, la recouura par la diligence des Dauphins, & pour recompense leur donna la viftesse sur tous les autres poissons, & encore ie ne sçay quel instinct d'amour qu'ils portent aux hommes. Voy Oppian & Pline en son second liure, 8. chap.

CHANSON.

Vand i'estois libre, ains qu'vne amour
  nouuelle
Ne se fut prise en ma tendre moelle,
 Ie viuois bien-heureux:
Comme à l'enuy les plus accortes filles
Se trauailloyent par leurs flames gentilles
 De me rendre amoureux.

Mais tout ainsi qu'vn beau Poulain farouche,
Qui n'a masché le frein dedans la bouche,
 Va seulet escarté,
N'ayant souci sinon d'vn pied superbe
A mille bonds fouler les fleurs & l'herbe,
 Viuant en liberté:

Ores il court le long d'vn beau riuage,
 Ores il erre en quelque bois sauuage,
  Fuyant de sault en sault:
De toutes parts les Poutres hanissantes
Luy font l'amour pour neant blandissantes
 A luy qui ne s'en chaut.

Ainsi i'allois desdaignant les pucelles,
Qu'on estimoit en beauté les plus belles,
　Sans respondre à leur vueil:
Lors ie viuois amoureux de moy-mesme,
Content & gay, sans porter couleur blesme
　Ny les larmes à l'œil.
I'auois escrite au plus haut de la face,
Auec l'honneur vne agreable audace
　Pleine d'vn franc desir:
Auec le pied marchoit ma fantaisie
Où ie voulois sans peur ne ialousie,
　Seigneur de mon plaisir.
Mais aussi tost que par mauuais desastre
Ie vey ton sein blanchissant comme albastre,
　Et tes yeux deux Soleils,
Tes beaux cheueux espanchez par ondees,
Et les beaux lis de tes léures bordees
　De cent œillets vermeils:
Incontinent i'appris que c'est seruice.
La liberté de mon ame nourrice,
　S'eschappa loin de moy:
Dedans tes rets ma premiere franchise
Pour obeyr à ton bel œil, fut prise
　Esclaue sous ta loy.
Tu mis cruelle en signe de conqueste
Comme veinqueur tes deux pieds sur ma teste,
　Et du front m'as osté
L'honneur, la honte & l'audace premiere,
Acouhardant mon ame prisonniere,
　Serue à ta volonté.
Vengeant d'vn coup mille fautes commises,
Et les beautez qu'à grand tort i'auois mises

Q iiij

Par-auant à mespris,
Qui me prioyent en lieu que ie te prie:
Mais d'autant plus que merci ie te crie,
Tu es sourde à mes cris,
Et ne respons non plus que la fontaine
Qui de Narcis mira la forme vaine,
En vengeant à son bord
Mille beautez des Nymphes amoureuses,
Que cest enfant par mines desdaigneuses
Auoit mises à mort.

BELLEAV.

Quand i'estois libre) Il fait comparaison de soy-mesme auec vn ieune poulain, lequel tout libre & gaillard, n'ayant encore senty le feu d'amour, est farouche. Quand Amour signifie le Dieu d'aimer, il est masculin: quand il signifie nostre passion amoureuse, il est feminin: mais ordinairement les Poëtes le confondent. *Mouelle*) Mouelle, sang, flanc, faye, arteres, muscles, se prennent ordinairement par les Poëtes pour le cœur mesme. *Acouhardant*) Rendant coüard, mot nouueau inuenté par le Poëte. *Narcis*) Narcisse fut vn damoiseau d'excellente beauté, lequel estoit pourchassé de plusieurs Nymphes & Deesses, & principalement d'Echo, ausquelles toutefois il ne voulut iamais entendre. En fin voyant son ombre dans vne fontaine, en fut tellement espris, que pensant en iouyr, se ietta dedans, & se noya. Voyez Ouide en sa Metamorphose.

Ie mourrois de plaisir voyant par ces bocages
Les arbres enlacez de lierres espars,
Et la verde lambrunche errante en mille pars

Sur l'aubespin fleury pres des roses sauuages.
Ie mourrois de plaisir oyant les doux ramages
 Des Hupes, des Coqs, & des Ramiers roubars
 Desur vn arbre verd bec en bec fretillars,
Et des Tourtres aux bois voyant les mariages.
Ie mourrois de plaisir voyant en ces beaux mois
Debusquer vn matin le Cheureuil hors du bois,
 Et de voir fretiller dans le Ciel l'Alouette:
Ie mourrois de plaisir où ie languis transi
 Absent de la beauté qu'en ce pré ie souhaite.
Vn demy iour d'absence est vn an de souci.

BELLEAV.

Ie mourrois de plaisir) Il s'asseure qu'il mourroit de plaisir, voyant les singulieres beautez du printemps, nestoit qu'il est absent de sa Dame. Des Hupes, des Coqs) Voy au sixiesme de la Metamorphose d'Ouide, comme Terée fut changé en Hupe. Et pource que la fable du Coqu n'est vulgaire, i'en diray vn mot du commentaire de Theocrite sur la fin de son liure, là où il dit, que Iupiter voulant librement prendre son plaisir auecque Iunon, la voyant vn iour separée de la compagnie des Dieux, se transforma en Coqu, & pour l'esmouuoir à pitié, suscita vne froidure extreme sur la montaigne que Iunon auoit choisie pour son repos, puis tout froidureux vola sur ses genoux. Iunon voyãt cet oiseau l'aile basse, & transi de gelée, le receut & enueloppa dedans son voile, & soudain Iupiter reprint sa forme premiere, & tira de Iunon ce qu'il pretendoit, luy promettant de la prendre à femme. Depuis la montagne fut surnommée, la montaigne au Coqu, & y fut basty vn temple dedié à Iunon, là mariée: & en memoire de cest acte gentiment pratiqué de Iupiter, on bailla vn sceptre à Iunon, sur le haut du

quel estoit vn Coqu. *Vn demy iour d'absence*) Pris de
Theocrite: οἱ δὲ ποθεῦντες ἐν ἡμαθι γηράσκου.

CHANSON.

Vi veut sçauoir Amour & sa nature,
Son arc ses feux, ses traits & sa pointure,
Quel est son estre, & que c'est qu'il desire,
Lise ces vers, ie m'en vay le descrire.

C'est vn plaisir tout remply de tristesse,
C'est vn tourment tout confit de liesse
Vn desespoir où tousio urs on espere,
Vn esperer où l'on se desespere.

C'est vn regret de ieunesse perdue,
C'est dedans l'air vne poudre espandue,
C'est peindre en l'eau, & c'est vouloir encore
Prendre le vent & desnoircir vn More.

C'est vn feint ris, c'est vne douleur vraye,
C'est sans se plaindre auoir au cœur la playe,
C'est deuenir valet en lieu de maistre,
C'est mille fois le iour mourir & naistre.

C'est vn fermer à ses amis la porte
De la raison qui languist presque morte,
Pour en bailler la clef à l'ennemie,
Qui la reçoit sous ombre d'estre amie.

C'est mille maux pour vne seule œillade,
C'est estre sain & feindre le malade,
C'est en mentant se pariurer, & faire
Profession de flater & de plaire.

C'est vn grand feu couuert d'vn peu de glace,
C'est vn beau ieu tout remply de fallace,
C'est vn despit vne guerre vne treue,

Un long penser, vne parole bréue.
C'est par dehors dissimuler sa ioye,
Celant vne ame au dedans qui larmoye:
C'est vn malheur si plaisant qu'on desire
Tousiours languir en vn si beau martyre.
C'est vne paix qui n'a point de duree,
C'est vne guerre au combat asseuree,
Où le veincu reçoit toute la gloire,
Et le veinqueur ne gaigne la victoire.
C'est vne erreur de ieunesse qui prise
Vne prison trop plus que sa franchise:
C'est vn penser qui douteux ne repose,
Et pour suiet n'a iamais qu'vne chose.
Bref, Nicolas, c'est vne ialousie,
C'est vne fiéure en vne frenaisie.
Quel plus grand mal au monde pourroit estre
Que receuoir vne femme pour maistre?
Doncques à fin que ton cœur ne se mette
Sous les liens d'vne loy si suiette,
Si tu m'en crois, prens y deuant bien garde:
Le repentir est vne chose tarde.

BELLEAV.

Qui veut sçauoir Amour & sa nature) Ceste Chanson faite par sentences contraires l'vne à l'autre, monstre euidemment les douces & aigres passions de l'Amour. L'inuention est prise de Bembo. Il l'addresse à monsieur Nicolas Secretaire du Roy, personnage remarquable pour ses vertus, bontez, gentillesses d'esprit, & preud'hommie, & pour l'honneur qu'il porte à ceux qui font profession des bonnes lettres.

AMOVRETTE.

OR que l'hyuer roidist la glace épesse,
Réchaufon nous ma gentille maistresse,
Non acroupis pres le fouyer cendreux,
Mais aux plaisirs des combats amoureux.
Assison-nous sur ceste molle couche:
Sus baisez-moy, tendez moy vostre bouche,
Pressez mon col de vos bras desplicz,
Et maintenant vostre mere oubliez.
Que de la dent vostre tetin ie morde,
Que vos cheueux fil à fil ie destorde:
Il ne faut point en si folastres ieux,
Comme au dimenche arrenger ses cheueux.
Approchez donc, tournez-moy vostre ioue.
Vous rougissez? il faut que ie me ioue.
Vous sou-riez: auez-vous point ouy
Quelque doux mot qui vous ait resiouy?
Ie vous disoi que la main i'allois mettre
Sur vostre sein : le voulez-vous permettre?
Ne fuyez pas sans parler : ie voy bien
A vos regards que vous le voulez bien.
Ie vous cognois en voyant vostre mine.
Ie iure Amour que vous estes si fine,
Que pour mourir de bouche ne diriez
Qu'on vous baisast bien que le desiriez:
Car toute fille encor' qu'elle ait enuie
Du ieu d'aimer desire estre rauie.
Tesmain en est Helene qui suiuit
D'vn franc vouloir Pâris qui la rauit.
Ie veux vser d'vne douce main forte,

Hà vous tombez: vous faites ia la morte.
Hà quel plaisir dans le cœur ie reçoy:
Sans vous baiser vous mocqueriez de moy
En vostre lit quand vous seriez seulette.
Or sus c'est fait, ma gentille brunette:
Recommençon à fin que nos beaux ans
Soyent reschauffez en combats si plaisans.

BELLEAV.

Or que l'hyuer) Ceste folastrerie est assez aisée de toy.

LA QVENOILLE.

Venoille, de Pallas la compagne & l'amie,
Cher present que ie porte à ma chere Marie,
A fin de soulager l'ennuy qu'elle a de moy,
Disant quelque chanson en filant desur toy,
Aisant pirouetter à son huis amusée
Tout le iour son rouet & sa grosse fusée.
Quenoille, ie te meine où ie suis arresté,
Ie voudrois racheter par toy ma liberté.
Tu ne viendras és mains d'une mignonne oisiue,
Qui ne fait qu'attifer sa perruque lasciue,
Qui perd tout son temps à mirer & farder
Sa face, à celle fin qu'on l'aille regarder:
Mais bien entre les mains d'une disposte fille
Qui deuide qui coust qui mesnage & qui file
Auecque ses deux sœurs pour tromper ses ennuis,
L'hyuer deuant le feu, l'esté deuant son huis.

Q vij

Aussi ie ne voudrois que toy Quenoille faite
En nostre Vandomois (où le peuple regrette
Le iour qui passe en vain) allasses en Anjou
Pour demeurer oisiue & te rouiller au clou.
Ie te puis asseurer que sa main delicate
Filera dougément quelque drap d'esclarlate,
Qui si fin & si souef en sa laine sera,
Que pour vn iour de feste vn Roy le vestira.
 Suy-moy donc, tu seras la plus-que bien venue,
Quenoille, des deux bouts & greslette & menue,
Vn peu grosse au milieu où la filace tient
Estreinte d'vn riban qui de Montoire vient.
Aime-laine, aime-fil, aime-estain, maisonniere,
Longue, Palladienne, enflée, chansonniere,
Suy-moy, laisse Cousture, & allon à Bourgueil,
Où, Quenoille, on te doit receuoir d'vn bon œil.
„ Car le petit present qu'vn loyal amy donne
„ Passe des puissans Roys le sceptre & la couronne.

BELLEAV.

Quenoille, de Pallas) L'inuention est de Theocrite, lequel dôna pour present vne quenoille à la femme de Nicias Medecin, son hoste & son amy. Dougément, Subtilement, à filets primes & menus. Dougé, est vn mot d'Anjou & de Vandomois, propre aux filandieres, qui filent le fil de leurs fuseaux tenue & menu. Il appert par cecy, que sa Marie n'estoit pas de grande & riche famille: mais l'Amour, qui n'a point d'yeux, ne regarde pas aux grandeurs: & volontiers les plus nobles & gentils esprits sont plustost amoureux des simples filles, que des riches: tesmoin Dauid, & presque tous les Roys & grands Capitaines, qui ont iamais vecu. Car, comme on dit en commun prouerbe, toute femmes sont femmes. *Montoire*) Môtoire est vn bourg situé à trois petites lieuës pres du lieu de la naissâce de l'Autheur. *Aime-laine, aime-fil, aime-estain*) Ce sont mots nouueaux, composez par l'Autheur. Estain est vne espece de laine escardée & preste à filer. *Maison-niere*) Pource que la quenoille ne bouge de la maison. *Palladienne*) On dit que Pallas inuenta la quenoille. *Enflée*) Qui a la teste grosse & enflée de filace. *Chanson-niere*) Pource que les femmes disent des chansons en filant leurs quenoilles. *Cousture*) Cousture est vn villa-ge assis en la Varenne du bas Vandomois, où nasquit le Poëte, au pied d'vn coustau tourné vers le Septen-trion, en vn lieu qui de present est nommé la Posson-niere. Si toutes les Dames qui se sont mocquées du simple & peu riche present du Poëte à vne belle & simple fille bien apprise, & non otieuse, estoyent aussi preude-femmes qu'elle, nostre siecle en vaudroit mieux.

CHANSON.

Quand ce beau Printemps ie voy,
    I'apperçoy
Raieunir la terre & l'onde,
Et me semble que le iour,
    Et l'Amour,
Comme enfans naissent au monde.

Le iour qui plus beau se fait
    Nous refait
Plus belle & verde la terre:
Et Amour armé de traits
    Et d'astraits,
En nos cœurs nous fait la guerre.

Il respand de toutes parts
    Feux & dards

Et domte sous sa puissance
Hommes Bestes & Oiseaux,
Et les eaux
Luy rendent obeyssance.
Venus auec son enfant
Triomphant
Au haut de son Coche assise,
Laisse ses Cygnes voler
Parmy l'air
Pour aller voir son Anchise.
Quelque part que ses beaux yeux
Par les cieux
Tournent leurs lumieres belles,
L'air qui se monstre serein,
Est tout plein
D'amoureuses estincelles.
Puis en descendant à bas,
Sous ses pas
Naissent mille fleurs écloses:
Les beaux liz & les œillets
Vermeillets
Rougissent entre les roses.
Je sens en ce mois si beau
Le flambeau
D'Amour qui m'eschaufe l'ame,
Y voyant de tous costez
Les beautez
Qu'il emprunte de ma Dame.
Quand ie voy tant de couleurs
Et de fleurs
Qui esmaillent vn riuage,
Je pense voir le beau teint

DES AMOVRS.

Qui est peint
Si vermeil en son visage.
Quand ie voy les grands rameaux
    Des ormeaux
Qui sont lassez de lierre,
Je pense estre pris és laz
    De ses bras,
Et que mon col elle serre.
Quand i'entens la douce voix
    Par les bois
Du gay Rossignol qui chante,
D'elle ie pense iouyr
    Et ouyr
Sa douce voix qui m'enchante.
Quand ie voy en quelque endroit
    Vn Pin droit,
Ou quelque arbre qui s'esleue.
Ie me laisse deceuoir,
    Pensant voir
Sa belle taille & sa gréue.
Quand ie voy dans vn iardin
    Au matin
S'esclorre vne fleur nouuelle,
J'accompare le bouton
    Au teton
De son beau sein qui pommelle.
Quand le Soleil tout riant
    D'Orient
Nous monstre sa blonde tresse,
Il me semble que ie voy
    Dauant moy
Leuer ma belle maistresse.

Quand ie sens parmy les prez
    Diaprez
Les fleurs dont la terre est pleine,
Lors ie fais croire à mes sens
    Que ie sens
La douceur de son haleine.
Bref ie fais comparaison
    Par raison
Du Printenps & de m'amie:
Il donne aux fleurs la vigueur,
    Et mon cœur
D'elle prend vigueur & vie.
Ie voudrois au bruit de l'eau
    D'vn ruisseau
Desplier ses tresses blondes,
Frizant en autant de nœus
    Ses cheueux,
Que ie verrois frizer d'ondes.
Ie voudrois pour la tenir,
    Deuenir
Dieu de ces forests desertes,
La baisant autant de fois
    Qu'en vn bois
Il y a de fueilles vertes.
Hà maistresse mon soucy,
    Vien icy,
Vien contempler la verdure:
Les fleurs de mon amitié
    Ont pitié,
Et seule tu n'en as cure.
Au moins leue vn peu tes yeux
    Gracieux,

Et voy ces deux colombelles,
Qui font naturellement
    Doucement
L'amour du bec & des ailes:
Et nous sous ombre d'honneur,
    Le bon-heur
Trahissons par vne crainte:
Les oiseaux sont plus heureux
    Amoureux,
Qui font l'amour sans contrainte.
Toutesfois ne perdons pas
    Nos esbats
Pour ces loix tant rigoureuses:
Mais si tu m'en crois viuons,
    Et suiuons
Les colombes amoureuses.
Pour effacer mon esmoy
    Baise moy.
Rebaise moy ma Deesse:
Ne laissons passer en vain
    Si soudain
Les ans de nostre ieunesse.

BELLEAV.

Quand ce beau Printemps ie voy) Imitation d'vne Chansons de Petrarque.

LE CHANT DES SERENES.

Ameux Vlysse, honneur de tous les Grecs,
De nostre bord approche toy plus pres,
Ne single point sans prester les oreilles

A nos chansons, & tu oirras merueilles.
 Nul estranger de passer a soucy
Par ceste mer sans aborder icy,
Et sans contraindre vn petit son voyage,
Pour prendre port à nostre beau riuage:
Puis tout ioyeux les ondes va tranchant,
Rauy d'esprit, tant doux est nostre chant,
Ayant appris de nous cent mille choses,
Que nous portons en l'estomach encloses.
 Nous sçauons bien tout cela qui s'est fait,
Quand Ilion par les Grecs fut desfait:
Nous n'ignorons vne si longue guerre,
Ny tout cela qui se fait sur la terre.
Doncques retien ton voyage entrepris,
Tu apprendras, tant sois-tu bien appris.
 Ainsi disoit le chant de la Serene,
Pour arrester Vlysse sur l'arene,
Qui garroté au mast ne voulut pas
Se laisser prendre à si friands appas:
Mais en fuyant la voix voluptueuse,
Hasta son cours sur l'onde tortueuse,
Sans par l'oreille humer ceste poison
Qui des plus grands offense la raison.
 Ainsi, Iamin, pour sauuer ta ieunesse,
Suy le conseil du fin soldat de Grece:
N'aborde point au riuage d'Amour
Pour y vieillir sans espoir de retour.
,, L'Amour n'est rien qu'ardante frenesie,
,, Qui de fumee emplist la fantaisie
,, D'erreur, de vent & d'vn songe importun:
,, Car le songer & l'Amour ce n'est qu'vn.

BELLEAV.

Fameux Vlysse) Ceste Elegie est prise du douziesme liure de l'Odyssee, où les Serenes pour persuader Vlysse par leurs blandices & doux attraits de venir à leur bord, chantent ceste chanson. Sur la fin, l'Autheur admoneste Amadis Iamin, Poëte excellent, lequel a traduit en vers toute l'Iliade d'Homere, & partie de l'Odyssee, de ne se laisser tellement surprendre des trahisons d'Amour, qu'il consomme son aage à courtizer vn si malheureux Seigneur. Car comme dit Arioste, celuy qui s'enuieillit en Amour, est digne de gehenne, & de prison.

CHANSON.

Douce Maistresse touche
Pour soulager mon mal,
Ma bouche de ta bouche
Plus rouge que Coral:
Que mon col soit pressé
De ton bras enlassé.
Puis face dessus face
Regarde moy les yeux,
Afin que ton trait passe
En mon cœur soucieux,
Cœur qui ne vit sinon
D'Amour & de ton nom.
Ie l'ay veu fier & braue,
Auant que ta beauté
Pour estre son esclaue
Du sein me l'eust osté:
Mais son mal luy plaist bien,

Pourueu qu'il meure tien.
 Belle, par qui ie donne
A mes yeux tant d'esmoy,
Baise moy ma mignonne,
Cent fois rebaise moy:
Et quoy? faut-il en vain
Languir dessus ton sein?
 Maistresse ie n'ay garde
De vouloir t'esueiller.
Heureux quand ie regarde
Tes beaux yeux sommeiller:
Heureux quand ie les voy
Endormis dessus moy.
 Veux-tu que ie les baise
Afin de les ouurir?
Hà, tu fais la mauuaise
Pour me faire mourir:
Ie meurs entre tes bras,
Et s'il ne t'en chaut pas!
 Hà! ma chere ennemie,
Si tu veux m'appaiser,
Redonne moy la vie
Par l'esprit d'vn baiser.
Hà! i'en sens la douceur
Couler iusques au cœur.
 J'aime la douce rage
D'amour continuel,
Quand d'vn mesme courage
Le soing est mutuel.
Heureux sera le iour
Que ie mourray d'amour.

BELLEAV.

Douce Maistresse touche) Ceste Chanson est plei[ne]
de delices & mignardises amoureuses, assez faciles [à]
celuy qui aura tant soit peu pratiqué la faction d'A-
mour. *Veux tu que ie les baise, Afin de les ouurir*) Ceste
mignardise est prise de Properce:

   Illa meos somno lassos patefecit ocellos
    Ore suo, & dixit, Siccine lente iaces?

EN vain pour vous ce bouquet ie compose,
En vain pour vous, ma Deesse il est fait:
Vostre beauté est bouquet du bouquet,
La fleur des fleurs, la rose de la rose.
Vous & les fleurs differez d'vne chose,
C'est que l'Hyuer les fleurettes desfait,
Vostre Printemps en ses graces parfait
Ne craint des ans nulle metamorphose.
Heureux bouquet, n'entre point au seiour
De ce beau sein ce beau logis d'Amour,
Ne touche point ceste pomme iumelle:
Son lustre gay d'ardeur se faniroit,
Et sa verdeur sans grace periroit,
Comme ie suis fany pour l'amour d'elle.

BELLEAV.

Bouquet du bouquet) Pris d'vn Epigramme Grec
ἀπ' ἐκλάμπει τῷ στέφανι στέφανος.

ELEGIE A MARIE.

A'Fin que nostre siecle & le siecle à venir
De nos ieunes amours se puisse souuenir,
Et que vostre beauté que i'ay long temps ai-
mee
Ne se perde au tombeau par les ans consumee,
Sans laisser quelque marque apres elle de soy:
Ie vous consacre icy le plus gaillard de moy,
L'esprit de mon esprit qui vous fera reuiure
Ou long temps ou iamais par l'âge de ce liure.

 Ceux qui liront les vers que i'ay chantez pour
 vous
D'vn stile qui varie entre l'aigre & le dous
Selon les passions que vous m'auez donnees,
Vous tiendront pour Deesse: & tant plus les annees
En volant s'enfuiront, & plus vostre beauté
Contre l'age croistra, vieille en sa nouueauté.

 O ma belle Angeuine, ô ma douce Marie,
Mon œil mon cœur mon sang mon esprit & ma vie
Dont la vertu me monstre vn droit chemin aux cieux
Ie reçoy tel plaisir quand ie baise vos yeux,
Quand ie languis dessus, & quand ie les regarde,
Que sans vne frayeur qui la main me retarde,
Ie me serois occis, qu'impuissant ie ne puis
Vous monstrer par effect combien vostre ie suis.

 Or cela que ie puis, ie le veux icy faire:
Ie veux en vous chantant vos louanges parfaire
Et ne sentir iamais mon labeur engourdy,
Que tout l'ouurage entier pour vous ne soit ourdy.

 Si i'estois vn grand Roy, pour eternel exemple
De fidele amitié, ie bastirois vn temple

DES AMOVRS.

Deſur le bord de Loire, & ce temple auroit nom
Le temple de Ronſard & de ſa Marion.
De marbre Parien ſeroit voſtre effigie,
Voſtre robe ſeroit à plein fons eſlargie
De plis recamez d'or, & vos cheueux treſſez
Seroient de filets d'or par ondes enlaſſez.
D'vn creſpe canellé ſeroit la couuerture
De voſtre chef diuin, & la rare ouuerture
D'vn reth de ſoye & d'or, fait de l'ouuriere main
D'Arachne ou de Pallas, couuriroit voſtre ſein.
Voſtre bouche ſeroit de roſes toute pleine,
Reſpandant par le temple vne amoureuſe haleine.
Vous auriez d'vne Hebé le maintien gracieux,
Et vn eſſein d'Amours ſortiroit de vos yeux :
Vous tiendriez le haut bout de ce temple honorable,
Droicte ſur le ſommet d'vn pilier venerable.
Et moy d'autre coſté aſſis au meſme lieu,
Ie ſerois remarquable en la forme d'vn Dieu :
I'aurois en me courbant dedans la main ſeneſtre
Vn arc demy-vouté, tout tel qu'on voit renaiſtre
Aux premiers iours du mois le reply d'vn Croiſſant :
I'aurois ſur la corde vn beau trait menaſſant,
Non le ſerpent Python, mais ce ſot de ieune homme,
Qui maintenant ſa vie & ſon ame vous nomme,
Et qui ſeul me fraudant, eſt Roy de voſtre cœur,
Qu'en fin en voſtre amour vous trouuerez mocqueur.
Quiconque ſoit celuy, qu'en viuant il languiſſe,
Et de chacun hay luy meſme ſe hayſſe :
Qu'il ſe ronge le cœur, & voye ſes deſſains
Touſiours luy eſchapper comme vent de ſes mains,
Soupçonneux & reſueur, arrogant, ſolitaire,
Et luy-meſme ſe puiſſe à luy-meſme deſplaire.

R.

J'aurois deſur le chef vn rameau de Laurier,
J'aurois deſur le flanc vn beau poignard guerrier,
Mon eſpé ſeroit d'or, & la belle poignée
Reſſembleroit à l'or de ta treſſe peignée:
J'aurois vn Cyſtre d'or, & i'aurois tout auprés
Vn Carquois tout chargé de flammes & de traits.
   Ce temple frequenté de feſtes ſolennelles
Paſſeroit en honneur celuy des immortelles,
Et par vœux nous ſerions inuoquez tous les iours,
Comme les nouueaux Dieux des fideles amours.
   D'âge en âge ſuiuant au retour de l'annee
Nous aurions prés le temple vne feſte ordonnée,
Non pour faire courir, comme les anciens,
Des chariots couplez aux jeux Olympiens,
Pour ſaulter pour lutter ou de iambe venteuſe
Franchir en haletant la carriere poudreuſe:
Mais tous les iouuenceaux des pays d'alentour,
Touchez au fond du cœur de la fleche d'Amour,
Ayant d'vn gentil feu les ames allumees,
S'aſſembleroient au temple auecques leurs aimées
Et là, celuy qui mieux ſa léure poſeroit
Deſſus la léure aimee, & plus doux baiſeroit,
Ou ſoit d'vn baiſer ſec ou d'vn baiſer humide,
D'vn baiſer court ou long, ou d'vn baiſer qui guide
L'ame deſur la bouche, & laiſſe treſpaſſer
Le baiſeur qui ne vit ſinon que du penſer,
Ou d'vn baiſer donné comme les colombelles,
Lors qu'ils ſe font l'amour de la bouche & des ai
   Celuy qui mieux ſeroit en tels baiſers appris,
Sur tous les iouuenceaux emporteroit le prix,
Seroit dit le veinqueur des baiſers de Cythere,
Et tout chargé de fleurs s'en-iroit à ſa mere.

Aux pieds de mon autel en ce temple nouueau
Luiroit le feu veillant d'vn eternel flambeau,
Et seroient ces combats nommez apres ma vie,
Les jeux que fit Ronsard pour sa belle Marie.
 O ma belle maistresse, hé que ie voudrois bien
Qu'Amour nous eust conioint d'vn semblable lien,
Et qu'apres nos trespas dans nos fosses ombreuses
Nous fussions la chanson des bouches amoureuses:
Que ceux de Vandomois dissent tous d'vn accord,
(Visitant le tombeau sous qui ie serois mort)
Nostre Ronsard quittant son Loir & sa Gastine,
A Bourgueil fut espris d'vne belle Angeuine:
Et que les Angeuins dissent tous d'vne vois,
Nostre belle Marie aimoit vn Vandomois:
Les deux n'auoient qu'vn cœur, & l'amour mutuelle
Qu'on ne voit plus icy, leur fut perpetuelle:
Siecle vrayment heureux, siecle d'or estimé,
Où tousiours l'amoureux se voyoit contre-aimé.
 Puisse arriuer apres l'espace d'vn long âge,
Qu'vn esprit vienne à bas sous le mignard ombrage
Des Myrtes, me conter que les âges n'ont peu
Effacer la clairté qui luist de nostre feu:
Mais que de voix en voix de parole en parole
Nostre gentille ardeur par la ieunesse vole,
Et qu'on apprend par cœur les vers & les chansons
Qu'Amour chanta pour vous en diuerses façons,
Et qu'on pense amoureux celuy qui rememore
Vostre nom & le mien & nos tombes honore.
Or il en aduiendra ce que le Ciel voudra,
Tant est-ce que ce Liure immortel apprendra
Aux hommes & au temps & à la renommee
Que ie vous ay six ans plus que mon cœur aimee.

R i j

Afin que noſtre) Il aſſeure ſa Marie de luy eſtre fidele, & meſme apres la mort: mais il deſcrit ceſte aſſeurance par vne gentille inuention d'vn temple, & du plaiſir qu'il receura apres ſon treſpas, d'entendre que les vers qu'il a chantez pour elle, eſpoinçonnent la ieuneſſe à ſemblable amour. Ceſte Elegie eſt preſque toute des inuentions de la dixieſme & douzieſme glogue de Theocrite, où il dit ainſi,

αἴθε μοι ἦσαν ὅσα χρυσόν πόκα φαντὶ πεπᾶσθαι,
χρύσεοι ἀμφότεροι κ' ἀνεκείμεθα τᾷ ἀφροδίτᾳ,
τὼς αὐλὼς μὲν ἔχοισα κ' ἢ ῥόδον ἢ τόγε μᾶλον,
σχῆμα δ' ἐγὼ κ' καιναὶς ἐπ' ἀμφοτέροισιν ἀμύκλας.

Ce que noſtre Poëte a tourné plus magnifiquement diſant, *Si i'eſtois vn grand Roy*: & le reſte depuis le vers qui ſe commencent, *D'âge en âge ſuiuant au tour de l'annee*, iuſques à la fin de l'Elegie. Le tout eſt de l'inuention de la douzieſme Eglogue du meſme Theocrite: & pource qu'elle eſt belle entre les belles, ſuppliray le lecteur de prendre la peine de la lire toute elle ſe commence,

ἤλυθες ὦ φίλε κοῦρε τρίτῃ ςὺν νυκτὶ κ̀ ἀοῖ,
ἤλυθες, οἱ δὲ ποθεῦντες ἐν ἄματι γηράσκυσι.

Hebé) Deeſſe de Iouuance. Ce mot ſignifie ieuneſſe. On dit que Hercule l'eſpouſa au ciel, c'eſt à dire, qu'il fut receu entre les Dieux, & qu'il fut eſtimé immortel, car les Dieux ſont touſiours ieunes, & ne meurent iamais. Suppliant tres-humblemét le Createur tout-puiſſant vouloir marier ce liure à la ieuneſſe, c'eſt à dire à l'immortalité, & faire par ſa ſaincte grace, que l'Autheur & le Commentateur puiſſent viure en ce mõde auecques toutes actions honorables & vertueuſes, & apres leur mort par eternelle renõmee. *Celuy qui mieux ſeroit en tels baiſers appris*) Les Megarenſes pour honorer vn grand Heros, nommé Dioclee, auoient au Printemps ordonné à l'entour de ſon tombeau des couronnes & des fleurs aux ieunes enfans qui ſe baiſeroient le mieux. *Ardeur*) Amour.

Esse tes pleurs, mon Liure: il n'est pas ordonné
Du destin, que moy vif tu sois riche de gloire:
Auant que l'homme passe outre la riue noire,
L'honneur de son trauail ne luy est point donné.
Quelqu'vn apres mille ans de mes vers estonné
Voudra dedans mon Loir, comme en Permesse, boire:
Et voyant mon pays, à peine pourra croire
Que d'vn si petit lieu tel Poete soit né.
Pren mon Liure, pren cœur: la vertu precieuse
De l'homme, quand il vit, est tousiours odieuse:
Apres qu'il est absent, chacun le pense vn Dieu.
La rancœur nuit tousiours à ceux qui sont en vie:
Sur les vertus d'vn mort elle n'a plus de lieu,
Et la posterité rend l'honneur sans enuie.

BELLEAV.

Cesse tes pleurs, mon liure) Icy l'Autheur parle à son liure, lequel se plaignoit qu'on ne faisoit conte de luy. Il l'admonneste d'auoir patience, & luy dit qu'il ne sera parfaitement honoré qu'apres sa mort. *Outre la riue noire*) Outre le fleuue de Styx, c'est à dire, iusques à tant que ie sois trespassé. *Apres mille ans*) Il luy dit, que ceux qui naistront apres luy, esmerueillez de ses doctes labeurs, iront auecques grande solennité voir le lieu de sa naissance. Et voyant le Vandomois si petit, à grand' peine pourront-ils croire, qu'vn grand Poëte en soit sorty: & voudront boire de la riuiere du Loir, comme de l'eau de Permesse, pour estre faits Poëtes comme nostre Autheur. Cecy est pris d'Ouide sur la fin de ses Elegies, qui dit ainsi, parlant de quelque futur estranger, qui contemplera sa petite ville de Sulmo:

R iij

> *Atque aliquis spectans hospes Sulmonis aquosi*
> *Mania, quę campi iugera pauca tenent:*
> *Quæ tantum, dicet, potuistis ferre Poetam,*
> *Quantulacunque estis, vos ego magna voco.*

Pren, mon liure, pren cœur, la vertu precieuse) Cependant que l'homme vertueux est en vie, il a tousiou[rs] des enuieux: car l'enuie suit la vertu, comme l'omb[re] le corps. Mais apres qu'il est absent, ceux qui luy p[or]toient enuie, & qui le haïssoient, l'honorent, & le [re]grettent, & ont sa memoire en singuliere recomma[n]dation, ainsi que doctement a dit Horace,

> *Virtutem incolumem odimus,*
> *Sublatam ex oculis quærimus inuidi.*

Et en autre part, parlant de Liber & Castor, & de P[ol]lux, & de Romule:

> *Plorauere suis non respondere fauorem*
> *Speratum meritis.*

Puis faisant mention d'Hercule,

> *Comperit inuidiam supremo fine domari.*

Et Properce,

> *Omnia post obitum fingit maiora vetustas,*
> *Maius ab exequiis nomen in ora venit.*

Absent) Mort, à la façon des Grecs & des Latins, [qui] disent ἄπων, & *Absens*, pour mort. *Absenti fer[ae] ferias.*

FIN DE LA PREMIERE PAR-
TIE DES AMOVRS DE MARI[E]
ANGEVINE.

SECONDE PARTIE SVR LA MORT de Marie.

PROPERCE.

Traycit & fati littora magnus amor.

I

E songeois assoupi de la nuict endormie,
Qu'vn sepulchre entre ouuert s'apparoissoit à moy:
La Mort gisoit dedans toute palle d'effroy,
Dessus estoit escrit, Le tombeau de Marie.
Espouanté du songe en sursault ie m'escrie,
Amour est donc suiet à nostre humaine loy!
Il a perdu son regne, & le meilleur de soy,
Puis que par vne mort sa puissance est perie.
Ie n'auois acheué, qu'au poinct du iour voicy
Vn Passant à ma porte adeulé de soucy,
Qui de la triste mort m'annonça la nouuelle.
Pren courage mon ame, il faut suiure sa fin,

R iiij

Ie l'entens dans le ciel comme elle nous appelle:
Mes pieds auec les siens ont fait mesme chemin.

STANCES.

IE lamente sans reconfort,
Me souuenant de ceste mort
Qui desroba ma douce vie:
Pensant en ces yeux qui souloient
Faire de moy ce qu'ils vouloient,
De viure ie n'ay plus d'enuie.

Amour tu n'as point de pouuoir:
A mon dam tu m'as fait sçauoir
Que ton arc par tout ne commande.
Si tu auois quelque vertu,
La Mort ne t'eust pas deuestu
De ta richesse la plus grande.

Tout seul tu n'as perdu ton bien:
Comme toy i'ay perdu le mien,
Ceste beauté que ie desire,
Qui fut mon thresor le plus cher:
Tous deux contre vn mesme rocher
Auons froissé nostre nauire.

Souspirs, eschaufez son tombeau:
Larmes, lauez-le de vostre eau:
Ma voix, si doucement lamente,
Qu'à la Mort vous faciez pitié,
Ou qu'elle rende ma moitié,
Ou bien que ie la suiue absente.

Fol qui au monde met son cœur,
Fol qui croit en l'espoir mocqueur,
Et en la beauté tromperesse!

DES AMOVRS.

Ie me suis tout seul offensé,
Comme celuy qui n'eust pensé
Que morte fust vne Deesse.
  Quand son ame au corps s'attachoit,
Rien, tant fust dur, ne me faschoit,
Ny destin ny rude influance:
Menaces, embusches, dangers,
Villes & peuples estrangers
M'estoient doux pour sa souuenance.
  En quelque part que ie viuois,
Tousiours en mes yeux ie l'auois,
Transformé du tout en la belle:
Et si bien Amour de son trait
Au cœur m'engraua son portrait,
Que mon tout n'estoit sinon qu'elle.
  Esperant luy conter vn iour
L'impatience de l'Amour
Qui m'a fait des peines sans nombre,
La mort soudaine m'a deceu:
Pour le vray le faux i'ay receu,
Et pour le corps seulement l'ombre.
  Ciel, que tu es malicieux!
Qui eust pensé que ces beaux yeux
Qui me faisoient si douce guerre,
Ces mains, ceste bouche & ce front
Qui prindrent mon cœur, & qui l'ont,
Ne fussent maintenant que terre?
  Helas! où est-ce doux parler,
Ce voir, ce st ouyr, ce st aller,
Ce ru qui me faisoit apprendre
Que c'est qu'aimer? hà, doux refus!
Hà! doux desdains, vous n'estes plus,

R v

Vous n'estes plus qu'vn peu de cendre.
  Helas, où est ceste beauté,
Ce Printemps, ceste nouueauté
Qui n'aura iamais de seconde?
Du ciel tous les dons elle auoit:
Aussi parfaite ne deuoit
Long temps demeurer en ce monde.
  Ie n'ay regret en son trespas,
Comme prest de suiure ses pas.
Du chef les astres elle touche:
Et ie vy! & ie n'ay sinon
Pour reconfort que son beau nom,
Qui si doux me sonne en la bouche.
  Amour, qui pleures auec moy,
Tu sçais que vray est mon esmoy,
Et que mes larmes ne sont feintes:
S'il te plaist, renforce ma voix,
Et de pitié rochers & bois
Je feray rompre sous mes plaintes.
  Mon feu s'accroist plus vehement,
Quand plus luy manque l'argument
Et la matiere de se paistre:
Car son œil qui m'estoit fatal,
La seule cause de mon mal,
Est terre qui ne peult renaistre.
  Toutesfois en moy ie la sens
Encore l'obiet de mes sens,
Comme à l'heure qu'elle estoit viue:
Ny mort ne me peult retarder,
Ny tombeau ne me peult garder
Que par penser ie ne la suiue.
  Si ie n'eusse eu l'esprit chargé

De vaine erreur, prenant congé
De sa belle & vive figure,
Oyant sa voix, qui sonnoit mieux
Que de coustume, & ses beaux yeux
Qui reluisoient outre mesure,
 Et son souspir qui m'embrasoit,
J'eusse bien veu qu'ell' me disoit:
Or soule toy de mon visage,
Si iamais tu en eus souci:
Tu ne me voirras plus ici,
Ie m'en vay faire vn long voyage.
 I'eusse amassé de ses regars
Vn magazin de toutes pars,
Pour nourrir mon ame estonnee,
Et paistre long temps ma douleur:
Mais onques mon cruel malheur
Ne sçeut preuoir ma destinee.
 Depuis i'ay vescu de souci,
Et de regret qui m'a transi,
Comble de passions estranges.
Ie ne desguise mes ennuis:
Tu vois l'estat auquel ie suis,
Du ciel assise entre les Anges.
 Hà! belle ame tu es là hault
Aupres du bien qui point ne fault,
De rien du monde desireuse,
En liberté, moy en prison:
Encore n'est-ce pas raison
Que seule tu sois bien-heureuse.
 Le sort doit tousiours estre egal.
Si i'ay pour toy souffert du mal,
Tu me dois part de ta lumiere.

R vj

Mais franche du mortel lien,
Tu as seule emporté le bien,
Ne me laissant que la misere.

En ton âge le plus gaillard
Tu as seul laissé ton Ronsard,
Dans le ciel trop tost retournee,
Perdant beauté grace & couleur,
Tout ainsi qu'vne belle fleur
Qui ne vit qu'vne matinee.

En mourant tu m'as sceu fermer
Si bien tout argument d'aimer,
Et toute nouuelle entreprise,
Que rien à mon gré ie ne voy,
Et tout cela qui n'est pas toy
Me desplaist & ie le mesprise.

Si tu veux, Amour, que ie sois
Encore vn coup dessous tes lois,
M'ordonnant vn nouueau seruice,
Il te fault sous la terre aller
Flatter Pluton, & r'appeller
En lumiere mon Eurydice.

Ou bien va-t'en là hault crier
A la Nature, & la prier
D'en faire vne aussi admirable:
Mais i'ay grand' peur qu'elle rompit
Le moule, alors qu'elle la fit,
Pour n'en tracer plus de semblable.

Refay moy voir deux yeux pareils
Aux siens qui m'estoient deux Soleils,
Et m'ardoient d'vne flame extréme,
Où tu soulois tendre tes laqs,
Tes hameçons, & tes apas,

Où s'engluoit la Raison mesme.
  Ren moy ce voir & cest ouyr,
De ce parler fay moy iouyr,
Si douteux à rendre response
Ren moy l'obiet de mes ennuis:
Si faire cela tu ne puis,
Va-t'en ailleurs, ie te renonce.
  A la Mort i'auray mon recours:
La Mort me sera mon secours,
Comme le but que ie desire.
Dessus la Mort tu ne peux rien
Puis qu'elle a desrobé ton bien,
Qui fut l'honneur de ton Empire.
  Soit que tu vines pres de Dieu,
Ou aux champs Elisez, adieu,
Adieu cent fois, adieu Marie:
Iamais mon cœur ne t'oublira,
Iamais la Mort ne deflira
Le nœud dont ta beauté me lie.

II.

TErre ouure moy ton sein, & me laisse reprēdre
  Mon thresor, que la Parque a caché dessous toy:
Ou bien si tu ne peux, ô terre, cache moy
Sous mesme sepulture auec sa belle cendre.
Le traict qui l'a tua, deuoit faire descendre
Mon corps aupres du sien pour finir mon esmoy:
Aussi bien, veu le mal qu'en sa mort ie reçoy,
Ie ne sçaurois plus viure, & me fasche d'attendre.
Quād ses yeux m'esclairoient, & qu'ē terre i'auois
Le bon-heur de les voir, à l'heure ie viuois,

R vij

Ayant de leurs rayons mon ame gouuernee.
 Maintenant ie suis mort : la Mort qui s'en alla
Loger dedans ses yeux, en partant m'appella,
Et me fit de son soir accomplir ma iournee.

III.

ALors que plus Amour nourrissoit mon ardeur,
 M'asseurant de iouyr de ma longue esperance,
A l'heure que i'auois en luy plus d'asseurance,
La Mort a moissonné mon bien en sa verdeur.

 I'esperois par souspirs, par peine, & par langueur
Adoucir son orgueil : las! ie meurs quand i'y pense,
Mais en lieu d'en iouyr, pour toute recompense
Vn cercueil tient enclos mon espoir & mon cœur.

 Ie suis bié malheureux, puis qu'elle viue & morte
Ne me donne repos, & que de iour en iour
Ie sens par son trespas vne douleur plus forte.

 Comme elle ie deurois reposer à mon tour :
Toutesfois ie ne voy par quel chemin ie sorte
Tant la mort me rempestre au labyrinth d'Amour.

IIII.

COmme on voit sur la branche au mois de Ma[y]
 la rose
En sa belle ieunesse, en sa premiere fleur
Rendre le Ciel ialoux de sa viue couleur,
Quãd l'Aube de ses pleurs au poinct du iour l'arros[e]

 La grace dans sa fueille, & l'Amour se repose,
Embasmant les iardins & les arbres d'odeur:
Mais batue ou de pluye, ou d'excessiue ardeur,

Languissante elle meurt fueille à fueille declose.
Ainsi en ta premiere & ieune nouueauté,
Quand la terre & le Ciel honoroient ta beauté,
La Parque t'a tuee, & cendre tu reposes.
Pour obseques reçoy mes larmes & mes pleurs,
Ce vase plein de laict, ce panier plein de fleurs,
Afin que vif & mort ton corps ne soit que roses.

V.

DIALOGVE. LE PASSANT, ET LE GENIE.

Passant.

Eu que ce marbre enserre vn corps qui fut plus beau
Que celuy de Narcisse, ou celuy de Clitie,
Ie suis esmerueillé qu'vne fleur n'est sortie,
Comme elle feit d'Aiax, du creux de ce tombeau.

Genie.

L'ardeur qui reste encore, & vit en ce flambeau,
Ard la terre d'amour, qui si bien a sentie
La flame, qu'en brazier elle s'est conuertie:
Seiche ne peut rien produire de nouueau.
Mais si Ronsard vouloit sur sa Marie espandre
Des pleurs pour l'arrouser, soudain l'humide cendre
Vne fleur du sepulchre enfanteroit au iour.

Passant.

A la cendre on cognoist combien viue estoit forte
La beauté de ce corps, quand mesmes estant morte
Elle enflame la terre & la tombe d'amour.

VI.

HA Mort, en quel estat maintenant tu me
 changes!
Pour enrichir le Ciel tu m'as seul apauury,
Me desrobant les yeux desquels i'estois nourry,
Qui nourrissent là hault les astres & les Anges.

Entre pleurs & souspirs, entre pensers estranges,
Entre le desespoir tout confus & marry,
Du monde & de moy-mesme & d'Amour ie me ry,
N'ayant autre plaisir qu'à chanter tes louanges.

Helas! tu n'es pas morte, hé! c'est moy qui le suis,
L'homme est bien trespassé, qui ne vit que d'ennuis,
Et des maux qui me font vne eternelle guerre.

Le partage est mal fait, tu possedes les cieux,
Et ie n'ay, mal-heureux, pour ma part que la terre,
Les souspirs en la bouche, & les larmes aux yeux.

VII.

QVand ie pense à ce iour, où ie la vey si belle
 Toute flamber d'amour, d'honneur & de vertu
Le regret, comme vn trait mortellement pointu,
Me trauerse le cœur d'vne playe eternelle.

Alors que i'esperois la bonne grace d'elle,
Amour a mon espoir par la mort combatu:
La mort a son beau corps d'vn cercueil reuestu,
Dont i'esperois la paix de ma longue querelle.

Amour, tu es enfant inconstant & leger:
Monde, tu es trompeur pipeur & mensonger,
Deceuant d'vn chacun l'attente & le courage.

Malheureux qui se fie en l'amour & en soy:

DES AMOVRS.

Tous deux comme la mer vous n'auez point de foy.
La mer tousiours pariure, Amour tousiours volage.

VIII.

Homme ne peult mourir par la douleur transi.
Si quelcun trespassoit d'vne extreme tristesse,
Ie fusse desia mort pour suiure ma Maistresse :
Mais en lieu de mourir ie vy par le souci.

Le penser le regret & la memoire aussi
D'vne telle beauté, qui pour les cieux nous laisse,
Me fait viure croyant qu'elle est ores Deesse,
Et que du Ciel là hault elle me voit ici.

Elle se sou-riant du regret qui m'affole,
En vision la nuict sur mon lict ie la voy,
Qui mes larmes essuye, & ma peine console :

Et semble qu'elle a soin des maux que ie reçoy.
Dormant ne me deçoit : car ie la recognoy
A la main, à la bouche, aux yeux, à la parole.

IX.

Deux puissans ennemis me combatoient alors
Que ma Dame viuoit : l'vn dans le Ciel se serre,
De Laurier triomphant : l'autre dessous la terre
Vn Soleil d'Occident reluist entre les morts.

C'estoit la chasteté, qui rompoit les efforts
D'Amour, & de son arc qui tout bon cœur enserre :
Et la douce beauté qui me faisoit la guerre,
De l'œil par le dedans, du ris par le dehors.

La Parque maintenant ceste guerre a desfaite :
La terre aime le corps, & de l'ame parfaite
Les Anges de là sus se vantent bien-heureux.

Amour d'autre lien ne sçauroit me reprendre.
Ma flâme est vn sepulchre, & mon cœur vne cédre
Et par la mort ie suis de la mort amoureux.

ELEGIE.

E iour que la beauté du monde la plus belle
Laissa dans le cercueil sa despouille mortell
Pour s'en-voler parfaite entre les plus par
faits,
Ce iour Amour perdit ses flames & ses traits,
Esteignit son flambeau, rompit toutes ses armes,
Les ietta sur la tombe, & l'arrousa de larmes :
Nature la pleura, le Ciel en fut fasché,
Et la Parque d'auoir vn si beau fil trenché.
  Depuis le iour couchant iusqu'à l'Aube vermeill
Phenix en sa beauté ne trouuoit sa pareille,
Tant de graces au front & d'attraits elle auoit :
Ou si ie me trompois, Amour me deceuoit.
Si tost que ie la vey, sa beauté fut enclose
Si auant en mon cœur, que depuis nulle chose
Je n'ay veu qui m'ait pleu, & si fort elle y est,
Que toute autre beauté encores me desplaist.
  Dans mon sang elle fut si auant imprimee,
Que tousiours en tous lieux de sa figure aimee
Me suiuoit le portrait, & telle impression
D'vne perpetuelle imagination
M'auoit tant desrobé l'esprit & la ceruelle,
Qu'autre bien ie n'auois que de penser en elle,
En sa bouche, en son ris, en sa main, en son œil,
Qu'encor ie sens au cœur, bien qu'ils soient au cercu
  J'auois au-parauant, veincu de la ieunesse,

Autres Dames aimé (ma faute ie confesse:)
Mais la playe n'auoit profondement saigné,
Et le cuir seulement n'estoit qu'esgratigné,
Quand Amour, qui les Dieux & les hômes menace,
Voyant que son brandon n'eschauffoit point ma glace,
Comme rusé guerrier ne me voulant faillir,
La prinst pour son escorte & me vint assaillir.
  Encor, ce me dit-il, que de maint beau trofee
D'Horace, de Pindare, Hesiode & d'Orfee,
Et d'Homere qui eut vne si forte vois,
Tu as orné la langue & l'honneur des François,
Voy ceste Dame icy : ton cœur, tant soit-il braue,
Ira sous son empire, & sera son esclaue.
  Ainsi dit, & son arc m'enfonçant de roideur,
Ensemble Dame & traict m'enuoya dans le cœur.
  Lors ma pauure raison des rayons esblouye
D'vne telle beauté se perd esuanouye,
Laissant le gouuernail aux sens & au desir,
Qui depuis ont conduit la barque à leur plaisir.
  Raison pardonne moy : vn plus caut en finesse
S'y fust bien englué, tant vne douce presse
De graces & d'amours en volant la suiuoient,
Et de ses doux regards ainsi que moy viuoient.
  De moy par vn destin sa beauté fut cognue :
Son diuin se vestoit d'vne mortelle nue,
Qui mesprisoit le monde, & personne n'osoit
Luy regarder les yeux, tant leur flame luisoit.
Son ris & son regard & sa parole pleine
De merueilles, n'estoient d'vne nature humaine :
Son front ny ses cheueux, son aller ny sa main.
C'estoit vne Deesse en vn habit humain :
Qui visitoit la terre, aussi tost enleuee

Au Ciel, comme elle fut en ce monde arriuee.
Du monde elle partit aux mois de son Printemps:
,, Aussi toute excellence icy ne vit long temps,
  Bien qu'elle eut pris naissance en petite bourgade
Non de riche parens ny d'honneurs ny de grade,
Il ne faut la blasmer : la mesme Deité
Ne desdaigna de naistre en trespauure cité:
,, Et souuent sous l'habit d'vne simple personne
,, Le Ciel cache les biens qu'aux Princes il ne donne
  Vous qui veistes son corps, l'honnorant côme moy
Vous sçauez si ie mens, & si triste ie doy
Regretter à bon droict si belle creature,
Le miracle du Ciel, le miroer de Nature.
  O beaux yeux, qui m'estiez si cruels & si doux,
Ie ne me puis lasser de repenser en vous,
Qui fustes le flambeau de ma lumiere vnique,
Les vrais outils d'Amour la forge & la boutique,
Vous m'ostastes du cœur tout vulgaire penser,
Et fistes mon esprit aux astres eslancer.
  J'apprins à vostre eschole à resuer sans mot dire
A discourir tout seul, à cacher mon martire,
A ne dormir la nuict, en pleurs me consumer:
Et bref en vous seruant i'apprins que c'est que aimer
Car depuis le matin que l'Aurore s'esueille,
Iusqu'au soir que le iour dedans la mer sommeille,
Et durant que la nuict par les Poles tournoit,
Tousiours pensant en vous, de vous me souuenoit.
  Vous seule estiez mon bien, ma toute, & ma pre-
    miere,
Et le serez tousiours: tant la viue lumiere,
De vos yeux, bien que morts, me poursuit, dont ie v
Tousiours le simulachre errer autour de moy.

Puis Amour que ie sens par mes veines s'espādre,
Passe dessous la terre, & r'atize la cendre
Qui froide languissoit dessous vostre tombeau,
Pour r'allumer plus vif en mon cœur son flambeau,
Afin que vous soyez ma flame morte & viue,
Et que par le penser en tous lieux ie vous suiue.
  Pourroy-ie raconter le mal que ie senty,
Oyant vostre trespas? mon cœur fut conuerty
En rocher insensible, & mes yeux en fonteines:
Et si bien le regret s'escoula par mes veines,
Que pasmé ie me feis la proye du tourment,
N'ayant que vostre nom pour confort seulement.
  Bien que ie resistasse, il ne me fut possible
Que mon cœur, de nature à la peine inuincible,
Peust cacher sa douleur : car plus il la celoit,
Et plus dessus le front son mal estinceloit.
En fin voyant mon ame extremement attainte,
Ie desliay ma bouche, & feis telle complainte.
  Ah faux Monde trompeur, que tu m'as bien
        deceu!
Amour tu es enfant : par toy i'auois receu
La diuine beauté qui surmontoit l'enuie,
Que maugré toy la Mort en ton regne a rauie.
Ie desplais à moymesme, & veux quitter le iour
Puis que ie voy la Mort triompher de l'Amour,
Et luy rauir son mieux, sans faire resistance.
Malheureux qui te croit, & qui suit ton enfance!
Et toy Ciel, qui te dis le pere des humains,
Tu ne deuois tracer vn tel corps de tes mains
Pour si tost le reprendre : & toy, mere Nature,
Pour mettre si soudain ton œuure en sepulture.
  Maintenant à mon dam ie cognois pour certain,

Que tout cela qui vit sous ce globe mondain,
N'est que songe & fumee,& qu'vne vaine pompe,
Qui doucement nous rit & doucement nous trompe.

Hà, bien-heureux esprit fait citoyen des cieux,
Tu es assis au rang des Anges precieux
En repos eternel, loin de soin & de guerres:
Tu vois dessous tes pieds les hommes & les terres,
Et ie ne voy qu'ennuis, que soucis, & qu'esmoy,
Comme ayant emporté tout mon bien auec toy.
Ie ne te trompe point : du Ciel tu vois mes peines,
Si tu as soin là haut des affaires humaines.

Que doy-ie faire, Amour? que me conseilles-tu?
I'irois comme vn Sauuage en noir habit vestu
Volontiers par les bois, & mes douleurs non feintes
Ie dirois aux forests: mais ils sçauent mes pleintes.

Il vaut mieux que ie meure au pied de ce rocher
Nommant tousiours son nom qui me sonne si cher,
Sans chercher par la peine apres elle de viure,
Gaignant le bruit d'ingrat de ne la vouloir suiure.
Aussi toute la terre, où i'ay perdu mon bien,
Apres son fascheux vol ne me semble plus rien
Sinon qu'horreur qu'effroy, qu'vne obscure poussier
Au Ciel est mon Soleil, au Ciel est ma lumiere.
Le monde ny ses laqs n'y ont plus de pouuoir:
Il faut haster ma mort, si ie la veux reuoir:
La mort en a la clef, & par sa seule porte
Ie doy passer au iour qui ma nuict reconforte.

Or quand la dure Parque aura le fil coupé,
Qui retient en mon corps l'esprit enuelopé,
I'ordonne que mes os pour toute couuerture
Reposent pres des siens sous mesme sepulture:
Que des larmes d'Amour le tombeau soit laué:

ſont à l'enuiron de ces vers engraué:
Paſſant, de ceſt amant enten l'hiſtoire vraye,
De deux traicts differens il receut double playe:
L'vne que feit Amour ne verſa qu'amitié,
L'autre que feit la Mort ne verſa que pitié.
Ainſi mourut nauré d'vne double triſteſſe,
Et toit pour aimer trop vne ieune maiſtreſſe.

X.

DE ceſte belle, douce, honneſte chaſteté
Naiſſoit vn froid glaçõ, ains vne chaude flame,
Qu'encores auiourd'huy eſteinte ſous la lame
M'eſchauffe, en penſant quelle fut ſa clarté.
Le traict que ie receu, n'eut le fer eſpointé:
Il fut des plus aigus qu'Amour nous tire en l'ame,
Qui s'armant d'vn treſpas, par le penſer m'entame,
Et ſans iamais tomber ſe tient à mon coſté.
Narciſſe fut heureux mourant ſur la fontaine,
Abuſé du miroer de ſa figure vaine:
Au moins il regardoit ie ne ſçay quoy de beau.
L'erreur le contentoit voyant ſa face aimee:
Et la beauté que i'aime eſt terre conſumee.
Il mourut pour vne ombre & moy pour vn tombeau.

XI.

IE voy touſiours le traict de ceſte belle face
Dont le corps eſt en terre, & l'eſprit eſt aux Cieux:
Soit que ie veille ou dorme, Amour ingenieux
En cent mille façons deuant moy le repaſſe.
Elle qui n'a ſoucy de ceſte terre baſſe,

Et qui boit du Nectar assise entre les Dieux,
Daigne souuent reuoir mon estat soucieux,
Et en songe appaiser la Mort qui me menace.
 Je songe que la nuict elle me prend la main,
Se faschant de me voir si long temps la suruiure:
Me tire, & fait semblant que de mon voile humain
 Veut rompre le fardeau pour estre plus deliure.
Mais partant de mon lict son vol est si soudain
Et si prompt vers le Ciel, que ie ne la puis suiure.

XII.

AVssi tost que Marie en terre fut venue,
Le Ciel en fut marry, & la voulut rauoir:
A peine nostre siecle eut loisir de la voir,
Qu'elle s'esuanouyt comme vn feu dans la nue.
 Des presens de Nature elle vint si pourueue,
Et sa belle ieunesse auoit tant de pouuoir,
Qu'elle eust peu d'vn regard les rochers esmouuo[ir]
 Tant elle auoit d'attraits & d'amours en la veue.
Ores la Mort iouit des beaux yeux que t'aimo[is]
La boutique & la forge, Amour, où tu t'armois.
Maintenant de ton camp cassé ie me retire:
 Ie veux desormais viure en franchise & to[ut]
  mien:
Puisque tu n'as gardé l'honneur de ton Empire,
Ta force n'est pas grande, & ie le cognois bien.

EPIT[

EPITAPHE DE MARIE.

XIII.

Cy reposent les oz de la belle Marie,
Qui me fist pour Anjou quitter mon Van-
  domois,
Qui m'eschaufa le sang au plus verd de mes mois,
Qui fut toute mon Tout mon bien & mon enuie.
En sa tombe repose honneur & courtoisie,
 ....ié qu'en l'ame ie sentois.
Et le fla... ... u Amour ses traicts & son carquois,
Et ensemble mon cœur mes pensers & ma vie.
Tu es, belle Angeuine, vn bel astre des Cieux:
Les Anges tous rauis se paissent de tes yeux,
La terre te regrette. O beauté sans seconde!
Maintenant tu es viue, & ie suis mort d'ennuy.
Malheureux qui se fie en l'attente d'autruy!
Mes amis m'ont trompé, toy, l'Amour, & le monde.

FIN DE LA SECONDE
PARTIE SVR LA MORT
DE MARIE.

S

LES VERS D'EVRY-
MEDON, ET DE
Calliree.

STANCES.

J'Ay quitté le rempart si long temps defendu:
Je ne me puis trouuer, tant ie me suis perdu.
Amour traict dessus traict mon repos importune:
D'vne flame il fait l'autre en mon cœur r'allumer,
Par trop aimer autruy ie ne me puis aimer:
De ma serue vertu triomphe la Fortune.

Ma puissance me nuit: ie veux tout & ne puis:
Ie ne sçay que ie fais, ie ne sçay qui ie suis:
En egale balance est ma mort & ma vie,
Le Destin me contraint, la Raison m'a laissé:
Ie suis comme Telefe estrangement blessé.
Je veux tout, & mon tout n'est sinon qu'vne enuie

Mon espoir est douteux, mon desir est certain,
Mon courage est couard, superbe est mon dessein:
Ie ne suis resolu qu'à me faire la guerre.
Mes pensers au combat contre moy se sont mis:
J'ay mon cœur pour suspect, mes yeux pour ennemis
Vne main me delace & l'autre me ren ferre.

L'Astre qui commandoit au poinct que ie fus n

D'aspects malencontreux estoit infortuné.
Sa face en lieu d'vn iour d'vne nuit estoit pleine.
Il renuersa sur moy les rais de son malheur,
Du Ciel trop ennemy proceda ma douleur,
Condamnant du berceau ma ieunesse à la peine.

Il estoit par Destin dans le Ciel arresté,
Qu'à vingt ans ie deuois perdre ma liberté
Pour seruir vne Dame autant belle qu'honneste,
Charger mes yeux de pleurs, ma face de langueur:
Qu'Amour deuoit porter en triomphe mon cœur,
Et pendre ma ieunesse à son arc pour conqueste.

La chose est arriuee, il n'en faut plus douter:
Le lien de mon col ie ne sçaurois oster,
Il faut courir fortune. O belle Calliree
Seruez-moy de Pilote & de voile & de vent:
Autre Astre que vostre œil ie ne vay poursuiuant:
Pource ie vous innoque & non pas Cytheree.

Si n'aimer rien que vous, tousiours en vous penser,
D'vn penser qui s'acheue vn autre commencer,
Ma nature changer & en prendre vne neuue,
Ne donner aux souspirs ne tréues ny seiour:
Madame si cela se doit nommer Amour,
Plus parfait amoureux au monde ne se treuue.

Mon corps est plus leger que n'est l'esprit de ceux
Qui viuent en aimant grossiers & paresseux.
Et tout ainsi qu'on voit s'euaporer Mercure
Au feu d'vn Alchimiste, & s'enuoler en rien:
Ainsi dedans le Ciel mon corps qui n'est plus mien,
Alembiqué d'Amour s'enuole de nature.

Ie ressemble au Démon qui ne se veut charger
D'vn corps, ou s'il a corps, ce n'est qu'vn air leger
Pareil à ces vapeurs subtiles & menues.

S ij

Que le Soleil deſſeiche aux chauds iours de l'Eſté,
Le mien du ſeul penſer promptement emporté,
Diſtilé par l'Amour ſe perd dedans les nues.

 Le Peintre qui premier fit d'Amour le tableau,
Et premier le peignit plumeux comme vn oiſeau,
Cognut bien ſa nature en luy baillant des ailes,
Non pour eſtre inconſtant, leger ne vicieux,
Mais comme nay du Ciel, pour retourner aux Cieux
Et monter au ſeiour des choſes les plus belles.

 La matiere de l'homme eſt peſante, & ne peut
Suiure l'eſprit en hault, lors que l'eſprit le veut,
Si Amour la purgeant de ſa flame eſtrangere,
N'affine ſon mortel. Voila, Dame, pourquoy
Ie cognois par raiſon que n'aimez tant que moy:
Si vous aimiez autant vous ſeriez plus legere.

 Entre les Dieux au Ciel mon corps s'iroit aſſoir,
Si vous ſuiuiez mon vol quand nous ballons au ſoir
Flanc à flanc, main à main, imitant l'Androgyne:
Tous deux dançans la Volte, ainſi que les Iumeaux
Prendrions place au ſeiour des Aſtres les plus beaux
Et ſerions dits d'Amour à iamais le beau Signe.

 Où par faute d'aimer vous demeurez à bas,
La terre maugré moy vous attache les pas.
Vous eſtes pareſſeuſe & du Ciel ie m'en-vole.
Mais à moitié chemin ie m'arreſte & ne veux
Paſſer outre ſans vous: ſans y voler tous deux
Ie ne voudrois me faire vn citoyen du Pole.

 Las, que feroy-ie au Ciel aſſis entre les Dieux
Sans plus voir les amours qui ſortent de vos yeux,
Et les traits ſi poignans de voſtre beau viſage,
Vos graces qui pourroyent vn rocher eſmouuoir?
Sãs viure aupres de vo9, Maiſtreſſe, & sãs vous vo

Le Ciel me sembleroit vn grand desert sauuage.
Ie veux en lieu des Cieux en terre demeurer,
Pour vous aimer, seruir, priser & honorer
Comme vne chose saincte, & des Vertus l'exemple.
Mainte mortelle Dame a iadis merité
Autels & sacrifice, encens & deité,
Qui n'estoit tant que vous digne d'auoir vn Temple.
Bref, ie suis resolu de ne changer d'amour:
Le iour sera la nuict, la nuict sera le iour,
Les estoiles sans Ciel, & la mer mesuree,
Amour sera sans arc, sans traict & sans brandon,
Et tout sera changé plustost qu'Eurymedon
Oublie les amours qu'il porte à Calliree.

STANCES.

DE fortune Diane & l'archerot Amour
En vn mesme logis arriuerent vn iour,
L'vn lassé de voler, & l'autre de la chasse:
Destendirent leurs arcs, & pour prendre repos
Leurs carquois pleins de traicts deschargerent du dos,
Et les mirent ensemble en vne mesme place.
Amour iusqu'à midy paresseux sommeilla,
Diane au poinct du iour soigneuse s'esueilla,
Et pour tromper Amour vsa de diligence:
Print son arc pour le sien, ses feux & son carquois,
Puis se mocquant de luy s'en alla par les bois,
Desireuse de faire vne belle vengeance.
Ie porte, disoit-elle, & l'arc & le brandon
Maintenant pour blesser le cœur d'Eurymedon,
Qui nouuel Acteon de ses meutes tourmente
Le repos des forests, rend les buissons deserts,

S iij

Enfanglante les bois du meurtre de mes Cerfs,
Et par la mort des miens fes victoires augmente.

Ie ne veux plus fouffrir qu'il me vienne outrager
Ie bande l'arc qui peut d'vn beau coup me venger.
Malheureux eft celuy qui fans reuanche endure!
Hercule qui tua la Biche au pied d'airain,
Ne m'iniuria tant, comme la ieune main
De ceft Eurymedon à mes Cerfs fait d'iniure.

Qu'eft-il finon de ceux que Nature a produit?
Mon fang des premiers Dieux d'vn lõg ordre fe fuit
Ie me pais de Nectar, luy de viande humaine:
Sa demeure eft la terre & la mienne les Cieux.
Le mortel ne fe doit accomparer aux Dieux.
Sans trauail nous viuons, fon partage eft la peine.

Bref ie me veux venger, & luy faire fentir
De combien de foufpirs s'achete vn repentir,
Et le defir d'auoir la chaffe trop apprife.
Diane ainfi difoit. Le fang qui bouillonnoit,
Noiraftre de courroux fon fiel aiguillonnoit
Ardente d'acheuer fi fuperbe entreprife.

Eurymedon entroit aux iours de fon printemps.
Son plaifir, fon deduit, fes ieux, fes paffetemps
Eftoyent par le trauail d'honorer fa ieuneffe:
Son corps eftoit adroit, fon efprit genereux,
Defdaignant comme vn Prince actif & vigoureux
De rouiller au logis fes beaux ans de pareffe.

C'eftoit vn Meleagre au meftier de chaffer,
Il fçauoit par-fur tous laiffer courre & lancer,
Bien demefler d'vn Cerf les rufes & la feinte,
Le bon temps, le vieil temps, l'effuy, le rembufcher,
Les gangnages, la nuict, le lict & le coucher,
Et bien prendre le droict & bien faire l'enceinte.

Et comme s'il fust fils d'vne Nymphe des bois
Il iugeoit vn vieil Cerf à la perche, aux espois,
A la meule, andouillers & à l'embrunisseure,
A la grosse perleure, aux goutieres, aux cors,
Aux dagues, aux broquars bien nourris & bien forts,
A la belle empaumeure & à la couronneure.

Il sçauoit for-huer, & bien parler aux chiens,
Faisoit bien la brisee, & le premier des siens
Cognoissoit bien le pied, la sole & les alleures,
Fumees, hardouers & frayoirs, & sçauoit
Sans auoir veu le Cerf quelle teste il auoit
En voyant seulement ses erres & fouleures.

Vn iour sans y penser poussé par le Destin,
Comme il mettoit à bout à l'egail du matin
La ruse d'vn vieil Cerf, Diane se transforme
En l'image d'Amour, & pour mieux le blesser,
Luy feit en lieu d'vn Cerf deuant les yeux passer
D'vne Nymphe des eaux le visage & la forme.

Cōme vn printēps d'Auril tout sō corps estoit beau,
Sebete la conceut au milieu de son eau.
Les voisins d'alentour l'appelloyent Calliree.
Ses mestiers n'estoyent pas de filer ne d'ourdir:
Mais ne laissant son corps en paresse engourdir
Suiuoit tousiours Diane, & fuyoit Cytheree.

Au poinct qu'elle passa, Diane tout soudain
Print l'arc & le courba roidement en la main,
Puis blessé Eurymedō d'vn traict tout plein de braise.
Le traict siffle en la playe, & le vint eschaufer:
Feit bouillonner le sang, tout ainsi que le fer
Qu'on plonge tout ardant en l'eau d'vne fournaise.

Lors elle s'escria, Voila mes Cerfs vengez:
Tes ieux, Eurymedon, seront bien tost changez:

D'vne telle langueur mes ennemis ie paye.
En lieu de chiens, de trompe, & de bocages verds,
Il faudra mendier les Muses & les vers,
Pour soulager le mal qui naistra de ta playe.

De tels propos Diane en colere parla:
Et cependant l'vlcere au fond du cœur alla,
Passa de nerf en nerf passa de veine en veine,
Et feit par tout le corps le venin escouler:
Altera tout son sang, feit l'esprit chanceler,
N'ayant pour tout suiet autre bien que la peine.

Il changea de nature, il deuint en langueur,
Comme ceux, dont la fiéure est maistresse du cœur.
Il tiroit lentement de ses yeux vne œillade:
Il changea de pensers de mœurs & d'actions:
Il portoit en l'esprit nouuelles passions,
Et ne sçauoit pourtant qui le faisoit malade.

Rien ne luy profita commander aux forests,
D'auoir mille piqueurs, mille espieux, mille rets,
Ny de mille chiens baux l'aboyante tempeste.
Amour qui n'a souci de grandeurs ny d'honneurs,
Et qui maistre commande aux plus braues seigneurs,
De ses pieds outrageux auoit foulé sa teste.

Il oublia soudain & meutes & limiers:
Souspirs dessus souspirs sortirent les premiers,
Signe de maladie: il auoit le courage
Tousiours en vn penser fermement aresté,
Comme fasché de voir sa douce liberté
Sur l'Auril de ses ans ainsi mise en seruage.

Il vouloit aux rochers & aux forests parler:
Mais il ne peut iamais sa langue desmesler.
Amour ne le voulut, qui son esprit affolle.
Sur l'herbe se couchant de rien ne luy souuint:

S'endormit de dueil,& la nuict qui suruint,
Luy desroba le iour les pleurs & la parolle.

LE BAING DE CALLIREE.

Eurymedon parle.

IE voudrois ce iourd'huy par bonne destinee
Me changer d'homme en femme, ainsi que
fit Cœnee,
Cœnee qui tournant par miracle sa peau,
Estoit tantost pucelle, & tantost iouuenceau.
Ie verrois dans le baing la belle Calliree:
Ie faux, mais ie verrois la belle Cytheree.
Ie verrois des beautez la parfaite beauté
Sans soupçon, comme femme, en toute priuauté:
Beauté que les Amours en son baing accompaignent,
Et mignons en sa cuue, ainsi qu'elle se baignent.
L'vn nage dessus l'eau, l'autre se ioue au fond:
L'vn luy iette des fleurs à pleines mains au front,
L'autre luy tient la teste, & l'autre de son aile
L'esuente doucement, & sa mere l'appelle.
Venus en est bien-aise, & se sou-rit de voir
D'vne si douce erreur ses fils se deceuoir.
L'eau, la cuue & le baing de flames elle allume,
Et l'air tout à l'entour d'odeurs elle parfume:
Et ialouse, voyant de ce beau corps le traict,
S'imagine soymesme, & conçoit son portraict.
S'i'auois pour iouyr de chose tant aimee,
Pour ce iour ma nature en femme transformee,

S v

Je pourrois sans vergongne à son baing me trouu[er]
La voir, l'ouyr, sentir, la toucher & lauer,
Ministre bien-heureux d'vne si douce estuue.

Tantost ie verserois de l'eau tiede en la cuue,
Et tantost de la froide, & d'vn vase bouillant
L'eau chaude dans la froide ensemble remeslant
Je lauerois son corps, & dirois bien-heureuse
Telle eau, qui deuiendroit de la belle amoureuse,
Et le feu amoureux, qui deuiendroit plus chaud
Par l'autre de ses yeux, qui iamais ne defaut.
Le feu materiel se consomme en sa cendre,
Si bois dessus du bois on cesse de respandre,
Dont la flame se paist. Mais celuy de ses yeux
Sans matiere est nourry, comme celuy des Cieux,
Et vit en ses regards de chaleur si extréme,
Que l'esclair qui en sort, embrase le feu mesme.

Que n'ay-ie maintenant autant de loy qu'vn Die[u]
J'attacherois la Cuue & la Cruche au milieu
Des astres les plus beaux, & en ferois vn Signe,
Comme l'enfant Troyen des astres le plus digne.

Tu te baignes en France, ô corps Sebetien:
Et Pallas autrefois, honneur Athenien,
En Argos se baigna, quand elle valeureuse
Retiroit des combats sa main toute poudreuse,
Et ses membres nerueux victorieux & forts
Lauoit d'huile d'Olif, oincture de son corps:
De masle huile d'Olif, riche fruit de la plante,
Que la Ville conceut, qui de son nom se vante.

Et quoy ma Calliree? apres que ton brandon
A brulé moy qui suis ton pauure Eurymedon,
Apres auoir ta main en mes veines mouillee,
Du nouuel homicide encor toute souillee,

ET CALLIREE. 419

Tu te baignes à fin de purger ton forfait?
Mais tu ne peux lauer le mal que tu m'as fait.
  Pourquoy veux-ie à mon dã prendre la hardieſſe
De voir le corps tout nud d'vne telle Deeſſe?
L'exemple d'Acteon & du ieune Thebain,
Qui veirent & Diane & Pallas dans le bain,
Me deuroyent faire ſage, & ſagement m'apprendre
Que l'œil humain ne doit ſur les Dieux entreprẽdre.
  Ie veux, ſans l'ignorer, ma Deeſſe offenſer.
Ces deux pauures enfans veirent ſans y penſer,
Les fieres Deitez, dont la vengeance preſte
A l'vn oſta les yeux, à l'autre ſur la teſte
Meit des cornes de Cerf: & l'innocente erreur,
Des Deeſſes ne peut adoucir la fureur.
  O bien heureux enfans, vos fautes furent quittes
Pour des punitions legeres & petites!
La corne ſur le front ne fait ny mal ne bien:
C'eſt l'eſprit ſeul qui ſent, la corne ne ſent rien:
Et de perdre les yeux la perte eſt profitable
En amour, où la veue eſt touſiours dommageable.
S'il eſt vray que l'amour ſe face par les yeux,
Les yeux ſont aux amans vn mal pernicieux.
  Qu'õ me créue les miẽs pour ne voir pl⁹ ma Dame:
Le regard m'eſt vn feu qui me conſume l'ame,
Dont ie ne puis guarir, & voudrois deſormais
Comme vous, eſtre aueugle, & ne la voir iamais.

RONSARD PARLE A EVRYMEDON.

Rince, de qui le nõ m'eſt venerable & ſaint,
Amour, ainſi que vo⁹ en ſeruage m'eſtreint,
De penſer en penſer me fait nouuelle guerre:

S vj

A la Chiorme amoureuse ainsi que vous m'enserre
Nous sommes cōpaignons bien-heureux, quād ie vo⟨y⟩
Celuy qui est mon maistre, esclaue comme moy.

Amour ie t'aime bien qui sans respect egales
Aux moindres qualitez les qualitez royales,
Et qui rens vn chacun suiet à ta grandeur,
Aussi bien le seigneur comme le seruiteur.

Les hommes ne sont faits de matieres contraires:
Nous auons comme vous des nerfs & des arteres,
Nous auons de nature vn mesme corps que vous,
Chair, muscles & tendons cartilages & pouls,
Mesme cœur, mesme sang, poumons & mesmes veines
Et souffrons comme vous les plaisirs & les peines.

Vn rocher n'aime point, vn chesne ny la mer:
Mais le propre suiet des hommes c'est aimer.
Aimer, hayr, douter, auoir la fantaisie
Tantost chaude d'amour, tantost de ialousie,
Vouloir viure tantost, tantost vouloir mourir,
Resuer, penser, songer, à par-soy discourir,
Se donner, s'engager, se condamner soy-mesme,
Se perdre, s'oublier, auoir la face blesme,
Ouurir tantost la bouche, & n'oser proferer,
Esperer à credit & se desesperer,
Cacher sous vn glaçon des flames allumees,
S'alembiquer l'esprit, se paistre de fumees,
Dessous vn fro⟨nt⟩ ioyeux auoir le cœur transi,
Auoir la larme à l'œil, s'amaigrir de souci,
Voila les fruits qu'Amour de son arbre nous donne,
Dont ny fueilles ny fleur ny racine n'est bonne,
Le tige en est amer qui corrompt nostre corps,
Amer par le dedans, amer par le dehors:
Et bref amer par tout, comme ayant son lignage

De la mer, & nourry dans vn desert sauuage.
On dit lors que Venus de son fils accoucha,
Que Iupiter au Ciel contre elle se fascha,
Iugeant à voir l'enfant seulement à la face,
Que bien tost il perdroit toute l'humaine race.
Venus pour le sauuer, le cacha dans les bois.
La Renarde vne fois, la Louue vne autre fois,
Et l'Ourse l'alaita, humant sa nourriture
Des bestes, dont le laict est aigre de nature.
D'vn viure si amer cest enfant se repeut,
Gardant les qualitez du mesme laict qu'il beut.
Or si tost qu'il fut grand (vn Dieu ne tarde à
croistre)
Et qu'il peut empoigner l'arc de la main senestre,
Luy mesme sans patron, allant par les forests,
Se fit vn arc de Fresne, & des traicts de Cyprés,
Et façonna ses mains, à tirer ignorantes,
Premier contre les Cerfs & les Biches errantes.
Des bois vint aux citez tirer droict aux humains.
Ha, qu'il a maintenant bien certaines les mains!
Son arc n'est plus faultier, sa fleche est aduisée,
Qui mire droit au cœur sans y prendre visee:
Son arc n'est plus de bois, ses traicts ny son carquois,
Il est d'or maintenant dont il blesse les Roys.
Celuy pour triompher d'vne rare conqueste,
A mis victorieux ses pieds sur vostre teste:
Et quand moins vous pensiez qu'il vous peust sur-
monter,
Desdaignant vos grandeurs, vous est venu donter.
Rien ne vous a seruy longuement vous defendre,
Ny vostre cœur reuesche indocile à se rendre:
Rien ne vous ont seruy Diane ny ses ars

S vij

Qu'Amour ne vous enroolle au ranc de ses soldars,
Et suiuant en son camp le chemin qu'il enseigne
Ne vous face porter dauant tous son Enseigne.
  Celuy d'vn beau desir le cœur vous anima,
En vos veines le soulfre amoureux alluma:
Celuy vous des-voila la honte de ieunesse,
Vous apprist ces beaux nōs d'aimer & de maistresse
Vous apprist à la fois à rougir & blesmir,
Passer les iours en pleurs & les nuicts sans dormir.
Aussi pour recompense il vous donne vne Dame,
Dont le corps si parfait sert de tesmoin que l'ame
Est parfaite & diuine, & qu'elle a dans les Cieux
Prise son origine entre les plus beaux Dieux:
L'honneur comme vn Soleil son beau front enuironne,
Et toutes les Vertus luy seruent de Couronne.
  Les astres de ses yeux, les roses de son teint,
Ses cheueux, mais des rets dōt Amour vous estreint
L'yuoire de ses mains, sa bouche toute pleine
De perles, de rubis, & d'vne douce haleine,
De sa beauté tout seul ne vous font desireux:
Vn homme est vn rocher s'il n'en est amoureux.
  Vous n'estes pas marry ny ialoux qu'on regarde
Au plus haut de l'Esté le beau Soleil qui darde
Ses rayons sur chacun: il a tant de clarté,
Qu'il peut sur tout le monde espandre sa beauté,
Sans rien perdre en donnant: & plus il continue
A departir sa flame, & moins se diminue.
  Ainsi, Prince courtois, vous n'estes enuieux,
Si voyant sa beauté i'en contente mes yeux,
J'en desrobe vn rayon pour soustenir ma vie:
Car la voir seulement est toute mon enuie.

Les yeux de Cupidon d'vn bandeau sont couuerts:
Les vostre à choisir sont prompts & bien ouuerts.
Vostre sain iugement vous a poussé d'eslire
La meilleure partie & refuser la pire.
Entre mille beautez choisir vous auez sceu
Sur toutes la plus belle, & n'estes point deceu.
  O prudent iugement en vn ieune courage!
Ie m'asseurois tousiours voyant vostre visage
Melancolique & plein d'imagination,
Que vous seriez heureux en vostre election.
  Ie ne suis esbahi si en vostre ieunesse
Auez esté gaigné d'vne telle Princesse,
Quand moy qui des amours ay passé la saison,
Qui ay morne le sang, le chef demy-grison,
Dés long temps i'en auois toute l'ame blessee,
Et le traict seulement viuoit en ma pensee:
I'estois de la seruir soigneux & curieux.
Aussi bien que les Rois les peuples ont des yeux.
  Ma fortune en bon-heur passe la vostre, Prince
Que vous sert maintenant vostre riche prouince,
Que vous sert vostre Sceptre & vostre honneur
  royal?
Cela ne peut guarir en amour vostre mal,
Cela ne refroidit le feu qui vous allume:
Où ie suis soulagé par le bien de ma plume,
Qui deschargeant mon cœur de mille affections,
Emporte dans le vent toutes mes passions.
Elle est mon Secretaire & sans mendier qu'elle,
Ie luy dy mes secrets, ie la trouue fidelle,
Et soulage mon mal de si douce façon,
Que rien contre l'Amour n'est bon que la chanson.
La Muse est mon confort qui de sa voix enchante

(Tant son charme est puissant) l'Amour quand elle
chante.

O germe de Venus, enfant Idalien,
Soit que tu sois des Dieux le Dieu plus ancien,
Que le Ciel soit ton pere, & la Mer ta nourrice,
Que tu sois citoyen d'Amathonte ou d'Eryce,
Vien demeurer en France, & soulage l'ardeur
De mon Prince qui vit suiet de ta grandeur.

CHANSON PAR
Stances.

AH belle eau vive, ah fille d'vn rocher,
Qui fuis toufiours pour ma peine fatale,
Ne souffre plus que ie fois vn Tantale,
Laisse ma soif en tes eaux estancher:
　Ou si tu n'as pitié de mon trespas,
De tant pleurer il me prend vne enuie,
Qu'ainsi que toy ie veux changer ma vie
En source d'eau pour mieux suiure tes pas.

　Eau deuenu, en ton eau ie viuray,
Faict par mes pleurs vne eternelle source:
Et d'eau pareille & de pareille course
Plongé dans toy toufiours ie te suiuray.
　Fils de Venus enfant ingenieux,
Je te supply pour alleger ma peine,
Que tout mon corps ne soit qu'vne fonteine,
Et que mon sang ie verse par les yeux.

　Si tu ne veux, ô Nymphe, consentir
Que pour te suiure en eau ie me transforme,
D'vn feu bruslant ie veux prendre la forme
Pour de mon mal te faire repentir.

ET CALLIREE. 425

Ainsi qu'Achille insolent en desirs
Brusla le fleuue en la plaine Troyenne,
Face le Ciel que flame ie deuienne
Pour consommer ton eau de mes souspirs.
   Quand on ne peut par vn remede egal
Auoir santé du tourment qui nous presse,
Desesperé de tout salut, Maistresse,
D'vn mal contraire il faut guarir son mal.

SONNET.

Callirée parle contre la chasse.

Celuy fut ennemy des Deitez puissantes,
Et cruel viola de Nature les lois,
Qui le premier rompit le silence des bois,
Et les Nymphes qui sont dans les arbres naissantes:
   Qui premier de limiers & de meutes pressantes,
De piqueurs, de veneurs, de trompes & d'abois
Donna par les forests vn passetemps aux Roys
De la course & du sang des bestes innocentes.
   Ie n'aime ny piqueurs ny filets ny veneurs,
Ny meutes ny forests, la cause de mes peurs:
Ie doute qu'Artemis quelque sangler n'appelle
   Encontre Eurymedon pour voir ses iours finis,
Que le dueil ne me face vne Venus nouuelle,
Que la mort ne le face vn nouuel Adonis.

SONNETS ET MADRI-
GALS POVR ASTREE.

I.

Ois-ie voler emplumé d'esperance,
Ou si ie dois forcé du desespoir,
Du haut du Ciel en terre laisser choir
Mon ieune amour auorté de naissance:
Non, i'aime mieux leger d'outrecuidance,
Tomber d'enhaut & fol me deceuoir,
Que voler bas, deussé-ie receuoir
Pour mon tombeau toute vne large France.
Icare fit de sa cheute nommer,
Pour trop oser, les ondes de la mer:
Et moy ie veux honorer ma contree
De mon sepulchre & dessus engrauer,
RONSARD VOVLANT AVX AS-
TRES S'ESLEVER,
FVT FOVDROYÉ PAR VNE BEL-
LE ASTREE.

II.

LE premier iour que s'auisay la belle
Ainsi qu'vn Astre esclairer à mes yeux,
Ie discourois en esprit si les Dieux
Au Ciel là haut estoyent aussi beaux qu'elle.
De son regard mainte viue estincelle
Sortoit menu comme flame des Cieux:
Si qu'esblouy du feu victorieux,

SONNETS POVR ASTREE.

Iesus veincu de sa clairté nouuelle.
  Depuis ce iour mon cœur qui s'alluma,
D'aller au Ciel sottement presuma,
En imitant des Geans le courage.
  Cesse mon cœur, la force te defaut,
Bellerophon te deuroit faire sage:
Pour vn mortel le voyage est trop haut.

III.

Elle Erigone, Icarienne race,
  Qui luis au Ciel & qui viens en la terre
  Faire à mon cœur vne si douce guerre,
De ma raison ayant gaigné la place:
  Ie suis veincu, que veux-tu que ie face
Sinon prier cest Archer qui m'enferre,
Que doucement mon lien il desserre,
Trouuant vn iour pitié deuant ta face?
  Puis que ma nef au danger du naufrage
Pend amoureuse au milieu de l'orage,
Demast de voile assez mal accoustree,
  Vueilles du Ciel en ma faueur reluire:
Il appartient aux Astres, mon Astree,
Luire sauuer fortuner & conduire.

MADRIGAL I.

L'Homme est bien sot qui aime sans cognoistre.
I'aime & iamais ie ne vy ce que i'aime:
D'vn faux penser ie me deçoy moy-mesme,
Ie suis esclaue & ne cognois mon maistre.
L'imaginer seulement me fait estre

Comme ie suis en vne peine extreme.
L'œil peut faillir, l'aureille fait de mesme,
Mais nul des sens mon amour n'a fait naistre.

Je n'ay ny veu ny ouy ny touché:
Ce qui m'offense à mes yeux est caché:
La playe au cœur à credit m'est venue.

Ou nos esprits se cognoissent aux Cieux
Ains que d'auoir nostre terre vestue,
Qui vont gardant la mesme affection
Dedans les corps qu'au Ciel ils auoyent eue:

Ou ie suis fol. Encores vaut-il mieux
Aimer en l'air vne chose incognue
Que n'aimer rien, imitant Ixion,
Qui pour Iunon embrassoit vne nue.

IIII.

Douce Françoise, ainçois douce framboise,
Fruict sauoureux mais à moy trop amer:
Tousiours ton nom, helas! pour trop aimer,
Vit en mon cœur quelque part que ie voise.

Ma douce paix, mes treues & ma noise,
Belle qui peux mes Muses animer,
Ton nom si franc deuroit t'accoustumer
Mettre les cœurs en franchise Françoise.

Mais tu ne veux redonner liberté
Au mien captif que tu tiens arresté
Pris en ta chaisne estroitement serree.

Laisse la force: Amour le retiendra,
Ou vien, Maistresse, autrement il faudra
Que pour Françoise on t'appelle ferree.

MADRIGAL II.

De quoy te sert mainte Agathe grauee,
Maint beau Ruby, maint riche Diamant,
Ta beauté seule est ton seul ornement,
Beauté qu'Amour en son sein a couuee.
Cache ta perle en l'Orient trouuee,
Les graces soyent tes bagues seulement:
De ses ioyaux en toy parfaitement
De la splendeur & la force esprouuee.
Dedans tes yeux reluisent leurs beautez,
Leur vertus sont en toy de tous costez:
Tu fais sur moy tes miracles, ma Dame,
Sans eux ie sens que peut ta Deité:
Tantost glaçon & tantost vne flame,
De ialousie & d'amour agité,
Elle pensif sans raison & sans ame,
M'ay transi mort & resuscité.

V.

Iamais Hector aux guerres n'estoit lâche
Lors qu'il alloit combatre les Gregeois:
Tousiours sa femme attachoit son harnois,
Et sur l'armet luy plantoit son pennache.
Il ne craignoit la Pelienne hache
Du grand Achille ayant deux ou trois fois
Baisé sa femme, & tenant en ses dois
Vne faueur de sa belle Andromache.
Heureux cent fois toy Cheualier errant,
Que ma Deesse alloit hier parant,
Et qu'en armant baisoit comme ie pense.

De sa vertu procede ton honneur :
Que pleust à Dieu pour auoir ce bon-heur,
Auoir changé mes plumes à ta lance.

VI.

IL ne falloit, Maistresse, autres tabletes
Pour vous grauer que celles de mon cœur,
Où de sa main Amour nostre veinqueur
Vous a grauee & vos graces parfaites.

Là vos vertus au vif y sont portraites,
Et vos beautez causes de ma langueur,
L'honnesteté la douceur la rigueur,
Et tous les biens & maux que vous me faites.

Là vos cheueux, vostre œil & vostre teint
Et vostre front s'y monstre si bien peint,
Et vostre face y est si bien enclose,

Que tout est plein : il n'y a nul endroit
Vuide en mon cœur : & quand Amour voudroit,
Plus ne pourroit y grauer autre chose.

VII.

AV mois d'Auril quand l'an se renouuelle,
L'Aube ne sort si fresche de la mer,
Ny hors des flo*s la Deesse d'aimer
Ne vint à Cypre en sa conque si belle,

Comme ie vy la beauté que i'appelle
Mon Astre sainct, au matin s'esueiller,
Rire le Ciel, la terre s'esmailler,
Et les Amours voler à l'entour d'elle.

Amour Ieunesse & les Graces qui sont

POVR ASTREE.   431

Filles du Ciel luy pendoyent sur le front:
Mais ce qui plus redoubla mon seruice,
 C'est qu'elle auoit vn visage sans art.
La femme laide est belle d'artifice,
La femme belle est belle sans du fard.

MADRIGAL III.

Depuis le iour que ie te vey, Maistresse,
Tu as passé deux fois aupres de moy,
 L'vne muette & d'vn visage coy,
Sans daigner voir quelle estoit ma tristesse:
 L'autre, pompeuse en habit de Deesse,
Belle pour plaire aux delices d'vn Roy,
Tirant de l'œil tout à l'entour de toy
Pour voir ton voile vne amoureuse presse.
Ie pensois voir Europe sur la mer,
Et tous les vents en ton voile enfermer,
Tremblant de peur te regardant si belle,
Que quelque Dieu ne te rauist aux Cieux,
Et ne te fist vne essence immortelle.
Si tu m'en crois, fuy l'or ambitieux:
Ne porte au chef vne coiffure telle,
Le simple habit, ma Dame, te sied mieux.

VIII.

L'Astre diuin, qui d'aimer me conuie,
Tenoit du Ciel la plus haute maison,
 Le iour qu'Amour me mit en sa prison,
Et que ie vy ma liberté rauie.
 Depuis ce temps i'ay perdu toute enuie

De me rauoir, & veux que la poison
Qui corrompit mes sens & ma raison,
Soit desormais maistresse de ma vie.

Ie veux pleurer, sanglotter & gemir,
Passer les iours & les nuicts sans dormir,
Hayr moy-mesme & de tous me distraire,

Et deuenir vn sauuage animal.
Que me vaudroit de faire le contraire
Puis que mon Astre est cause de mon mal?

IX.

LE premier iour que l'heureuse auanture
Conduit vers toy mon esprit & mes pas,
Tu me donnas pour mon premier repas
Mainte dragee & mainte confiture.

Ialouse apres de si douce pasture,
En mauuais goust tu changeas tes appas,
Et pour du sucre, ô cruelle, tu m'as
Donné du fiel qui corrompt ma nature.

Le sucre doit pour sa douceur nourrir:
Le tien m'a fait cent mille fois mourir,
Tant il se tourne en fascheuse amertume.

Ce ne fut toy, ce fut ce Dieu d'aimer
Qui me deceut, poursuiuant sa coustume
D'entre-mesler le doux auec l'amer.

X.

A Dieu cheueux, liens ambicieux,
Dont l'or frizé me retint en seruice,
Cheueux plus beaux que ceux que Berenice

Loin

POVR ASTREE.

...in de son chef enuoya dans les Cieux.
Adieu mirouer, qui fais seul glorieux
Un cœur trop fier d'amoureuse malice:
Amour m'a dit qu'autre chemin i'aprisse,
Et pource adieu belle bouche & beaux yeux.
Trois mois entiers d'un desir volontaire
Ie vous seruy, & non comme forçaire
Qui par contrainte est suiet d'obeir.
Comme ie vins ie m'en reuais, Maistresse:
Toutefois ie ne te puis hayr.
Le cœur est bon, mais la fureur me laisse.

XI.

Quand tu portois l'autre iour sur ta teste
Un verd Laurier, estoit-ce pour monstrer
Qu'homme si fort ne se peut rencontrer,
Qui la victoire en tes mains ne soit preste?
Ou pour monstrer ton heureuse conqueste
De m'auoir fait en tes liens entrer?
Dont ie te pri' me vouloir despestrer.
Peu sert le bien que par force on acqueste.
Le Laurier est aux victoires duisant,
Le Rosmarin dont tu m'as fait present,
L'esperé m'a fait leuer le siege.
C'estoit congé que ie pren maugré moy:
Car de vouloir resister contre toy,
Estre diuin, c'est estre sacrilege.

XII.

Tu chaissois & ma vie & mes ans,
Triste i'estois de moy-mesme homicide,

T

Mon cœur en feu, mon œil estoit humide,
Les Cieux m'estoyent obscurs & desplaisans.

Alors qu'Amour dont les traits sont cuisans,
Me dist, Amy, pour auoir vn bon guide
De l'Astre sainct qui maistre te preside,
Peins le portrait au milieu de tes gans.

Sans contredit à mon Dieu i'obey.
J'ay bien cogneu qu'il ne m'auoit trahy:
Car dés le iour que ie fey la peinture,

Heureux ie vey prosperer mes desseins.
Comment n'auroy-ie vne bonne auenture,
Quand i'ay tousiours mon Astre entre les mains?

XIII.

Est-ce le bien que tu me rens, d'auoir
Prins dessus moy ta docte nourriture,
Ingrat disciple & d'estrange nature?
Pour mon loyer me viens-tu deceuoir?

Tu me deuois garder à ton pouuoir
De n'aualler l'amoureuse pasture,
Et tu m'as fait sous douce couuerture
Dedans le cœur la poison receuoir.

Tu me parlas le premier de ma Dame:
Tu mis premier le soulfre dans ma flame,
Et le premier en prison tu me mis.

Ie suis veincu, que veux-tu que ie face,
Puis que celuy qui doit garder la place,
Du premier coup la rend aux ennemis?

XIIII.

A Mon retour (hé, ie m'en deſeſpere)
Tu m'as receu d'vn baiſer tout glacé,
Froid, ſans ſaueur, baiſer d'vn treſpaſſé
Tel que Diane en donnoit à ſon frere,
Tel qu'vne fille en donne à ſa grand' mere,
La fiancée en donne au fiancé,
Ny ſauoureux ny moiteux ny preſſé:
Et quoy, ma léure eſt-elle ſi amere?
Hà, tu deurois imiter les pigeons
Qui bec en bec de baiſers doux & longs
Se font l'amour ſur le haut d'vne ſouche.
Ie te ſuppli', Maiſtreſſe, deſormais
Ou baiſe moy la ſaueur en la bouche,
Ou bien du tout ne me baiſe iamais.

XV

Pour retenir vn amant en ſeruage
Il faut aimer & non diſſimuler,
De meſme flame amoureuſe bruſler,
Que le cœur ſoit pareil au langage:
Touſiours vn ris, touſiours vn bon viſage,
Touſiours s'eſcrire & s'entre-conſoler:
Qui ne peut eſcrire ny parler,
A tout le moins s'entre-voir par meſſage.
Il faut auoir de l'amy le portraict,
Mille fois le iour en rebaiſer le traict:
Que d'vn plaiſir deux ames ſoyent guidées,
Deux corps en vn reioincts en leur moitié.
Voila les poincts qui gardent l'amitié,
Et non pas vous qui n'aimez qu'en idees.

T ij

XVI.

SI mon grand Roy n'eust veincu mainte armee,
Son nom n'iroit comme il fait dans les Cieux:
Ses ennemis l'ont faict victorieux,
Et des veincus il prend sa renommee.
  Si de plusieurs ie te voy bien-aimee,
C'est mon trophée & n'en suis enuieux:
D'vn tel honneur ie deuiens glorieux,
Ayant choisi chose tant estimee.
  Ma ialousie est ma gloire de voir
Mesmes Amour soumis à ton pouuoir.
Mais s'il aduient que de luy ie me vange,
  Vous honorant d'vn seruice constant,
Iamais mon Roy par trois fois combatant
N'eut tant d'honneur que i'auray de louange.

ELEGIE DV PRINtemps. A la sœur d'Astrée.

PRintemps fils du Soleil que la terre arrou[se]
De la fertile humeur d'vne douce rousee,
Au milieu des œillets & des roses conceut,
Quand Flore entre ses bras nourrice vous receut,
Naissez, croissez Printemps, laissez vous apparoi[stre]
En voyant Isabeau vous pourrez vous cognoistre.
Elle est vostre mirouer, & deux lis assemblez
Ne se ressemblent tant que vous entre-semblez:
Tous les deux n'estes qu'vn, c'est vne mesme chose
La Rose que voicy ressemble à ceste Rose,

Le Diamant à l'autre, & la fleur à la fleur:
Le Printemps est le frere, Isabeau est la sœur.
  On dit que le Printemps pompeux de sa richesse,
Orgueilleux de ses fleurs, enflé de sa ieunesse,
Logé comme vn grand Prince en ses vertes maisons,
Se vantoit le plus beau de toutes les saisons,
Et se glorifiant le contoit à Zephyre.
Le Ciel en fut marry, qui soudain le vint dire
A la mere Nature. Elle pour r'abaisser
L'orgueil de cest enfant va par tout r'amasser
Les biens qu'elle serroit de mainte & mainte an-
  née.
  Quand elle eut son espargne en son moule or-
  donnée,
La fist fondre : & versant ce qu'elle auoit de beau,
Miracle nous fist naistre vne belle Isabeau,
Belle Isabeau de nom, mais plus belle de face,
De corps belle & d'esprit, des trois Graces la grace.
Le Printemps estonné qui si belle la voit,
De vergongne la fiévre en son cœur il auoit:
Tout le sang luy bouillonne au plus creux de ses vei-
  nes:
Il fist de ses deux yeux saillir mille fonteines,
Souspirs dessus souspirs comme feu luy sortoyent,
Ses muscles & ses nerfs en son corps luy batoyent:
Il deuint en iaunisse, & d'vne obscure nue
La face se voila pour n'estre plus cognue.
Et quoy? disoit ce Dieu, de honte furieux,
Ayant la honte au front & les larmes aux yeux,
Ie ne sers plus de rien, & ma beauté premiere
D'autre beauté veincue a perdu sa lumiere:
Vne autre tient ma place, & ses yeux en tout temps

T iij

SONNETS

Font aux hommes sans moy tous les iours vn Prin-
    temps:
Et mesme le Soleil plus longuement retarde
Ses cheuaux sur la terre, à fin qu'il la regarde:
Il ne veut qu'à grand' peine entrer dedans la mer,
Et se faisant plus beau fait semblant de l'aimer.
Elle m'a desrobé mes graces les plus belles,
Mes œillets & mes lis & mes roses nouuelles,
Ma ieunesse mon teint mon fard ma nouueauté,
Et diriez en voyant vne telle beauté,
Que tout son corps ressemble vne belle prairie
De cent mille couleurs au mois d'Auril fleurie.
Bref, elle est toute belle, & rien ie n'apperçoy
Qui la puisse egaler, seule semblable à soy.
Le beau trait de son œil seulement ne me touche,
Ie n'aime seulement ses cheueux & sa bouche,
Sa main qui peut d'vn coup & blesser & guarir:
Sur toutes ses beautez son sein me fait mourir.
Cent fois rauy ie pense, & si ne sçaurois dire
De quelle veine fut emprunté le porphire,
Et le marbre poli dont Amour l'a basti:
Ny de quels beaux iardins cest œillet est sorti,
Qui donna la couleur à sa ieune mammelle,
Dont le bouton ressemble vne fraize nouuelle,
Verdelet, pommelé, des Graces le seiour.
Venus & ses enfans volent tout à l'entour,
La douce Mignardise & les douces Blandices,
Et tout cela qu'Amour inuenta de delices.
Ie m'en vay furieux sans raison ny conseil,
Ie ne sçaurois souffrir au monde mon pareil.
    Ainsi disoit ce Dieu tout remply de vergongne.
Voila pourquoy de nous si long temps il s'eslongne

Mignant vostre beauté dont il est surpassé:
Ayant quitté la place à l'hyuer tout glacé,
Tu n'ose retourner. Retourne ie te prie,
Printemps perez des fleurs: il faut qu'on te marie
A la belle Ysabeau: car vous apparier
C'est aux mesmes beautez les beautez marier,
Les fleurs auec les fleurs: de si belle alliance
Naistra de siecle en siecle vn Printemps en la France.
 Pour douaire certain tous deux vous promettez
De vous entre-donner vos fleurs & vos beautez,
Afin que vos beaux ans en despit de vieillesse,
Ainsi qu'vn Renouueau soyent tousiours en ieunesse.

T iiij

LE PREMIER LIVRE DES SONNETS pour Helene.

I.

LE premier iour de May, Helene ie vous iure
Par Castor par Pollux, vos deux freres iumeaux,
Par la vigne enlassee à l'entour des ormeaux,
Par les prez, par les bois herissez de verdure,
Par le nouueau Printemps fils aisné de Nature,
Par le cristal qui roule au giron des ruisseaux,
Et par les rossignols, miracle des oiseaux,
Que seule vous serez ma derniere auenture.
Vous seule me plaisez, i'ay par election
Et non à la volee aimé vostre ieunesse:
Aussi ie prens en gré toute ma passion.
Je suis de ma fortune autheur, ie le confesse:
La vertu qui vous pleige, en est la caution.
Si la vertu me trompe, adieu belle Maistresse.

II.

Quand à longs traits ie boy l'amoureuse estin-
celle
Qui sort de tes beaux yeux, les miens sont esblouis:
D'esprit ny de raison troublé ie ne iouis,
Et comme yure d'amour tout le corps me chancelle.
Le cœur me bat au sein, ma chaleur naturelle
Se refroidit de peur: mes Sens esuanouis
Se perdent tous en l'air, tant tu te resiouis
D'acquerir par ma mort le surnom de cruelle.
Tes regards foudroyans me percent de leurs rais
La peau le corps le cœur, comme poinctes de trais
Que ie sens dedans l'ame: & quand ie me veux plain-
dre,
Ou demander mercy du mal que ie reçois,
Si bien ta cruauté me reserre la vois
Que ie n'ose parler tant tes yeux me font craindre.

III.

Ma douce Helene, non, mais bien ma douce
haleine,
Qui froide rafraischis la chaleur de mon cœur,
Ie prens de ta vertu cognoissance & vigueur,
Et ton œil comme il veut à son plaisir me meine.
Heureux celuy qui souffre vne amoureuse peine
Pour vn nom si fatal: heureuse la douleur,
Bien-heureux le torment, qui vient pour la valeur
Des yeux, non pas des yeux, mais de l'astre d'Helene.
Nom, malheur des Troyens, suiet de mon souci,
Ma sage Penelope & mon Helene aussi,

T v

Qui d'vn soin amoureux tout le cœur m'enuelope:
 Nom, qui m'a iusqu'au ciel de la terre enleué,
Qui eust iamais pensé que i'eusse retrouué
En vne mesme Helene, vne autre Penelope!

IIII.

Tout ce qui est de sainct, d'honneur & de vertu
 Tout le bien qu'aux mortels la Nature peut
 faire,
Tout ce que l'artifice icy peut contrefaire,
Ma Maistresse en naissant en l'esprit l'auoit eu.
 Du iuste & de l'honneste à l'enuy debatu
Aux escoles des Grecs: de ce qui peut attraire
A l'amour du vray bien, à fuir le contraire,
Ainsi que d'vn habit son corps fut reuestu.
 Tousiours la chasteté des beautez ennemie
(Comme l'or fait la Perle) honore son Printemps
Vne vertu parfaite, vne peur d'infamie,
 Vn œil qui fait les Dieux & les hommes contens
La voyant si parfaite, il faut que ie m'escrie,
Bien-heureux qui l'adore, & qui vit de son temps!

V.

Helene sceut charmer auecque son Nepenthe
 Les pleurs de Telemaque. Helene, ie voudroy
Que tu peusses charmer les maux que ie reçoy
Depuis deux ans passez, sans que ie m'en repente.
 Naisse de nos amours vne nouuelle plante,
Qui conserue nos noms en escrit dessus soy,
Les porte entre-lassez d'vne eternelle foy,
Et qu'à nostre contract la Terre soit presente.

O Terre, de nos oz en ton sein chaleureux
Naisse vne herbe au Printeps propice aux amoureux,
Qui sur nos tombeaux croisse en vn lieu solitaire.
 O desir fantastiq,duquel ie me deçoy,
Mon souhait n'aduiendra, puis qu'en viuant ie voy
Que mon amour me trôpe,& qu'il n'a point de frere.

VI.

Poussé des flots d'Amour ie n'ay point de support,
Ie ne voy point de Phare,& si ie ne desire
(O desir trop hardy!) sinon que ma Nauire
Apres tant de perils puisse gaigner le port.
 Las! deuant que payer mes vœux dessus le bort,
Naufrage ie mourray:car ie ne voy reluire
Qu'vne flame sur moy, qu'vne Helene qui tire
Entre mille rochers ma Nauire à la mort.
 Ie suis seul me noyant de ma vie homicide,
Choisissant vn enfant vn aueugle pour guide,
Dont il me faut de honte & pleurer & rougir.
 Ie ne sçay si mes Sens,ou si ma Raison tasche
De conduire ma nef,mais ie sçay qu'il me fasche
De voir vn si beau port & n'y pouuoir surgir.

CHANSON.

Qvand ie deuise assis aupres de vous,
  Tout le cœur me tressaut:
Ie tremble tout de nerfs & de genous,
  Et le pouls me defaut.
Ie n'ay ny sang ny esprit ny haleine,
Qui ne se trouble en voyant mon Helene,

T vj

Ma chere & douce peine.
Je deuien fol, ie pers toute raison:
    Cognoistre ie ne puis
Si ie suis libre, ou mort ou en prison:
    Plus en moy ie ne suis.
En vous voyant, mon œil perd cognoissance:
Le vostre altere & change mon essence,
    Tant il a de puissance.
Vostre beauté me fait en mesme temps
    Souffrir cent passions:
Et toutesfois tous mes sens sont contens,
    Diuers d'affections.
L'œil vous regarde, & d'autre part l'oreille
Oyt vostre voix, qui n'a point de pareille,
    Du monde la merueille.
Voila comment vous m'auez enchanté,
    Heureux de mon malheur:
De mon trauail ie me sens contenté,
    Tant i'aime ma douleur:
Et veux tousiours que le soucy me tienne,
Et que de vous tousiours il me souuienne,
    Vous donnant l'ame mienne.
Donc ne cherchez de parler au Deuin,
    Qui sçauez tout charmer:
Vous seule auriez vn esprit tout diuin,
    Si vous pouuiez aimer.
Que pleust à Dieu, ma moitié bien-aimee,
Qu'Amour vous eust d'vne fleche enflamee
    Autant que moy charmee.
En se iouant il m'a de part en part
    Le cœur outreperce:
A vous s'amie il n'a monstré le dard

Duquel il m'a blessé.
De telle mort heureux ie me confesse,
Et ne veux point que la playe me laisse
Pour vous, belle Maistresse.
Dessus ma tombe engrauez mon soucy
En memorable escrit:
D'vn Vandomois le corps repose icy,
Sous les Myrtes l'esprit.
Comme Paris là bas faut que ie voise,
Non pour l'amour d'vne Helene Gregeoise,
Mais d'vne Saintongeoise.

VII.

Amour abandonnant les vergers de Cytheres,
D'Amathonte & d'Eryce, en la France passa:
Et me monstrant son arc, comme Dieu, me tança,
Que i'oubliois, ingrat, ses loix & ses mysteres.
Il me frappa trois fois de ses ailes legeres:
Vn traict le plus aigu dans les yeux m'eslança.
La playe vint au cœur, qui chaude me laissa
Vne ardeur de chanter les honneurs de Surgeres.
Chante (me dist Amour) sa grace & sa beauté,
Sa bouche ses beaux yeux sa douceur sa bonté:
Ie la garde pour toy le suiet de ta plume.
Vn suiet si diuin ma Muse ne poursuit.
Ie te feray l'esprit meilleur que de coustume.
L'homme ne peut faillir quand vn Dieu le conduit.

VIII.

TV ne dois en ton cœur superbe deuenir,
Ny brauer mon malheur accident de fortune:

T vij

La misere amoureuse à chacun est commune:
Tel eschappe souuent qu'on pense bien tenir.
  Tousiours de Nemesis il te faut souuenir,
Qui fait nostre aduenture ore blanche ore brune.
Aux superbes Tyrans appartient la rancune:
Comme ton serf conquis tu me dois maintenir.
  Les Guerres & l'Amour sont freres d'vne chose:
Le veinqueur du veincu bien souuent est batu,
Qui parauant fuyoit de honte à bouche close.
  L'amant desesperé souuent reprend vertu:
Pource vn nouueau trophee à mon mal ie propose,
D'auoir contre tes yeux si long temps combatu.

IX.

L'Autre iour que i'estois sur le haut d'vn degré,
Passant tu m'aduisas, & me tournant la veue,
Tu m'esblouis les yeux, tant i'auois l'ame esmeue
De me voir en sursaut de tes yeux rencontré.
  Ton regard dans le cœur, dans le sang m'est entré
Comme vn esclat de foudre alors qu'il fend la nue:
I'eus de froid & de chaud la fiéure continue,
D'vn si poignant regard mortellement outré.
  Lors si ta belle main passant ne m'eust fait signe,
Main blanche, qui se vante estre fille d'vn Cygne,
Ie fusse mort, Helene, aux rayons de tes yeux:
  Mais ton signe retint l'ame presque rauie,
Ton œil se contenta d'estre victorieux,
Ta main se resiouyt de me donner la vie.

X.

CE siecle où tu nasquis ne te cognoist, Helene :
S'il sçauoit tes vertus, tu aurois en la main
Vn sceptre à commander dessus le genre humain,
Et de ta maiesté la terre seroit pleine.

Mais luy tout embourbé d'auarice vilaine,
Qui met comme ignorant les vertus à desdain,
Ne te cognut iamais : ie te cognu soudain
A ta voix, qui n'estoit d'vne personne humaine.

Ton esprit en parlant à moy se descouurit,
Et ce-pendant Amour l'entendement m'ouurit
Pour te faire à mes yeux vn miracle apparoistre.

Ie tiens (ie le sens bien) de la diuinité,
Puisque seul i'ay cognu que peut ta Deité,
Et qu'vn autre auant moy ne l'auoit peu cognoistre.

XI.

LE Soleil l'autre iour se mit entre nous deux,
Ardant de regarder tes yeux par la verriere :
Mais luy, comme esblouy de ta viue lumiere,
Ne pouuant la souffrir, s'en-alla tout honteux.

Ie te regarday ferme, & deuins glorieux
D'auoir veincu ce Dieu qui se tournoit arriere,
Quand regardant vers moy tu me dis, ma guerriere,
Ce Soleil est fascheux, ie t'aime beaucoup mieux.

Vne ioye en mon cœur incroyable s'en-vole
Pour ma victoire acquise, & pour telle parole :
Mais longuement cest aise en moy ne trouua lieu.

Arriuant vn mortel de plus fresche ieunesse
(Sans esgard que i'auois triomphé d'vn grand Dieu)
Tu me laissas tout seul pour luy faire caresse.

XII.

DEux Venus en Auril de mesme Deité
Nasquirent, l'vne en Cypre, & l'autre en
Saintonge:
La Venus Cyprienne est des Grecs la mensonge,
La chaste Saintongeoise est vne verité.

L'Auril se resiouist de telle nouueauté,
Et moy qui iour ny nuict d'autre Dame ne songe,
Qui le fil amoureux de mon destin allonge
Ou l'accourcist, ainsi qu'il plaist à sa beauté.

Ie me sens bien-heureux d'estre nay de son âge.
Si tost que ie la vy, ie fus mis en seruage
De ses yeux, que i'estime vn suiet plus qu'humain.

Ma Raison sans combatre abandonna la place,
Et mon cœur se vit pris comme vn poisson à l'hain.
Si i'ay failly, ma faute est bien digne de grace.

XIII.

SOit que ie sois hay de toy ma Pasithee,
Soit que i'en sois aimé, ie veux suiure mon cours
J'ay ioué comme aux dets mon cœur & mes amours
Arriue bien ou mal la chance en est iettee.

Si mon ame & de glace & de feu tourmentee
Peut deuiner son mal, ie voy que sans secours,
Passionné d'amour ie doy finir mes iours,
Et que deuant mon soir se clorra ma nuictee.

Ie suis du camp d'Amour pratique Cheualier:
Pour auoir trop souffert le mal m'est familier:
Comme vn habillement i'ay vestu le martire.

Donques ie te desfie & toute ta rigueur:

Tu m'as desia tué, tu ne sçaurois m'occire
Pour la seconde fois, car ie n'ay plus de cœur.

XIIII.

TRois ans sont ja passez que ton œil me tient pris,
  Et si ne suis marry de me voir en seruage :
Seulement ie me deuls des ailes de mon âge,
Qui me laissent le chef semé de cheueux gris.
Si tu me vois ou palle, ou de fieure surpris,
Quelquefois solitaire, ou triste de visage,
Tu deurois d'vn regard soulager mon dommage :
L'Aurore ne met point son Tithon à mespris.
Si tu es de mon mal seule cause premiere,
Il faut que de mon mal tu sentes les effets :
C'est vne sympathie aux hommes coustumiere.
Ie suis (i'en iure Amour) tout tel que tu me fais :
Tu es mon cœur mon sang ma vie & ma lumiere :
Seule ie te choisi, seule aussi tu me plais.

XV.

DE vos yeux tout-diuins dont vn Dieu se pai-
  stroit,
(Si vn Dieu se paissoit de quelque chose en terre)
Ie me paissois hier, & Amour qui m'enferre
Cependant sur mon cœur ses fleches racoustroit.
Mon œil dedans le vostre esbahy rencontroit
Cent beautez, qui me font vne si longue guerre,
Et la mesme vertu qui toute se reserre
En vous, d'aller au Ciel le chemin me monstroit.
Je n'auois ny esprit ny penser ny oreille,

Qui ne fussent rauis de crainte & de merueille,
Tant d'aise transportez mes Sens estoient contens.

J'estois Dieu,si mon œil vous eust veu d'auātage
Mais le soir qui suruint,cacha vostre visage,
Jaloux que les mortels le veissent si long temps.

XVI.

TE regardant assise aupres de ta cousine
Belle côme vne Aurore,& toy côme vn Soleil
Je pensay voir deux fleurs d'vn mesme teint pareil,
Croissantes en beauté l'vne à l'autre voisine.

La chaste saincte belle & vnique Angeuine,
Viste comme vn esclair sur moy ietta son œil:
Toy comme paresseuse & pleine de sommeil,
D'vn seul petit regard tu ne m'estimas digne.

Tu t'entretenois seule au visage abaissé,
Pensiue toute à toy,n'aimant rien que toymesme,
Desdaignant vn chacun d'vn sourcil ramassé,
Comme vne qui ne veut qu'on la cherche ou qu'
l'aime.

J'eu peur de ton silence,& m'en-allay tout blesme,
Craignant que mon salut n'eust ton œil offensé.

XVII.

DE toy,ma belle Grecque,ainçois belle Espa-
gnole,
Qui tires tes ayeuls du sang Jberien,
Je suis tant seruiteur, que ie ne voy plus rien
Qui me plaise, sinon tes yeux & ta parole.

Comme vn mirouer ardent,ton visage m'affole
Me perçant de ses raiz,& tant ie sens de bien

En t'oyant deuiser, que ie ne suis plus mien,
Et mon ame fuitiue à la tienne s'en-vole.
  Puis contemplant ton œil du mien victorieux,
Te voytant de vertus, que ie n'en sçay le conte,
Esparses sur ton front comme estoiles aux Cieux.
  Je voudrois estre Argus : mais ie rougis de hôte
Pour voir tant de beautez que ie n'ay que deux yeux,
Et que tousiours le fort le plus foible surmonte.

XVIII.

Cruelle, il suffisoit de m'auoir pouldroyé,
Outragé, terrassé, sans m'oster l'esperance.
Tousiours du malheureux l'espoir est l'asseurance :
L'amant sans esperance est vn corps fouldroyé.
  L'espoir va soulageant l'homme demy-noyé :
L'espoir au prisonnier repromet deliurance :
Le pauure par l'espoir allege sa souffrance :
Pandore au genre humain a ce bien octroyé.
  Ny d'yeux ny de semblant vous ne m'estes cruelle :
Mais par l'art cauteleux d'vne voix qui me gelle,
Vous m'ostez l'esperance, & desrobez mon iour.
  O douce tromperie aux Dames coustumiere !
Qu'est-ce parler d'amour sans point faire l'amour,
Sinon voir le Soleil sans aimer sa lumiere ?

XIX.

Tant de fois s'appointer, tant de fois se fascher,
Tant de fois rompre ensemble & puis se renouer,
Tantost blasmer Amour & tantost le louer,
Tant de fois se fuyr, tant de fois se chercher,
  Tant de fois se monstrer, tant de fois se cacher,

Tantost se mettre au ioug, tantost le secouer,
Aduouer sa promesse & la desaduouer,
Sont signes que l'amour de pres nous vient toucher.
　L'inconstance amoureuse est marque d'amitié.
Si donc tout à la fois auoir haine & pitié,
Iurer, se pariurer, sermens faicts & desfaicts,
　Esperer sans espoir, confort sans reconfort,
Sont vrais signes d'amour, nous entr'aimons bië fort
Car nous auons tousiours ou la guerre ou la paix.

X X.

Quoy? me donner congé de seruir toute femme
　Et mõ ardeur esteindre au premier corps venu
Ainsi qu'vn vagabond sans estre retenu,
Abandonner la bride au vouloir de ma flame:
　Non, ce n'est pas aimer. L'Archer ne vous entam
Qu'vn peu le haut du cœur d'vn traict foible &
menu.
Si d'vn coup bien profond il vous estoit cognu,
Ce ne seroit que soulfre & braise de vostre ame.
　En soupçon de vostre ombre en tous lieux vou
seriez:
A toute heure en tout temps ialouse me suiuriez,
D'ardeur & de fureur & de crainte allumee.
　Amour au petit pas non au gallop vous court,
Et vostre amitié semble à celle de la Court,
Où peu de feu se trouue & beaucoup de fumee.

X X I.

IE t'auois despitee, & ja trois mois passez
　Fuyoient sans retourner, que ie ne t'auois veue,

POVR HELENE, LIV. I. 453

Quand destournant sur moy les esclairs de ta veue,
Ie senty la vertu de tes yeux offensez.
　Puis tout aussi soudain que les feux eslancez,
Qui par le Ciel obscur s'esclattent de la nue,
Rasserenant l'ardeur de ta cholere esmeue,
Sou-riant tu rendis mes pechez effacez.
　I'estois sot d'appaiser par souspirs & par larmes
Ton cœur qui me fait viure au milieu des alarmes
D'Amour, & que six ans n'ont peu iamais ployer.
　Dieu peult auecq raison mettre son œuure en pou-
dre :
Mais ie ne suis ton œuure, ou suiet de ta foudre.
Qui sert bien, sans parler demande son loyer.

XXII.

Puis qu'elle est toute hyuer, toute la mesme glace,
Toute neige, & son cœur tout armé de glaçons,
Qui me n'aime sinon pour auoir mes chansons,
Pourquoy suis-ie si fol que ie ne m'en délace ?
　Dequoy me sert son nom, sa grandeur & sa race,
Que d'honneste seruage & de belles prisons ?
Maistresse, ie n'ay pas les cheueux si grisons,
Qu'vne autre de bon cœur ne prenne vostre place.
　Amour, qui est enfant, ne cele verité.
Vous n'estes si superbe, ou si riche en beauté,
Qu'il faille desdaigner vn bon cœur qui vous aime.
　R'entrer en mon Auril desormais ie ne puis :
Aimez moy s'il vous plaist, grison comme ie suis,
Et ie vous aimeray quand vous serez de mesme.

XXIII.

EStant pres de ta face, où l'honneur se repose,
Tout ravy ie humois & tirois à longs traicts
De ton estomac sainct vn millier de secrets,
Par qui le Ciel en moy ses mysteres expose.

J'appris en tes vertus n'auoir la bouche close,
J'appris tous les secrets des Latins & des Grecs:
Tu me fis vn Oracle, & m'esueillant apres
Ie deuins vn Démon sçauant en toute chose.

J'appris que c'est Amour, du Ciel le fils aisné.
O bon Endymion, ie ne suis estonné
Si dormant pres la Lune en vn sommeil extréme,

La Lune te fist Dieu! Tu es vn froid amy.
Si i'auois pres ma Dame vn quart d'heure dormy,
Ie serois, non pas Dieu: ie ferois les Dieux mesm

XXIIII.

IE liay d'vn filet de soye cramoisie
Vostre bras l'autre iour, parlant auecques vous:
Mais le bras seulement fut captif de mes nouds,
Sans vous pouuoir lier ny cœur ny fantaisie.

Beauté, que pour maistresse vnique i'ay choisie,
Le sort est inegal: vous triomphez de nous.
Vous me tenez esclaue esprit bras & genous,
Et Amour ne vous tient ny prinse ny saisie.

Ie veux parler, Maistresse, à quelque vieil cha
  meur,
Pour vous rendre amoureuse, & changer vostre h
  meur,
Et qu'vne mesme playe à nos cœurs soit semblable.

Je faux: l'amour qu'on charme est de peu de seiou

Estre beau ieune riche eloquent agreable,
Non les vers enchantez, sont les sorciers d'Amour.

XXV.

D*'Vn profond pensement i'auoie si fort troublee*
L'imagination qui toute en vous estoit,
Que mon ame à tous coups de mes léures sortoit,
Pour estre en me laissant à la vostre assemblee.
J'ay cent fois la fuitiue au logis r'appellee,
Qu'Amour me desbauchoit : ores elle escoutoit,
Ores sans m'ouyr le frein elle emportoit,
Comme vn ieune Poulain qui court à la vollee.
La tançant ie disois, Tu te vas deceuant,
S'elle nous aimoit, nous aurions plus souuent
Ou chiffres ou message ou lettre accoustumee.
Elle a de nos chansons & non de nous souci.
Mon ame sois plus fine : il nous faut tout ainsi
Qu'elle nous paist de vent, la paistre de fumee.

XXVI.

IE fuy les grands chemins frayez du populaire,
Et les villes où sont les peuples amassez :
Les rochers, les forests desia sçauent assez
Quelle trampe a ma vie estrange & solitaire.
Si ne suis-ie si seul, qu'Amour mon secretaire
N'accompagne mes pieds debiles & cassez :
Qu'il ne conte mes maux & presens & passez
A ceste voix sans corps, qui rien ne sçauroit taire.
Souuent plein de discours, pour flatter mon esmoy,
M'arreste, & ie dy, Se pourroit-il bien faire

Qu'elle pensast, parlast, ou se souuint de moy?
 Qu'à sa pitié mon mal commençast à desplaire
Encor que ie me trompe, abusé du contraire
Pour me faire plaisir, Helene, ie le croy.

XXVII.

CHef escole des arts, le seiour de science,
Où vit vn intellect qui foy du Ciel nous fait,
Vne heureuse memoire vn iugement parfait,
D'où Pallas reprendroit sa seconde naissance:
 Chef le logis d'honneur de vertu de prudence,
Ennemy capital du vice contrefait:
Chef petit Vniuers qui monstres par effet
Que tu as du grand Tout parfaite cognoissance:
 Et toy diuin esprit qui du Ciel es venu,
Dedans vn autre Ciel où tu es retenu
Simple rond & parfait, comme icy nous ne sommes
 Où tout est embrouillé, sans ordre ny sans loy:
Puisque tu es diuin, aye pitié de moy:
Il appartient aux Dieux d'auoir pitié des hommes.

XXVIII.

SI i'estois seulement en vostre bonne grace
Par l'erre d'vn baiser doucement amoureux,
Mon cœur au departir ne seroit langoureux,
En espoir d'eschauffer quelque iour vostre glace.
 Si i'auois le portrait de vostre belle face,
Las! ie demande trop! ou bien de vos cheueux,
Content de mon malheur ie serois bien heureux:
Et ne voudrois changer aux celestes de place.

Mais ie n'ay rien de vous que ie puisse emporter,
Qui soit cher à mes yeux pour me reconforter,
Ne qui me touche au cœur d'vne douce memoire.
 Vous dites que l'Amour entretient ses accords
Par l'esprit seulement, ie ne sçaurois le croire:
Car l'esprit ne sent rien que par l'ayde du corps.

XXIX.

De vos yeux, le mirouer du Ciel & de Nature,
La retraite d'Amour, la forge de ses dards,
D'où coule vne douceur, que versent vos regards
Au cœur, quand vn rayon y suruient d'auenture,
Ie tire pour ma vie vne douce pasture,
Vne ioye, vn plaisir, que les plus grands Cesars
Au milieu du triomphe, entre vn camp de soudars,
Ne sentirent iamais : mais courte elle me dure.
Ie la sens distiller goutte à goutte en mon cœur,
Pure saincte parfaicte angelique liqueur,
Qui m'eschaufe le sang d'vne chaleur extréme.
Mon ame la reçoit auecque tel plaisir,
Que tout esuanouy ie n'ay pas le loisir
De gouster mon bien, ny penser à moymesme.

XXX.

L'Arbre qui met à croistre a la plante asseuree:
Celuy qui croist bien tost, ne dure pas long temps,
N'endure des vents les soufflets inconstans:
Ainsi l'amour tardiue est de longue duree.
 Ma foy du premier iour ne vous fut pas donnee:
Amour & la Raison, comme deux combatans,

V

Se font escarmouchez l'espace de quatre ans:
A la fin i'ay perdu, veincu par destinee.

Il estoit destiné par sentence des Cieux,
Que ie deuois seruir, mais adorer vos yeux:
I'ay, comme les Geans, au Ciel fait resistance.

Aussi ie suis comme eux maintenant foudroyé,
Pour resister au bien qu'ils m'auoient ottroyé:
Je meurs, & si ma mort m'est trop de recompense.

XXXI.

OStez vostre beauté, ostez vostre ieunesse,
Ostez ces rares dons que vous tenez des Cieux
Ostez ce docte esprit, ostez moy ces beaux yeux,
Cet aller, ce parler digne d'vne Deesse:

Je ne vous seray plus d'vne importune presse
Fascheux comme ie suis: vos dons si precieux
Me font en les voyant deuenir furieux,
Et par le desespoir l'ame prend hardiesse.

Pource si quelquefois ie vous touche la main,
Par courroux vostre teint n'en doit deuenir biesme
Je suis fol, ma raison n'obeyt plus au frein,

Tant ie suis agité d'vne fureur extréme.
Ne prenez, s'il vous plaist, mon offense à desdain,
Mais douce pardonnez mes fautes à vous mesme.

XXXII.

DE vostre belle viue angelique lumiere,
Le beau logis d'Amour de douceur de
    cueur,
S'eslance vn doux regard, qui me naurant le cœur

Desrobe loin de moy mon ame prisonniere.
Ie ne sçay ny moyen remede ny maniere
De sortir de vos rets, où ie vis en langueur:
Et si l'extreme ennuy traine plus en longueur,
Vous aurez de mon corps la despouille derniere.
Yeux qui m'auez blessé, yeux mon mal & mõ bien,
Guarissez vostre playe: Achille le peut bien.
Vous estes tout-diuins, il n'estoit que pur homme.
Voyez, parlant à vous, comme le cœur me faut!
Helas! ie ne me deuls du mal qui me consomme:
Le mal dont ie me deuls, c'est qu'il ne vous en chaut.

XXXIII.

Nous promenant tous seuls, vous me distes Mai-
 stresse,
Qu'vn chant vous desplaisoit, s'il estoit doucereux:
Que vous aimiez les plaints des tristes amoureux,
Vne voix lamentable & pleine de tristesse.
Et pource (disiez-vous) quand ie suis loin de presse,
Ichoisis vos Sonnets qui sont plus douloureux:
Et d'vn chant qui est propre au suiet langoureux,
Nature & Amour veulent que ie me paisse.
Vos propos sont trompeurs. Si vous auiez souci
Ceux qui ont vn cœur larmoyant & transi,
Vous ferois pitié par vne sympathie:
Mais vostre œil cauteleux, à tromper trop subtil,
Me en chantant mes vers, comme le Crocodil,
Mieux me desrober par feintise la vie.

XXXIIII.

Cent & cent fois le iour l'Orange ie rebaise,
Et le Citron qui part de vostre belle main,

V ij

Doux present amoureux, que ie loge en mon sein
Pour leur faire sentir combien ie sens de braise.
 Quand ils sont demy-cuits, leur chaleur ie r'appaise
Versant des pleurs dessus, dont triste ie suis plein:
Et de ta nonchalance auec eux ie me plain,
Qui cruelle te ris de me voir à mal-aise.
 Oranges & Citrons sont symboles d'Amour:
Ce sont signes muets, que ie puis quelque iour
T'arrester, comme fit Hippomene Atalante.
 Mais ie ne le puis croire: Amour ne le veut pas
Qui m'attache du plomb pour retarder mes pas,
Et te donne à fuir des ailes à la plante.

XXXV.

Tousiours pour mon suiet il faut que ie vous
 En peinture, pour voir vos deux Astres
 meaux,
Vos yeux, mes deux Soleils, qui feints me sont
 beaux,
Qu'à trouuer autre iour autre part ie n'essaye.
 Le chant du Rossignol m'est le chant d'vne
 fraye,
Roses me sont Chardons, torrens me sont ruisseaux
La Vigne mariee à l'entour des Ormeaux,
Et le Printemps au cœur me rengrege la playe.
 Mon plaisir en ce mois c'est de voir les Colons
S'emboucher bec à bec de baisers doux & longs,
Dés l'aube iusqu'au soir que le Soleil se plonge.
 O bien-heureux Pigeons, vray germe Cypri
Vous auez par nature & par effect le bien
Que ie n'ose esperer tant seulement en songe!

XXXVI.

Vous me distes, Maistresse, estant à la fenestre,
 Regardant vers Mont-martre & les champs
 d'alentour:
La solitaire vie, & le desert seiour
Valent mieux que la Cour, ie voudrois bien y estre.
A l'heure mon esprit de mes Sens seroit maistre,
En ieusne & oraison ie passerois le iour,
Ie desfi'rois les traicts & les flames d'Amour:
Le cruel de mon sang ne pourroit se repaistre.
 Quand ie vous respondy, Vous trompez de penser
 Qu'vn feu ne soit pas feu pour se couurir de cendre:
Sur les cloistres sacrez la flame on voit passer:
 Amour dans les deserts comme aux villes s'en-
 gendre.
Contre vn Dieu si puissant, qui les Dieux peut forcer,
Ieusnes ny oraisons ne se peuuent defendre.

XXXVII.

Voicy le mois d'Auril, où nasquit la merueille
 Qui fait en terre foy de la beauté des Cieux,
Le mirouer de vertu, le Soleil de mes yeux,
Seule Phenix d'honneur, qui les ames resueille.
Les Oeillets & les Liz & la Rose vermeille
Seruirent de berceau: la Nature & les Dieux
La regarderent naistre, & d'vn soin curieux
Amour enfant comme elle alaicta sa pareille.
 Les Muses, Apollon & les Graces estoient
 Tout alentour du lict, qui à l'enuy iettoient
Des fleurs sur l'Angelette. ah! ce mois me conuie

V iij

D'esleuer vn autel, & suppliant Amour
Sanctifier d'Auril le neufiesme iour,
Qui m'est cent fois plus cher que celuy de ma vie.

XXXVIII.

D'Autre torche mon cœur ne pouuoit s'allumer
Sinon de tes beaux yeux, où l'amour me conui
I'auois desia passé le meilleur de ma vie,
Tout franc de passion, fuyant le nom d'aimer.

Ie soulois maintenant ceste Dame estimer,
Et maintenant ceste autre où me portoit l'enuie,
Sans rendre ma franchise à quelqu'vne asseruie:
Rusé ie ne voulois dans les rets m'enfermer.

Maintenant ie suis pris, & si ie prens à gloire
D'auoir perdu le camp, frustré de la victoire:
Ton œil vaut vn combat de dix ans d'Ilion.

Amour comme estant Dieu n'aime pas les s
    perbes:
Sois douce à qui te prie, imitant le Lion.
La foudre abat les monts, non les petites herbes.

XXXIX.

AGathe, où du Soleil le signe est imprimé
    (L'escreuice marchant comme il fait en arrier
Cher present que ie donne à toy chere guerriere,
Mon don pour le Soleil est digne d'estre aimé.

Le Soleil va tousiours de flames allumé,
Ie porte au cœur le feu de ta belle lumiere:
Il est l'ame du monde, & ma force premiere
Depend de ta vertu, dont ie suis animé.

O douce belle viue angelique Sereine,

Ma toute Pasithee, essence sur-humaine,
Merueille de Nature, exemple sans pareil,
　D'honneur & de beauté l'ornement & le signe,
Puisque rien icy bas de ta vertu n'est digne,
Que te puis-ie donner sinon que le Soleil?

XL.

PVis que tu cognois bien qu'affamé ie me pais
　Du regard de tes yeux, dont larron ie retire
Des rayons, pour nourrir ma douleur qui s'empire,
Pourquoy me caches-tu l'œil par qui tu me plais?
　Tu es deux fois venue à Paris, & tu fais
Semblant de n'y venir, afin que mon martire
Ne s'allege en voyant ton œil que ie desire,
Dont la viue vertu me nourrist de ses rais
　Tu vas bien à Hercueil auecque ta cousine
Voir les prez les iardins & la source voisine
De l'Antre, où i'ay chanté tant de diuers accords.
　Tu deuois m'appeller, oublieuse Maistresse:
Ton coche n'eust courbé soubs vne masse espesse:
Car ie ne suis plus rien qu'vn fantôme sans corps.

XLI.

COmme ie regardois ces yeux, mais ceste fouldre,
　Dont l'esclat amoureux ne part iamais en vain,
Sa blanche charitable & delicate main
Me parfuma le chef & la barbe de pouldre.
　Pouldre l'honneur de Cypre, actuelle à resouldre
L'vlcere qui s'encharne au plus creux de mon sein,
Depuis telle faueur i'ay senty mon cœur sain,

V iiij

Ma playe se reprendre, & mon mal se dissouldre.
　Pouldre, Atomes sacrez qui sur moy voletoient,
Où toute Cypre, l'Inde & leurs parfums estoient,
Je vous sens dedans l'ame.ô Pouldre souhaitee,
　En parfumant mon chef vous auez combatu
Ma douleur & mon cœur: ie faux, c'est la vertu
De ceste belle main qui vous auoit iettee.

XLII.

CEt amoureux desdain, ce Nenny gracieux,
　Qui refusant mon bien, me reschaufent l'enuie
Par leur fiere douceur d'assuiettir ma vie,
Où sont desia suiets mes pensers & mes yeux,
　Me font transir le cœur, quand trop impetueux
A baiser vostre main le desir me conuie,
Et vous la retirant feignez d'estre marrie,
Et m'appellez, honteuse, amant presomptueux.
　Mais sur tout ie me plains de vos douces menaces,
De vos lettres qui sont toutes pleines d'audaces,
De moymesme, d'Amour, de vous & de vostre art,
　Qui si doucement farde & sucre sa harangue,
Qu'escriuant & parlant vous n'auez traict de langue,
Qui ne me soit au cœur la poincte d'vn poignart.

XLIII.

I'Auois, en regardant tes beaux yeux, enduré
　Tant de flames au cœur, que plein de seicheresse
Ma langue estoit reduite en extreme destresse,
Ayant de trop parler tout le corps alteré.

Lors tu fis apporter en ton vase doré
De l'eau froide d'vn puits: & la soif qui me presse
Me fist boire à l'endroit où tu bois, ma Maistresse,
Quand ton vaisseau se voit de ta léure honoré.
Mais le vase amoureux de ta bouche qu'il baise,
En rechaufant ses bords du feu qu'il a receu,
Le garde en sa rondeur comme en vne fournaise.
Seulement au toucher ie l'ay bien apperceu.
Comme pourroy-ie viure vn quart d'heure à mon aise,
Quand ie sens contre moy l'eau se tourner en feu?

XLIIII.

Comme vne belle fleur assise entre les fleurs,
Mainte herbe vous cueillez en la saison plus tendre
Pour me les enuoyer, & pour soigneuse apprendre
Leurs noms & qualitez, especes & valeurs.
Estoit-ce point afin de guarir mes douleurs,
Ou de faire ma playe amoureuse reprendre?
Ou bien s'il vous plaisoit par charmes entreprendre
D'ensorceler mon mal, mes flames & mes pleurs?
Certes ie croy que non: nulle herbe n'est maistresse
Contre le coup d'Amour enuieilly par le temps:
C'estoit pour m'enseigner qu'il faut dés la ieunesse,
Comme d'vn vsufruit, prendre son passetemps :
Que pas à pas nous suit l'importune vieillesse,
Et qu'Amour & les fleurs ne durent qu'vn Prin-
temps.

V v

XLV.

Doux desdains douce amour d'artifice cachee,
Doux courroux enfäin, qui ne garde son cœ[ur]
Doux d'endurer passer vn long temps en longueur
Sans me voir, sans m'escrire, & faire la faschee:
　Douce amitié souuent perdue & recherchee,
Doux de tenir d'entree vne douce rigueur,
Et sans me saluer me tenir en langueur,
Et feindre qu'autre part on est bien empeschee:
　Doux entre le despit & entre l'amitié,
Dissimulant beaucoup, ne parler qu'à moitié,
Mais m'appeller volage & prompt de fantasie,
　Blasmer ma conscience & douter de ma foy,
Iniure plus mordante au cœur ie ne reçoy:
Car douter de ma foy c'est crime d'heresie.

XLVI.

Pour voir d'autres beautez mon desir ne s'app[aise]
Tant du premier assaut vos yeux m'ont surm[onté]
Tousiours à l'entour d'eux vole ma volonté,
Yeux qui versent en l'ame vne si chaude braise.
　Mais vous embellissez de me voir à mal-aise,
Tigre, roche de mer, la mesme cruauté,
Comme ayant le desdain si ioint à la beauté,
Que de plaire à quelcun semble qu'il vous despla[ise]
　Desia par longue vsance aimer ie ne sçaurois
Sinon vous, qui sans pair à soymesme ressemble.
Si ie changeois d'amour, de douleur ie mourrois.
　Seulement quand ie pense au changement [ie]
　tremble:

Car tant dedans mon cœur toute ie vous reçois,
Que d'aimer autre part, c'est hayr ce me semble.

XLVII.

COche cent fois heureux, où ma belle Maistresse
Et moy nous promenons raisonnans de l'amour:
Iardin cent fois heureux, des Nymphes le seiour,
Qui pensent, la voyant, voir leur mesme Deesse.
Bienheureuse l'Eglise, où ie pris hardiesse
De contempler ses yeux, qui des miens sont le iour,
Qui ont chauds les regards, qui ont tout à l'entour
Vn petit camp d'Amours qui iamais ne les laisse.
Heureuse la Magie, & les cheueux bruslez,
Le murmure, l'encens & les vins escoulez
Sur l'image de cire : ô bien-heureux seruage!
O moy sur tous amans le plus auantureux
D'auoir osé choisir la vertu de nostre âge,
Dont la terre est ialouse, & le Ciel amoureux.

XLVIII.

TOn extreme beauté par ses rais me retarde
Que ie n'ose mes yeux sur les tiens asseurer,
Debile ie ne puis leurs regards endurer.
Plus le Soleil esclaire, & moins on le regarde.
Helas! tu es trop belle, & tu dois prendre garde
Qu'vn Dieu si grand thresor ne puisse desirer,
Qu'il ne t'en-vole au Ciel pour la terre empirer.
La chose precieuse est de mauuaise garde.
Les Dragons sans dormir tous pleins de cruauté,
Gardoient les pommes d'or pour leur seule beauté.

V vj

Le visage trop beau n'est pas chose trop bonne.
  Danaé le sceut bien, qui sentit l'or trompeur.
Mais l'or qui dompte tout, dauant tes yeux s'estonne,
Tant ta chaste vertu le fait trembler de peur.

XLIX.

D'Vn solitaire pas ie ne marche en nul lieu,
  Qu'Amour bon artisan ne m'imprime l'image
Au profond du penser de ton gentil visage,
Et des propos douteux de ton dernier Adieu.
  Plus fermes qu'vn rocher, engrauez au milieu
De mon cœur ie les porte: & s'il n'y a riuage,
Fleur, antre ny rocher, ny forest ny bocage,
A qui ie ne les conte, à Nymphe ny à Dieu.
  D'vne si rare & douce ambrosine viande
Mon esperance vit, qui n'a voulu depuis
Se paistre d'autre apast, tant elle en est friande.
  Ce iour de mille iours m'effaça les ennuis:
Car tant opiniastre en ce plaisir ie suis,
Que mon ame pour viure autre bien ne demande.

L.

Bien que l'esprit humain s'enfle par la doctrine
  De Platon qui le vante influxion des Cieux,
Si est-ce sans le corps qu'il seroit ocieux,
Et auroit beau louer sa celeste origine.
  Par les Sens l'ame voit, ell'oyt, ell'imagine,
Ell'a ses actions du corps officieux:
L'esprit incorporé deuient ingenieux,
La matiere le rend plus parfait & plus digne.

Or vous aimez l'esprit, & sans discretion
Vous dites que des corps les amours sont polluës.
Tel dire n'est sinon qu'imagination
Qui embrasse le faux pour les choses cognuës:
Et c'est renouueller la fable d'Ixion,
Qui se paissoit de vent & n'aimoit que des nuës.

LI.

AMour a tellemens ses fleches enfermees
En mon ame, & ses coups y sont si bien enclos,
Qu'Helene est tout mon cœur, mon sang & mes propos,
Tant i'ay dedans l'esprit ses beautez imprimees.
Si les François auoient les ames allumees
D'amour ainsi que moy, nous serions à repos:
Les champs de Montcontour n'eussent pourry nos os,
Ny Dreux ny Iazeneuf n'eussent veu nos armees.
Venus, va mignarder les moustaches de Mars:
Conjure ton guerrier par tes benins regars,
Qu'il nous donne la paix, & de tes bras l'enserre.
Pren pitié des François, race de tes Troyens,
Afin que nous facions en paix la mesme guerre
Qu'Anchise te faisoit sur les monts Ideens.

LII.

DEssus l'autel d'Amour planté sur vostre table
Me fistes vn serment, ie le vous fis aussi,
Que d'vn cœur mutuel à s'aimer endurcy
Vostre amitié promise iroit inuiolable.
Ie vous iuray ma foy, vous feistes le semblable.

V vij

Mais vostre cruauté, qui des Dieux n'a soucy,
Me promettoit de bouche, & me trompoit ainsi:
Cependant vostre esprit demeuroit immuable.

O iurement fardé sous l'espece d'vn Bien!
O perjurable autel! ta Deité n'est rien.
O parole d'amour non iamais asseuree!

J'ay pratiqué par vous le prouerbe des vieux:
Iamais des amoureux la parole juree
N'entra (pour les punir) aux oreilles des Dieux.

LIII.

J'Errois à la volee, & sans respect de lois
Ma chair dure à donter me commandoit à force,
Quand tes sages propos despouillerent l'escorce
De tant d'opinions que friuoles i'auois.

En t'oyant discourir d'vne si saincte vois,
Qui donne aux voluptez vne mortelle entorce,
Ta parole me fist par vne douce amorce
Contempler le vray bien duquel ie m'esgarois.

Tes mœurs & ta vertu, ta prudence & ta vie
Tesmoignent que l'esprit tient de la Deité:
Tes raisons de Platon, & ta Philosophie,

Que le vieil Promethee est vne verité,
Et qu'apres que du ciel la flame il eut rauie,
Il maria la Terre à la Diuinité.

LIIII.

Bienheureux fut le iour où mon ame suiette
Rendit obeissance à ta douce rigueur,
Quand d'vn traict de ton œil tu me perças
cœur,

Qui ne veut endurer qu'vn autre luy en iette.
 La Raison pour neant au chef fit sa retraite,
Et se mit au dongeon, comme au lieu le plus seur:
D'esperance assaillie & prise de douceur,
Trahit ma liberté, tant elle est indiscrette.
 Mon destin le permet, qui pour mieux m'offenser
Baille mon cœur en garde à la foy du Penser
Qui trompe son seigneur, desloyal sentinelle,
 Vendant de nuict mon camp & mon cœur aux
 Amours.
I'auray sans cesse en l'ame vne guerre eternelle:
Mes pensers & mon cœur me trahissent tousiours.

LV.

IE sens de veine en veine vne chaleur nouuelle,
 Qui me trouble le sang & m'augmente le soing,
Adieu ma liberté, i'en appelle à tesmoing
Ce mois qui du beau nom d'Aphrodite s'appelle.
 Comme les iours d'Auril mon mal se renouuelle:
Amour qui tient mõ Astre & ma vie en son poing,
M'a tant seduit l'esprit que de pres & de loing
Tousiours à mon secours en vain ie vous appelle.
 Ie veux rendre la place en jurant vostre nom,
Que le premier article auant que ie la rende,
C'est qu'vn cœur amoureux ne veut de compagnon.
 L'amant non plus qu'vn Roy de riual ne demãde.
Vous aurez en mes vers vn immortel renom:
Pour n'auoir rien de vous la recompense est grande.

MADRIGAL.

SI c'est aimer, Madame, & de iour & de nuict
Resuer, songer, penser le moyen de vous plaire,

Oublier toute chose, & ne vouloir rien faire
Qu'adorer & seruir la beauté qui me nuit:
Si c'est aimer de suiure vn bon-heur qui me fuit,
De me perdre moy-mesme & d'estre solitaire,
Souffrir beaucoup de mal, beaucoup craindre & me
  taire,
Pleurer, crier merci & m'en voir esconduit:
Si c'est aimer de viure en vous plus qu'en moy-
  mesme,
Cacher d'vn front ioyeux vne langueur extreme,
Sentir au fond de l'ame vn combat inegal,
Chaud, froid, comme la fiéure amoureuse me traite:
Honteux parlant à vous de confesser mon mal:
Si cela c'est aimer, furieux ie vous aime.
Ie vous aime, & sçay bien que mon mal est fatal:
Le cœur le dit assez, mais la langue est muette.

LVI.

AMour est sans milieu, c'est vne chose extreme
Qui ne veut (ie le sçay) de tiers ny de moitié
Il ne faut point trencher en deux vne amitié
,, Vn est nombre parfait, imparfait le deuxieme.
J'aime de tout mon cœur, ie veux aussi qu'on
  m'aime.
Le desir au desir d'vn nœud ferme lié
Par le temps ne s'oublie & n'est point oublié,
Il est tousiours son tout, contenté de soy-mesme.
Mon ombre me fait peur, & ialoux ie ne puis
Auoir vn compaignon, tant amoureux ie suis,
Et tant ie m'essentie en la personne aimée.
L'autre amitié ressemble aux enfans sans raison

POVR HELENE, LIV. I. 473

ſſe feindre vne flame, vne vaine priſon,
Où le feu contrefait ne rend qu'vne fumée.

LVII.

MA fiéure croiſt touſiours, la voſtre diminuë:
Vous le voyez, Helene, & ſi ne vous en
chaut.
Vous retenez le froid & me laiſſez le chaud:
La voſtre eſt à plaiſir, la mienne eſt continuë.
Vous auez telle peſte en mon cœur reſpanduë,
Que mon ſang s'eſt gaſté, & douloir il me faut
Que ma foible Raiſon dés le premier aſſaut,
Pour craindre trop vos yeux ne s'eſt point defenduë.
I'en'en blaſme qu'Amour, ſeul autheur de mon
  mal,
Qui me voyant tout nud comme archer deſloyal,
Mainte & mainte playe a mon ame entamée,
Grauant à coups de fleche en moy voſtre portraict:
A vous qui eſtiez contre tous deux armée,
A monſtré ſeulement la poincte de ſon traict.

LVIII.

IE ſens vne douceur à conter impoſſible,
Dont rauy ie iouys par le bien du penſer,
Qu'homme ne peut eſcrire ou langue prononcer,
Quand ie baiſe ta main en amour inuincible.
Contemplant tes beaux yeux ma pauure ame
  paſſible
Se paſmant ſe perd, lors ie ſens amaſſer
Vn ſang froid ſur mon cœur, qui garde de paſſer

Mes esprits, & ie reste vn image insensible.

Voila que peut ta main & ton œil, où les trais
D'Amour sont si ferrez, si chauds & si espais
Au regard Medusin qui en rocher me mue.

Mais bien que mon malheur procede de les voir,
Ie voudrois & mille yeux & mille mains auoir,
Pour voir & pour toucher leur beauté qui me tue.

LIX.

NE rōps point au mestier par le milieu la trame
Qu'Amour en ton honneur m'a commandé
d'ourdir:
Ne laisses au trauail mes poulces engourdir
Maintenant que l'ardeur à l'ouurage m'enflame:

Ne verse point de l'eau sur ma bouillante flame,
Il faut par ta douceur mes Muses enhardir:
Ne souffre de mon sang le bouillon refroidir,
Et tousiours de tes yeux aiguillonne moy l'ame.

Dés le premier berceau n'estouse point ton nom,
Pour bien le faire croistre, il ne le faut sinon
Nourrir d'vn doux espoir pour toute sa pasture:

Tu le verras au Ciel de petit s'esleuer.
Courage, ma Maistresse, il n'est chose si dure,
Que par longueur de temps on ne puisse acheuer.

LX.

I'Attachay des bouquets de cent mille couleurs,
De mes pleurs arrosez harsoir dessus ta porte:
Les larmes sont les fruicts que l'Amour nous ap-
porte,

Les souspirs en la bouche, & au cœur les douleurs.
  Les pendant ie leur dy, Ne perdez point vos fleurs
Que iusques à demain que la cruelle sorte :
Quand elle passera, tombez de telle sorte
Que son chef soit mouillé de l'humeur de mes pleurs.
  Ie reuiendray demain. Mais si la nuict, qui ronge
Mon cœur, me la donnoit par songe entre mes bras,
Embrassant pour le vray l'idole du mensonge,
  Soulé d'vn faux plaisir ie ne reuiendrois pas.
Voyez combien ma vie est pleine de trespas,
Quand tout mon reconfort ne depend que du songe !

LXI.

Adame se leuoit vn beau matin d'Esté,
Quãd le Soleil attache à ses cheuaux la bride :
Amour estoit present auec sa trousse vuide,
Venu pour la remplir des traicts de sa clairté.
  I'entre-vy dans son sein deux pommes de beauté,
Telles qu'on ne voit point au verger Hesperide :
Telles ne porte point la Deesse de Gnide,
Ny celle qui a Mars des siennes allaité.
  Telle enflure d'yuoire en sa voûte arrondie,
Tel relief de Porphyre, ouurage de Phidie,
Eut Andromede alors que Persée passa,
  Quand il la vit liee à des roches marines,
Et quand la peur de mort tout le corps luy glaça,
Transformant ses tetins en deux boules marbrines.

LXII.

Ie ne veux point la mort de celle qui arreste
Mon cœur en sa prison : mais Amour, pour vēger

Mes larmes de six ans, fay ses cheueux changer,
Et seme bien espais des neiges sur sa teste.
Si tu veux, la vengeance est desia toute preste:
Tu accourcis les ans, tu les peux allonger:
Ne souffres en ton camp ton soudart outrager:
Que vieille elle deuienne, ottroyant ma requeste.

Elle se glorifie en ses cheueux frisez,
En sa verde ieunesse, en ses yeux aiguisez,
Qui tirent dans les cœurs mille poinctes encloses.

Pourquoy te braues-tu de cela qui n'est rien?
La beauté n'est que vent, la beauté n'est pas bien:
Les beautez en vn iour s'en vont comme les Roses.

LXIII.

Si i'ay bien ou mal dit en ces Sonnets, Madame,
Et du bien & du mal vous estes cause aussi:
Comme ie le sentois i'ay chanté mon souci,
Taschant à soulager les peines de mon ame.

Hà, qu'il est mal-aisé, quand le fer nous entame
S'engarder de se plaindre & de crier merci!
Tousiours l'esprit ioyeux porte haut le sourci,
Et le melancholique en soy mesme se pâme.

I'ay suiuant vostre amour le plaisir poursuiuy,
Non le soin, non le dueil, non l'espoir d'vne attente.
S'il vous plaist ostez moy tout argument d'ennuy:

Et lors i'auray la voix plus gaillarde & plaisante.
Ie ressemble au mirouer, qui tousiours represente
Tout cela qu'on luy monstre & qu'on fait deuant luy.

FIN DV PREMIER LIVRE
DES SONNETS D'HELENE.

LE SECOND LI-
VRE DES SONNETS
pour Helene.

I.

Oit qu'vn sage amoureux ou
soit qu'vn sot me lise,
Il ne doit s'esbayr voyant mon
chef grison,
Si ie chante d'amour : tousiours vn
vieil tison
Cache vn germe de feu dessous la cendre grise.

Le bois verd à grand' peine en le souflant s'attise,
Le sec sans le soufler brusle en toute saison.
La Lune se gaigna d'vne blanche toison,
Et son vieillard Tithon l'Aurore ne mesprise.

Lecteur, ie ne veux estre escolier de Platon,
Qui pour trop contempler a tousiours le teint blesme:
Ny volontaire Icare ou lourdaut Phaëthon,

Perdus pour attenter vne sottise extrême:
Mais sans me contrefaire ou Voleur ou Charton,
De mon gré ie me noye & me brusle moymesme.

II.

AFin qu'en renaissant de siecle en siecle viue
La parfaite amitié que Ronsard vous portoit,
Comme vostre beauté la raison luy ostoit,
Comme vous enchaisnez sa liberté captiue:

Afin que d'âge en âge à nos neueux arriue,
Que toute dans mon sang vostre figure estoit,
Et que rien sinon vous mon cœur ne souhaitoit,
Ie vous fais vn present de ceste Semperuiue.

Elle vit longuement en sa ieune verdeur:
Long temps apres la mort ie vous feray reuiure,
Tant peut le docte soin d'vn gentil seruiteur,

Qui veut en vous seruant toutes vertus ensuiure.
Vous viurez & croistrez comme Laure en gran-
deur,
Au moins tant que viuront les plumes & le liure.

III.

AMour, qui as ton regne en ce monde si ample,
Voy ta gloire & la mienne errer en ce iardin:
Voy comme son bel œil, mon bel astre diuin,
Surmonte de clairté les lampes de ton Temple.

Voy son corps des beautez le portrait & l'exēple,
Qui ressemble vne Aurore au plus beau du matin:
Voy son front, mais vn ciel seigneur de mon Destin,
Où comme en vn miroer Nature se contemple.

Voy-la marcher pensiue, & n'aimer rien que soy,
T'emprisonner de fleurs & triompher de toy:
Voy naistre soubs ses pieds les herbes bien-heureuses.

Voy sortir vn Printemps des rayons de ses yeux:

Et voy comme à l'ennuy ses flames amoureuses
Embellissent la terre & serenent les Cieux.

IIII.

Tandis que vous dancez & ballez à vostre aise,
Et masquez vostre face ainsi que vostre cœur,
Passionné d'amour, ie me plains en langueur,
Ore froid comme neige, ore chaud comme braise.
Le Carnaual vous plaist. ie n'ay rié qui me plaise
Sinon de souspirer contre vostre rigueur,
Vous appeller ingrate, & blasmer la longueur
Du temps que ie vous sers sans que mon mal s'appaise.
Maistresse, croyez moy ie ne fais que pleurer,
Lamenter souspirer & me desesperer:
Je desire la mort & rien ne me console.
Si mon front si mes yeux ne vous en sont tes-
 moins,
Ma plainte vous en serue, & permettez au moins
Qu'aussi bien que le cœur ie perde la parole.

V.

N'Oubliez, mon Helene, auiourd'huy qu'il faut
 prendre
Des cendres sur le front, qu'il n'en faut point chercher
Autre part qu'en mon cœur, que vous faites seicher
Vous riant du plaisir de le tourner en cendre.
Quel pardon pensez-vous des Celestes attendre?
Le meurtre de vos yeux ne se sçauroit cacher:
Leurs rayons m'ont tué, ne pouuant estancher
La playe qu'en mon sang leur beauté fait descendre.

La douleur me consume, ayez de moy pitié.
Vous n'aurez de ma mort ny profit ny louange:
Cinq ans meritent bien quelque peu d'amitié.

Vostre volonté passe & la mienne ne change.
Amour qui voit mon cœur voit vostre mauuaisitié
Il tient l'arc en la main, gardez qu'il ne se vange.

VI.

ANAGRAMME.

TV es seule mon cœur, mon sang & ma Deesse,
Ton œil est le filé & le RE´ bien-heureux,
Qui prend, quand il luy plaist, les hommes genereux,
Et se prendre des sots iamais il ne se laisse.

L'honneur, la chasteté, la vertu, la sagesse
Logent en ton esprit, lequel rend amoureux
Tous ceux qui de nature ont vn cœur desireux
D'honorer les beautez d'vne docte Maistresse.

Les noms ont efficace & puissance & vertu:
Je le voy par le tien lequel m'a combatu
Et l'esprit & le corps par armes non legeres.

Sa force à moy fatale a causé mon soucy.
Voila comme de nom, d'effect tu es aussi
LE RE´ DES GENEREVS, Elene de Surgeres.

VII.

HA que ta Loy fut bonne & digne d'estre apprise,
Grand Moise, grand Prophete, & grand Minos de Dieu,

Qui grand

Qui grand Legiſlateur commandas à l'Hebrieu
Qu'apres ſept ans paſſez liberté fuſt acquiſe.
　Ie voudrois, grand Guerrier, que celle que l'ay
　　priſe
Pour Dame, & qui ſe ſied de mon cœur au milieu,
Vouluſt qu'en mon endroit ton ordonnance euſt lieu,
Et qu'au bout de ſept ans m'euſt remis en franchiſe.
　Sept ans ſont ia paſſez qu'en ſeruage ie ſuis:
Seruir encor ſept ans de bon cœur ie la puis,
Pourueu qu'au bout du temps de ſon cœur ie iouiſſe.
　Mais ceſte Grecque Helene ayant peu de ſouci
De la loy des Hebrieux, d'vn courage endurci
Contre les loix de Dieu n'affranchit mon ſeruice.

VIII.

IE plante en ta faueur ceſt arbre de Cybelle,
Ce Pin, où tes honneurs ſe liront tous les iours:
J'ay graué ſur le tronc nos noms & nos amours,
Qui croiſtront à l'enuy de l'eſcorce nouuelle.
　Faunes qui habitez ma terre paternelle,
Qui menez ſur le Loir vos dances & vos tours,
Fauoriſez la plante & luy donnez ſecours,
Que l'Eſté ne la bruſle, & l'Hyuer ne la gelle.
　Paſteur, qui conduiras en ce lieu ton troupeau,
Flageolant vne Eclogue en ton tuyau d'aueine,
Attache tous les ans à ceſt arbre vn tableau,
　Qui teſmoigne aux paſſans mes amours & ma
　　peine:
Puis l'arroſant de laict & du ſang d'vn agneau,
Dy; Ce Pin eſt ſacré, c'eſt la plante d'Helene.

IX.

NY la douce pitié, ny le pleur lamentable
Ne t'ont baillé ton nom : ton nom Grec vient d'oster,
De rauir, de tuer, de piller, d'emporter
Mon esprit & mon cœur, ta proye misérable.
Homere en se iouant de toy fit vne fable,
Et moy l'histoire au vray. Amour, pour te flater,
Comme tu fis à Troye, au cœur me vient ietter
Le feu qui de mes os se paist insatiable.
La voix, que tu feignois à l'entour du Cheual
Pour deceuoir les Grecs, me deuoit faire sage :
Mais l'homme de nature est aueugle à son mal,
Qui ne peut se garder ny preuoir son dommage.
Au pis-aller ie meurs pour ce beau nom fatal,
Qui mit toute l'Asie & l'Europe en pillage.

X.

ADieu belle Cassandre, & vous belle Marie,
Pour qui ie fu trois ans en seruage à Bourgueil :
L'vne vit, l'autre est morte, & ores de son œil
Le Ciel se resiouyst dont la terre est marrie.
Sur mon premier Auril, d'vne amoureuse enuie
J'adoray vos beautez : mais vostre fier orgueil
Ne s'amollit iamais pour larmes ny pour dueil,
Tant d'vne gauche main la Parque ourdit ma vie.
Maintenant en Automne encores malheureux
Ie vy comme au Printemps, de nature amoureux,
Afin que tout mon âge aille au gré de la peine.
Et or' que ie deusse estre affranchi du harnois,
Mon Colonnel m'enuoye à grands coups de carquois
R'assieger Ilion pour conquerir Heleine.

XI.

Trois iours sont ja passez que ie suis affamé
 De vostre doux regard, & qu'à l'enfant ie semble
Que sa nourrice laisse, & qui crie & qui tremble
De faim en son berceau, dont il est consommé.

Puis que mon œil ne voit le vostre tant aimé,
Qui ma vie & ma mort en vn regard assemble,
Vous deuiez, pour le moins, m'escrire, ce me semble:
Mais vous auez le cœur d'vn rocher enfermé.

Fiere ingrate & rebelle, à mon dam trop superbe,
Vostre courage dur n'a pitié de l'amour,
Ny de mon palle teint ja flestry comme vne herbe.

Si ie suis sans vous voir deux heures à seiour,
Par espreuue ie sens ce qu'on dit en prouerbe,
L'amoureux qui attend se vieillist en vn iour.

XII.

Prenant congé de vous, dont les yeux m'ont doté,
 Vous me distes vn soir comme passionnee,
Je vous aime, Ronsard, par seule destinee,
Le Ciel à vous aimer force ma volonté.

Ce n'est pas vostre corps, ce n'est vostre beauté
Ny vostre âge qui fuit vers l'Automne inclinee:
Ia cela s'est perdu comme vne fleur fanee:
C'est seulement du Ciel l'iniuste cruauté.

Vous voyant, ma Raison ne s'est pas defendue.
Vous puisse-ie oublier comme chose perdue.
Helas ! ie ne sçaurois & ie le voudrois bien.

Le voulant, ie rencontre vne force au contraire.
Puis qu'on dit que le Ciel est cause de tout bien,
Je n'y veux resister, il le faut laisser faire.

XIII.

Qvand ie pense à ce iour, où pres d'vne fontaine
Dans le iardin royal rauy de ta douceur,
Amour te descouurit les secrets de mon cœur,
Et de combien de maux i'auois mon ame pleine:

Je me pasme de ioye, & sens de veine en veine
Couler ce souuenir, qui me donne vigueur,
M'aguise le penser, me chasse la langueur,
Pour esperer vn iour vne fin à ma peine.

Mes Sens de toutes parts se trouuerent contens,
Mes yeux en regardant la fleur de ton Printemps,
L'oreille en t'escoutant: & sans ceste compagne,

Qui tousiours nos propos tranchoit par le milieu,
D'aise au Ciel ie volois, & me faisois vn Dieu:
Mais tousiours le plaisir de douleur s'accompagne.

XIIII.

A L'aller, au parler, au flamber de tes yeux,
Je sens bien, ie voy bien que tu es immortelle:
La race des humains en essence n'est telle:
Tu es quelque Demon ou quelque Ange des cieux.

Dieu pour fauoriser ce monde vicieux,
Te fit tomber en terre, & dessus la plus belle
Et plus parfaite idée inuenta la modelle
De ton corps, dont il fut luy-mesmes enuieux.

Quand il fit ton esprit, il se pilla soy-mesme:
Il print le plus beau feu du Ciel le plus supréme
Pour animer ta masse, ainçois ton beau printemps.

Hommes, qui la voyez de tant d'honneur pourueue,
Tandis qu'elle est çà bas, soulez-en vostre veue.
Tout ce qui est parfait ne dure pas long temps.

XV.

Ie ne veux comparer tes beautez à la Lune :
La Lune est incõstate, & ton vouloir n'est qu'vn.
Encor moins au Soleil : le Soleil est commun,
Commune est sa lumiere, & tu n'es pas commune.
 Tu forces par vertu l'enuie & la rancune.
Ie ne suis, te loüant, vn flateur importun.
Tu sembles à toy-mesme, & n'as portrait aucun :
Tu es toute ton Dieu, ton Astre & ta Fortune.
 Ceux qui font de leur Dame à toy comparaison,
Sont ou presomptueux, ou perclus de raison :
D'esprit & de sçauoir de bien loin tu les passes :
 Ou bien quelque Demon de ton corps s'est vestu,
Ou bien tu es portrait de la mesme Vertu,
Ou bien tu es Pallas, ou bien l'vne des Graces.

XVI.

SI vos yeux cognoissoyent leur diuine puissance,
Et s'ils se pouuoyent voir, ainsi que ie les voy,
Ils ne s'estonneroyent, se cognoissant, dequoy
Diuins ils ont veincu vne mortelle essence.
 Mais par faute d'auoir d'eux-mesmes cognois-
 sance,
Ils ne peuuent iuger du mal que ie reçoy :
Seulement mon visage en tesmoigne pour moy.
Le voyant si desfait, ils voyent leur puissance.
 Yeux, où deuroit loger vne bonne amitié,
Comme vous regardez tout le Ciel & la terre,
Que ne penetrez-vous mon cœur par la moitié ?
 Ainsi que de ses rais le Soleil fait le verre,
Si vous le pouuiez voir vous en auriez pitié,
Et aux cendres d'vn mort vous ne feriez la guerre.

XVII.

SI de vos doux regars ie ne vais me repaistre
A toute heure, & tousiours en tous lieux vous chercher,
Helas! pardonnez-moy: i'ay peur de vous fascher,
Comme vn seruiteur craint de desplaire à son maistre.

Puis ie crains tant vos yeux, que ie ne sçaurois estre
Vne heure en les voyant sans le cœur m'arracher,
Sans me troubler le sang: pource il faut me cacher,
Afin de ne mourir pour tant de fois renaistre.

I'auois cent fois iuré de ne les voir iamais,
Me pariurant autant qu'autant ie le promets:
Car soudain ie retourne à r'engluer mon aile.

Ne m'appellez donq plus dissimulé ne feint.
Aimer ce qui fait mal, & reuoir ce qu'on craint,
Est le gage certain d'vn seruice fidele.

XVIII.

IE voyois me couchant, s'esteindre vne chandelle,
Et ie disois au lict bassement à-par-moy,
Pleust à Dieu que le soin, que la peine & l'esmoy,
Qu'Amour m'engraue au cœur, s'esteignissent comme elle.

Vn mastin enragé, qui de sa dent cruelle
Mord vn homme, il luy laisse vne image de soy
Qu'il voit tousiours en l'eau: Ainsi tousiours ie voy
Soit veillant ou dormant, le portrait de ma belle.

Mon sang chaud en est cause. Or comme on voit souuent
L'Esté moins bouillonner que l'Automne suiuant,
Mon Septembre est plus chaud que mõ Iuin de fortune.

Helas! pour viure trop, i'ay trop d'impreßion.
Tu es mort vne fois, bien-heureux Ixion,
Et ie meurs mille fois pour n'en mourir pas-vne.

XIX.

BOn iour ma douce vie, autant remply de ioye,
Que triste ie vous dis au departir adieu:
En vostre bonne grace, hé dites-moy quel lieu
Tient mon cœur, que captif deuers vous ie r'enuoye:
   Ou bien si la longueur du temps & de la voye
Et l'absence des lieux ont amorty le feu
Qui commençoit en vous à se monstrer vn peu:
Au moins s'il n'est ainsi, trompé ie le pensoye.
   Par espreuue ie sens que les amoureux traits
Blessent plus fort de loin qu'à l'heure qu'ils sont pres,
Et que l'absence engendre au double le seruage.
   Ie suis content de viure en l'estat où ie suis.
De passer plus auant ie ne dois ny ne puis:
Ie deuiendrois tout fol, où ie veux estre sage.

XX.

AMour, qui tiens tout seul de mes pensers la clef
Qui ouures de mõ cœur les portes & les serres,
Qui d'vne mesme main me guaris & m'enserres,
Qui me fais trespasser & viure de rechef:
   Tu distilles ma vie en si pauure méchef,
Qu'herbes drogues ny ius ny puissance de pierres
Ne pourroyent m'alleger: tant d'amoureuses guerres
Sans tréues tu me fais, du pied iusques au chef.
   Oiseau, comme tu es, fay moy naistre des ailes,

A fin de m'en-voler pour iamais ne la voir.
En volant ie perdray les chaudes estincelles,
   Que ses yeux sans pitié me firent conceuoir.
Dieu nous vend cherement les choses qui sont belles,
Puis qu'il faut tant de fois mourir pour les auoir.

XXI.

AMour, tu es trop fort, trop foible est ma Raison
Pour soustenir le camp d'vn si rude aduersaire.
Trop tost, sotte Raison, tu te laisses desfaire:
Dés le premier assaut on te meine en prison.
   Ie veux, pour secourir mon chef demi-grison,
Non la Philosophie ou les Loix: au contraire
Ie veux ce deux-fois nay, ce Thebain, ce Bonpere,
Lequel me seruira d'vne contrepoison.
   Il ne faut qu'vn mortel vn immortel assaille.
Mais si ie prens vn iour cest Indien pour moy,
Amour, tant sois tu fort, tu perdras la bataille,
   Ayant ensemble vn homme & vn Dieu contre toy.
La Raison contre Amour ne peut chose qui vaille:
Il faut contre vn grand Prince opposer vn grād Roy.

XXII.

CVsin, monstre à double aile, au mufle Elephantin,
Canal à tirer sang, qui voletant en presse
Sifles d'vn son aigu, ne picque ma Maistresse,
Et la laisse dormir du soir iusqu'au matin.
   Si ton corps d'vn atome, & ton nez de mastin
Cherche tant à picquer la peau d'vne Deesse,
En lieu d'elle, Cusin, la mienne ie te laisse:

Que mon sang & ma peau te soyent comme vn butin.
Cusin, ie m'en desdy: hume moy de la belle
Le sang, & m'en apporte vne goutte nouuelle
Pour gouster quel il est. Hà, que le sort fatal
  Ne permet à mon corps que le tien il peust estre!
Boiuant son tiede sang, ie luy ferois cognestre
Qu'vn petit ennemy fait souuent vn grand mal.

XXIII.

Aller en marchandise aux Indes precieuses,
  Sans acheter ny or ny parfum ny ioyaux,
Hanter sans auoir soif les sources & les eaux,
Frequenter sans bouquets les fleurs delicieuses,
  Courtiser & chercher les Dames amoureuses,
Estre tousiours assise au milieu des plus beaux,
Et ne sentir d'amour ny fleches ny flambeaux,
Ma Dame, croyez-moy, sont choses monstrueuses.
  C'est se tromper soy-mesme: aussi tousiours i'ay creu
Qu'on pouuoit s'eschaufer en s'approchant du feu,
Et qu'en prenant la glace & la neige on se gelle.
  Puis il est impossible estant si ieune & belle,
Que vostre cœur gentil d'Amour ne soit esmeu,
Sinon d'vn grand brasier, au moins d'vne estincelle.

XXIIII.

Amour, ie pren congé de ta menteuse escole,
  Où i'ay perdu l'Esprit, la Raison & le Sens,
Où ie me suis trompé, où i'ay gasté mes ans,
Où i'ay mal-employé ma ieunesse trop folle.
  Malheureux qui se fie en vn enfant qui volle,

Qui a l'esprit soudain, les effects inconstans,
Qui moissonne nos fleurs auant nostre printans,
Qui nous paist de creance & d'vn songe friuole.

Jeunesse l'allaicta, le sang chaud le nourrit,
Cuider l'ensorcela, paresse le pourrit
Entre les voluptez vaines comme fumées.

Cassandre me rauit, Marie me tint pris,
Ja grison à la Cour d'vne autre ie m'espris.
Le feu d'Amour ressemble aux pailles allumees.

XXV.

LE mois d'Aoust bouillōnoit d'vne chaleur esprise
Quand i'allay voir ma Dame assise aupres du feu :
Son habit estoit gris, duquel ie me despleu,
La voyant toute palle en vne robbe grise.

Que plaignez-vous, disoy-ie, en vne chaire assise?
Ie tremble & la chaleur reschaufer ne m'a peu,
Tout le corps me fait mal, & viure ie n'ay peu
Saine comme i'estois, tant l'ennuy me tient prise.

Si l'Esté, la ieunesse, & le chaud n'ont pouuoir
D'eschaufer vostre sang, comment pourroy ie voir
Sortir vn feu d'vne ame en glace conuertie?

Mais, Corps, ayant souci de me voir en esmoy,
Serois-tu point malade en langueur comme moy,
Tirant à toy mon mal par vne sympathie?

XXVI.

AV milieu de la guerre, en vn siecle sans foy,
Entre mille procez, est-ce pas grand' folie
D'escrire de l'Amour? De manotes en lie

Les fols qui ne sont pas si furieux que moy.
Grison & maladif r'entrer dessous la loy
D'Amour, ô quelle erreur! Dieux, merci ie vous crie.
Tu ne m'es plus Amour, tu m'es vne Furie,
Qui me rens fol, enfant, & sans yeux comme toy :
Voir perdre mon pays, proye des aduersaires,
Voir en nos estendars les fleurs de lis contraires,
Voir vne Thebayde & faire l'amoureux!
Ie m'en vais au Palais adieu vieilles Sorcieres.
Muses ie prens mon sac, ie seray plus heureux
En gaignant mes procez qu'en suiuant vos riuieres.

XXVII.

LE Iuge m'a trompé: ma Maistresse m'enserre
Si fort en sa prison, que i'en suis tout transi :
La guerre est à mon huis. Pour charmer mon souci,
Page, verse à longs traits du vin dedans mon verre.
Au vent aille l'amour, le procez & la guerre,
Et la melancholie au sang froid & noirci :
Adieu rides adieu, ie ne vy plus ainsi :
Viure sans volupté c'est viure sous la terre.
La Nature nous donne assez d'autres malheurs
Sans nous en acquerir. Nud ie vins en ce monde,
Et nud ie m'en iray. Que me seruent les pleurs,
Sinon de m'attrister d'vne angoisse profonde?
Chassons auec le vin le soin & les malheurs :
Ie combas les soucis, quand le vin me seconde.

XXVIII.

MA peine me contente, & prens en patience
La douleur que ie sens, puis qu'il vous plaist
ainsi,

X vj

Et que daignez auoir souci de mon souci,
Et prendre par mon mal du vostre experience,
Je nourriray mon feu d'vne douce esperance,
Puis que vostre desdain vers moy s'est adouci.
Pour resister au mal mon cœur s'est endurci,
Tant la force d'Amour me donne d'asseurance.
Aussi quand ie voudrois, ie ne pourrois celer
Le feu dont vos beaux yeux me forcent de brusler.
Je suis soulfre & salpestre, & vous n'estes que glace.
De parole & d'escrit ie monstre ma langueur:
La passion du cœur m'apparoist sur la face,
La face ne ment point: c'est le mirouer du cœur.

XXIX.

Vous triomphez de moy, & pource ie vous donne
Ce Lierre qui coule & se glisse à l'entour
Des arbres & des murs, lesquels tour dessus tour,
Plis dessus plis il serre, embrasse & enuironne.
A vous de ce Lierre appartient la Couronne.
Je voudrois, comme il fait, & de nuict & de iour
Me plier contre vous, & languissant d'amour,
D'vn nœud ferme enlacer vostre belle colonne.
Ne viedra point le teps que dessous les rameaux,
Au matin où l'Aurore esueille toutes choses,
En vn Ciel bien tranquille, au caquet des oiseaux
Ie vous puisse baiser à léures demy-closes,
Et vous conter mon mal, & de mes bras jumeaux
Embrasser à souhait vostre yuoire & vos roses?

MADRIGAL.

Voyez comme tout change (hé qui l'eust esperé!)
Vous me souliez dōner, maintenāt ie vous dōne

Des bouquets & des fleurs: Amour vous abandône,
Qui seul dedans mon cœur est ferme demeuré.
  Des Dames le vouloir n'est iamais mesuré,
Qui d'vne extreme ardeur tantost se passionne,
Tantost vne froideur extreme l'enuironne,
Sans auoir vn milieu longuement asseuré.
  Voila comme Fortune en se iouant m'abaisse:
Vostre apprehension & vostre seul penser
Vn temps furent à moy, or' vostre amour me laisse.
  Le temps peut toute chose à la fin effacer.
Ne vous mocquez pourtant du lien qui me presse,
Soyez douce à mon cœur sans tant le reblesser.
Dieu pour punir l'orgueil commet vne Deesse:
Son sein vous esclowyt, gardez de l'offenser.

XXX.

MA Dame beut à moy, puis me baillant sa tasse,
Beuuez, dit-ell', ce reste où mon cœur i'ay versé:
Et alors le vaisseau des léures ie pressay,
Qui comme vn Batelier son cœur dans le mien passe.
  Mon sang renouuellé tant de forces amasse
Par la vertu du vin qu'elle m'auoit laissé,
Que trop chargé d'esprits & de cœurs ie pensay
Mourir dessous le faix, tant mon ame estoit lasse.
  Ah dieux, qui pourroit viure auec telle beauté
Qui tient toussiours Amour en son vase arresté?
Ie ne deuois en boire, & m'en donne le blâme.
  Ce vase me lia tous les Sens dés le iour
Que ie beu de son vin, mais plustost vne flame,
Mais plustost vn venin qui m'en-yura d'amour.

X vij

XXXI.

I'Auois esté saigné, ma Dame me vint voir
Lors que ie languissois d'une humeur froide &
 lente:
Se tournant vers mon sang, comme toute riante
Me dist en se iouant, Que vostre sang est noir!

Le trop penser en vous a peu si bien mouuoir
L'imagination, que l'ame obeissante
A laissé la chaleur naturelle impuissante
De cuire de nourrir de faire son deuoir.

Ne soyez plus si belle, & deuenez Medee,
Colorez d'vn beau sang ma face ja ridee,
Et d'vn nouueau Printemps faites moy r'animer.

AEson vit raieunir son escorce ancienne:
Nul charme ne sçauroit renouueller la mienne.
Si ie veux raieunir il ne faut plus aimer.

XXXII.

SI la beauté se perd, fais en part de bonne heure,
Tandis qu'en son Printemps tu la vois fleuronner:
Si elle ne se perd, ne crain point de donner
A tes amis le bien qui tousiours te demeure.

Venus, tu deurois estre en mon endroit meilleure,
Et non dedans ton camp ainsi m'abandonner:
Tu me laisses toy-mesme esclaue emprisonner
Es mains d'vne cruelle où il faut que ie meure.

Tu as changé mon aise & mon doux en amer:
Que deuoy-ie esperer de toy, germe de mer,
Sinon toute tempeste? & de toy qui es femme

De Vulcan, que du feu? de toy garce de Mars,

Que couteaux, qui sans cesse enuironnent mon ame
D'orages amoureux de flames & de dars?

XXXIII.

Amour seul artizan de mes propres mal-heurs,
Contre qui sans repos au combat ie m'essaye,
M'a fait dedans le cœur vne mauuaise playe,
Laquelle en lieu de sang ne verse que des pleurs.

Le meschant m'a fait pis, choisissant les meilleurs
De ses traits, ja trempez aux veines de mon faye:
La langue m'a naurée à fin que ie begaye
En lieu de raconter à chacun mes douleurs.

Phebus, qui sur Parnasse aux Muses sers de guide,
Pren l'arc, reuenge moy contre mon homicide:
I'ay la langue & le cœur percez t'ayant suiuy.

Voy comme l'vn & l'autre en begayant me saigne.
Phebus, dés le berceau i'ay suiuy ton enseigne,
Conserue les outils qui t'ont si bien serui.

XXXIIII.

Cythere entroit au bain, & te voyant pres d'elle
Son Ceste elle te baille à fin de le garder.
Ceinte de tant d'amours tu me vins regarder
Me tirant de tes yeux vne fleche cruelle.

Muses, ie suis nauré, ou ma playe mortelle
Guarissez, ou cessez de plus me commander.
Ie ne suy vostre escole, à fin de demander
Qui fait la Lune vieille, ou qui la fait nouuelle.

Ie ne vous fais la Cour, comme vn homme ocieux,

Pour apprendre de vous le mouuement des Cieux,
Que peut la grande Eclipse, ou que peut la petite,
　Ou si Fortune ou Dieu ont fait cest Vniuers:
Si ie ne puis flechir Helene par mes vers,
Cherchez autre escolier, Deesses ie vous quitte.

XXXV.

I'Ay honte de ma honte, il est temps de me taire,
Sans faire l'amoureux en vn chef si grison:
Il vaut mieux obeyr aux loix de la Raison,
Qu'estre plus desormais en l'amour volontaire.
　Ie l'ay iuré cent fois: mais ie ne le puis faire.
Les Roses pour l'Hyuer ne sont plus de saison:
Voicy le cinquiesme an de ma longue prison,
Esclaue entre les mains d'vne belle Corsaire.
　Maintenant ie veux estre importun amoureux
Du bon pere Aristote, & d'vn soin genereux
Courtizer vn Platon à nostre vie vtile.
　Il est temps que ie sois de l'Amour deslié:
Il vole comme vn Dieu: homme ie vais à pié.
Il est ieune il est fort, ie suis gris & debile.

XXXVI.

MAintenant que l'Hyuer de vagues empou-
　lees
Orgueillist les Torrens, & que le vent qui fuit
Fait ores esclatter les riues d'vn grand bruit,
Et ores des forests les testes esueillees:
　Ie voudrois voir d'Amour les deux ailes gelees,
Voir ses traicts tous gelez, desquels il me poursuit,

Et son brandon gelé dont la chaleur me cuit
Les veines que sa flame a tant de fois bruslees.
 L'hyuer est tousiours fait d'vn gros air espessi,
Pour le Soleil absent ny chaud ny esclairci:
Et mon ardeur se fait des rayons d'vne face,
 Laquelle me nourrit d'imagination.
Tousiours dedans le sang i'en ay l'impression,
Qui force de l'Hyuer les neiges & la glace.

XXXVII.

Vne seule vertu, tant soit parfaite & belle,
 Ne pourroit iamais rendre vn homme ver-
  tueux:
Il faut le nombre entier en rien defectueux:
Le Printemps ne se fait d'vne seule arondelle.
 Toute vertu diuine acquise & naturelle
Se loge en ton esprit. La Nature & les Cieux
Ont versé dessus toy leurs dons plus precieux:
Puis pour n'en faire plus ont rompu le modelle.
 Ici à ta beauté se ioint la Chasteté,
Ici l'honneur de Dieu, ici la Pieté,
La crainte de mal-faire, & la peur d'infamie:
 Ici vn cœur constant, qu'on ne peut esbranler.
Pource en lieu de mon cœur, d'Helene & de ma vie,
Ie te deurois plustost mon Destin appeller.

XXXVIII.

Yeux, qui versez en l'ame ainsi que deux Pla-
 nettes,
Vn esprit qui pourroit ressusciter les morts,

Je sçay dequoy sont faits tous les membres du corps,
Mais ie ne puis sçauoir quelle chose vous estes.

Vous n'estes sang ny chair, & toutefois vous faites
Des miracles en moy, tant vos regards sont forts,
Si bien qu'en foudroyant les miens par le dehors,
Dedans vous me tuez de cent mille sagettes.

Yeux la forge d'Amour : Amour n'a point de traits
Que les poignans esclairs qui sortent de vos rais,
Dont le moindre à l'instant toute l'ame me sonde.

Sans les sentir ie meurs: soudain ie suis refait
Quand ie les sens au cœur, ayant le mesme effect
En moy par leur chaleur qu'a le Soleil au monde.

XXXIX.

Comme vn vieil combatant qui ne veut plus s'armer,
Ayant le corps chargé de coups & de vieillesse,
Regarde en s'esbatant l'Olympique ieunesse
Pleine d'vn sang bouillant aux ioustes escrimer:

Ainsi ie regardois du ieune Dieu d'aimer,
Dieu qui combat tousiours par ruse & par finesse,
Les gaillards champions, qui d'vne chaude presse
Se veulent en l'arene amoureuse enfermer:

Quand tu fis reuerdir mon escorce ridee
De ta charmante voix, ainsi que fit Medee
Par herbes & par jus le pere de Jason.

Ie n'ay contre ton charme opposé ma defense:
Toutefois ie me deuls de r'entrer en enfance,
Pour perdre tant de fois l'esprit & la Raison.

XL.

Laisse de Pharaon la terre Egyptienne,
Terre de seruitude, & vien sur le Iourdain:
Laisse moy ceste Cour & tout ce fard mondain,
Ta Circe, ta Serene, & ta magicienne.

Demeure en ta maison pour viure toute tienne,
Contente toy de peu : l'âge s'enfuit soudain.
Pour trouuer ton repos, n'atten point à demain :
N'atten point que l'hyuer sur les cheueux te vienne.

Tu ne vois à ta Cour que feintes & soupçons :
Tu vois tourner vne heure en cent mille façons :
Tu vois la vertu fausse, & vraye la malice.

Laisse ces honneurs pleins d'vn soin ambitieux,
Tu ne verras aux champs que Nymphes & que
  Dieux,
Ie seray ton Orphee, & toy mon Eurydice.

XLI.

Ces longues nuicts d'hyuer, où la Lune ocieuse
Tourne si lentement son char tout à l'entour,
Où le Coq si tardif nous annonce le iour,
Où la nuict est annee à l'ame soucieuse :

Ie fusse mort d'ennuy sans ta forme douteuse,
Qui vient, ô doux remede, alleger mon amour,
Et faisant toute nue entre mes bras seiour,
Refraichist ma chaleur, bien qu'elle soit menteuse.

Vraye tu es farouche & fiere en cruauté :
On iouyst de ta feinte en toute priuauté.
Pres d'elle ie m'endors, pres d'elle ie repose :

Rien ne m'est refusé. Le bon sommeil ainsi

Abuse par le faux mon amoureux souci.
S'abuser en amour n'est pas mauuaise chose.

XLII.

QVand vous serez bien vieille, au soir à la chã-
delle,
Assise aupres du feu, deuidant & filant,
Direz chantant mes vers, en vous esmerueillant,
Ronsard me celebroit du temps que i'estois belle.

Lors vous n'aurez seruante oyant telle nouuelle,
Desia sous le labeur à demy sommeillant,
Qui au bruit de mon nom ne s'aille resueillant,
Benissant vostre nom de louange immortelle.

Ie seray sous la terre: & fantôme sans os
Par les ombres myrteux ie prendray mon repos:
Vous serez au fouyer vne vieille accroupie,

Regrettant mon amour & vostre fier desdain.
Viuez, si m'en croyez, n'attendez à demain:
Cueillez dés auiourd'huy les roses de la vie.

XLIII.

GEneures herissez, & vous Houx espineux,
L'vn hoste des deserts, & l'autre d'vn bocage:
Lierre, le tapis d'vn bel antre sauuage,
Sources qui bouillonnez d'vn surgeon sablonneux:

Pigeons qui vous baisez d'vn baiser sauoureux,
Tourtres qui lamentez d'vn eternel vefuage,
Rossignols ramagers, qui d'vn plaisant langage
Nuict & iour rechantez vos versets amoureux:

Vous à la gorge rouge estrangere Arondelle,

Si vous voyez aller ma Nymphe en ce Printemps
Pour cueillir des bouquets par ceste herbe nouuelle,
   Dites luy, pour neant que sa grace i'attens,
Et que pour ne souffrir le mal que i'ay pour elle,
I'ay mieux aimé mourir que languir si long temps.

XLIIII.

CElle, de qui l'amour veinquit la fantasie,
Que Iupiter conceut sous vn Cygne emprunté:
Ceste sœur des Iumeaux, qui fist par sa beauté
Opposer toute Europe aux forces de l'Asie,
   Disoit à son mirouer, quand elle vit saisie
Sa face de vieillesse & de hideuseté,
Que mes premiers Maris insensez ont esté
De s'armer pour iouyr d'vne chair si moisie!
   Dieux, vous estes ialoux & pleins de cruauté!
Des Dames sans retour s'en-vole la beauté:
Aux serpens tous les ans vous ostez la vieillesse.
   Ainsi disoit Helene en remirant son teint.
Cest exemple est pour vous: cueillez vostre ieunesse.
Quand on perd son Auril, en Octobre on s'en plaint.

XLV.

HA! que ie suis marry que la mort nous desrobe
Celuy qui le premier me fist voir ton attrait:
Ie le vy de si loin, que la pointe du traict
Demeura sans entrer dans les plis de ma robe.
   Mais ayant de plus pres entendu ta parole,
Et veu ton œil ardent, qui de moy m'a distrait,
Au cœur tomba la fleche auecque ton portrait,

Mais pluſtoſt le portrait de ce Dieu qui m'affole.
　Esblouy de ta veue, où l'Amour fait ſon ny,
Claire comme vn Soleil en flames infiny,
Je n'oſois t'aborder, craignant de plus ne viure.
　Ie fu trois mois retif: mais l'Archer qui me vit,
Si bien à coups de traits ma crainte pourſuiuit,
Que batu de ſon arc m'a forcé de te ſuiure.

XLVI.

Lettre, ie te reçoy, que ma Deeſſe en terre
　M'enuoye pour me faire ou ioyeux, ou tranſi,
Ou tous les deux enſemble: ô Lettre, tout ainſi
Que tu m'apportes ſeule ou la paix, ou la guerre,
　Amour en te liſant de mille traits m'enferre,
Touche mon ſein, à fin qu'en retournant d'ici
Tu contes à ma Dame en quel piteux ſouci
Je vy pour ſa beauté, tant i'ay le cœur en ſerre!
　Touche mon eſtomac pour ſentir mes chaleurs,
Approche de mes yeux pour voir tomber mes pleurs,
Que larme deſſus larme amour touſiours m'aſſemble
　Puis voyant les effects d'vn ſi contraire eſmoy,
Dy que Deucalion & Phaethon chez moy,
L'vn au cœur l'autre aux yeux ſe ſont logez enſemble

XLVII.

Lettre, de mon ardeur veritable interprete,
　Qui parles ſans parler les paſſions du cœur,
Poſte des amoureux, va conter ma langueur
A ma Dame & comment ſa cruauté me traite.
　Comme vne meſſagere & accorte & ſecrette

Contemple en la voyant sa face & sa couleur,
Si elle devient gaye, ou palle de douleur,
Ou d'vn petit souspir si elle me regrette.

Fais office de langue : aussi bien ie ne puis
Deuant elle parler, tant vergongneux ie suis,
Tant ie crains l'offenser, & fault que le visage
　Blesme de ma douleur en rende tesmoignage.
Tu pourras en trois mots luy dire mes ennuis :
Le silence parlant vaut vn mauuais langage.

XLVIII.

LE soir qu'Amour vous fist en la salle descendre
Pour danser d'artifice vn beau ballet d'Amour,
Vos yeux, bien qu'il fust nuict, ramenerent le iour,
Tant ils sceurent d'esclairs par la place respandre.
　Le ballet fut diuin, qui se souloit reprendre,
Se rompre, se refaire, & tour dessus retour
Se mesler, s'escarter, se tourner à l'entour,
Contre-imitant le cours du fleuue de Meandre :
　Ores il estoit rond, ores long, or' estroit,
Or' en poincte, en triangle, en la façon qu'on voit
L'escadron de la Grue euitant la froidure.
　Ie faux, tu ne dansois, mais ton pied voletoit
Sur le haut de la terre : aussi ton corps s'estoit
Transformé pour ce soir en diuine nature.

XLIX.

IE voy mille beautez, & si n'en voy pas-vne
Qui contente mes yeux : seule vous me plaisez,

Seule quand ie vous voy, mes Sens vous appaisez:
Vous estes mon Destin, mon Ciel, & ma Fortune.

Ma Venus mon Amour ma Charité ma brune,
Qui tous bas pensemens de l'esprit me rasez,
Et de haultes vertus l'estomac m'embrasez,
Me souleuant de terre au cercle de la Lune.

Mon œil de vos regards goulument se repaist:
Tout ce qui n'est pas vous luy fasche & luy deplaist,
Tant il a par vsance accoustumé de viure

De vostre vnique douce agreable beauté.
S'il peche contre vous affamé de vous suiure,
Ce n'est de son bon gré, c'est par necessité.

L.

CEs cheueux, ces liens, dont mon cœur tu en-
lasses,
Dougez, primes, subtils, qui coulent aux talons,
Entre noirs & chastains bruns deliez & longs,
Tels que Venus les porte & ses trois belles Graces,

Me tiennent si estrains, Amour, que tu me
passes
Au cœur en les voyant cent poinctes d'aiguillons,
Dont le moindre des nœuds pourroit des plus felons
En leur plus grand courroux arrester les menaces.

Cheueux non achetez empruntez ny fardez,
Qui vostre naturel sans feintise gardez,
Ha! que vous estes beaux! permettez que ie
porte

Vn lien à mon col, à fin que sa beauté
Me voyant prisonnier lié de telle sorte,
Se puisse tesmoigner quelle est sa cruauté.

LI.

IE suis esmerueillé que mes pensers ne sont
Laz de penser en vous y pensant à toute heure:
Me souuenant de vous, or' ie chante, or' ie pleure,
Et d'vn penser passé cent nouueaux se refont.
   Puis legers comme oiseaux ils volent & s'en-
   vont,
M'abandonnant tout seul, deuers vostre demeure:
Et s'ils sçauoient parler, souuent vous seriez seure
Du mal que mon cœur cache, & qu'on lit sur mon
   front.
   Or sus venez Pensers, pensons encor en elle,
De tant y repenser ie ne me puis lasser:
Pensons en ses beaux yeux & combien elle est belle.
   Elle pourra vers nous les siens faire passer.
Venus non seulement nourrit de sa mammelle
Amour son fils aisné, mais aussi le Penser.

LII.

BElle gorge d'albastre, & vous chaste poictrine,
Qui les Muses cachez en vn rond verdelet:
Tertres d'Agathe blanc, petits gazons de laict,
Des Graces le seiour, d'Amour & de Cyprine :
   Sein de couleur de lyz & de couleur rosine,
De veines marqueté, ie vous vy par souhait
Leuer l'autre matin, comme l'Aurore fait
Quand vermeille elle sort de sa chambre marine.
   Ie vy de tous costez le Plaisir & le Ieu,
Venus, Amour, la Grace armez d'vn petit feu,
Voler ainsi qu'enfans, par vos cousteaux d'yuoire,

M'esblouyr, m'assaillir & surprendre mon fort:
Ie vy tant de beautez que ie ne les veux croire.
Vn homme ne doit croire aux tesmoins de sa mort.

LIII.

Quand le Ciel te fist naistre, il rompit la modelle
Des Vertus, côme vn peintre efface son tableau,
Et quand il veut refaire vne image du Beau,
Il te va retracer pour en faire vne telle.

Tu apportas d'enhaut la forme la plus belle,
Pour paroistre en ce monde vn miracle nouueau,
Que couleur, ny outil, ny plume, ny cerueau
Ne sçauroient egaler, tant tu es immortelle.

Vn bon-heur te defaut : c'est qu'en venant çà bas
Couuerte de ton voile on ne t'admira pas,
Tant fut ton excellence à ce monde incognue,

Qui n'osa regarder les rayons de tes yeux:
Seul ie les adoray comme vn thresor des Cieux,
Te voyant en essence, & les autres en nue.

LIIII.

IE te voulois nommer pour Helene, Ortygie
Renouuellant en toy d'Ortyge le renom.
Le tien est plus fatal : Helene est vn beau nom,
Helene, honneur des Grecs, la terreur de Phrygie:

Si pour suiet fertil Homere t'a choisie,
Ie puis suiuant son train qui va sans compagnon,
Te chantant m'honorer, & non pas toy, sinon
Qu'il te plaise estimer ma rude Poesie.

Tu passes en vertus les Dames de ce temps

Aussi loin que l'Hyuer est passé du Printemps,
Digne d'auoir autels, digne d'auoir Empire.
  Laure ne te veincroit de gloire ny d'honneur
Sans le Ciel qui luy donne vn plus digne sonneur,
Et le mauuais destin te fait present du pire.

LV.

I'Errois en mon iardin, quand au bout d'vne allee
Ie vy contre l'Hyuer boutonner vn Soucy.
Ceste herbe & mon amour fleurissent tout ainsi:
La neige est sur ma teste, & la sienne est gelee.
  O bien-heureuse amour en mon ame escoulee
Par celle qui n'a point de parangon icy,
Qui m'a de ses rayons tout l'esprit esclarcy,
Qui deuroit des François Minerue estre appellee:
  En prudence Minerue, vne Grace en beauté,
Iunon en grauité, Diane en chasteté,
Qui sert aux mesmes Dieux, comme aux hommes d'exemple.
  Si tu fusses venue au temps que la Vertu
S'honoroit des humains, tes vertus eussent eu
Vœuz, encens, & autels, sacrifices, & temple.

LVI.

DE Myrte & de Laurier fueille à fueille enserrez
Helene entrelassant vne belle Couronne,
M'appella par mon nom : Voyla que ie vous donne,
De moy seule, Ronsard, l'escriuain vous serez.
  Amour qui l'escoutoit, de ses traicts acerez
Me pousse Helene au cœur, & son Chastre m'ordonne:

Qu'vn suiet si fertil vostre plume n'estonne:
Plus l'argument est grand, plus Cygne vous mourrez
   Ainsi me dist Amour, me frappant de ses ailes:
Son arc fist vn grand bruit, les fueilles eternelles
Du Myrte ie senty sur mon chef tressaillir.
   Adieu Muses adieu, vostre faueur me laisse:
Helene est mon Parnasse: ayant telle Maistresse,
Le Laurier est à moy, ie ne sçaurois faillir.

LVII.

Seule sans compagnie en vne grande salle
Tu logeois l'autre iour pleine de maiesté,
Cœur vrayment genereux, dont la braue beauté
Sans pareille ne treuue vne autre qui l'egalle.
   Ainsi seul en son Ciel le Soleil se deualle,
Sans autre compagnon en son char emporté:
Ainsi loin de ses Dieux en son Palais vouté
Iupiter a choisi sa demeure royale.
   Vne ame vertueuse a tousiours vn bon cœur:
Le Liéure fuyt tousiours, la Biche a tousiours peur,
Le Lyon de soymesme asseuré se hazarde.
   La peur qui sert au peuple & de frein & de Loy,
Ne sçauroit estonner ny ta vertu ny toy:
La Loy ne sert de rien, quand la vertu nous garde.

LVIII.

QV'il me soit arraché des tetins de sa mere
Ce ieune enfant Amour, & qu'il me soit vẽdu.
Il ne fait que de naistre & m'a desia perdu!
Vienne quelque marchand, ie le mets à l'enchere.

D'vn si mauuais garçon la vente n'est pas chere.
I'en feray bon marché. Ah! i'ay trop attendu.
Mais voyez comme il pleure, il m'a bien entendu.
Appaise toy mignon, i'ay passé ma cholere,
 Ie ne te vendray point : au contraire ie veux
Pour Page t'enuoyer à ma maistresse Helene,
Qui toute te ressemble & d'yeux & de cheueux,
 Aussi fine que toy, de malice aussi pleine.
Comme enfans vous croistrez, & vous iou'rez tous deux:
Quand tu seras plus grand, tu me payras ma peine.

LIX.

PAssant dessus la tombe où Lucrece repose,
 Tu versas dessus elle vne moisson de fleurs:
L'eschaufant de souspirs, & l'arrosant de pleurs,
Tu monstras qu'vne mort tenoit ta vie enclose.
 Si tu aimes le corps dont la terre dispose,
Iuge de ma force & conçoy tes rigueurs:
Tu me verras cruelle entre mille langueurs
Mourir, puis que la mort te plaist sur toute chose.
 C'est acte de pitié d'honorer vn cercueil,
Mespriser les viuans est vn signe d'orgueil.
Puis que ton naturel les fantômes embrasse,
 Et que rien n'est de toy, s'il n'est mort, estimé,
Sans languir tant de fois, esconduit de ta grace,
Ie veux du tout mourir pour estre mieux aimé.

LX.

IE suis pour vostre amour diuersement malade,
 Maintenant plein de froid, maintenant de chaleur

Dedans le cœur pour vous autant i'ay de douleur,
Comme il y a de grains dedans vostre Grenade.

Yeux qui fistes sur moy la premiere embuscade,
Desattisez ma flame, & desseichez mes pleurs:
Ie faux, vous ne pourriez : car le mal dont ie meurs
Est si grand qu'il ne peut se guarir d'vne œillade.

Ma Dame croyez moy ie trespasse pour vous:
Ie n'ay artere, nerf, tendon, veine ny pous,
Qui ne sente d'Amour la fieure continue.

La Grenade est d'Amour le symbole parfait:
Ses grains en ont encor la force retenue,
Que vous ne cognoissez de signe ny d'effait.

LXI.

MA Dame, ie me meurs abandonné d'espoir:
La playe est iusqu'à l'oz : ie ne suis celuy
mesme
Que i'estois l'autre iour, tant la douleur extréme
Forçant la patience, a dessus moy pouuoir.

Ie ne puis ny toucher gouster n'ouyr ny voir:
I'ay perdu tous mes Sens, ie suis vne ombre blesme:
Mon corps n'est qu'vn tombeau. Malheureux est qui
aime,
Malheureux qui se laisse à l'Amour deceuoir!

Deuenez vn Achille aux playes qu'auez faites,
Vn Telefe ie suis, lequel s'en va perir:
Monstrez moy par pitié vos puissances parfaites,
Et d'vn remede prompt daignez moy secourir.

Si vostre seruiteur cruelle vous desfaites,
Vous n'aurez le Laurier pour l'auoir fait mourir.

LXII.

VOyant par les soudars ma maison saccagee,
 Et mon pays couuert de Mars & de la mort,
Pensant en ta beauté tu estois mon support,
Et soudain ma tristesse en ioye estoit changee.
 Resolu ie disois, Fortune s'est vangee,
Elle emporte mon bien & non mon reconfort.
Hà que ie fus trompé! tu me fais plus de tort
Que n'eust fait vne armee en bataille rangee.
 Les soudars m'ont pillé, tu as rauy mon cœur:
Tu es plus grand voleur, i'en demande iustice
Aux Dieux qui n'oseroient chastier ta rigueur.
 Tu saccages ma vie en te faisant seruice:
Encores te mocquant tu braues ma langueur,
Qui me fait plus de mal que ne fait ta malice.

LXIII.

VOus estes le bouquet de vostre bouquet mesme,
 Et la fleur de sa fleur, sa grace & sa verdeur,
De vostre douce haleine il a pris son odeur:
Il est comme ie suis de vostre amour tout blesme.
 Ma Dame, voyez donc, puis qu'vn bouquet vous
 aime,
Indigne de iuger que peut vostre valeur,
Combien doy-ie sentir en l'ame de douleur,
Qui sers par iugement vostre excellence extréme?
 Mais ainsi qu'vn bouquet se flestrist en vn iour,

Y iiij

I'ay peur qu'vn mesme iour flestrisse vostre amour.
,, Toute amitié de femme est soudain effacee.
Aduienne le destin comme il pourra venir,
Il ne peut de vos yeux m'oster le souuenir:
Il faudroit m'arracher le cœur & la pensee.

LXIIII.

IE ne serois marry si tu contois ma peine,
De conter tes degrez recontez tant de fois:
Tu loges au sommet du Palais de nos Rois:
Olympe n'auoit pas la cyme si hautaine.
Ie pers à chaque marche & le pouls & l'haleine:
I'ay la sueur au front, i'ay l'estomac penthois,
Pour ouyr vn nenny, vn refus, vne vois
De desdain, de froideur & d'orgueil toute pleine.
Tu es comme Deesse assise en tres-haut lieu.
Pour monter en ton Ciel ie ne suis pas vn Dieu.
Ie feray de la court ma plainte coustumiere
T'enuoyant iusqu'en haut mon cœur deuotieux.
Ainsi les hommes font à Iupiter priere:
Les hommes sont en terre, & Iupiter aux Cieux.

LXV.

MOn ame mille fois m'a predit mon dommage:
Mais la sotte qu'elle est, apres l'auoir predit,
Maintenant s'en repent, maintenant s'en desdit,
Et voyant ma Maistresse elle aime d'auantage.
Si l'ame si l'esprit qui sont de Dieu l'ouurage,
Deuiennent amoureux, à grand tort on mesdit
Du corps qui suit les Sens, non brutal, comme on dit

S'il se trouve esblouy des raiz d'vn beau visage.
Le corps ne languiroit d'vn amoureux souci,
Si l'ame si l'esprit ne le vouloient ainsi.
Mais du premier assaut l'ame est toute esperdue,
   Conseillant comme Royne au corps d'en faire autant.
Ainsi le Citoyen sans soldars combattant
Se rend aux ennemis, quand la ville est perdue.

LXVI.

IL ne faut s'esbahir, disoient ces bons vieillars
Dessus le mur Troyen, voyans passer Helene,
Si pour telle beauté nous souffrons tant de peine,
Nostre mal ne vaut pas vn seul de ses regars.
   Toutefois il vaut mieux pour n'irriter point Mars,
La rendre à son espoux, à fin qu'il la r'emmeine,
Que voir de tant de sang nostre campagne pleine,
Nostre haure gaigné, l'assaut à nos rampars.
   Peres il ne falloit à qui la force tremble,
Par vn mauuais conseil les ieunes retarder:
Mais & ieunes & vieux vous deuiez tous ensemble
   Pour elle corps & biens & ville hazarder.
Menelas fut bien sage, & Pâris ce me semble:
L'vn de la demander, l'autre de la garder.

LXVII.

AH, belle liberté, qui me seruois d'escorte,
   Quand le pied me portoit où libre ie voulois!
Ah, que ie te regrette! helas, combien de fois
Ay-ie rompu le ioug, que malgré moy ie porte!

Puis ie l'ay rattaché, estant nay de la sorte,
Que sans aimer ie suis & du plomb & du bois:
Quand ie suis amoureux i'ay l'esprit & la vois,
L'inuention meilleure & la Muse plus forte.

Il me faut donc aimer pour auoir bon esprit,
Afin de conceuoir des enfans par escrit,
Prolongeant ma memoire aux despens de ma vie.

Ie ne veux m'enquerir s'on sent apres la mort:
Ie le croy : ie perdrois d'escrire toute enuie:
Le bon nom qui nous suyt, est nostre reconfort.

LXVIII.

Tes freres les Iumeaux, qui ce mois verdureux
Maistrisent, & qui sont tous deux liez ensemble,
Te deuroient enseigner, au moins comme il me semble,
A te ioindre ainsi qu'eux d'vn lien amoureux.

Mais ton corps nonchalant reuesche & rigoureux,
Qui iamais en son cœur le feu d'amour n'assemble,
En ce beau mois de May, malgré tes ans ressemble,
O perte de ieunesse! à l'Hyuer froidureux.

Tu n'es digne d'auoir les deux Iumeaux pour freres:
A leur germeuse humeur les tiennes sont contraires,
Venus t'est desplaisante, & son fils odieux.

Au contraire, par eux tout est plein d'allegresse,
De Graces & d'Amours : change de nom Maistresse,
Vn autre plus cruel te conuient beaucoup mieux.

LXIX.

NY ta simplicité ny ta bonne nature,
Ny mesme ta vertu ne t'ont peu garentir,

Que la Cour ta nourrice, escole de mentir,
N'ait depraué tes mœurs d'vne fausse imposture.

Le prouerbe dit vray, souuent la nourriture
Corrompt le naturel : tu me l'as fait sentir,
Qui fraudant ton serment m'auois au departir
Promis de m'honorer de ta belle figure.

Menteuse contre Amour, qui vengeur te poursuit
Tu as leué ton camp pour t'enfuyr de nuict,
Accompagnant ta Royne (ô vaine couuerture!)

Trompant pour la faueur ta promesse & ta foy.
Comment pourroy ie auoir quelque faueur de toy,
Quand tu ne veux souffrir que ie t'aime en peinture?

LXX.

CEste fleur de Vertu, pour qui cent mille larmes
Je verse nuict & iour sans m'é pouuoir souler,
Peut bien sa destinee à ce Grec egaler,
A ce fils de Thetis, à l'autre fleur des armes.

Le Ciel malin borna ses iours de peu de termes:
Il eut courte la vie ailee à s'en-aller:
Mais son nom qui a fait tant de bouches parler,
Luy sert contre la mort de pilliers & de termes.

Il eut pour sa prouesse vn excellent sonneur:
Tu as pour tes vertus en mes vers vn honneur,
Qui malgré le tombeau suiura ta renommee.

Les Dames de ce temps n'enuient ta beauté,
Mais ton nom tant de fois par les Muses chanté,
Qui languiroit d'oubly si ie ne t'eusse aimee.

LXXI.

MAistresse quand ie pense aux trauerses d'a-
mour,
Qu'ore chaude ores froide en aimant tu me donnes,
Comme sans passion mon cœur tu passionnes,
Qui n'a contre son mal ny tréue ny seiour:

Je souspire la nuict, ie me complains le iour
Contre toy, ma Raison, qui mon fort abandonnes,
Et pleine de discours, confuse, tu t'estonnes
Dés le premier assaut sans defendre ma Tour.

Non: si forts ennemis n'assaillent nostre place,
Qu'ils ne fussent vaincus si tu tournois la face,
Encores que mon cœur trahist ce qui est mien.

Vne œillade, vne main, vn petit ris me tue:
De trois foibles soudars ta force est combatue:
Qui te dira diuine, il ne dira pas bien.

LXXII.

AFin que ton renom s'estende par la plaine
Autant qu'il monte au Ciel engraué dans vn
Pin,
Inuoquant tous les Dieux, & respandant du vin,
Je consacre à ton nom ceste belle Fontaine.

Pasteurs, que vos troupeaux frisez de blanche laine
Ne paissent à ces bords: y fleurisse le Thin,
Et tant de belles fleurs qui s'ouurent au matin,
Et soit dite à iamais la Fontaine d'Helene.

Le passant en Esté s'y puisse reposer,
Et assis dessus l'herbe à l'ombre composer
Mille chansons d'Helene, & de moy luy souuienne.

Quiconques en boira, qu'amoureux il deuienne;

Et puisse en la humant, vne flame puiser
Aussi chaude qu'au cœur ie sens chaude la mienne.

STANCES DE LA FON-
taine d'Helene, pour chanter ou
reciter à trois personnes.

Le premier.

Ainsi que ceste eau coule & s'enfuyt parmy
l'herbe,
Ainsi puisse couler en ceste eau le souci,
Que ma belle Maistresse, à mon mal trop
superbe,
Engraue dans mon cœur sans en auoir mercy.

Le second.
Ainsi que dans ceste eau de l'eau mesme ie verse,
Ainsi de veine en veine Amour qui m'a blessé,
Et qui tout à la fois son carquois me renuerse,
Vn bruuage amoureux dans le cœur m'a versé.

I.

Ie voulois de ma peine esteindre la memoire:
Mais Amour qui auoit en la fontaine beu,
Y laissa son brandon si bien qu'au lieu de boire
De l'eau pour l'estancher, ie n'ay beu que du feu.

II.

Tantost ceste fontaine est froide comme glace,
Et tantost elle iette vne ardante liqueur.
Deux contraires effects ie sens quand elle passe,

Y vij

Froide dedans ma bouche, & chaude dans mon cœur.

I.

Vous qui refraischissez ces belles fleurs vermeilles,
Petits freres ailez, Fauones & Zephyrs,
Portez de ma Maistresse aux ingrates oreilles,
En volant parmy l'air, quelcun de mes souspirs.

II.

Vous enfans de l'Aurore, allez baiser ma Dame,
Dites luy que ie meurs, contez luy ma douleur,
Et qu'Amour me transforme en vn rocher sans ame,
Et non comme Narcisse en vne belle fleur.

I.

Grenouilles qui iazez quand l'an se renouuelle,
Vous Gressets qui seruez aux charmes, comme on dit,
Criez en autre part vostre antique querelle:
Ce lieu sacré vous soit à iamais interdit.

II.

Philomele en Auril ses plaintes y iargonne,
Et ses bords sans chansons ne se puissent trouuer:
L'Arondelle l'Esté, le Ramier en Automne,
Le Pinson en tout temps, la Gadille en Hyuer.

I.

Cesse tes pleurs, Hercule, & laisse ta Mysie,
Tes pieds de trop courir sont ja foibles & las:
Icy les Nymphes ont leur demeure choisie,
Icy sont tes Amours, icy est ton Hylas.

II.

Que ne suis-ie rauy comme l'enfant Argiue?
Pour reuencher ma mort, ie ne voudrois sinon
Que le bord, le grauois, les herbes & la riue
Fussent tousiours nommez d'Helene & de mon
    nom.

I.

Dryades, qui viuez sous les escorces sainctes,
Venez & tesmoignez combien de fois le iour
Ay-ie troublé vos bois par le cry de mes plaintes,
N'ayant autre plaisir qu'à souspirer d'amour?

II

Echo, fille de l'Air, hostesse solitaire
Des rochers, où souuent tu me vois retirer,
Dy quantes fois le iour lamentant ma misere,
T'ay-ie fait souspirer en m'oyant souspirer?

I.

Ny Cannes ny Roseaux ne bordent ton riuage,
Mais le gay Poliot, des bergeres amy:
Tousiours au chaud du iour le Dieu de ce bocage,
Appuyé sur sa fleute, y puisse estre endormy.

II.

Fontaine à tout iamais ta source soit pauee,
Non de menus grauois de mousses ny d'herbis:
Mais bien de mainte Perle à bouillons enleuee,
De Diamans, Saphirs, Turquoises & Rubis.

I.

Le Pasteur en tes eaux nulle branche ne iette,
Le Bouc de son ergot ne te puisse fouler:
Ains comme vn beau Crystal, tousiours tranquille
    & nette
Puisses-tu par les fleurs eternelle couler.

II.

Les Nymphes de ces eaux & les Hamadrya-
  des,
Que l'amoureux Satyre entre les bois poursuit,
Se tenans main à main, de sauts & de gambades,
Aux rayons du Croissant y dansent toute nuit.

I.

Si i'eſtois grand Monarque, vn ſuperbe edifice
Je voudrois te baſtir, où ie ferois fumer
Tous les ans à ta feſte autels & ſacrifice,
Te nommant pour iamais la Fontaine d'aimer.

II.

Il ne faut plus aller en la foreſt d'Ardeine
Chercher l'eau dont Regnaut eſtoit ſi deſireux :
Celuy qui boit à ieun trois fois en la fonteine,
Soit paſſant ou voiſin, devient tout amoureux.

I.

Lune, qui as ta robbe en rayons eſtoilée,
Garde ceſte fontaine aux iours les plus ardans :
Defen-la pour iamais de chaud & de gelee :
Remply-la de roſee, & te mire dedans.

II.

Aduienne apres mille ans qu'vn Paſtoureau
    deſgoiſe
Mes amours, & qu'il conte aux Nymphes d'icy pres,
Qu'vn Vandomois mourut pour vne Saintongeoiſe,
Et qu'encores ſon ame erre entre ces foreſts.

Le Poëte.

Garſons ne chantez plus, ja Veſper nous commande
De ſerrer nos troupeaux, les Loups ſont ja dehors :
Demain à la freſcheur auec vne autre bande
Nous reuiendrons danſer à l'entour de ces bords.

Fontaine, ce-pendant de ceſte taſſe pleine
Reçoy ce vin ſacré que je renuerſe en toy :
Sois ditte pour iamais la Fontaine d'Heleine,
Et conſerue en tes eaux mes amours & ma foy.

POVR HELENE, LIV. II.

LXXII.

Il ne suffit de boire en l'eau que i'ay sacree
A ceste belle Greque, afin d'estre amoureux:
Il faut aussi dormir dedans vn antre ombreux,
Qui a ioignant sa riue en vn mont son entree.

Il faut d'vn pied dispos danser dessus la pree,
Et tourner par neuf fois autour d'vn saule creux:
Il faut passer la planche, il faut faire des vœux
Au Pere sainct Germain qui garde la contree.

Cela fait, quand vn cœur seroit vn froid glaçon,
Il sentira le feu d'vne estrange façon
Enflamer sa froideur. Croyez ceste escriture.

Amour du rouge sang des Geans tout souillé,
Essuyant en ceste eau son beau corps despouillé,
Y laissa pour iamais ses feux & sa teinture.

LXXIIII.

A Dieu cruelle adieu ie te suis ennuyeux:
C'est trop chanté d'Amour sans nulle recompense.
Te serue qui voudra, ie m'en vais, & ie pense
Qu'vn autre seruiteur ne te seruira mieux.

Amour en quinze mois m'a fait ingenieux,
Me iettant au cerueau de ces vers la semence:
La Raison maintenant me r'appelle, & me tanse:
Ie ne veux si long temps deuenir furieux.

Il ne faut plus nourrir cest Enfant qui me ronge,
Qui les credules prend comme vn poisson à l'hain,
Vne plaisante farce, vne belle mensonge,
Vn plaisir pour cent maux qui s'en-vole soudain:

Mais il se faut resoudre, & tenir pour certain
Que l'homme est malheureux qui se repaist d'vn
 songe.

ELEGIE.

Ix ans estoient coulez, & la septiesme
 annee
Estoit presques entiere en ses pas retour-
 nee,
Quand loin d'affection, de desir & d'amour,
En pure liberté ie passois tout le iour,
Et franc de tout soucy qui les ames deuore,
Ie dormois dés le soir iusqu'au poinct de l'Aurore.
Car seul maistre de moy i'allois plein de loisir,
Où le pied me portoit, conduit de mon desir,
Ayant tousiours és mains pour me seruir de guide
Aristote ou Platon, ou le docte Euripide,
Mes bons hostes muets, qui ne faschent iamais:
Ainsi que ie les prens, ainsi ie les remais.
O douce compagnie & vtile & honneste!
Vn autre en caquetant m'estourdiroit la teste.
 Puis du liure ennuyé, ie regardois les fleurs,
Fueilles, tiges, rameaux, especes, & couleurs,
Et l'entrecoupement de leurs formes diuerses,
Peintes de cent façons iaunes rouges & perses,
Ne me pouuant saouler, ainsi qu'en vn tableau,
D'admirer la Nature, & ce qu'elle a de beau:
Et de dire en parlant aux fleurettes escloses,
,, Celuy est presque Dieu qui cognoist toutes choses.
 Esloigné du vulgaire, & loin des courtizans,

De fraude & de malice impudens artizans,
Tantost i'errois seulet par les forests sauuages
Sur les bords enjonchez des peinturez riuages,
Tantost par les rochers reculez & deserts,
Tantost par les taillis, verte maison des cerfs.

J'aimois le cours suiuy d'vne longue riuiere,
Et voir onde sur onde allonger sa carriere,
Et flot à l'autre flot en roulant s'attacher,
Et pendu sur le bord me plaisoit d'y pescher
Estant plus resiouy d'vne chasse muette
Troubler des escaillez la demeure secrette,
Tirer auecq' la ligne en tremblant emporté
Le credule poisson prins à l'haim apasté,
Qu'vn grand Prince n'est aise ayant prins à la chasse
Vn cerf qu'en haletant tout vn iour il pourchasse
Heureux si vous eussiez d'vn mutuel esmoy
Prins l'apast amoureux aussi bien comme moy,
Que tout seul i'auallay, quand par trop desireuse
Mon ame en vos yeux beut la poison amoureuse.

Puis alors que Vesper vient embrunir nos yeux,
Attaché dans le ciel ie contemple les cieux,
En qui Dieu nous escrit en notes non obscures
Les sorts & les destins de toutes creatures.
Car luy, en desdaignant (comme font les humains)
D'auoir encre & papier & plume entre les mains,
Par les astres du ciel qui sont ses characteres,
Les choses nous predit & bonnes & contraires:
Mais les hommes chargez de terre & du trespas
Mesprisent tel escrit, & ne le lisent pas.

Or le plus de mon bien pour deceuoir ma peine,
C'est de boire à longs traits les eaux de la fontaine
Qui de vostre beau nom se brane, & en courant

Par les prez vos honneurs va tousiours murmurant
Et la Royne se dit des eaux de la contree:
Tant vault le gentil soin d'vne Muse sacree,
Qui peult vaincre la mort, & les sorts inconstans,
Sinon pour tout iamais, au moins pour vn long temps
Là couché dessus l'herbe en mes discours ie pense
Que pour aimer beaucoup i'ay peu de recompense,
Et que mettre son cœur aux Dames si auant,
C'est vouloir peindre en l'onde, & arrester le vent:
M'asseurant toutefois qu'alors que le vieil âge
Aura comme vn sorcier changé vostre visage,
Et lors que vos cheueux deuiendront argentez,
Et que vos yeux, d'amour ne seront plus hantez,
Que tousiours vous aurez, si quelque soin vous
  touche,
En l'esprit mes escrits, mon nom en vostre bouche.
 Maintenant que voicy l'an septiéme venir,
Ne pensez plus Helene en vos laqs me tenir.
La Raison m'en deliure, & vostre rigueur dure.
Puis il fault que mon âge obeysse à nature.

LXXV.

IE m'en-fuy du combat, mon armee est desfaite
 I'ay perdu contre Amour la force & la raison
 Ia dix lustres passez, & ia mon poil grison
M'appellent au logis, & sonnent la retraite.
 Si comme ie voulois, ta gloire n'est parfaite,
N'en blasme point l'esprit, mais blasme la saison:
Je ne suis ny Pâris, ny desloyal Iason:
J'obeis à la loy que la Nature a faite.
 Entre l'aigre & le doux, l'esperance & la peur,

Amour dedans ma forge a poly cest ouurage.
Ie ne me plains du mal, du temps, ny du labeur,
 Ie me plains de moymesme & de ton faux courage.
Tu t'en repentiras, si tu as vn bon cœur,
Mais le tard repentir n'amande le dommage.

LXXVI.

Vous ruisseaux, vous rochers, vous antres soli-
 taires,
Vous chesnes, heritiers du silence des bois,
Entendez les souspirs de ma derniere vois,
Si de mon testament soyez presents notaires.
 Soyez de mon mal-heur fideles secretaires,
Grauez le en vostre escorce, afin que tous les mois
Il croisse comme vous : ce pendant ie m'en vois
Là bas priué de sens, de veines, & d'arteres.
 Je meurs pour la rigueur d'vne fiere beauté,
Qui vit sans foy, sans loy, amour ne loyauté,
Qui me succe le sang comme vn Tygre sauuage.
 Adieu forests adieu ! adieu le verd seiour
De vos arbres, heureux pour ne cognoistre Amour
Ny sa mere qui tourne en fureur le plus sage.

DIALOGVE DE L'AV-
theur & du Mondain.

LXXVII.

Est ce tant que la Mort : est-ce si grand malheur
Que le vulgaire croit ? Comme l'heure premiere

Nous faict naistre sans peine, ainsi l'heure derniere
Qui acheue la trame, arriue sans douleur.

Mais tu ne seras plus? Et puis: quand la paleur
Qui blesmist nostre corps sans chaleur ne lumiere
Nous perd le sentiment! quand la main filandiere
Nous oste le desir perdans nostre chaleur!

Tu ne mangeras plus? Ie n'auray plus enuie
De boire ne manger, c'est le corps qui sa vie
Par la viande allonge, & par refection:

L'esprit n'en a besoin. Venus qui nous appelle
Aux plaisirs te fuira? Ie n'auray soucy d'elle.
„ Qui ne desire plus, n'a plus d'affection.

LXXVIII.

Helas! voicy le iour que mon maistre on enterre,
Muses, accompagnez son sancte conuoy:
Ie voy son effigie, & au dessus ie voy
La Mort qui de ses yeux la lumiere luy serre.

Voyla comme Atropos les Maiestez atterre
Sans respect de ieunesse ou d'empire ou de foy.
CHARLES qui fleurissoit nagueres vn grand
       Roy,
Est maintenant vestu d'vne robbe de terre.

Hé! tu me fais languir par cruauté d'amour:
Ie suis ton Promethée, & tu es mon Vautour.
La vengeance du Ciel n'ouuira tes malices.

Un mal au mien pareil puisse vn iour t'auenir,
Quand tu voudras mourir, que mourir tu ne
       puisses.
Si iustes sont les Dieux, ie t'en verray punir.

LXXIX.

IE chantois ces Sonnets amoureux d'vne Helene,
En ce funeste mois que mon Prince mourut:
Son Sceptre, tant fust grand, Charles ne secourut,
Qu'il ne payast la debte à la Nature humaine.
  La Mort fut d'vn costé, & l'Amour qui me meine,
Estoit de l'autre part, dont le traict me ferut,
Et si bien la poison par les veines courut,
Que i'oubliay mon maistre, attaint d'vne autre peine.
  Ie senty dans le cœur deux diuerses douleurs,
La rigueur de ma Dame, & la tristesse enclose
Du Roy, que i'adorois pour ses rares valeurs.
  La viuante & le mort tout malheur me propose:
L'vne aime les regrets, & l'autre aime les pleurs:
Car l'Amour & la Mort n'est qu'vne mesme chose.

Fin du second liure des Sonnets d'Helene.

LES AMOVRS DIVERSES.

A TRES-VERTVEVX SEIGNEVR N. DE NEVFVILle, Seigneur de Villeroy, Secretaire d'Estat de sa Majesté.

I'A du prochain hyuer ie prens
 la tempeste,
Ja cinquante & six ans ont nei-
 gé sur ma teste,
Il est temps de laisser les vers &
 les amours,
Et de prendre congé du plus beau de mes iours.
I'ay vescu (Villeroy) si bien que nulle enuie
En partant ie ne porte aux plaisirs de la vie:
Ie les ay tous goustez, & me les suis permis
Autant que la raison me les rendoit amis,
Sur l'eschaffaut mondain iouant mon personnage
D'vn habit conuenable au temps & à mon âge.

I'ay veu leuer le iour, i'ay veu coucher le soir,
I'ay veu greller, tonner, esclairer & plouoir,
I'ay veu peuples & Roys, & depuis vingt annees
         I'ay v

AMOVRS DIVERSES.

I'ay veu presque la France au bout de ses iournees:
I'ay veu guerres, debats, tantost treues & paix,
Tantost accords promis, redefais & refais,
Puis defais & refais. I'ay veu que sous la Lune
Tout n'estoit que hazard, & pendoit de Fortune.
Pour neant la prudence est guide des humains:
L'inuincible Destin luy enchesne les mains,
La tenant prisonniere, & tout ce qu'on propose
Sagement, la Fortune autrement en dispose.

Je m'en vais soul du monde, ainsi qu'vn conuié
S'en va soul du banquet de quelque marié,
Ou du festin d'vn Roy sans renfrongner sa face,
Si vn autre apres luy se saisist de sa place.

J'ay couru mon flambeau sans me donner esmoy,
Le baillant à quelcun s'il recourt apres moy:
Il ne fault s'en fascher, c'est la Loy de nature,
Où s'engage en naissant chacune creature.

Mais auant que partir ie me veux transformer,
Et mon corps fantastiq' de plumes enfermer,
Vn œil sous chaque plume, & veux auoir en bouche
Cent langues en parlant: puis d'où le iour se couche,
Et d'où l'Aurore naist Deesse aux belles mains,
Deuenu Renommee, annoncer aux humains,
Que l'honneur de ce siecle aux Astres ne s'en-volle,
Pour auoir veu sous luy la nauire Espagnolle
Descouurir l'Amerique, & fait naistre des cœurs
Masles, cœurs de rocher, dont les nobles labeurs
Ont veu l'autre Neptune inconneu de nos voiles,
Et son Pole marqué de quatre grand's estoiles:
Ont veu diuerses gens, & par mille dangers
Sont retournez chargez de lingots estrangers.

Mais de t'auoir veu naistre, ame noble & diuine,

Z

Qui d'vn cœur genereux loges en ta poitrine
Les errantes vertus, que tu veux soulager
En cet âge où chacun refuse à les loger:
En ceste saison dis-ie en vices monstrueuse,
Où la mer des malheurs d'vne onde impetueuse
Sur nous s'est debordee, où viuans auons veu
Le mal que nos ayeux n'eussent pensé ny creu.
   En ce temps la Comete en l'air est ordinaire,
En ce temps on a veu le double luminaire
Du ciel en vn mesme an s'eclipser par deux fois:
Nous auons veu mourir en ieunesse nos Roys,
Et la peste infectee en nos murs enfermee
Le peuple moissonner d'vne main affamee.
   Qui pis est, ces Deuins qui contemplent les tours
Des Astres, & du Ciel l'influance & le cours,
Predisent qu'en quatre ans (Saturne estant le guide)
Nous voirrons tout ce Monde vne campaigne vuide:
Le peuple carnassier la Noblesse tuer,
Et des Princes l'estat s'alterer & muer:
Comme si Dieu vouloit nous punir en son ire,
Faire vn autre Chaos, & son œuure destruire
Par le fer, par la peste, & embrazer le sein
De l'air, pour estouffer le pauure genre humain.
   Toutefois en cet âge, en ce siecle de boue,
Où de toutes vertus la Fortune se ioue,
Sa diuine clemence ayant de nous soucy,
T'a fait, ô Villeroy, naistre en ce monde icy
Entre les vanitez, la paresse, & le vice,
Et les seditions qui n'ont soin de iustice,
Entre les nouueautez, entre les courtizans
De fraude & de mensonge impudens artizans,
Entre le cry du peuple & ses plaintes funebres,

Afin que ta splendeur esclairast aux tenebres,
Et ta vertu parust par ce siecle eshonté,
Comme vn Soleil sans nue au plus clair de l'Esté.
 Ie diray d'auantage à la tourbe amassee,
Que tu as ta ieunesse au seruice passee
Des Roys, qui t'ont choisi, ayant eu ce bon-heur
D'estre employé par eux aux affaires d'honneur,
Soit pour flechir le peuple, ou pour faire paréstre
Aux Princes estrangers la grandeur de ton maistre,
Par ta peine illustrant ta maison & ton nom.
 Ainsi qu'au camp des Grecs le grand Agamemnõ
Enuoyoit par honneur en Ambassade Vlysse,
Qui faisant à son Prince & au peuple seruice,
Soymesme s'honoroit & les rendoit contens,
Estimé le plus sage & facond de son temps.
 Il fut, comme tu es, amoureux de sa charge,
(Dont le Roy se despouille & sur toy se descharge:)
Car tu n'as point en l'ame vn plus ardent desir
Qu'accomplir ton estat, seul but de ton plaisir,
Te tuant pour ton Prince en la fleur de ton âge,
Tant le trauail actif eschauffe ton courage.
 Ie diray sans mentir, encore que tu sois
Hautement esleué par les honneurs François,
Tu ne dedaignes point d'vn haussebec de teste,
Ny d'vn sourcy hagard des petits la requeste,
Reuerant sagement la Fortune, qui peut
Nous hausser & baisser tout ainsi qu'elle veut.
 Mais comme departant ta faueur & ta peine
A tous egalement, tu sembles la fonteine,
Qu'vn riche citoyen par liberalité
Faict à larges canaux venir en sa cité,
Laquelle verse aprés sans difference aucune

Z ij

De grands & de petits, ses eaux à la commune.
    Puis ie veux deualler soubs la terre là bas
Où commande Pluton, la Nuict & le Trespas:
Et là me pourmenant soubs les ombres Myrtines,
Chercher ton Mornillier & tes deux Ausbépines,
Deux morts en leur vieillesse,& l'autre à qui la main
De la Parque trop tost trancha le fil humain,
Tous trois grands ornemens de nostre Republique.
    Puis ayant salué ceste bande Heroïque,
Dont les fronts sont tousiours de Lauriers reuestus,
Ie leur diray comment tu ensuis leurs vertus,
Et comme apres leur mort ton ame genereuse
Ne voulut endurer que leur tumbe poudreuse
Demeurast sans honneur, faisant faire à tous trois
Des Epitaphes Grecs & Latins & François,
Gage de ton amour: à fin que la memoire
De ces trois demy-dieux à iamais fust notoire,
Et que le temps subtil à couler & passer,
Par siecles infinis ne la peust effacer.
    Ces trois nobles esprits oyans telle nouuelle,
Danseront vn Pean dessus l'herbe nouuelle,
Et en frappant des mains feront vn ioyeux bruit,
Dequoy sans fouruoyer,Villeroy les ensuit.
    Or comme vn endebté, de qui proche est le terme
De payer à son maistre ou l'vsure, ou la ferme,
Et n'ayant ny argent ny biens pour secourir
Sa misere au besoin,desire de mourir:
Ainsi ton obligé ne pouuant satisfaire
Aux biens que ie te doibs, le iour ne me peult plaire:
Presque à regret ie vy,& à regret ie voy
Les rayons du Soleil s'estendre dessus moy.
Pource ie porte en l'ame vne amere tristesse,

Dequoy mon pied s'auance aux fauxbourgs de vieil-
leſſe,
Et voy (quelque moyen que ie puiſſe eſſayer)
Qu'il faut que ie déloge auant que te payer,
S'il ne te plaiſt d'ouurir le reſſort de mon coffre,
Et prendre ce papier que pour acquit ie t'offre,
Et ma plume qui peut, eſcriuant verité,
Teſmoigner ta louange à la poſterité.
  Reçoy donc mon preſent, s'il te plaiſt, & le garde
En ta belle maiſon de Conflant, qui regarde
Paris, ſeiour des Roys, dont le front ſpacieux
Ne voit rien de pareil ſous la voûte des Cieux:
Attendant qu'Apollon m'eſchauffe le courage
De chanter tes iardins, ton clos, & ton bocage,
Ton bel air, ta riuiere & les champs d'alentour
Qui ſont toute l'annee eſchauffez d'vn beau iour,
Ta foreſt d'Orangers, dont la perruque verte
De cheueux eternels en tout temps eſt couuerte,
Et touſiours ſon fruit d'or de ſes fueilles defend,
Comme vne mere fait de ſes bras ſon enfant.
  Prens ce Liure pour gage, & luy fais, ie te prie,
Ouurir en ma faueur ta belle Librairie,
Où logent ſans parler tant d'hoſtes eſtrangers:
Car il ſent auſſi bon que font tes Orangers.

A luy-meſme.

I.

Vous eſtes grand, ie ſuis bas & commun,
  Et toutefois ie ne ſuis inutile:
Tous les meſtiers d'vne excellente ville
Ont diuers prix, & ne ſont pas tous vn.

Z iij

Le Ciel nous fait le fort blanc & le brun
Comme il luy plaist,& la Nature habile
Fait l'vn puissant,& fait l'autre debile,
Et mesmes biens ne depart à chacun.

D'vn treshaut Roy vous maniez l'affaire,
Du peuple bas ie suis le secretaire:
Peuples & Roys ne sont qu'vn mesme corps.

C'est de Nature & du Ciel la coustume:
Ainsi du Monde, imitant les accors,
Vous honorant, vous honorez ma plume.

A luy-mesme, luy donnant sa Franciade.

II.

QVand Villeroy nasquit en ce monde pour estre
L'Hercule chasse-mal des bōs esprits Frāçois,
Ainsi que Geryon pour vn chef en eut trois,
Et homme monstrueux Nature le fist estre.

Il n'auroit au labeur la ceruelle si preste
D'escrire en tant de lieux en vn iour tant de fois,
De seruir au public, aux Princes & aux Roys,
S'il n'auoit qu'vn cerueau,s'il n'auoit qu'vne teste.

Trauailler nuict & iour en sa charge on le voit:
Sa Ville est superflue,à bon droit il deuoit
Estre Roy par effect, comme il est de naissance.

Donques luy presenter pour me seruir d'appuy
Mon liure plein de Roys, tout Royal comme luy,
C'est à son nom de Roy donner les Roys de France.

A luy-mesme.

III.

ENcor que vous soyez tout seul vostre lumiere,
Je vous donne du feu, non pas feu proprement,
Mais matiere qui peut s'allumer promptement,
La Cire, des liqueurs en clairté la premiere.
  Secondant tous les soirs vostre charge ordinaire,
Elle sera tesmoin que délicatement
Vous ne passez les nuicts, mais que soigneusement
Vous veillez iusqu'au poinct que le iour vous esclaire.
  Circé tenoit tousiours des Cedres allumez
Pour ses flambeaux de nuict: vos yeux accoustumez
A veiller, pour du Cedre auront ceste Bougie.
  Receuez, Villeroy, de bon cœur ce present,
Qui ia se resiouist, & bien-heureux se sent
De perdre, en vous seruant, sa matiere & sa vie.

A luy-mesme.

IIII.

LEs anciens souloyent apres souper
Verser du vin en l'honneur de Mercure,
Pour effacer (durant la nuict obscure)
Les songes vains qui nous viennent tromper.
  Et moy ie veux tout le paué tremper
De vin versé, signe de bon augure
Que mon grand Roy par sa gloire future
Doit de son chef les estoiles fraper.
  C'est mon Soleil, vous estes mes Estoiles:

C'est luy qui rompt les tenebreuses voiles
De mon esprit deliuré du Sommeil:
 Et toutefois les Astres ie regarde.
Le bon Pilote aux Estoiles prend garde
Plus volontiers qu'il ne fait au Soleil.

V.

Dieux, si au Ciel demeure la pitié,
En ma faueur que maintenant on iette
Du feu vangeur la meurtriere sagette,
Pour d'vn mauuais punir la mauuaistié:
 Qui seul m'espie, & seul mon amitié
Va detraquant, lors que la nuict secrette,
Et mon ardeur hontensement discrete
Guident mes pas où m'attend ma moitié.
 Accablez, Dieux, d'vne iuste tempeste
L'œil espion de si maudite teste,
Dont le regard toutes les nuicts me suit:
 Ou luy donnez l'aueugle destinee
Qui aueugla le malheureux Phinee,
Pour ne voir rien qu'vne eternelle nuict.

VI.

CE Chasteau neuf, ce nouuel edifice
Tout enrichy de marbre & de porphyre,
Qu'Amour bastit chasteau de son empire,
Où tout le Ciel a mis son artifice,
 Est vn rempart, vn fort contre le vice,
Où la Vertu maistresse se retire,
Que l'œil regarde, & que l'esprit admire,

Forçant les cœurs à luy faire seruice.
C'est vn Chasteau feé de telle sorte
Que nul ne peut approcher de la porte,
Si des grands Roys il n'a tiré sa race,
Victorieux, vaillant & amoureux.
Nul Chevalier, tant soit auantureux,
Sans estre tel ne peut gaigner la place.

VII.

CE iour de May, qui a la teste peinte
D'vne gaillarde & gentille verdeur,
Ne doit passer sans que ma viue ardeur
De vostre grace vn peu ne soit esteinte.
De vostre part si vous estes attainte
Autant que moy d'amoureuse langueur,
D'vn feu pareil soulageons nostre cœur.
Qui aime bien, ne doit point auoir crainte.
Le temps s'enfuit: ce-pendant ce beau iour
Nous doit apprendre à demener l'amour,
Et le Pigeon qui sa femelle baise.
Baisez-moy donc, & faisons tout ainsi
Que les oiseaux sans nous donner souci:
Apres la mort on ne voit rien qui plaise.

VIII.

EN escrimant, le malheur eslança
Sur mon bras gauche vne arme rabatue,
Qui de sa poincte entre-mousse & poinctue
Jusques à l'oz le coude m'offensa.
Ja tout le bras à saigner commença,

Z v

Quand par pitié la beauté qui me tue,
De l'eſtancher ſoigneuſe s'euertue,
Et de ſes doigts ma playe elle pança.
　Las, dy-ie lors,ſi tu as quelque enuie
De ſoulager les playes de ma vie
Et luy donner ſa premiere vigueur:
　Non ceſtecy,mais de ta pitié ſonde
L'autre qu'Amour m'engraue ſi profonde
Par tes beaux yeux au milieu de mon cœur!

IX.

A PHEBVS.

Sois medecin, Phebus, de la Maiſtreſſe
Qui tient mon cœur en ſeruage ſi doux:
Vole à ſon lict & luy taſte le poux:
Il faut qu'vn Dieu guariſſe vne Deeſſe.
　Mets en effect ton meſtier, & ne ceſſe
De la panſer & luy donner ſecours,
Ou autrement le regne des Amours
Sera perdu, ſi le mal ne la laiſſe.
　Ne ſouffre point qu'vne bleſme langueur
De ſon beau teint efface la vigueur,
Ny de ſes yeux où l'Amour ſe repoſe.
　Exauce moy, Phebus aux beaux cheueux,
D'vn meſme coup tu en guariras deux:
Deux cœurs en vn n'eſt qu'vne meſme choſe.

X.

O De repos & d'amour toute pleine
Chambrette heureuſe, où les heureux flãbeaux

De deux beaux yeux plus que les Astres beaux,
Me font escorte apres si longue peine!
 Or' ie pardonne à la mer inhumaine,
Aux flots, aux vents, mon naufrage & mes maux,
Puis que par tant & par tant de travaux
Une main douce à si doux port me meine.
 Adieu tormente, adieu tempeste, adieu
Vous flots cruels, ayeux du petit Dieu,
Qui dans mon sang a sa fleche souillee:
 Ores encré dedans le sein du port,
En vœu promis i'appan dessus le bord
Aux Dieux marins ma despouille mouillée.

XI.

MOn Des-Autels, qui auez dés enfance
 Puisé de l'eau qui coule sur le mont,
Où les neuf Soeurs dedans vn antre font
Seules à part leur saincte demeurance:
 Si autrefois l'amoureuse puissance
Vous a planté le Myrte sur le front,
Enamouré de ces beaux yeux qui sont
Par vos escrits l'honneur de nostre France:
 Ayez pitié de ma pauure langueur,
Et de vos sons adoucissez le cœur
D'vne qui tient ma franchise en contrainte.
 Si quelquefois en Bourgongne ie suis,
Ie flechiray par mes vers, si ie puis,
La cruauté de vostre belle Saincte.

Z rj

CHANSON. I.

Etite Nymphe folâtre,
Nymphette que j'idolâtre,
Ma mignonne, dont les yeux
Logent mon pis & mon mieux:
Ma doucette, ma sucree,
Ma Grace, ma Cythere,
Tu me dois pour m'appaiser
Mille fois le iour baiser.
Tu m'en dois au matin trente,
Puis apres disner cinquante,
Et puis vingt apres souper.
Et quoy ? me veux-tu tromper?

 Auance mes quartiers, belle,
Ma tourtre, ma colombelle:
Auance moy les quartiers
De mes paymens tous entiers.

 Demeure, où fuis-tu Maistresse?
Le desir qui trop me presse,
Ne sçauroit arrester tant,
S'il n'est payé tout contant.

 Reuien reuien mignonnette,
Mon doux miel, ma violette,
Mon œil, mon cœur, mes amours,
Ma cruelle, qui tousiours
Trouues quelque mignardise,
Qui d'vne douce feintise
Peu à peu mes forces fond,
Comme on voit dessus vn mont
S'escouler la neige blanche:
Ou comme la rose franche

Perd le vermeil de son teint
Des rais du Soleil esteint.
   Où fuis-tu mon Angelette,
Ma vie, mon âmelette?
Appaise vn peu ton courroux,
Assy-toy sur mes genoux,
Et de cent baisers appaise
De mon cœur la chaude braise.
   Donne moy bec contre bec,
Or' vn moite, ores vn sec,
Or' vn babillard, & ores
Vn qui soit plus long encores
Que ceux des pigeons mignars,
Couple à couple fretillars.
   Hà Dieu! ma douce Guerriere,
Tire vn peu ta bouche arriere:
Le dernier baiser donné
A tellement estonné
De mille douceurs ma vie,
Que du sein me l'a rauie,
Et m'a fait voir à demi
Le Nautonnier ennemy,
Et les plaines où Catulle
Et les riues où Tibulle
Pas à pas se promenant,
Vont encore maintenant
De leurs bouchettes blesmies
Rebaisotans leurs amies.

XII.

Doux cheueux doux present de ma douce Maistresse,

L vij

Doux liens qui liez ma douce liberté,
Doux filets où ie suis doucement arresté,
Qui pourriez adoucir d'vn Scythe la rudesse:
  Cheueux, vous ressemblez à ceux de la Prin-
    cesse,
Qui eurent pour leur grace vn Astre merité:
Cheueux dignes d'vn Temple & d'immortalité,
Et d'estre consacrez à Venus la Deesse.
  Ie ne cesse, cheueux, pour mon mal appaiser,
De vous voir & toucher, baiser & rebaiser,
Vous parfumer de musc, d'ambre gris & de bâme,
  Et de vos nœuds crespez tout le col m'enserrer,
Afin que prisonnier ie vous puisse asseurer
Que les liens du col sont les liens de l'ame.

XIII.

Eluy qui le premier d'vn art ingenieux
  Peignit Amour, il sceut les causes naturelles,
Non luy baillant du feu, non luy baillant des ailes,
Mais d'vn bandeau de crespe enueloppant ses yeux.
  Amour hait la clairté, le iour m'est odieux:
I'ay qui me sert de iour, mes propres estincelles,
Sans qu'vn Soleil ialoux de ses flames nouuelles
S'amuse si long temps à tourner dans les Cieux.
  Argus regne en Esté, qui d'vne œillade espesse
Espie l'amoureux qui parle à sa maistresse.
Le iour est de l'amour ennemy dangereux.
  Soleil tu me desplais: la nuict est trop meilleure:
Pren pitié de mon mal, cache toy de bonne heure:
Tu fus comme ie suis autrefois amoureux.

XIIII.

D'Autant que l'arrogance est pire que l'hum-
blesse,
Que les pompes & fards sont tousiours desplaisans,
Que les riches habits d'artifice pesans
Ne sont iamais si beaux que la pure simplesse:

D'autant que l'innocente & peu caute ieunesse
D'vne Vierge vaut mieux en la fleur de ses ans,
Qu'vne Dame espousee abondante en enfans:
D'autãt i'aime ma vierge hũble & ieune Maistresse.

I'aime vn bouton vermeil entre-esclos au matin,
Non la Rose du soir, qui au Soleil se lâche:
I'aime vn corps de ieunesse en son Printemps fleury:

I'aime vne ieune bouche, vn baiser enfantin
Encore non souillé d'vne rude moustache,
Et qui n'a point senty le poil blanc d'vn mary.

CHANSON. II.

Quiconque soit le Peintre qui a fait
Amour oiseau, & luy a feint des ailes,
Celuy n'auoit auparauant pourtrait,
Comme ie croy, sinon des Arondelles.

Voire & pensoit en peignant ses tableaux,
Quand à l'ouurage il auoit la main preste,
Qu'hommes & Dieux n'estoyent que des oiseaux,
Aussi legers comme il auoit la teste.

L'Amour qui tient serue ma liberté,
N'est point oiseau, constante est sa demeure:
Il a du plomb qui le tient arresté
Ferme en mon cœur iusqu'à tant que ie meure.

Il est sans plume, il n'a le dos ailé:
Et tel le peindre il faut que ie le face:

S'il estoit prompt, de moy s'en fust volé
Depuis cinq ans pour trouuer autre place.

XV.

AMour tu me fis voir pour trois grandes merueilles
Trois sœurs allant au soir se promener sur l'eau,
Qui croissent à l'enuy, ainsi qu'au Renouueau
Croissent en l'Orenger trois Orenges pareilles.

Toutes les trois auoyent trois beautez nompareilles:
Mais la plus ieune auoit le visage plus beau,
Et sembloit vne fleur voisine d'vn ruisseau,
Qui mire dans ses eaux ses richesses vermeilles.

Ores ie souhaitois la plus vieille en mes vœux,
Et ores la moyenne, & ores toutes deux:
Mais tousiours la plus ieune estoit en ma pensee,

Et priois le Soleil de n'emmener le iour:
Car ma veuë en trois ans n'eust pas esté lassee
De voir ces trois Soleils qui m'enflamoyent d'amour.

XVI.

CHacun me dit, Ronsard ta Maistresse n'est telle
Comme tu la descris. Certes ie n'en sçay rien:
Ie suis deuenu fol, mon esprit n'est plus mien,
Je ne puis discerner la laide de la belle.

Ceux qui ont en amour & prudence & ceruelle,
Et iugent des beautez, ne peuuent aimer bien.
Le vray amant est fol, & ne peut estre sien,
S'il est vray que l'amour vne fureur s'appelle.

DIVERSES.

Souhaiter la beauté que chacun veut auoir,
Ce n'est humeur de sot, mais d'homme de sçauoir,
Qui prudent & rusé cherche la belle chose.
 Ie ne sçaurois iuger, tant la fureur me suit:
Ie suis aueugle & fol: vn iour m'est vne nuict,
Et la fleur d'vn Chardon m'est vne belle Rose.

XVII.

QVand l'Esté dans ton lict tu te couches ma-
 lade,
Couuerte d'vn linceul de roses tout semé,
Amour d'arc & de trousse & de fleches armé,
Caché sous ton cheuet se tient en embuscade.
 Personne ne te voit, qui d'vne couleur fade
Ne retourne au logis ou malade ou pâmé:
Qu'il ne sente d'amour tout son cœur entamé,
Ou ne soit esblouy des rais de ton œillade.
 C'est vn plaisir de voir tes cheueux arrangez
Sous vn scofion peint d'vne soye diuerse:
Voir deçà voir delà tes membres allongez,
 Et ta main qui le lict nonchalante trauerse,
Et ta voix qui me charme, & ma raison renuerse
Si fort que tous mes Sens en deuiennent changez.

XVIII.

VOulant tuer le feu, dont la chaleur me cuit
 Les muscles & les nerfs, les tendōs & les veines,
Et cherchant de trouuer vne fin à mes peines,
Ie vy bien à tes yeux que i'estois esconduit.
 D'vn refus asseuré tu me payas le fruit

Que i'esperois auoir : ô esperances vaines!
O fondemens assis sur debiles arenes!
Malheureux qui soymesme abuse & se seduit!
  O beauté sans merci, ta fraude est descouuerte!
I'aime mieux estre sage apres quatre ans de perte,
Que plus long temps ma vie en langueur desseicher.
  Ie ne veux point blasmer ta beauté que i'honore,
Ie ne suis medisant comme fut Stesichore,
Mais ie veux de mon col les liens destacher.

CHANSON. III.

Plus estroit que la Vigne à l'Ormeau se
  marie
  De bras souplement forts,
Du lien de tes mains, Maistresse, ie te prie,
  Enlace-moy le corps.
Et feignant de dormir, d'vne mignarde face
  Sur mon front panche toy:
Inspire, en me baisant, ton haleine & ta grace
  Et ton cœur dedans moy.
Puis appuyant ton sein sur le mien qui se pâsme,
  Pour mon mal appaiser,
Serre plus fort mon col, & me redonne l'ame
  Par l'esprit d'vn baiser.
Si tu me fais ce bien, par tes yeux ie te iure,
  Serment qui m'est si cher,
Que de tes bras aimez iamais autre auanture
  Ne pourra m'arracher:
Mais souffrant doucement le ioug de ton Empire,
  Tant soit-il rigoureux,
Dans les champs Elisez vne mesme nauire

Nous passera tous deux.
Là morts de trop aimer sous les branches Myrtines
　　Nous verrons tous les iours
Les anciens Héros auprès des Héroïnes
　　Ne parler que d'amours.
Tantost nous dancerons par les fleurs des riuages
　　Sous maints accords diuers,
Tantost lassez du bal irons sous les ombrages
　　Des Lauriers tousiours verds:
Où le mollet Zephyre en haletant secoue
　　De souspirs printaniers
Ores les Orangers, ores mignard se ioue
　　Entre les Citronniers.
Là du plaisant Auril la saison immortelle
　　Sans eschange se suit:
La terre sans labeur de sa grasse mammelle
　　Toute chose y produit.
D'embas la troupe sainte autrefois amoureuse,
　　Nous honorant sur tous,
Viendra nous saluer, s'estimant bien-heureuse
　　De s'accointer de nous.
Puis nous faisant asseoir dessus l'herbe fleurie
　　De toutes au milieu,
Nulle en se retirant ne sera point marrie
　　De nous quitter son lieu.
Non celle qu'un Toreau sous vne peau menteuse
　　Emporta par la mer:
Non celle qu'Apollon veit vierge despiteuse
　　En Laurier se former:
Ny celles qui s'en vont toutes tristes ensemble,
　　Artemise & Didon:
Ny ceste belle Grecque à qui ta beauté semble
　　Comme tu fais de nom.

XIX.

LA constance & l'honneur sont noms pleins
    d'imposture,
Que vous alleguez tant, sottement inuentez
De nos peres resueurs, par lesquels vous ostez
Et forcez les presens les meilleurs de Nature.

  Vous trompez vostre sexe & luy faites iniure:
D'vn frein imaginé faussement vous dontez
Vos plaisirs, vos desirs, vous & vos volontez,
Vous seruant de la Loy pour vaine couuerture.

  Cest honneur ceste loy sont bons pour vn lourdaut
Qui ne cognoist soy-mesme & les plaisirs qu'il faut
Pour viure heureusement dont Nature s'esgaye.

  Vostre esprit est trop bon pour ne le sçauoir pas:
Vous prendrez, s'il vous plaist, les sots à tels appas:
Ie ne veux pour le faux tromper la chose vraye.

XX.

QVe me seruët mes vers & les sons de ma Lyre,
    Quand nuict & iour ie change & de mœurs
    & de peau
Pour aimer sottement vn visage si beau?
Que l'homme est malheureux qui pour l'amour sou-
    spire!

  Ie pleure ie me deuls ie suis plein de martyre,
Ie fay mille Sonnets, ie me romps le cerueau,
Et ne suis point aimé: vn amoureux nouueau
Gaigne tousiours ma place & ie ne l'ose dire.

  Madame en toute ruse a l'esprit bien appris,
Qui tousiours cherche vn autre apres qu'elle m'a pris

Quand d'elle ie bruſlois ſon feu deuenoit moindre:
Mais ores que ie feins n'eſtre plus enflamé,
Elle bruſle de moy. Pour eſtre bien aimé
Il faut aimer bien peu, beaucoup promettre & feindre.

VOEV A VENVS, POVR garder Cypre contre l'armee du Turc.

XXI.

BElle Deeſſe amoureuſe Cyprine,
Mere du Ieu, des Graces & d'Amour,
Qui fais ſortir tout ce qui vit, au iour,
Comme du Tout le germe & la racine:
    Idalienne, Amathonte, Erycine,
Defens des Turcs Cypre ton beau ſeiour:
Baiſe ton Mars, & tes bras à l'entour
De ſon col plie & ſerre ſa poitrine.
    Ne permets point qu'vn barbare Seigneur
Perde ton Iſle & ſouille ton honneur:
De ton berceau chaſſe autre part la guerre.
    Tu le feras : car d'vn trait de tes yeux
Tu peux flechir les hommes & les Dieux,
Le Ciel, la Mer, les Enfers & la Terre.

XXII.

IE faiſois ces Sonnets en l'antre Pieride,
Quand on vit les François ſous les armes ſuer,
Quand on vit tout le peuple en fureur ſe ruer,

Quand Bellonne sanglante alloit deuant pour guide:
  Quand en lieu de la Loy le vice, l'homicide,
L'impudence, le meurtre, & se sçauoir muer
En Glauque & en Protee, & l'Estat remuer,
Estoient tiltres d'honneur, nouuelle Thebaide.
  Pour tromper les soucis d'vn temps si vicieux,
J'escriuois en ces vers ma complainte inutile.
Mars aussi bien qu'Amour de larmes est ioyeux.
  L'autre guerre est cruelle, & la mienne est gentille:
La mienne finiroit par vn combat de deux,
Et l'autre ne pourroit par vn camp de cent mille.

FIN DES AMOVRS DIVERSES.

SONNETS A DIVERSES PERSONNES,

DEDIEZ AVDIT SEIGNEVR de Villeroy.

Au Roy Henry III.

L'Europe est trop petite, & l'Asie &
   l'Afrique
Pour toy qui te verras de tout le
   monde Roy:
Aussi le Ciel n'aguere a fait naistre pour toy
Du milieu de la mer la nouuelle Amerique.

Afin que ce grand Tout soit l'Empire Gallique,
Et que le Monde entier obeisse à ta Loy,
Comme desia ton Sceptre abaisse dessous soy
L'Arctique, il puisse un iour gouuerner l'Antarcti-
   que.

Les Parques dans le Ciel t'ont filé cest honneur:
Quand tu seras tout seul de ce Monde Seigneur,
Tu fermeras par tout le Temple de la Guerre.

La Paix & les Vertus au Monde fleuriront:
Iupiter & Henry l'Vniuers partiront,
L'vn Empereur du Ciel & l'autre de la Terre.

A luy-mesme.

NY couplet amoureux ny amoureuse ligne,
Ny Sonnet ny Chanson ne vous peut mettre
aux Cieux:
Un liure tant soit grand, tant soit laborieux,
De vos belles vertus encores n'est pas digne.

Vous estes des François l'heur le Ciel & le signe,
Et qui voudroit chanter vos faits victorieux,
Guerres combats desseins villes places & lieux,
Il faudroit emprunter la douce voix d'un Cygne.

Pourtant souuenez-vous qu'orfelins de renom
Diomede fust mort, Achille, Agamemnon,
Sans la Muse d'Homere heureusement fertile,

Qui des Roys genereux les honneurs escriuoit:
Pour cela Scipion d'Ennius se seruoit,
Et le fils de Cesar se seruoit de Virgile.

A luy-mesme.

MADRIGAL.

PErles rubis & pierres precieuses
Soyent pour le front de ce royal guerrier,
Prince inuincible, & non le verd Laurier,
Henneur trop bas pour ses mains belliqueuses.

De Myrte verd les fueilles bien-heureuses
Soyent pour le mien à fin de me lier,
Non pour ma gloire, ains comme un prisonnier
Qu'Amour a prins aux guerres amoureuses.

Mais s'il aduient apres auoir vescu

DIVERS. 553

Long temps en peine & en douleur extréme,
Qu'en surmontant la force de moy-mesme
Je fois veinqueur du Dieu qui m'a veincu,
  Tant redouté au Ciel & en la Terre,
Mon loz sera plus diuin que le sien:
Il a veincu des hommes en la guerre,
Et moy vn Dieu son Seigneur & le mien.

A luy-mesme.

PRince quand tout mon sang bouillonnoit de ieu-
  nesse,
Et de corps & d'esprit gaillard & vigoureux
Sur l'Auril de mes ans ie deuins amoureux
D'vne belle gentille & courtoise Maistresse.
  Seule elle estoit mon cœur mes yeux & ma Deesse:
Aussi de sa beauté ie fu tant desireux,
Que mon plaisant malheur me sembloit biē-heureux,
Mais ce bouillon d'amour par le temps a pris cesse.
  Maintenant que ie suis sur l'Automne & grison,
Les amours pour Ronsard ne sont plus de saison:
Je ne veux toutefois m'excuser dessus l'âge.
  Vostre commandement de ieunesse me sert,
Lequel maugré les ans m'allume le courage,
D'autant que le bois sec brusle mieux que le verd.

A luy-mesme.

VN plus ieune escriuain que l'âge fauorise,
  Chantera la beauté la grace & les attraits,
Les arcs, les feux, les nœuds, les liens & les traits,

A a

Les larmes, les souspirs, l'embusche & la surprise,
 La foy cent fois rompue & cent fois repromise,
Dons, messages, escrits, prieres & souhaits,
Guerres, haines, discords, treues noises & paix
De celle dont les yeux tiennent vostre franchise.
 Au ieune âge conuient chanter telles chansons:
A moy d'enfler la trompe, & de plus graues sons
Resueiller par les champs les Françoises armees,
 Et sonner les vertus de ces braues guerriers,
Qui loin dedans l'Asie aux terres Idumees
Du sang Royal de France ont planté les lauriers.

A MONSEIGNEVR LE Duc de Touraine, François de France, fils & frere de Roy, entrant en la maison de l'Autheur.

Bien que ceste maison ne vante son porphire,
 Son marbre ny son iaspe en œuure elabouré:
Que son plancher ne soit lambrissé ny doré,
Ny portrait de tableaux que le vulgaire admire:
 Toutefois Amphion l'a bien daigné construire,
Où le son de sa Lyre est encor demeuré,
Où Phœbus comme en Delphe y est seul honoré,
Où la plus belle Muse a choisi son Empire.
 Apprenez, mon grãd Prince, à mespriser les biẽs
La richesse d'vn Prince est l'amitié des siens:
Le reste des grandeurs nous abuse & nous trompe,
 La bonté, la vertu, la iustice & les lois
Aiment mieux habiter les antres & les bois
Que l'orgueil des Palais qui n'ont rien que la põpe.

DIVERS.
AVDIT SEIGNEVR DVC,
entrant en son iardin.

Vne Nymphe Iardiniere parle.

Ces grands, ces triomphans, ces superbes Ro-
  mains,
Qui auoient eu du Ciel vn si braue courage,
A leur commencement viuoyent du labourage,
Et sans honte tenoyent la charue en leurs mains.
  Ces grandeurs, ces honneurs, dont les hommes sont
    pleins,
Ne sont pas les vrais biens qui font l'höme plus sage:
Vn petit clos de terre, vn petit heritage
Les rend plus vertueux plus gaillards & plus sains:
  Ces arbres, qui pour vous leurs robbes renouuellet,
Ces fleurs & ces iardins & ces fruicts vous appellét,
Celebrans iusqu'au Ciel vos faicts & vos valeurs,
  Dignes d'auoir autels temples & sacrifice,
Et que vostre beau nom escrit entre les fleurs,
Passe le nom d'Aiax, d'Hyacinthe & Narcisse.

AVDIT SEIGNEVR DVC,
entrant dedans son bois.

Vne Nymphe Bocagere parle.

Ie suis Hamadryade en ces chesnes enclose:
Ie vy dessous l'escorce, & vous vien raconter

A a ij

Que ces bois ces forests ne cessent de chanter
Vous en qui la fortune & la vertu repose.

Rien n'est ici de verd, qui gay ne se dispose
A louer vos honneurs les dire & les vanter,
A fin que Loire puisse en la mer les porter,
Et que vostre seul nom de tienne toute chose.

Puis la mer espandra vostre honneur par le vẽt,
Et le vent parmy l'air : puis au Ciel s'esleuant
Vostre corps deuiendra quelque estoile allumee.

Ainsi vous iouyrez de ce grand Vniuers,
S'il vous plaist d'vn bon œil permettre que mes vers
Deuiennent les Heraux de vostre renommee.

AVDICT SEIGNEVR Duc, luy presentant du fruict.

Vous presenter du fruict c'est porter de l'arene
Aux riues de la mer, des espics à Cerés,
Des estoiles au Ciel, des arbres aux forests,
Des roses aux iardins, des eaux en la fonteine.

De fruicts auant le tẽps vostre ieunesse est pleine:
Vos fruicts sont vos grandeurs, vos vertus & vos faits,
L'amour de vostre peuple, & le bien de la paix,
Et d'auoir deliuré la France de sa peine.

Si mon present est pauure, à blasmer ie ne suis:
Ie vous donne, mon Duc, tout le bien que ie puis.
Celuy qui donne tout ne retient rien de reste.

Mon esprit est mon tout, au moins ie le croy tel:
Mon present est donc grand, d'autant que le mortel
Fait place à la grandeur de la chose celeste.

AV ROY HENRY II.
de ce nom.

Qvand entre les Cesars i'apperçoy ton image
Descouurant tout le front de Laurier reuestu,
Voyez (ce dy-ie lors) combien peut la vertu
Qui fait d'vn ieune Roy vn Cesar deuant l'âge.

Ton peuple en ton portrait reuere ton visage,
Et la main qui naguere a si bien combatu,
Quand l'Anglois & par terre & par mer abatu
A ta France rendit son ancien visage.

Ce n'est petit honneur que d'estre portrait, Sire,
Entre les vieux Cesars qui ont regi l'Empire,
Comme toy, valeureux, magnanimes & iustes.

Ce signe te promet, grand Roy victorieux,
Puis que vif on t'esleue au nombre des Augustes,
Que mort tu seras fait le compagnon des Dieux.

A LA ROYNE MERE
Catherine de Medicis.

L'Heur & malheur que le Destin propose,
D'effect à l'homme il le donne à cognoistre:
En vous blessant vn peu le bras senestre,
Telle blessure afferme quelque chose.

Aux nerfs du bras la puissance est enclose:
S'il est blessé le corps n'est plus adestre,
Il deuient serf en lieu qu'il estoit maistre,
Et sans agir paresseux se repose.

Le bras est pris pour le Sceptre d'vn Roy,
Le bras denote & la force & la loy,

Aa iij

Et par le bras vn Empire on voit naistre.
Quand il se deult, le corps est offensé:
Mais ie pri' Dieu, Royne, que ton bras dextre
Qui nous soustient ne soit iamais blessé.

AV ROY FRANCOIS II.
de ce nom.

FRançois, qui prens ton nom de François ton
  grand-pere,
Qui de ta mere prens la grace & la beauté,
De ta tante l'esprit, & ceste royauté
Que tu portes au front, du Roy Henry ton pere:
  La France apres sa mort par ta prouesse espere
De voir l'Italien sous ton Sceptre donté:
Car tel honneur t'est deu, ô Roy, qui d'vn costé
En es le vray Seigneur, heritier de ta mere.
  Ton pere doit gaigner la Flandre, & les Anglois,
L'Alemagne, & l'Espagne : & par force tu dois
Gaigner, comme heritier, l'Itale maternelle.
,, Souuienne-toy pourtant, quand tu seras grand
  Roy,
,, Beaucoup de sang Chrestien ne respandre sous toy:
,, Mais pardonne au veincu, & donte le rebelle.

A LOYS DE BOVRBON,
Prince de Condé.

MADRIGAL.

PRince Royal, quand le Ciel t'anima,
Il te donna vne ame prompte & viue,

Qui dans ton corps ne languist point oisiue,
Non plus que fait celuy qui la forma.
　L'honneste Amour en tes yeux s'enferma,
Pithon sucra ta parole naïue
Pleine de miel, douce & persuasiue,
Qui l'autre iour tout l'esprit me charma.
　Voyant ta face à toute heure il me semble
Que i'apperçoy trois grands Dieux tous ensemble:
Mars sur ton front a planté son effroy,
Mercure a pris ta bouche pour s'esbatre,
　Amour tes yeux, où tousiours ie le voy.
Qui pourroit donc vn tel Prince combatre,
Qui a tousiours trois grands Dieux auec soy?

A L'ALTESSE, MERE du Duc de Lorraine.

Pour celebrer l'honneur de vostre race,
Noble du sang d'Empereurs & de Rois,
Qui nostre Europe ont mis dessous leurs lois,
Puis dans le Ciel demy-Dieux ont leur place:
　Pour celebrer vostre port, vostre grace
Et vostre Altesse, il faudroit que ma voix
Deuint airain, & faudroit que mes doits
Deuinssent fer, mon ancre eau de Parnasse.
　Voulant descrire ou vostre honnesteté,
Vostre prudence ou vostre maiesté,
Que le Lorrain & le Flaman admire,
　Je suis muet & la voix me defaut:
Car pour louer tant de graces, il faut
Ou bien chanter, ou du tout ne rien dire.

A a iiij

A MONSIEVR DE Nemours.

IE demandois à l'oracle des Dieux
Où ie pourrois trouuer le Dieu des armes,
Et l'autre Dieu qui se paist de nos larmes,
Quand ses beaux traits nous offensent les yeux.

I'ay (ce disoy-ie) esté en mille lieux
Sans rencontrer ce Prince des gendarmes,
Ny sans trouuer l'autre dont les allarmes
Blessent nos cœurs d'vn mal si gracieux.

L'oracle adonq d'vne voix qui murmure,
Respond que Mars a changé de figure,
Et qu'autre forme a pris le Dieu d'amours.

Pour le trouuer en vne mesme place,
Va-t'en chercher le Prince de Nemours:
Car l'vn & l'autre habite dans sa face.

A CHARLES, CARDINAL de Lorraine.

LE Monde ne va pas, comme dit Epicure,
Par vn cas fortuit, mais il va par raison:
Chacun le peut iuger voyant vostre maison,
Qui d'art regit la France, & non pas d'auanture.

D'vne prudence iointe à la sage nature
Vous preuoyez des temps l'vne & l'autre saison:
En si grande ieunesse ayant le chef grison,
Vous assemblez tout seul vn Ianus en Mercure.

Aussi le Roy vous aime, & le Ciel vous appreste
Vn triple diademe à bon droit sur la teste,

Pour vous faire Pasteur sur tous le souuerain.
Le puissiez vous donq' estre, et mourir en vieillesse:
Vostre ame puisse auoir l'eternelle promesse,
Et vostre corps se faire vn bel Astre Lorrain.

A luy-mesme.

DElphe ne reçoit point d'vn si ioyeux visage
 Apollon, qui reuient de voir Déle sa mere
(Par le commandement de Iupiter son pere)
Quand au bout de six mois il a fait son voyage:
 Comme toute la France apres vostre message
Ioyeuse vous reçoit, vous estime & renere,
S'esbahissant de voir vostre front si seuere,
Si prudent & si vieil en la fleur de vostre âge.
 Apollon & vous seul sçauez interpreter,
L'vn les secrets d'vn Roy, l'autre de Iupiter:
L'vn craint au Ciel, & l'autre en la terre habitable.
 Tāt seulemēt d'vn poinct vous differez tous deux:
Apollon est obscur, tortueux & douteux,
Et vous estes tousiours certain & veritable.

A luy-mesme.

PRelat, bien que nostre âge aille tout de trauers,
 Age vrayment de fer, de meurtres & de larmes,
De guerres & de morts de sang & de gendarmes,
Ie ne veux pas laisser à vous chanter des vers.
 Ennius qui sonnoit le loz par l'vniuers
Du veinqueur Scipion, au milieu des alarmes
Marchoit & ne cessoit de murmurer ses carmes,

Aa v

Les accordant au bruit des tabourins diuers.
　Plus le vent animoit la guerriere trompete,
Plus le phifre sonnoit, plus ce gentil Poete
Chantoit son Scipion. Ainsi à haute vois
　Je chante vos honneurs, qui seuls me pourrõt faire
Aussi bon Ennius en chantant vostre frere,
Comme en guerre il s'est fait Scipion des François.

A HENRY DE FRANCE,
Duc d'Anjou, depuis Roy de France.

CRoissez enfãt du Roy le plus grãd de l'Europe,
　Croissez ainsi qu'vn liz dans vn pré fleurissãt,
Alors qu'au poinct du iour tout blanc s'espanissant,
Hors de son beau bouton ses beaux plis desuelope.
　Croissez pour tost conduire vne guerriere trope
Dessus la mer Tyrrhene, & d'vn bras punissant
Tuer ainsi qu'Hercule vn Aigle rauissant
Qui cruel se repaist du cœur de Parthenope.
　Ceste maison d'Anjou, dont vous portez le nom,
Maison grosse d'honneur, de gloire & de renom,
Presque dés le berceau aux guerres vous appelle.
　Ainsi le lionneau maugré les pastoureaux,
D'vn grand Lyon yssu sortant de la mammelle,
Pour son premier essay combat les grands toreaux.

A ANNE DE MONTMO-
rency, Connestable de France.

SI desormais le peuple en plaisir delectable,
　En danses & festins s'esbat en sa maison,

Et si l'Eglise fait à Dieu son oraison,
Sans que Mars trouble plus son deuoir charitable,
   L'honeur vous en est deu, sage preux Connestable.
Qui par vostre bon sens, bon conseil & raison,
Apres auoir de guerre esteinte la saison,
Vous donnez à la France vn repos souhaitable.
   Quand on lira les faicts de vous Montmorency,
Vous aurez pour la guerre & pour la paix aussi
Vn los qui tousiours vif volera sur la terre :
   Mais plus aurez d'honeur pour auoir fait la paix,
Que pour auoir sous vous cent mille hômes desfaits,
D'autant que la paix est meilleure que la guerre.

A I. DE CARNAVALET,
Gouuerneur du Roy Henry III.

DV fort Jason Chiron fut gouuerneur,
Phœnix le fut du magnanime Achille,
Qui des Troyens fit tresbucher la ville,
Tuant Hector qui en estoit Seigneur.
   Comme ceux-cy vous auez ce bon-heur
D'estre choisi de la Royne entre mille,
Pour gouuerner la ieunesse docile
D'vn si grand Roy, du monde tout l'honneur.
   Jason alla la Toison d'or conquerre,
Achille fut le foudre de la guerre,
Ornant son chef de Lauriers infinis :
   Mais de vous seul les louanges parfaites
Veincront les deux : d'autant que seul vous estes
Plus vertueux que Chiron & Phœnix.

A I. DE MONLVC,
Euesque de Valence.

DOcte Prelat, qui portes sur la face
Phœbus portrait, & Pallas au cerueau,
Ie te dedie en cest œuure nouueau
Tous mes Lauriers, mon Myrte & mon Parnasse.
 Ie ne veux plus qu'en vain le temps se passe
Sans composer quelque liure plus beau,
Pour y grauer ainsi qu'en vn tableau,
D'vn tel Prelat les vertus & la grace.
 En te plaisant, à la France ie plais:
D'autre douceur mon esprit ie ne pais
Qu'aux beaux discours de ta douce faconde.
 Pource ie veux tes honneurs raconter:
Car de sçauoir vn Monluc contenter,
C'est contenter la France & tout le Monde.

A M. DE CLERMONT,
Duchesse d'Vsez.

COmme vne Nymphe est l'honneur d'vne prée,
Vn Diamant est l'honneur d'vn anneau,
Vn ieune Pin d'vn bocage nouueau,
Et d'vn iardin vne Rose pourprée:
 Ainsi de tous vous estes estimee
De ceste Cour l'ornement le plus beau:
Vous luy seruez d'esprit & de tableau,
Comme il vous plaist, la rendant animee.
 Sans vous la Cour fascheuse deuiendroit:
Son bien son heur sa grace luy faudroit,

Prenant de vous & vie & nourriture.
Vous luy seruez d'vn miracle nouueau,
Comme ayant seule en la bouche vn Mercure,
Amour aux yeux, & Pallas au cerueau.

A GILLES BOVRDIN,
Procureur general du Roy.

Est-ce le Ciel, qui nous trompe, Bourdin,
Ou nos pechez ou nostre loy diuerse,
Qui çà qui là tout le monde renuerse,
Et qui confond l'humain & le diuin?
  Si ce malheur procede du Destin,
Nous ne sçaurions euiter sa trauerse.
Si le mal vient de nostre humeur peruerse,
Prions à Dieu d'y mettre bien tost fin.
  L'vn est boiteux, l'vn bronche & l'autre cloche,
Verité marche, & personne n'approche,
L'vn se dément, l'autre se contrefait:
  L'vn blasme l'autre, & l'accuse de vice,
Chacun dispute & defend sa malice,
Et ce-pendant personne n'est parfait.

A I. D'AVANSON.

Entre les durs combats, les assauts & les armes,
Il me souuient de toy, mon Phœbus Auanson.
Ie ne feray iamais ny Ode ny Chanson,
Que tu ne sois tousiours des premiers en mes carmes.
  Ia Francus entourné de ses Troyens gendarmes

Aa iij

Fonde Paris sous moy: ie n'oy plus que le son
Des cheuaux hanissans, & bruire maint tronson
De mainte grosse lance au milieu des alarmes.
　　Ce grand œuure immortel i'entreprens pour mon
　　　　Roy,
Lequel s'il ne fait cas de Francus ny de moy.
Ie feray comme fist la colere Sibyle
　　Au Roy qui ne voulut acheter ses escrits.
Pourquoy entreprendroy-ie vn labeur inutile?
Hector ne vaut pas tant, ny Francus, ny Paris.

A M. FORGET, SECRE-
taire de Madame de Sauoye.

IL vaudroit beaucoup mieux manger en sa
　　maison
Du pain cuit en la cendre, & viuoter à peine,
Boire au creux de la main de l'eau d'vne fon-
　　teine,
Que se rendre soy-mesme à la Cour en prison.
　　En la Cour où, Forget, rien ne se voit de bon
Que ta seule Maistresse en bonté souueraine,
Les autres sont pipeurs, & pleins d'vne foy vaine,
Ne retenans sans plus de vertus que le nom.
　　Encor vn coup Forget, ie te dis que le pain
Cuit en la cendre, & l'eau qu'on puise dans la main,
Sont plus doux que de boire en Cour de l'Ambrosie.
,, Ou manger du Nectar. Maudit est le mestier
,, Qui nous acquiert du bien par vne hypocrisie,
,, Et dont ne iouit point le troisiesme heritier.

A I. D'AVANSON.

D'Auanson, quand ie voy ta barbe & ton visage,
Je pense voir Phœbus: quãd tu tiens la balace,
Presidant au Senat, pour tes vertus, ie pense
Voir la mesme Iustice, en te voyant si sage.

Voyant ta grauité, ie pense voir l'image
De Iupiter, qui tient les Dieux en sa puissance:
Je pense ouyr Mercure, oyant ton eloquence,
Et voir le grand Hercule en voyant ton corsage.

Car tout ainsi qu'Hercule auec l'eschine large,
Quand Atlas est recreu, soustient la grosse charge
De ce Monde à son tour dessus sa grand' espaule:

Ainsi grand Auanson, d'vne constante peine
Secondant le trauail de Charles de Lorraine,
Tu soustiens apres luy tout le faix de la Gaule.

A I. DV THIER.

DEspescher presque seul les affaires de France
D'vne main qui se fait diuine en escriuant:
De respondre aux pacquets d'Itale & du Leuant,
De vacquer nuict & iour aux choses d'importance:

De mener le premier des neuf Muses la dance,
Compaignon d'Apollon: d'aller haut-esleuant
En faueur & credit ceux qui vont ensuiuant
De bien loin apres toy des Muses la cadance:

Parler d'vne voix graue aux Princes hardiment,
Saluer d'vn œil doux les petits priuément,
Auoir dedans le cœur mille vertus encloses,

Sans estre courtizan, mais ouuert & entier:
Iamais le ciel benin n'assembla tant de choses,
Pour faire vn homme heureux, en autre qu'en du Thier.

A CHARLES D'ESPINAY.

ICy i'appan la despouille ancienne
De mes amours à ton amour maistresse:
Icy veincu, D'Espinay, ie confesse
Que ta chanson a surmonté la mienne.

Il ne faut plus que ma Cassandre vienne
Faire la braue en habit de Deesse:
Il faut qu'Oliue & Francine s'abbaisse
Deuant l'honneur de celle qui est tienne.

Qui eust pensé qu'vn pays si desert,
De grands rochers & de forests couuert,
Que l'Ocean en demy-rond enserre,

Eust peu donner vn si gentil sonneur?
Ainsi iadis de sa grossiere terre
Entre les Grecs Alcman se fit l'honneur.

A luy-mesme.

IA mon ardeur s'estoit reduite en cendre,
Et par le temps desia se consumoit
Ceste fureur qui le cœur m'allumoit,
Quand amoureux ie chantois de Cassandre.

Mais de tes yeux la flame a fait reprendre
La flame aux miens, & mon feu qui dormoit,
Par le tien mesme à l'enuy s'enflamoit,
Et tel au cœur ie l'ay senty descendre.

O que ta Dame a bien les yeux ardans!
Qui seulement ne te bruslent dedans,
Quand de bien pres tu l'adores si belle:

Mais sans la voir, qui fait par tes escrits

D'un grand brasier allumer nos esprits,
Et comme toy nous fait amoureux d'elle.

A ANDRE THEVET
Angoumoisin.

SI du nom d'Odysses l'Odyssee est nommée,
De ton nom, mon Thevet, ton liure on deust nom-
 mer,
Qui n'as veu seulement nostre terre & sa mer,
Et nostre Ourse qui luit dans nos cieux allumee:
 Mais le Pole Antarctique, & la terre enfermee
Là bas dessous nos pieds, & sans peur d'abysmer
Par ce grand vniuers tu as voulu semer
De la France & de toy la viue renommee.
 Tu as veu la Turquie, Assyrie & Syrie,
Palestine, Arabie, Egypte & Barbarie:
Au pris de toy ce Grec par dix ans ne vit rien.
 Aussi dessus ce Grec tu as double auantage:
C'est que tu as plus veu, & tu as ton voyage
Escrit de ta main propre, & non pas luy le sien.

A LOYS DES MASVRES
Tournesien.

MAsurés, tu m'as veu, bien que la France à
 l'heure
Encor ne m'enroloit entre les bons esprits,
Et sans barbe & barbu i'ay releu tes escrits,
Qui engardent qu'Enee en la France ne meure.

Ah, que ie suis marry qu'encore ne demeure
A Paris ce troupeau si doctement appris,
Qui nagueres chantoit pour emporter le prix,
Et sa chanson estoit sur toutes la meilleure.

Pour vne opinion de Beze est deslogé,
Tu as par faux rapport longuement voyagé,
Le sçauant Peletier a vagué comme Vlysse.

Phœbus, tu ne vaux rien, & vous ne valez rien
Muses iouet à fols: puisqu'en vostre seruice
Vos seruans n'ont receu que du mal pour du bien.

A ESTIENNE IODELLE.

TV ne deuois, Iodelle, en autre ville naistre
Qu'en celle de Paris, & ne deuois auoir
Autre fleuue que Seine, ou des Dieux receuoir
Autre esprit que le tien à toute chose adestre.

Ce qui est grand se fait par le grand recognoistre:
Paris se fait plus grand par son Iodelle voir,
Et Seine en s'esleuant au bruit de ton sçauoir,
Des fleuues ose bien le plus grand apparoistre.

A ton esprit si grand ne falloit vn village,
Ny le bord incognu de quelque bas riuage,
Mais grād' ville, & grād fleuue agrādis de ton heur.

Vn seul bien ta vertu si iustement demande.
C'est que nostre grand prince ignorant ta grandeur,
Ne se veut monstrer grand à ta Muse si grande.

SONNET.

DE Phœbus & des Roys Iupiter est le pere,
Et les Poëtes sont du grand Phœbus conceus,

Aussi de Iupiter tous les deux sont yssus:
Car de l'vn il est pere, & des autres grand-pere.

  Quand les Roys sont heureux, la Poesie espere
Auecques leur bon-heur de se remettre sus:
Quand ils sont mal-heureux, elle n'espere plus,
Mais comme leur parente a part en leur misere.

  Certes i'en suis tesmoin, qui depuis le malheur
Que mon Prince receut, ie n'ay eu que douleur,
Tristesse, ennuy, tourment & mordantes espinces

  D'enuieux mesdisans, qui m'ont le cœur transi:
Mais voyant mon Roy triste, il me plaist d'estre ainsi,
Puis que la poesie est parente des Princes.

A LA ROYNE CATHE-
rine de Medicis.

Depuis la mort du bon Prince mon maistre,
Vostre mary, mon Seigneur & mon Roy,
I'ay tant receu de langueur & d'esmoy,
Qu'auecques luy presque ie me sens estre.

  Vn nouueau dueil en mon cœur ie sens naistre,
Quand pres de vous Madame, ie ne voy
Sa maiesté, qui faisoit cas de moy,
Et qui pour sien me daignoit recognoistre.

  En regardant de toutes parts icy
Ie ne voy rien que larmes & soucy,
Toute tristesse a sa mort ensuyuie:

  Ses seruiteurs portent noire couleur
Pour son trespas, & ie la porte au cœur,
Non pour vn an, mais pour toute ma vie.

SUR LA NAISSANCE DU
Duc de Beaumont, fils aisné du
Duc de Vendosme, & Roy de
Nauarre.

Que Gastine ait tout le chef iaunissant
De maint Citron & mainte belle Orange:
Que toute odeur de toute terre estrange
Aille par tout nos vergers remplissant:

Le Loir soit laict, son rempart verdissant
En vn tapis d'esmeraudes se change:
Et le sablon, qui dans Braye se range,
D'arenes d'or soit par tout blondissant.

Pluuie le Ciel des parfums & des roses,
Soient des grands vents les haleines encloses,
La mer soit calme, & l'air plein de bon-heur,

Ce iour nasquit l'heritier de mon maistre:
File-luy, Parque, vn beau filet d'honneur,
Puis aille au Ciel de Nectar se repaistre.

AUDIT S. DUC DE
Beaumont.

Ieune Herculin, qui dés le ventre saint
Fus destiné pour le commun seruice,
Et qui naissant rompis la teste au vice
Par ton beau nom dedans les Astres peint:

Quand l'âge d'homme aura ton cœur atteint,
S'il reste encor quelque trac de malice,
Le Monde adonc ployé sous ta police

Le pourra voir totalement esteint.
En ce-pendant crois enfant & prospere,
Et sage, appren les hauts faits de ton pere,
Et ses vertus, & les honneurs des Roys.
Puis autre Hector tu courras à la guerre,
Autre Iason rameras pour conquerre
Non la Toison, mais les champs Nauarrois.

AV ROY CHARLES IX.
luy presentant des pompons de son iardin.

Bien que Bacchus soit le Prince des vins,
Et que Cerés à nos moissons commande,
L'un toutefois & l'autre ne demande
Qu'un peu d'espics & qu'un peu de raisins.
 Neptune Roy des orages marins
Veut qu'un tableau pour present on luy rende,
Et Iupiter ne cherche pour offrande
Que l'humble cœur des deuots pelerins.
 Vous qui semblez de façons & de gestes
Aux immortels, imitant les Celestes,
Prenez de moy ces pompons & ces fruits.
 Les vous offrant, ie ne crains que personne
Blasme mon don: car, Sire, ie vous donne
Non pas beaucoup, mais tout ce que ie puis.

A luy mesme.

LE ieune Hercule au berceau combatit
 Les deux serpens qui le vouloient occire:

Quand il fut grand, il combatit Busire,
Et le Lion duquel il se vestit.

Il fut si fort, que le vice sentit
En tous endroits combien pouuoit son ire:
Monstres, Geans chassa de son Empire,
Et la malice en bien-fait conuertit.

Toutes vertus marchoient deuant sa face:
Pource il fut dit de Iupiter la race,
Et de la terre il vola dans les cieux.

Sire, imitez les faits de ce grand prince:
De toute erreur purgez vostre prouince,
Par tels degrez les Roys deuiennent Dieux.

A luy-mesme.

MADRIGAL.

Quand coup sur coup le bucheron nerueux,
 Qui d'vne hache aux arbres fait la guerre,
Esparpillez a renuersé par terre
D'vn vieil Laurier le tige & les cheueux:

En sa racine il est vn an ou deux
Caché sans croistre, où sa force il enterre,
Puis de sa souche en reiettant desserre
Vn peuple verd d'enfans & de neueux.

Ainsi tu es de François ton grand-pere
Le rejetton, par qui la France espere
Le reuoir naistre en ton tige nouueau.

Desia dans toy tout viuant il respire,
Ayant de luy l'esprit & le cerueau,
Pareils de mœurs, de façons & d'Empire.
Entre vous deux ce poinct seul est à dire,
Il fut vieil arbre, & toy ieune arbrisseau.

A luy-mesme.

Voyci le iour, où le sainct Charlemaigne
Vostre parrain, ayeul de vos ayeux,
Par sa vertu monta dedans les cieux,
Ayant chassé les Sarrazins d'Espaigne.
 Il fut si preux, que toute l'Allemaigne,
Alains & Goths aux armes furieux,
Humbles craignoient son bras victorieux,
Quand de son Aigle il desployoit l'enseigne.
 Charles, suiuez ce Charles, & vous faites
Vray heritier de ses vertus parfaites,
Comme le nom ayant l'honneur commun.
 Ce Roy fut grand d'Empire & de courage:
Vous le serez encore d'auantage,
D'autant que neuf est plus grand nombre qu'vn.

A LVY-MESME.

Sur son habillement à la mode des vieux Gaulois.

SI vous n'auiez la bonne conscience
De vos ayeux, l'honneur & la vertu,
En vain (grand Roy) vous seriez reuestu
D'vn vieil habit qui n'est plus en vsance.
 Mais pour monstrer que l'antique prudence
Et des Gaulois le bon glaiue pointu
Ont sous vos pieds les vices abbatu,
Vous prenez d'eux à bon droict l'apparence.
 Peuple, courage: & puis que nostre Roy

Est vieil d'habit, de vertus & de foy,
Je voy renaistre vne saison meilleure.
 Ce vieil habit est tesmoin seulement
Que des vieux Roys la vertu luy demeure
Autant au cœur, qu'au corps l'habillement.

A HENRY DE BOVRBON, Roy de Nauarre.

Roy de vertu, d'honneur & de bonté,
 Qui tiens sous toy la terre Nauarroise,
Tu viens choisir nostre perle Françoise
Qui n'a pareille en grace ne beauté.
 Mars, à qui plaist l'horrible cruauté,
Couuert de sang, de discord & de noise,
En quelque part, Prince, que ton pied voise,
S'enfuit veincu deuant ta Royauté.
 A ton chemin la paix seruit de guide,
Et ce bon Dieu qui aux nopces preside,
Pour assembler d'vn lien amoureux
 La belle au beau, ieunesse à la ieunesse,
La bonne au bon, le Prince à la Princesse.
Qui vit iamais vn accord plus heureux?

A MADAME DE Rohan.

Il ne faut point pour estre ingenieux,
 Boire de l'eau de la source sacrée,
Ny voir danser sous la brune seree

Au mont fourchu les Muses & les Dieux.

Il ne faut voir,ma Dame,que vos yeux
Et vostre front,siege de Cythereée,
Et vostre bouche,où Pithon la sucrée
A fait loger tous les presens des cieux.

Il ne faut voir que vostre bonne grace,
Et le printemps de vostre ieune face,
Qui peut d'Amour les rochers attizer.

Bref si quelcun voyant vostre presence
Ne deuient Poete,il ne faut plus qu'il pense
Que les neuf Sœurs le facent poetiser.

A I. GASSOT SECRE-
taire du Roy.

IE suis semblable à la ieune pucelle
Qui va cherchant par les iardins fleuris
Du poinct du iour les Roses & les Liz
Pour se parer quand l'an se renouuelle.
Mais ne voyant nulle Rose nouuelle
Ny d'autres fleurs les iardins embellis,
Prend du Lierre, & de ses doigts polis
Fait vn bouquet pour se faire plus belle.
Ainsi Gassot,n'ayant Roses ny fleurs
En mon verger dignes de tes valeurs,
Œillets,Soucis,Lauandes ny Pensees:
Ce petit don ie presente à tes yeux,
Et tel present vaudra peut estre mieux
Qu'vn grand touffeau de fleurs mal-agencees.

Bb

SONNETS SVR LA BERGERIE DE Remi Belleau.

MADRIGAL.

Voicy ce bon luteur non iamais abatu,
Qui pour rauir le prix compagnon de la peine,
Des Muses Champion, se planta sur l'arene,
Et pour elles cent fois en France a combatu.
Voicy celuy qui fut des premiers reuestu
Du harnois de Pallas, qui de nerfs & de veine
Et de bras recourbez terrassa sur la plaine
L'Ignorance & sacra son nom à la Vertu.
Ma France escoute moy, voicy l'vn de ces peres
Qui cherchant par trauail des Muses les repaires,
Beut Permesse & s'emplit de fureur tout le sein,
En chef noir & grison desireux de les suiure.
Donc, Lecteur, si tu peux entre les Muses viure,
Achete moy Belleau : mais si Phœbus en vain
En naissant t'aduisa, n'achete point ce liure,
Autrement tu n'aurois qu'vn fardeau dans la main.

A NICOLAS LE SVEVR, President aux Enquestes.

NY l'Oliuier sacré des Hyperboreans,
Ny le vencur suiuãt la Biche au pied de cuiure
Ny l'huile dont le corps des Athletes s'en-yure,
Suans sous le trauail des tournois Eleans :
Ny la poudre Olympique aux lustres Piseans,
Ny le fleuue qui veut son Arethuse suiure,
Ne sçauroient ta vertu si bien faire re-uiure,
Que tes propres escrits, victorieux des ans.

Tu as fait que la voix aux Latins soit passee
Du Cygne qui chantoit sur la riue Dircee,
Ne t'effroyant des mots de ce harpeur Latin.
  Des iousteurs Eleans perie est la conqueste:
Mais l'honneur que la Muse a mis dessus ta teste,
Veincra la faux du Temps, la Parque, & le Destin.

A IAQVES DE BROV, Conseiller du Roy en son grand Conseil.

Nous sommes amoureux, non de mesme Mai-
  stresse,
Mais de beauté pareille, & de mesme rigueur:
La tienne est à Poictiers, qui t'a rauy le cœur,
La mienne est à la Cour en forme de Deesse.
  La mienne sans me plaindre, vne heure ne me laisse:
La tienne te tourmente en extreme langueur.
Nous differõs d'vn poinct: c'est qu'vn iour ta douleur
Prendra fin, & iamais la mienne n'aura cesse.
  Le flambeau d'Hymenee aura de toy pitié:
Ie ne sçaurois me ioindre auecque ma moitié.
O cruauté du Ciel aux amans trop seuere!
  De Brou, conforte moy, ie te conforteray:
Ainsi plus doucement mon mal ie porteray.
Vn malheureux d'vn autre allege la misere.

A ROBERT GARNIER.

IE suis raui quand ce braue sonneur
Donte en ses vers la Romaine arrogance,
Quand il bastit Athenes en la France

Bb ij

Par le cothurne acquerant de l'honneur :
Le bouc n'est pas digne de son bonheur,
Le lierre est trop basse recompanse,
Le temps certain qui les hommes auance,
De ses vertus sera le guerdonneur.

Par toy, Garnier, la Scene des François
Se change en or, qui n'estoit que de bois,
Digne où les grands lamentent leur fortune.

Sur Pelicon tu grimpes des derniers,
Mais tels derniers souuent sont les premiers
En ce bel art, où la gloire est commune.

Au mesme.

IL me souuient, Garnier, que ie prestay la main
Quand ta Muse accoucha, ie le veux faire encore :
Le parrain bien souuent par l'enfant se decore,
Par l'enfant bien souuent s'honore le parrain.

Ton ouurage, Garnier, Tragique & souuerain
Qui fils, parrain ensemble, & toute France honore,
Fera voller ton nom du Scythe iusqu'au More,
Plus dur contre les ans que marbre ni qu'airain.

Resiouy toy mon Loir ta gloire est infinie,
Huyne & Sarte tes sœurs te feront compagnie,
Faisant Garnier, Belleau, & Ronsard estimer,

Trois fleuues qu'Apollon en trois esprits assemble.
Quand trois fleuues, Garnier, se degorgent ensemble,
Bien qu'ils ne soient pas grands font vne grande mer.

A I. DE EDINTON.

QVand tu nasquis, Edinton, tous les Cieux
Mirent en toy toute leur harmonie,

Et dans ton Luth leur douceur infinie
Qui peut charmer les hommes & les Dieux.
　Oyant ton chant sur tous melodieux
Je vy, ie meurs, ie suis plein de manie,
Et tellement ton accord me manie
Que ie deuiens & sage & furieux.
　En mon endroit tu es vn Timothee,
Je sens tousiours mon ame surmontee
De ta douceur qui me vient arracher
　L'esprit pasmé de si douces merueilles:
Las! pour t'ouyr que n'ay-ie cent oreilles,
Ou sans t'ouyr que ne suis-ie vn rocher?

A AMADIS IAMIN,
Secretaire du Roy.

Trois temps, Iamin, icy bas ont naissance,
　Le temps passé, le present, le futur:
Quant au futur, il nous est trop obscur:
Car il n'est pas en nostre cognoissance.
　Quant au passé, il fuit sans esperance
De retourner pour faire vn lendemain,
Et ne reuient iamais en nostre main:
Le seul present est en nostre puissance.
　Donques, Iamin, iouyssons du present,
Incontinent il deuiendroit absent:
Boiuons ensemble, emplisson ce grand verre.
　Pendant que l'heure en donne le loisir,
Auecq' le vin, l'Amour & le plaisir
Charmon le temps, les soucis & la guerre.

A LA RIVIERE DV LOIR.

Respon moy, meschant Loir (me rens-tu ce loyer
Pour auoir tant chanté ta gloire & ta louange?)
As-tu osé barbare, au milieu de ta fange
Renuersant mon bateau, sous tes flots m'enuoyer?

Si ma plume eust daigné seulement employer
Six vers à celebrer quelque autre fleuue estrange,
Quiconque soit celuy, fust-ce le Nil, ou Gange,
Le Danube ou le Rhin, ne m'eust voulu noyer.

Pindare, tu mentois, l'eau n'est pas la meilleure
De tous les Elemens: la terre est la plus seure,
Qui de son large sein tant de biens nous depart.

O fleuue Stygieux, descente Acherontide,
Tu m'as voulu noyer de ton chantre homicide,
Pour te vanter le fleuue où se noya Ronsard.

VOEV A MERCVRE.
MADRIGAL.

Dieu voyager Menalien Mercure,
Qui recognois pour ton grand-pere Atlas
Courrier des Dieux, qui iamais ne fus las
D'aller au ciel & sous la terre obscure:

Dieu messager, qui des passans as cure,
Qui des pietons seul gouuernes les pas,
Et qui guidé par tant de chemins m'as
Où me portoit mon âge & l'auenture:

Tout ce qui fut le faix de mes rongnons,
Ceinture, dague, espee, compaignons
De mes trauaux, à toy ie les dedie

DIVERS. 583

Dessus ma porte en mon cheueul grison.
Si ieune d'ans tu m'as conduit la vie
Par meinte voye & en meinte saison
Courant fortune en estrange pairie,
Garde moy sain en ma propre maison.

SONNET A QVELQVES
Seigneurs qui souperent
chez luy.

CE grand Hercule, apres auoir sceu prendre
De Geryon les terres & les bœus,
Plein de victoire & d'honneurs & de vœus,
Daigna souper en la maison d'Euandre.
Ce Pere ardent qui tout le Ciel peut fendre
D'esclairs suiuis de feux presagieux,
Usa grand Prince, abandonnant les Cieux,
En la maison de Philemon descendre.
Par tel exemple apprenez mes Seigneurs,
A mespriser les biens & les honneurs,
Et desdaigner la pompeuse richesse.
Le trop d'honneur va l'homme deceuant:
Pour viure heureux il n'est que la simplesse,
Faueurs de Roys s'en-volent comme vent.

SONET DE MESME
suiect.

LE bon Bacchus, qui la teste a garnie
De cornes d'or, le pere des raisins,

Eb iiij

Qui fist couler les ruisseaux en bons vins,
Soit le bon Dieu de ceste compaignie.

Cerés changeant les glans de Chaonie
En bons espics pour le viure amander,
Du haut du ciel vous puisse regarder
Auecq' Venus, les Graces & Genie.

La bonne mere Amalthée, au vaisseau
Chargé de fruits, enfans du Renouueau,
En vos maisons respande ses Charites.

Puisse l'Automne à la palle couleur,
Fiéures & Toux, Catherres & Douleur
Bien loing de vous enuoyer sur les Scythes.

SONNET.

NOus ne sommes Esprits, mon Galland, nous ne sommes
De ceux qui de Nectar au ciel se vont paissant,
Dont le sang ne va point ez veines iallissant :
Pour ceste raison Dieux, Homere, tu les nommes.

Des elements confus les accablantes sommes
De tout animal né vont le corps oppressant,
De moment en moment changeant & perissant :
Nature à telle loy fist la race des hommes.

Les esprits n'ont besoin de reparation
Pour n'estre point suiects à la corruption,
Qui va de forme en forme estrangement meslee.

L'homme se doit nourrir pour fuyr ce danger.
C'est pourquoy nostre vie est tousiours attelee
A deux mauuais cheuaux, le boire & le manger.

DIVERS.
SONNET.

IE vous donne des œufs. L'œuf en sa forme ronde
Semble au Ciel qui peut tout en ses bras enfer-
mer,
Le feu, l'air & la terre, & l'humeur de la mer,
Et sans estre comprins comprend tout en ce monde.
La taye semble à l'air, & la glere feconde
Semble à la mer qui fait toutes choses germer:
L'aubin ressemble au feu qui peut tout animer,
La coque en pesanteur comme la terre abonde.
Et le Ciel & les œufs de blancheur sont couuers.
Ie vous donne (en donnant vn œuf) tout l'Vni-
uers:
Diuin est le present, s'il vous est agreable.
Mais bien qu'il soit parfait, il ne peut egaler
Vostre perfection qui n'a point de semblable,
Dont les Dieux seulement sont dignes de parler.

SONNET
POVR VN ANAGRAME.

DV mariage sainct la loy bien ordonnee
Se faict au ciel là haut: pour-ce l'Antiquité
Comme vn bien approchant de la Diuinité,
A mis entre les Dieux le nopcier Hymenee.
Nous differons des Dieux, car toute chose nee
Par race s'eternize en la posterité:
Eux immortels d'essence & pleins d'eternité

Bb

N'ont besoin comme nous de future lignee.
  Le mariage fait en nostre race humaine
Est tousjours malheureux & tout remply de peine,
S'il ne vient par destin qui tous deux nous lira.
  Pource voyant nos noms qui l'asseurent, j'espere
Que le nostre doit estre agreable & prospere,
Puis que le DIEV D'ENHAVT A TOY
    ME MARIRA.

SONNET.

Vous estes deja vieille, & ie le suis aussi.
  Ioignons nostre vieillesse & l'accollon ensemble,
Et faison d'un hyuer qui de froidure tremble
(Autant que nous pourrons) un printemps adouci.
  Vn homme n'est point vieil s'il ne le croit ainsi:
Vieillard n'est qui ne veut: qui ne veut, il assemble
Vne nouuelle trame à sa vieille: & ressemble
Vn serpent raieuni quand l'an retourne ici.
  Ostez moy de ce fard l'impudente encrousture,
On ne sçauroit tromper la loy de la nature,
Ny derider un front condamné du miroir,
  Ni durcir un tetin desia pendant & flasque.
Le Temps de vostre face arrachera le masque,
Et deuiendray un Cygne en lieu d'un Corbeau noir.

SONNET.

Qve ie serois marry si tu m'auois donné
  Le loyer qu'un Amāt demāde à sa Maistresse!

Alors que tout mon sang bouillonnoit de ieunesse
Tous mes desirs estoient de m'en veoir gueradonné.

Maintenant que mon poil est du tout grisonné,
J'abhorre en y pensant moymesme & ma fadesse,
Qui seruis si long temps pour vn bien qui se laisse
Pourrir en vn sepulchre aux vers abandonné.

Enchanté, ie seruis vne vieille carcasse,
Vn squelete seiché, vne impudente face,
Vne qui n'a plaisir qu'en amoureux transi.

Bonne la loy de Cypre, où la fille au riuage
(Embrassant vn chacun) gaigneit son mariage,
Sans laisser tant languir vn amant en souci.

FIN DES SONNETS.

Bb vj

GAYETEZ.

GAYETÉ I.

A qui donnay-je ces sornetes,
Et ces mignardes chansonnetes?
A toy, mon Ianot: car tousiours
Tu as fait cas de mes amours,
Et as estimé quelque chose
Les vers raillars que ie compose:
Aussi ie n'ay point de mignon
Ny de plus aimé compaignon
Que toy mon petit œil, que i'aime
Autant ou plus que mon cœur mesme,
Attendu que tu m'aimes mieux
Ny que ton cœur, ny que tes yeux.
   Pour-ce mon Ianot, ie te liure
Tout le plus gaillard de ce liure,
Et tout le plus mignardelet
De ce beau liure nouuelet:
Liure que les sœurs Thespiennes
Dessus les riues Pympléennes
Rauy, me firent conceuoir,
Quand ieune garçon i'allay voir
Le brisement de leur cadance,
Et Apollon le guide-dance.
   Pren-le donc, Ianot, tel qu'il est:
Il me plaira beaucoup, s'il plaist
A ta Muse Grecque-Latine.

Compagne de la Rodatine :
Et sois fauteur de son renom,
De nostre amour & de mon nom,
Afin que toy moy & mon liure
Plus d'vn siecle puissions reuiure.

GAYETÉ. II.

Assez vrayment on ne reuere
Les diuines bourdes d'Homere,
Qui dit qu'on ne sçauroit auoir
Si grand plaisir que de se voir
Entre ses amis à la table,
Quand vn menestrier delectable
Paist l'oreille d'vne chanson,
Et quand l'oste-soif eschanson
Fait aller en rond par la troupe
De main en main la pleine coupe.

Je te salue heureux boiueur,
Des meilleurs le meilleur resueur:
Ie te salue, ô bon Homere,
Tes vers cachent quelque mystere:
Jl me plaist de voir si ce vin
M'ouurira leur secret diuin:
Io, ie l'entens chere troupe,
La seule odeur de ceste coupe
M'a fait vn rhapsode gaillard
Pour bien entendre ce vieillard.

Tu voulois dire, bon Homere,
Qu'on doit faire tres-bonne chere
Tandis que l'âge & la saison

Et la peu-maistresse Raison
Permettent à nostre ieunesse
Les libertez de la liesse,
Sans auoir soin du lendemain:
Mais d'vn hanap de main en main,
D'vne trepignante cadance,
D'vn rouer autour de la dance,
De meutes de chiens par les bois,
De luths mariez à la vois,
D'vn flus, d'vn dé, d'vne premiere,
D'vne belle fleur printaniere,
Et d'vne amour de quatorze ans
Et de mille autres ieux plaisans
Donner soulas à nostre vie
Qui bien tost nous sera rauie.

 Moy donq' au logis de seiour
En ce temps d'hyuer que le iour
N'a pas de longueur vne brasse,
Et l'eau se bride d'vne glace:
Ores que les vents outrageux
Enragent d'vn bruit orageux:
Ores que les douces gorgettes
Des Daulienes sont muëttes:
Ores qu'au soir on ne voit plus
Danser par les Antres reclus
Les Pans auecques les Dryades,
Ny sur les riues les Naiades:

 Que feroy-ie en telle saison,
Sinon oiseux à la maison
Ensuyuant l'oracle d'Homere
Pres du feu faire bonne chere?
Et souuent baigner mon ceruean

Dans la liqueur d'un vin nouueau,
Qui toufiours traine pour compaigne
Ou la rouftie, ou la chaftaigne?

En cefte grande coupe d'or
Verfe Page, & reuerfe encor :
Il me plaift de noyer ma peine
Au fond de cefte taffe pleine,
Et d'eftrangler auec le vin
Mon foucy qui n'a point de fin.

Çà page, donne ce Catulle,
Donne moy Tibulle & Marulle,
Donne ma lyre & mon archet,
Depan-la toft de ce crochet :
Vifte donq, à fin que ie chante,
A fin que par mes vers i'enchante
Ce foin que l'Amour trop cruel
Fait mon hofte perpetuel.

O Pere, ô Bacchus, ie te prie
Que ta fainte fureur me lie
Deffous ton thyrfe, à celle fin
O Pere, que i'erre fans fin
Par tes montaignes reculees
Et par l'horreur de tes valees.

Ce n'eft pas moy, las! ce n'eft pas
Qui defdaigne fuiure tes pas,
Et couuert de lierre, brete
Par la Thrace Euan, pourueu Pere
Las! pourueu pere, las! pourueu
Que ta flame efteigne le feu,
Qu'Amour de fes rouges tenailles
Me tournaffe par les entrailles.

LES PLAISIRS
rustiques.

EN ce-pendant que le pesteux Autonne
Tes citoyens l'vn sur l'autre moissonne,
Et que Caron a les bras tous lassez
D'auoir desia tant de Manes passez:
Icy fuyant ta ville perilleuse,
Ie suis venu pres de Marne l'isleuse,
Non guere loin d'où le cours de ses eaux
D'vn bras fourchu baigne les pieds de Meaux:
Meaux dont Bacchus soigneux a pris la garde,
Et d'vn bon œil ses collines regarde
Riches de vin, qui n'est point surmonté
Du vin d'Ai en friande bonté.
Non seulement Bacchus les fauorise,
Mais sa compagne, & le pasteur d'Amphryse,
L'vne y faisant les espics blondoyer,
L'autre à foison les herbes verdoyer.
    Dés le matin que l'Aube safranee
A du beau iour la clarté r'amenee,
Et dés midy iusqu'aux rayons couchans,
Tout esgaré ie m'enfuy par les champs
A humer l'air, à voir les belles prées,
A contempler les collines pamprées,
A voir de loin la charge des pommiers
Presque rompus de leurs fruicts Autonniers,
A repousser sur l'herbe verdelette
A tour de bras l'esteuf d'vne palette,
A voir couler sur Marne les bateaux,
A me cacher dans le ionc des Isleaux.

Ore ie suy quelque lieure à la trace,
Or' la perdris ie couure à la tirace,
Or' d'vne ligne apaſtant l'hameçon
Loin haut de l'eau i'enleue le poiſſon :
Or' dans les trous d'vne iſle tortueuſe
Ie vay cherchant l'eſcreuice cancreuſe,
Or' ie me baigne, ou couché ſur les bors
Sans y penſer à l'enuers ie m'endors.

 Puis reſueillé ma guiterre ie touche,
Et m'adoſſant contre vne vieille ſouche,
Ie dy les vers que Tityre chantoit
Quand pres d'Auguſte encores il n'eſtoit,
Et qu'il pleuroit au Mantouan riuage,
Deſia barbu, ſon deſert heritage.
Ainſi iadis Alexandre le blond,
Le beau Pâris appuyé ſur vn tronc
Harpoit, alors qu'il vit parmy les nues
Venir à luy les trois Deeſſes nues :
Deuant les trois Mercure le premier
Partiſſoit l'air de ſon pied talonnier,
Ayant és mains la Pomme d'or ſaiſie,
Le commun mal d'Europe & de l'Aſie.

 Mais d'autant plus que Poete i'aime mieux
Le bon Bacchus que tous les autres Dieux,
Sur tous plaiſirs la vendange m'agree,
A voir tomber ceſte manne pourpree
Qu'à pieds deſchaux vn gâcheur fait couler
Dedans la cuue à force de fouler.

 Sur les coutaux marche d'ordre vne troupe,
L'vn les raiſins d'vne ſerpette coupe,
L'autre les porte en ſa hote au preſſouer,
L'vn tout autour du pinot fait rouer

La viz qui geint, l'autre le marc asserre
En vn monceau, & d'aiz pressez le serre,
L'vn met à l'anche vn panier attaché,
L'autre reçoit le pepin escaché,
L'vn tient le muy, l'autre le vin entonne,
Vn bruit se fait, le pressouer en resonne.
 Vela la vorte, en quel plaisir ie suis
Or' que ta ville espouuanté ie fuis,
Or' que l'Autonne espanche son vsure,
Et que la Liure à iuste poids mesure
La nuict egale auec les iours egaux,
Et que les iours ne sont ne froids ne chaux.
 Ie te promets que si tost que la Bise
Hors des forests aura la fueille mise,
Faisant des prez la verte robe choir,
Que d'vn pied prompt ie courray pour reuoir
Mes compagnons, & mes liures, que i'aime
Plus mille fois, que toy, ny que moy-mesme.

L'ALOVETTE.

HE' Dieu que ie porte d'enuie
Aux plaisirs de ta douce vie,
Alouette, qui de l'amour
Degoizes dés le poinct du iour,
Secouant en l'air la rosee
Dont ta plume est toute arrosée.
 Dauant que phebus soit leué
Tu enleues ton corps laué
Pour l'essuyer pres de la nue,
Tremoussant d'vne aile menue:

Et te sourdant à petits bons,
Tu dis en l'air de si doux sons
Composez de ta tirelire,
Qu'il n'est Amant qui ne desire,
T'oyant chanter au Renouueau,
Comme toy deuenir oiseau.

Quand ton chant t'a bien amusee,
De l'air tu tombes en fusee
Qu'vne ieune pucelle au soir
De sa quenouille laisse choir,
Quand au fouyer elle sommeille,
Frappant son sein de son oreille:
Ou bien quand en filant le iour
Voit celuy qui luy fait l'amour
Venir pres d'elle à l'impourueue,
De honte elle abaisse la veue,
Et son tors fuseau delié
Loin de sa main roule à son pié.
Ainsi tu roules Alouette,
Ma doucelette mignonnette,
Qui plus qu'vn Rossignol me plais
Qui chante en vn bocage espais.

Tu vis sans offenser personne,
Ton bec innocent ne moissonne
Le froment, comme ces oiseaux
Qui font aux hommes mille maux,
Soit que le bled rongent en herbe,
Ou soit qu'ils l'egrenent en gerbe:
Mais tu vis par les sillons verds,
De petits fourmis & de vers:
Ou d'vne mousche, ou d'vne achee
Tu portes aux tiens la bechee,

A tes fils non encor' ailez
D'vn blond duuet en-mantelez.
 A grand tort les fables des Poetes
Vous accusent vous, Alouettes,
D'auoir vostre pere hay
Iadis iusqu'à l'auoir trahy,
Coupant de sa teste Royale
La blonde perruque fatale,
En laquelle vn poil il portoit
En qui toute sa force estoit.
Mais quoy? vous n'estes pas seulettes
A qui la langue des Poetes
Ont fait grand tort : dedans le bois
Le Rossignol à haute vois
Caché dessous quelque verdure
Se plaint d'eux, & leur dit iniure.
Si fait bien l'Arondelle aussi
Quand elle chante son cossi.
Ne laissez pas pourtant de dire
Mieux que deuant la tirelire,
Et faites creuer par despit
Ces menteurs de ce qu'ils ont dit.
 Ne laissez pour cela de viure
Joyeusement, & de poursuiure
A châque retour du Printemps
Vos accoustumez passetemps.
Ainsi iamais la main pillarde
D'vne pastourelle mignarde
Parmi les sillons espiant
Vostre nouueau nid pepiant,
Quand vous chantez ne le desrobe
Ou dans sa cage ou soubs sa robe.

Viuez oiseaux & vous haussez
Tousiours en l'air, & annoncez
De vostre chant & de vostre aile
Que le Printemps se renouuelle.

LE FRESLON.

A Remy Belleau, Poëte.

Vi ne te chanteroit, Freslon,
De qui le picquant aiguillon
Releua l'asne de Silene,
Quand les Indois parmi la plaine
Au milieu des sanglans combas
Le firent trebucher à bas?
Bien peu seruoit au vieillard d'estre
De Bacchus gouuerneur & Prestre,
Captif ils l'eussent fait mourir
Sans toy qui le vins secourir.
Desia la troupe des Menades,
Des Mimallons & des Thyades
Tournoyent le dos, & de Bacchus
Ia desia les soldars veincus
Jettoyent leurs lances enthyrsees,
Et leurs armeures herissees
De peaux de Lynces, & leur Roy
Desia fuyoit en desarroy,
Quand Jupiter eut souuenance
Qu'il estoit né de sa semence.
Pour aider à son fils peureux
Il fit sortir d'vn Chesne creux

*De Freslons vne fiere bande,
Et les irritant, leur commande
De piquer la bouche & les yeux
Des nuds Indois victorieux.
A peine eut dit, qu'vne grand' nue
De poignans Freslons est venue
Se desborder toute à la fois
Dessus la face des Indois,
Qui plus fort qu'vn gresleux orage
De coups martela leur visage.
 Là sur tous vn Freslon estoit
Qui braue par l'air se portoit
Sur quatre grans ailes dorees:
En maintes lames colorees
Son dos luisoit par la moitié:
Luy courageux ayant pitié
De voir au milieu de la guerre
Silene & son asne par terre,
Piqua cest asne dans le flanc
Quatre ou cinq coups iusques au sang.
L'asne qui soudain se resueille
Dessous le vieillard fist merueille
De si bien mordre à coup de dens
Ruant des pieds, que le dedans
Des plus espesses embuscades
Ouurit en deux de ses ruades,
Tellement que luy seul tourna
En fuite l'Indois, & donna
A Bacchus estonné la gloire
Et le butin de la victoire.
 Lors Bacchus, en lieu du bien-fait
Que les Freslons luy auoyent fait,*

Leur ordonna pour recompanse
D'auoir à tout iamais puissance
Sur les vignes, & de manger
Les raisins prests à vendanger,
Et boire du moust dans la tonne
En bourdonnant, lors que l'Automne
Amasse des coutaux voisins
Dedans le pressouer les raisins,
Et que le vin nouueau s'escoule
Soubs le pied glueux qui le foule.

Or viuez bien heureux Freslons,
Tousiours de moy vos aiguillons
Et de Belleau soyent loin à l'heure
Que la vendange sera meure :
Et rien ne murmurez sinon
Par l'air que de Belleau le nom,
Nom qui seroit beaucoup plus digne
D'estre dit par la voix d'vn Cygne.

GAYETE' III.

Vne ieune pucelette,
Pucelette grasselette,
Qu'esperdument i'aime mieux
Que mon cœur ny que mes yeux,
A la moitié de ma vie
Esperdument asseruie
De son grasset en bon-point :
Mais fasché ie ne suis point
D'estre serf pour l'amour d'elle
Pour l'en bon-point de la belle,
Qu'esperdument i'aime mieux

Que mon cœur ny que mes yeux.
  Las! vne autre pucelette,
Pucelette maigrelette,
Qu'esperdument i'aime mieux
Que mon cœur ny que mes yeux,
Esperdument a rauie
L'autre moitié de ma vie
De son maigret en-bon-point:
Mais fasché ie ne suis point
D'estre serf pour l'amour d'elle
Pour la maigreur de la belle,
Qu'esperdument i'aime mieux
Que mon cœur ny que mes yeux.
  Autant me plaist la grassette
Comme me plaist la maigrette,
Et l'vne à son tour autant
Que l'autre me rend contant.
  Ie puisse mourir, grassette,
Je puisse mourir, maigrette,
Si ie ne vous aime mieux
Toutes deux que mes deux yeux,
Ny qu'vne ieune pucelle
N'aime vn nid de tourterelle
Ou son petit chien mignon
Du passereau compagnon,
Petit chien, qui point ne laisse
De faire importune presse
Au passereau qui tousiours
A pour fidele secours
Le tendre sein de la belle,
Quand le chien plume son aile,
Ou de trauers regardant

Apres

Apres l'oiseau va grondant.
  Et si ie mens, grasselette,
Et si ie ments, maigrelette,
Si ie ments, Amour archer
Dans mon cœur puisse cacher
Ses fleches d'or barbelees,
Et dans vous les plombelees,
Si ie ne vous aime mieux
Toutes deux que mes deux yeux.
  Bien est-il vray grasselette,
Bien est-il vray maigrelette
Que l'appast trop doucereux
De l'hameçon amoureux
Dont vous me sçauez attraire,
Est l'vne à l'autre contraire.
L'vne d'vn sein grasselet,
Et d'vn bel œil bruneles
Dans ses beautez tient ma vie
Esperdument asseruie,
Or' luy tastonnant le flanc,
Or' le bel yuoire blanc
De sa cuisse rondelette,
Or' sa grosse motelette,
Où les doux troupeaux ailez
Des freres en-carquelez
Dix mille fleches decochent
Aux ribaux qui s'en approchent.
Mais par dessus tout m'espoint
Vn grasselet en-bon-point,
Vne fesse rebondie,
Vne poitrine arrondie
En deux montelets bossus

Ribaut vient du mot Latin *Riualis*, que les François ont pris en mauuaise part, faisant tort au vocable : car il signifie compagnon & competiteur en amours.

Cc

Où l'on dormiroit dessus
Comme entre cent fleurs décloses,
Ou dessus vn lit de roses:
Puis auecques tout cela
Encor d'auantage elle a
Ie ne sçay quelle feintise,
Ne sçay quelle mignotise,
Qui fait que ie l'aime mieux
Que mon cœur ny que mes yeux.
 L'autre maigre pucelette
A voir n'est pas si bellette,
Elle a les yeux verdelets
Et les tetins maigrelets:
Son flanc, sa cuisse, sa hanche
N'ont la charneure si blanche
Comme a l'autre, & si ondez
Ne sont ses cheueux blondez:
Le rempart de sa fossette
N'a l'enfleure si grossette,
N'y son ventrelet n'est pas
Si rebondi ne si gras:
Si bien que quand ie la perce,
Ie sen les dents d'vne herse,
I'enten mille ossets cornus
Qui me blessent les flancs nus.
 Mais en lieu de beautez telles,
Elle en a d'autres plus belles,
Vn chant qui rauit mon cœur,
Et qui dedans moy veinqueur
Toutes mes veines attise:
Vne douce mignotise,
Vn doux languir de ses yeux,

Un doux souspir gracieux,
Quand sa douce main manie
La douceur d'vne harmonie.
   Nulle mieux qu'elle au dancer
Ne sçait ses pas deuancer
Ou retarder par mesure:
Nulle mieux ne me coniure
Par les traits de Cupidon,
Par son arc, par son brandon,
Si i'en aime vne autre qu'elle:
Nulle mieux ne m'emmielle
La bouche, quand son baiser
Vient mes leures arroser,
Begayant d'vn doux langage.
Que diray-ie d'auantage?
D'vn si gaillard maniment
Soulage nostre vniment
Lors que toute elle tremousse,
Que sa tremblante secousse
A fait que ie l'aime mieux
Que mon cœur ny que mes yeux.
   Jamais vne ne me fasche
Pour ne la seruir à tasche:
Car quand ie suis my-lassé
Du premier plaisir passé,
Dés le iour ie laisse celle
Qui m'a fasché dessus elle,
Et m'en vois prendre vn petit
Dessus l'autre d'appetit:
A fin qu'apres la derniere
Je retourne à la premiere,
Pour n'estre recreu d'amours.

Aussi n'est-il bon tousiours
De gouster vne viande:
Car tant soit elle friande,
Sans quelquefois l'eschanger
On se fasche d'en manger.

Mais d'où vient cela grassette,
Mais d'où vient cela maigrette,
Que depuis deux ou trois mois
Ie n'embrassay qu'vne fois
(Encor ce fut à l'emblee,
Et d'vne ioye troublee)
Vostre estomac grasselet,
Et vostre sein maigrelet?

A-vous peur d'estre nommees
Pucelles mal-renommees?

A-vous peur qu'vn blasonneur
Caquette de vostre honneur?
Et qu'il die, Ces deux belles
Qui font de iour les pucelles,
Toute nuict d'vn bras mignon
Eschaufent vn compaignon,
Qui les paye en chansonnettes,
En rimes & en sornettes?
Las! mignardes ie sçay bien
Qui vous empesche, & combien
Le Seigneur de ce village
Vous souille de son langage,
Mesdisant de vostre nom
Qui plus que le sien est bon.

Ah, à grand tort, grasselette,
Ah, à grand tort, maigrelette,
Ah, à grand tort cest ennuy

Me procede de celuy
Qui me deust seruir de pere,
De sœur, de frere & de mere.
   Mais luy voyant que ie suis
Vostre cœur, & que ie puis
D'auantage entre les Dames,
Farcist vostre nom de blâmes,
D'vn mesdire trop amer,
Pour vous engarder d'aimer
Celuy qui gaillard vous aime
Toutes deux plus que soy-méme,
Celuy qui vous aime mieux
Toutes deux que ses deux yeux.
   Bien-bien, laissez-le mesdire:
Deust-il tout vif creuer d'ire
Et forcené se manger,
Il ne sçauroit estranger
L'amitié que ie vous porte,
Tant elle est constante & forte:
Ny le temps ny son effort,
Ny violence de mort,
Ny les mutines iniures,
Ny les mesdisans pariures,
Ny les outrageux brocars
De vos voisins babillars,
Ny la trop soigneuse garde
D'vne cousine bauarde,
Ny le soupçon des passans,
Ny les maris menaçans,
Ny les audaces des freres,
Ny les preschemens des meres,
Ny les oncles sourcilleux,

Ny les dangers perilleux
Qui l'amour peuuent desfaire,
N'auront puissance de faire
Que toufiours ie n'aime mieux
Que mon cœur ny que mes yeux
L'vne & l'autre pucelette,
Grasselette & maigrelette.

LE VOYAGE
D'HERCVEIL.

Debout, i'enten la brigade,
 I'oy l'aubade
 De nos amis enioüez.
Qui pour nous esueiller sonnent
 Et entonnent
 Leurs chalumeaux enroüez.
J'entr'oy desia la guiterre,
 I'oy la terre
 Qui tressaute sous leurs pas:
J'enten la libre cadance
 De leur danse,
 Qui trepigne sans compas.
Corydon, ouure la porte,
 Qu'on leur porte
 Dés la poincte du matin
Jambons, pastez & saucices,
 Sacrifices
 Qu'on doit immoler au vin.
Dieu gard la sçauante trope,
 Calliope

Honore vostre renom,
Bellay, Baif, & encores
    Toy qui dores
La France en l'or de ton nom.
Le long des ondes sacrees
    Par les prees,
Couronnez de saules vers,
Au son des ondes jazardes
    Trepillardes
A l'enui ferez des vers.
Moy petit dont la pensee
    N'est haussee
Du desir d'vn vol si haut,
Qui ne permet que mon ame
    Se r'enflame
De l'ardeur d'vn feu si chaut:
En lieu de telles merueilles,
    Deux bouteilles
Ie pendray sus mes rongnons,
Et ce hanap à double anse,
    Dont la panse
Sert d'oracle aux compagnons.
Voyez V R V O Y qui enserre
    De lierre
Son flacon plein de vin blanc,
Et le portant sur l'espaule,
    D'vne gaule
Luy pendille iusqu'au flanc:
A voir de celuy la mine
    Qui chemine
Seul parlant à basse vois,
Et à voir aussi la mouc

Cc iiij

De sa ioue,
C'est le Conte d'Alsinois.
Je le voy comme il galope
    Par la trope
  Un grand asne sans licol:
Je le voy comme il le flate,
    Et luy grate
  Les oreilles & le col.
Ainsi les Pasteurs de Troye
    Par la voye
  Guidoyent Siléne monté,
Preschant les loix de sa feste,
    Et sa teste
  Qui luy panchoit à costé.
VIGNEAV le suit à la trace,
    Qui r'amasse
  Ses flacons tombez à-bas,
Et les fleurs que son oreille
    Qui sommeille
  Laisse choir à chaque pas.
Ore ce Vigneau le touche,
    Or' la bouche
  Il luy ouure, ore dedans
Met ses doigts, puis les retire
    Et pour rire
  S'entre-rechinent des dents.
Jô Jô, troupe chere,
    Quelle chere,
  Ce iour ameine pour nous!
Parton donc or' que l'Aurore
    Est encore
  Dans les bras de son espous.

Laissons au logis les Dames:
Par les flames
La Cyprienne euiton:
Le chaut, le vin, Cytheree,
Font l'entree
Du grand portail de Pluton.
Chacun ceigne son espee
Equipee
Pour se reuanger le dos,
De peur qu'vn brigand ne face
Nostre face
Deualer dauant Minos.
Gardons amis, qu'on ne tombe
En la tombe,
Seiour aueugle & reclus:
„ *Depuis qu'vne fois la vie*
„ *Est rauie,*
„ *Les Sœurs ne la filent plus.*
Ô que ie voy de roses
Ia décloses
Par l'Orient flamboyant:
A voir des nues diuerses
Les trauerses,
Voici le iour ondoyant.
Voici l'Aube safranee,
Qui ja nee
Couure d'œillets & de fleurs
Le Ciel qui le iour desserre,
Et la terre
De rosees & de pleurs.
Sors du lit Aube sacree,
Et recree

De ton beau front ce troupeau,
Qui pour toy pend à la gaule
De ce saule
D'vn coq chante-iour la peau :
Euoé pere, il me semble
Que tout tremble
D'vn tournement nompareil,
Et que ie voy d'vn œil trouble
Le Ciel double
Doubler vn autre Soleil!
Euoé donteur des Indes,
Que tu guindes
Mon cœur bien haut, Eldean!
Tu luy dis quel sacrifice
Est propice
A ton autel Lenean.
A vienne qu'orné de vigne
Ie trepigne
Tousiours dessous toy, Euan!
Qu'à ta feste Trietere
Ton mystere
Ie porte dedans ton van.
Ie voy Silene qui entre
En son Antre,
I'oy les bois esmerueillez :
Ie le voy sur l'herbe fresche
Comme il presche
Les Satyres oreillez.
Euoé Denys, tempere
Thebain pere,
Tempere vn peu mon erreur,
Tempere vn peu ma pensée
Insensee

Du plaisir de ta fureur.
Ce n'est pas moy qui te taxe
Roy de Naxe
Déèarter le Thracien,
Ny d'auoir au chef la mitre,
Ny le titre
Du trionfeur Indien:
Mais bien c'est moy qui te loue,
Qui t'auoue
Pour vn Dieu, d'auoir planté
La vigne en raisins feconde,
Dont le monde
Est si doucement tenté:
Vigne, ainçois douce guerriere,
Qui derriere
Chasse des hommes bien loin
Non l'amour ny la plaisance,
Ny la dance,
Mais le trauail & le soin.
Ie voy cent bestes nouuelles
Pleines d'ailes
Sus nos testes reuoler,
Et la main espouuantee
De Penthee
Qui les poursuit parmy l'air.
Euan! que ta feste folle
Me rafolle
De vineux estourbillons:
Je ne voy point d'autres bestes
Sur nos testes
Qu'vn scadron de papillons:
Leurs ailes de couleurs meintes

Sont depeintes,
Leur front en cornes se fend,
Et leur bouche bien petite
　　Contr'imite
　Le musle d'vn Elephant.
Lequel aura la victoire
　　Et la gloire
　D'auoir conquis le plus beau?
Qui tout doré sert de guide
　　Par le vuide
　A cest escadron nouueau?
Iò, comme il prend la fuite,
　　Nostre suite
　Ne le sçauroit offencer,
Si le plus gay de la trope
　　Ne galope
　Plus tost, pour le deuancer.
Je le tenois sans sa voye
　　Qui ondoye
　D'vn voler bien peu certain:
Et sans l'erreur de son onde
　　Vagabonde
　Qui se moquoit de ma main,
Et sans vne vigne entorce,
　　Qui la force
　A souſtraite de mes pas,
Et m'a fait prendre bedaine
　　Sus la plaine
　Adenté tout plat à bas.
Teleph' sentit en la sorte
　　La main forte
　Du Grec qui le combatit,

Quand au milieu de la guerre
    Contre terre
  Vn sep tortu l'abatit.
Iô, regardez derriere
    La poudriere
  Que BERGER escarte au vent,
Tant en courant il s'eslance,
    Et s'auance
  Pour l'afronter pardeuant.
Mais mais voyez, voyez comme
    Jl assomme
  Le papillon estendu,
Et comme l'aile & la teste
    De la beste
  Sur vn saule il a pendu!
Ia la despouille captiue
    Ceste riue
  Honore, & ces saules vers:
Et ia leur escorce verte
    Est couuerte
  Du long cerne de ses vers.
Je BERGER plein de vitesse,
    Par humblesse,
  Aux Dieux chéure-piez i'appans
Ceste despouille conquise,
    Par moy prise
  En l'âge de soixante ans.
Pere, que ta verue douce
    Me repousse
  En vn doux afolement:
Plus fort que deuant ta rage
    Le courage

Me rafolle doucement.
De ces chesnes goute à goute
    Redegoute
Ce me semble, le miel roux:
Et ces ruisselets qui roulent,
    Tous pleins coulent
De Nectar & de vin doux.
Amis, qu'à teste panchee
    Estanchee
Soit nostre soif là dedans:
Il faut que leur vin appaise
    Ceste braise
Qui cuit nos gosiers ardans.
Que chacun de nous y entre
    Iusqu'au ventre,
Iusqu'au dos, iusques au front:
Que chacun sonde & resonde
    La douce onde
Qui bat le plus creux du fond.
Voyez V R V O Y qui s'eslance
    Sur la pance
Tout vestu dans le ruisseau,
Et voyez comme il barbouille
    En grenouille
Dessous les vagues de l'eau!
Suiuons le sainct trac humide
    De ce guide,
Eslançon nous comme luy,
Et lauon sous ceste riue
    En l'eau viue
Pour tout iamais nostre ennuy.
Que l'homme est heureux de viure,

S'il veut suiure
Ta folie, ô Cuisse-né,
Dont le beau front s'enuironne
Pour couronne
D'vn verd pampre raisiné!
Sans toy ie ne voudrois estre
Dieu, ne maistre
Des Jndiens, ne sans toy
De Thebes Ogygienne
Cité tienne
Ie ne voudrois estre Roy:
Sans toy, dy-ie, race belle
De Semele,
Sans toy, dy-ie, Nysean,
Sans toy qui nos soins effaces
Par tes tasses
Pere Euien, Lenean.
Iô, ie voy la vallée
Avallee
Entre deux tertres bossus,
Et le double arc qui emmure
Le murmure
De deux ruisselets moussus.
C'est toy, Hercueil, qui encores
Portes ores
D'Hercule l'antique nom,
Qui consacra la memoire
De ta gloire
Aux labeurs de son venom.
Je salue tes Dryades,
Tes Naiades,
Et leurs beaux Antres cognus,

Et de tes Satyres peres
  Les repaires,
 Et des Faunes front-cornus.
Chacun ait la main armee
  De ramee,
 Chacun d'vne gaye vois
Assourdisse les campagnes,
  Les montagnes,
 Les eaux, les prez, & les bois.
Ia la cuisine allumee
  Sa fumee
 Fait tressauter iusqu'aux cieux,
Et ia les tables dressees
  Sont pressees
 De repas delicieux.
Cela vrayment nous inuite
  D'aller vite
 Pour appaiser vn petit
La furie vehemente
  Qui tourmente
 Nostre aboyant appetit.
Dessus nous pleuue vne nue
  D'eau menue
 Pleine de liz & de fleurs:
Qu'vn lict de roses on face
  Par la place
 Bizarré de cent couleurs.
Qu'on prodigue, qu'on respande
  La viande
 D'vne liberale main,
Et les vins dont l'ancienne
  Memphienne

GAYETEZ. 617

Festia le mol Romain.
Ores amis, qu'on n'oublie
  De l'amie
Le nom, qui vos cœurs lia:
Qu'on vuide autant ceste coupe
  Chere troupe,
Que de lettres il y a.
Neuf fois au nom de Cassandre
  Ie vois prendre
Neuf fois du vin du flacon,
Afin de neuf fois le boire
  En memoire
Des neuf lettres de son nom.
Qu'on me charge toute pleine
  La fonteine
De maint flacon sur-nouant:
Qu'en l'honneur du Dieu maint verre
  My-plein erre
Sur les vagues se rouant.
Euan! ta force divine
  Ne domine
Les hommes tant seulement:
Elle estraint de toutes bestes
  Toutes testes
D'vn effort ioyeusement.
Voyez-vous ceste grenouille
  Qui gazouille
Yure sus le haut de l'eau,
Tant l'odeur d'vne bouteille
  L'assommeille
Et luy charme le cerueau?
Comme elle du vin surprise

Est assise
Sur nos flacons entr'ouuers?
Comme sus l'vn & sus l'autre
Elle veautre
Son corps flotant à l'enuers?
Mais tandis que ceste beste
Nous arreste,
D'autre costé n'oyez-vous
De Dorat la voix sucree
Qui recree
Tout le ciel d'vn chant si doux?
Iô, Iô, qu'on s'auance,
Il commance
Encore à former ses chants,
Celebrant en voix Romaine
La fontaine
Et tous les Dieux de ces champs.
Prest on donc à ses merueilles
Nos oreilles:
L'Entousiasme Limosin
Ne luy permet rien de dire
Sur sa Lyre
Qui ne soit diuin, diuin.
Iô, Iô, quel doux stile
Se distile
De ses nombres tous diuers:
Nul miel tant ne me recree
Que m'agree
Le doux Nectar de ses vers.
Quand ie l'enten, il me semble
Que l'on m'emble
Tout l'esprit rauy soudain,

Et que loin du peuple i'erre
    Sous la terre
Auec l'ame du Thebain:
Auecque l'ame d'Horace:
    Telle grace
Remplist sa bouche de miel,
De miel sa Muse diuine,
    Vrayment dine
D'estre Sereine du ciel.
Hà Vesper brunette estoile,
    Dont le voile
Noircist du ciel le coupeau,
Ne vueilles si tost paroistre
    Menant paistre
Par les ombres ton troupeau.
Arreste, noire courriere,
    Ta lumiere,
Pour ouyr plus longuement
La douceur de sa parolle,
    Qui m'affolle
D'vn si gay chatouillement.
Quoy? des Astres la bergere
    Trop legere
Tu reuiens faire ton tour,
Deuant l'heure tu flamboyes,
    Et ennoyes
Sous les ondes nostre iour.
Va va ialouse, chemine,
    Tu n'es dine
Ny tes estoiles, d'ouyr
Vne chanson si parfaite,
    Qui n'est faite

Que pour l'homme resiouyr.
Donque, puis que la nuict sombre
Pleine d'ombre
Vient les montagnes saisir,
Retournon troupe gentille
Dans la ville
Demy soulez de plaisir.
,, *Jamais l'homme auant qu'il meure,*
,, *Ne demeure*
,, *Bien-heureux parfaitement:*
,, *Tousiours auec la liesse*
,, *La tristesse*
,, *Se mesle secrettement.*

TRADVCTION DE QVELQVES EPIGRAMmes Grecs sur la genice de Myron.

Pasteur il ne faut que tu viennes
Amener tes vaches ici,
De peur qu'au soir auec les tiennes
Tu ne renmenes ceste-ci.

Autre.

Ie n'ay de vache la figure:
Mais Myron m'attachant me mit
Dessus ce pilier par despit
Que i'auois mangé sa pasture.

Autre.

Je suis la vache de Myron
Bouuier, & non pas feinte image,

Pique mes flans d'vn aiguillon,
Et me menes en labourage.
Autre.
Pourquoy Myron m'as-tu fait ſtable
Sur ce pilier: ne veux-tu pas
Me deſcendre, & mener là-bas
Auec les autres en l'eſtable?
Autre.
Si vn veau m'auiſe, il crira:
Si vn toreau, il m'aimera:
Et ſi c'eſt vn paſteur champeſtre,
Aux champs me voudra mener paiſtre.
Autre.
Bien que ſur ce pilier ie ſois
Par Myron en airain portraite,
Comme les bœufs ie mugirois
S'il m'auoit vne langue faite.
Autre.
Vn Pan en voyant la figure
De ceſte vache fut moqué:
Ie n'ay iamais (dit-il) piqué
Vache qui euſt la peau ſi dure.
Autre.
Ici Myron me tient ſerree:
Sur moy frappent les paſtoureaux
Cuidans que ie ſois demeuree
Apres le reſte des toreaux.
Autre.
Veau pourquoy viens-tu ſeulet
Sus mon ventre pour teter?
L'art ne m'a voulu preſter
Dans les mammelles du lait.

Autre.

Pourquoy est-ce que tu m'enserres
Myron, sur ce pilier taillé ?
Si tu m'eusses vn ioug baillé
Ie t'eusse labouré tes terres.

Autre.

Pourueu qu'on ne mette la main
Sur mon dos, quoy qu'on me regarde
De pres ou de loin, on n'a garde
De dire que ie sois d'airain.

Autre.

Si Myron mes pieds ne détache,
Dessus ce pilier ie mourray :
S'il les détache, ie courray
Par les fleurs comme vn autre vache.

TRADVCTION DE QVELques autres Epigrammes Grecs.

Veux-tu sçauoir quelle voye
L'homme à pauureté conuoye ?
Esleuer trop de Palais,
Et nourrir trop de valets.

Avx creanciers ne deuoir rien,
Est de tous biens le premier bien :
Le second, n'estre en mariage,
Le tiers, de viure sans lignage.
Mais si vn fol se veut lier
Sous Hymenée, il doit prier
Qu'argent receu, dessous la lame

Le iour mesme enterre sa femme.
  Celuy qui cognoist bien ceci,
Vit sagement, & n'a souci
Des atomes, ny s'Epicure
Cherche du vuide en la Nature.

L'Image de Thomas medite quelque chose,
  Et Thomas au parquet se taist à bouche close:
L'Image est aduocat à voir son parlant trait,
Et Thomas n'est sinon portrait de son portrait.

SI nourrir grand' barbe au menton
  Nous fait Philosophes paroistre,
Vn bouc barbasse pourroit estre
Par ce moyen quelque Platon.

QVi, & d'où est l'ouurier? Du Mans. Son nom?
  Le Conte.
Toy mesme qui es-tu? le Temps qui tout surmonte.
Pourquoy sur les orteils vas-tu tousiours coulant?
Pour monstrer que ie suis incessamment roulant.
  Pourquoy as-tu les pieds legers de doubles ailes?
A fin de m'en-voler comme vent dessus elles.
Que te sert ce razouër affilé par le bout?
Pour monstrer que ie suis celuy qui tranche tout.
  Pourquoy as-tu les yeux couuerts d'vne criniere?
Pour estre pris dauant, & non par le derriere.
Et pourquoy chauue? A fin de ne me voir hapé,
  Si dés le premier coup ie ne suis attrapé.
Tel peint comme tu vois, le Conte me descœuure,
Monstrant mon naturel par vn si beau chef-d'œuure.

Berteau le pescheur s'est noyé
En sa nacelle poissonniere,
Dont le bois fut tout employé
A faire les ais de sa biere:
De Charon la main nautonniere
Ne prist argent de ce Berteau,
Comme ayant passé la riuiere
Des morts en son propre bateau.

Desia la Lune est couchee,
La poussiniere est cachee,
Et ia la my-nuit brunette
Vers l'Aurore s'est panchee,
Et ie dors au lict seulette.

De Martial.

D'Vn barbier la femme tu es,
Tu ne tonds seulement, tu rés.

Quelle est ceste Deesse en larmoyant couchee
Sur le tombeau d'Aiax? C'est la pauure Vertu.
Quelle main si hardie a sa tresse arrachee
Et de grands coups de poing son estomac batu?
Soy-mesme se l'est fait de son ongle pointu,
Despite contre Vlysse, apres que laschement
(L'ost des Grecs estans iuge) vn tort bien debatu
Veinquit la verité par vn faux iugement.

Qvand Vlysse pendoit à l'abandon des flots,
La tempeste receut en son giron humide
Le boucler Pelean, large pesant & gros,
Et mal-seant

Et mal-seant au bras du couard Laertide:
Dont Aiax se tua, de soy-mesme homicide.
Mais la mer qui garda plus iustement les lois
Que les deux Atreans, ny que tous les Gregeois,
De ses vagues poussa le boucler Æacide
Sur la Tombe d'Aiax, non au bord Ithaquois.

Sonet à Madame de Villeroy.

Madelene ostez moy ce nom de l'Aubespine,
Et prenez en sa place & Palmes & Lauriers,
Qui croissent sur Parnasse en verdeur les premiers,
Dignes de prendre en vous & tiges & racine.
Chef couronné d'honneur, rare & chaste poitrine,
Où naissent les vertus & les arts à milliers,
Et les dons d'Apollon qui vous sont familiers,
Si bien que rien de vous, que vous mesme n'est digne.
Je suis en vous voyant heureux & malheureux:
Heureux de voir vos vers, ouurage genereux,
Et malheureux de voir ma Muse qui se couche
Dessous vostre Orient. O saint germe nouueau
De Pallas, prenez cueur: les Sœurs n'ont assez d'eau
Sur le mont d'Helicon pour lauer vostre bouche.

Quel train de vie est-il bon que ie suiue,
A fin, Muret, qu'heureusement ie viue?
Aux Cours des Rois regne l'ambition,
Les Senateurs sont pleins de passion:
Les maisons sont de mille soucis pleines,
Le labourage est tout rempli de peines,
Le matelot voit à deux doigts du bord
De son bateau pendre tousiours la mort.

Celuy qui erre en vn païs estrange,
S'il a du bien, craint qu'vn autre le mange,
Le guerrier meurt masqué d'vne valeur:
Le mariage est comblé de malheur,
Et si lon vit sans estre en mariage,
Seul & desert il faut vser son âge:
Auoir enfans, n'auoir enfans aussi
Donne tousiours domestique souci.
La ieunesse est peu sage & mal-habile,
La vieillesse est languissante & debile,
Ayant tousiours la mort deuant les yeux.
Donque Muret, ie croy qu'il vaudroit mieux
L'vn de ces deux, ou bien iamais de n'estre,
Ou de mourir si tost qu'on vient de naistre.

SI tu es viste à souper,
Et à courir mal-adestre,
Des pieds il te faut repaistre,
Et des léures galoper.

Vœu d'vn Vigneron à Bacchus.

ESCoute enfançon de Silene,
Bacchus, si tu veux charger pleine
Ma ieune vigne de raisins
Plus que celles de mes voisins,
Et que la vierge Icarienne
De son pere ne se souuienne
Brulant de son Chien éteal
Les vignes, causes de son mal:
I'honoreray ton beau Septembre
De ce Bouc cornu ronge-pampre,

Et le faisant trois fois rouer,
Aux quatre coings de mon preßouer,
De ses rouges veines saigneuses
Ie teindray tes pipes vineuses,
Puis sur le haut de cest ormeau
En vœu ie t'appendray la peau.

Vœu d'vn Pescheur aux Naiades.

SI de ma tremblante gaule
Ie puis leuer hors de l'eau
Prins à l'haim le gros Barbeau
Qui hante au pied de ce saule.
 Naiades des eaux profondes,
A vous ie promets en vœu
De iamais n'estre reueu
Repescher desur vos ondes.
 Et pour remerque eternelle,
A ces saules verdelets
Ie vous pendray mes filets,
Mes lignes & ma nacelle.

DE PALLADAS.

QVand il te plaist becher, Dimanche,
Ton grand nez te sert d'vne tranche:
Quand vendanger, d'vn couteau tors,
D'vne trompette, quand tu dors:
Aux naux il sert d'ancre tortue,
Aux laboureurs d'vne charrue,
D'vn haim aux pescheurs mariniers,
Et de hauet aux cuisiniers:

Aux charpentiers de dolouere,
Aux iardiniers de cerclouere,
De besaguë au feure, & puis
De maillet pour frapper à l'huis.
Ainsi Dimanche en toutes sortes
Pour cent mestiers vn nez tu portes.

DV MESME.

Geometre qui as vestu
Vn corps fait d'vne fresle terre,
Pourquoy trompeur mesures-tu
Tout ce Monde qui nous enserre?
Mesure toy premierement
Et te cognois & te commande,
Et puis mesure entierement
Le ciel & la terre si grande.
Si homme tu n'as le pouuoir
De te cognoistre & ta nature,
Comment pourras-tu bien sçauoir
De ce grand Monde la mesure?

EPITAPHE DE NIOBE,
Fait par Ausone, tant admiré de Marulle.
Entreparleurs,
Niobe, & le Passant.

Niob.
Ie viuois: vn rocher Praxitele m'a faite.
Le P. Pourquoy sa main, qui fut d'animer si parfaite
Ne t'a l'ame & l'esprit en ce rocher laissé?
Niob. Ie les perdy tous deux quãd les Dieux i'offensé.

FIN.

TABLE GENERALE DES
poësies contenuës en ce volume.

SONNETS.

A Dieu belle Cassandre	482
Adieu cheueux, liens	432
Adieu cruelle adieu	521
A fin qu'en renaissant	478
A fin que ton renom	516
Agathe, où du Soleil le	462
Ah, belle liberté, qui	513
Ah traistre Amour, donne	11
A l'aller, au parler	484
Aller en marchandise	489
Alors que plus amour	398
A mon retour (hé, ie	435
Amour abandonnant les	445
Amour Amour, que ma	56
Amour archer toutes	114
Amour a tellement ses	469
Amour estant marry	274
Amour est sans milieu	472
Amour est vn charmeur	288
Amour & Mars sont	179
Amour (i'en suis tesmoin)	297
Amour, ie pren congé de	489
Amour me paist d'vne telle	10
Amour me tue, &	53

D d iij

TABLE.

Amour que i'aime à	197
Amour, quel dueil &	199
Amour, que n'ay-ie	79
Amour, qui as ton regne	478
Amour, quiconque ait dit	278
Amour, qui dés ieunesse	280
Amour, qui tiens tout seul	487
Amour, seul artizan de	495
Amour, si plus ma	112
Amour, tu es trop fort	488
Amour, tu me fis voir	544
Amour voulut le corps	354
Amour voyant du ciel	365
Ange diuin, qui mes	33
A Phebus, Patoillet, tu es	357
Apres ton cours ie	108
Astres qui dans le ciel	337
A toy chaque an i'ordonne	129
Auant le temps tes	22
Auant qu'Amour du	58
Auec les fleurs & les	206
Auec les lis les œillets	47
Au fond d'vn val esm.	181
Au milieu de la guerre	490
Au mois d'Auril, quand	430
Au plus profond de ma	194
Aussi tost que Marie en	408
Beauté dont la douceur	279
Belle Deesse amoureuse. Vœu.	549
Belle Erigone, Icar.	427
Belle gentille honneste	308
Belle gorge d'albastre	505
Bien-heureux fut le iour	470

Bien mille fois & mille 31
+ Bien que Bacchus 573
+ Bien que ceste maison 554
Bien que les champs, les 189
Bien que l'esprit humain 468
Bien que six ans soyent 123
Bien que ton œil me face 364
Bien que ton trait, Amour 216
Bien qu'il te plaise en mon 7
Bon iour ma douce vie 487
Cache pour ceste nuict 292
Caliste, pour aimer ie 361
Ce beau coral, ce marbre 26
Ce Chasteau-neuf 536
Ce grand Hercule 583
Ce iour de May, qui a 537
Celle de qui l'amour 501
Celuy fut ennemy des 425
Celuy qui fist le monde 201
Celuy qui le premier 542
Ce ne sont qu'haims, qu. 135
Cent & cent fois le iour 459
Cent & cent fois penser 25
Cent fois le iour esbahi 57
Ce-pendant que tu vois 262
Ce petit chien qui 125
Ce premier iour de May, Hel. 440
Ce ris plus doux que 143
Certes mon œil fut 166
Ce siecle où tu nasquis 447
Ces cheueux, ces liens 504
Ces deux yeux bruns, deux 28
Ces flots jumeaux de 191

Dd iiij

TABLE.

Ces grands, ces triomph.	555
Ces liens d'or, ceste	6
Ces longues nuicts d'hyuer	499
Ces petits corps qui tomb.	41
Cesse tes pleurs, mon liure	389
Ceste beauté de mes	117
Ceste fleur de Vertu	515
Cet amoureux desdain	464
Cet œil qui fait qu'au.	211
Chacun me dit, Ronsard	544
Chacun qui voit ma	340
Chef, escole des arts	456
Chere maistresse, à qui	91
Ciel, air & vents	73
Coche cent fois heureux	467
Comme ie regardois	463
Comme le chaud au feste	156
Comme on souloit si	202
Comme on voit sur la	398
Comme vn Cheureuil	67
Comme vne belle fleur aff.	465
Comme vne Nymphe	564
Comme vn vieil combatant	498
Contre le ciel mon	164
Croissez enfant du Roy	562
Cruelle, il suffisoit de	451
Cusin, monstre à double	488
Cy reposent les os de la.	Epitaphe. 409
Cythere entroit au bain	495
D'Amour ministre, &	120
D'Auanson, quand ie voy	567
D'autant que l'arrogance	543
D'autre torche mon cœur	462

TABLE

De ceste belle douce	407
Dedans vn pré ie vei	68
De la mielleuse &	158
Delphe ne reçoit point	561
De Myrte & de Laurier	507
De Phebus & des Rois	570
Depuis la mort du bon	571
Depuis le iour que captif	212
Depuis le iour que la	54
Depuis le iour que le	111
De quelle plante, ou	77
De ses cheueux la	100
De ses maris l'industr.	210
De soins mordans &	157
Despescher presque seul	567
Dessus l'autel d'Amour	469
De ton beau poil en	141
De toy ma belle Grecque	450
Deuant les yeux nuict	107
De veine en veine, &	213
De vostre belle viue	458
De vos yeux, le mirouër	457
De vos yeux tout-diuins	449
Deux puissans ennemis	401
Deux Venus en Auril	448
Dieux, si au ciel	536
Di l'vn des deux, sans	128
Diuin Bellay, dont	64
Docte Prelat qui	564
Dois-ie voler empl.	426
Douce beauté, meurdriere	132
Douce beauté qui	92
Douce belle amoureuse	263

Dd v

TABLE.

Douce Françoise	428
Doux cheueux, doux	541
Doux desdains douce	466
Doux fut le trait qu'Am.	42
Du bord d'Espagne	393
Du fort Iason le	563
Du mariage sainct. Anagr.	585
D'vne vapeur naissante	208
D'vn profond pensement	455
D'vn solitaire pas ie ne	468
En autre lieu les deux	150
En ce Printemps qu'entre	151
Encor que vous soyez	535
En escrimant, le malh.	537
En ma douleur, malheureux	159
En me bruslant il faut	178
En nul endroit, comme	186
Entre les durs combats	563
Entre les rais de sa	3
En vain pour vous ce	383
Escoute mon Aurat, la	270
Escumiere Venus, Royne	291
Estant pres de ta face	454
Est-ce le bien que	434
Est-ce le Ciel, qui	565
Est-ce tant que la. Dialog.	525
Estre indigent & donner	95
Fier Aquilon horreur	203
François qui prens ton nom	558
Fuyon, mon cœur, fuyon	281
Geneures herissez, &	500
Ha, Belacueil, que	171
Ha Mort, en quel estat	400

Ha, qu'à bon droit les 15
Ha! que ie porte & de 339
Ha! que ie suis marry 501
Ha, que ta Loy fut bonne 480
Hausse ton vol, & 136
Helas voicy le iour que 526
Helene sceut charmer 442
Heureuse fut l'estoile 138
Heureux le iour, l'an 114
Homme ne peut mourir 401
Honneur de May, desp. 130
Ia desia Mars ma trompe 78
I'aime la fleur de Mars 301
I'alloy roulant ces 237
Ialoux Soleil contre 103
Iamais au cœur ne 380
Iamais Hector aux guerres 429
Ia mon ardeur s'estoit 568
I'attachay des bouquets de 474
I'auois cent fois iuré 348
I'auois, en regardant tes 464
I'auois esté saigné, ma 494
I'auois l'esprit tout morne 144
I'auray tousiours en l'ame 353
I'ay cent mille tourmens 313
I'ay desiré cent fois me 344
I'ay honte de ma honte 496
I'ay l'ame pour vn lict 360
I'ay pour maistresse vne 307
I'ay veu tomber (ô prompte 60
Icy i'appan la despouille 568
Ie chantois ces Sonnets amou. 527
Ie demandois à l'oracle 560

Dd vj

TABLE

Ie faisois ces Sonnets en	549
Ie fuy les grands chemins	455
Ie haïssois & ma vie	433
Ie liay d'vn filet de soye	454
Ie m'asseuroy qu'au chang.	184
Ie m'enfuy du combat	524
Ie meurs, Paschal, quand	91
Ie mourrois de plaisir	368
Ie ne serois d'vn abusé	37
Ie ne serois marry si	512
Ie ne suis point ma guerriere.	3
Ie ne suis point, Muses	175
Ie ne suis variable, &	287
Ie ne veux comparer	485
Ie ne veux point la mort	475
Ie parangonne à ta ieune	332
Ie parangonne à vos yeux	83
Ie parangonne au Soleil	5
Ie plante en ta faueur	480
Ie reçoy plus de ioye	333
I'errois à la volee, &	470
I'errois en mon iardin	507
Ie sens de veine en veine	471
Ie sens pourtraits dedans	182
Ie sens vne douceur à	473
Ie songeois assoupy	391
I'espere & crain, ie me	12
Ie suis esmerueillé que	505
Ie suis Hamadryade	555
Ie suis larron pour vous	109
Ie suis plus aise en	209
Ie suis pour vostre amour	509
Ie suis rauy quand ce	579

TABLE

Ie suis semblable	577
Ie t'auois despitee, & ja	452
Ie te hay peuple, &	126
Ie te voulois nommer pour	506
Ie veux brusler pour	173
Ie veux me souuenant	276
Ie veux mourir pour tes	53
Ie veux pousser par la Fr.	18
Ieune Herculin	572
Ie voudrois bien richement	23
Ie voudrois estre Ixion	49
Ie vous donne des œufs	585
Ie voyois me couchant	486
Ie voy mille beautez	505
Ie voy tousiours le trait	407
Ie vy ma Nymphe entre	115
Ie vy tes yeux dessous	14
Il faisoit chaud, & le	190
Il me souuient, Garnier.	580
Il ne falloit, Maistresse	430
Il ne faut point	576
Il ne faut s'esbahir	513
Il ne suffit de boire	521
Il vaudroit beaucoup mieux	566
Iniuste Amour fusil de	32
Iodelle, l'autre iour	259
La constance & l'honneur	548
Laisse de Pharaon la terre	499
L'amant est vne beste	283
L'an mil cinq cens contant	129
L'arbre qui met à croistre	457
L'arc qui commande aux	211
Las! ie me plains de	38

D d vij

TABLE.

La souuenance à toute heure	113
L'astre ascendant sous qui	139
L'astre diuin, qui	431
L'autre iour que i'estois	446
Le bon Bacchus, qui	583
Le Ciel ne veut, Dame	123
Le Destin veut qu'en mon	19
Le doux Sommeil qui	202
L'Europe est trop petite	551
Le feu iumeau de ma	210
Legers Démons qui tenez	34
Le Ieu, la Grace, & les	218
Le ieune Hercule	573
Le iuge m'a trompé	491
Le mal est grand, le	112
Le mois d'Aoust bouillonnoit	490
Le monde ne va pas	560
Le plus touffu d'vn solit.	9
Le premier iour du mois	99
Le premier iour que l'heur	432
Le premier iour que i'auis.	426
Le sang fut bien maudit	85
Le soir qu'Amour vous	503
Le Soleil l'autre iour	447
Le vingtiesme d'Auril	261
Les anciens souloient	535
Les Elemens & les	83
Les vers d'Homere	197
Les villes & les bourgs	296
Lettre, de mon ardeur	502
Lettre ie te reçoy, que	là mes.
L'heur & malheur que le	557
L'homme a la teste ou	206

TABLE.

L'œil qui rendroit le plus	75
L'onde & le feu sont de	93
L'or crespelu que	205
Lors que mon œil pour.	7
Lune à l'œil brun, Deesse	153
Madame, baisez moy: non.	335
Madame beut à moy	493
Madame, ie me meurs	510
Madame se leuoit vn	475
Madelene ostez moy	625
Ma douce Helene	441
Ma fieure croist tousiours	473
Maintenant que l'hyuer	496
Maistresse, quand ie pense	516
Ma Muse estoit blasmee	251
Ma peine me contente	491
Ma plume sinon vous ne	277
Marie, ainçois mon ciel	334
Marie, en me tançant	273
Marie leuez-vous, vous	286
Marie, qui voudroit vostre	272
Marie tout ainsi que	358
Marie vous auez la iouë	254
Mars fut vostre parrein	303
Masures, tu m'as veu	569
Meschante Aglaure	185
Me souuenant du nom	109
Mes souspirs mes amis	312
Mets en oubli, Dieu	215
Mille vrayment & mille	58
Mon ame mille fois m'a	512
Mon des-Autels, qui	539
Mon fol penser pour	174

Morfee, si en songe il te 289
Morne de corps, & plus 105
Nature ornant Cassandre 2
Ne me suy point, Belleau 349
Ne romps point au mestier 474
Non la chaleur de la terre 127
N'oubliez, mon Helene 479
Nous ne sommes Esprits 584
Nous promenant tous seuls 459
Nous sommes amoureux 579
Ny couplet amoureux 552
Ny de son chef le thresor 55
Ny la douce pitié 482
Ny les combats des 84
Ny les desdains d'vne 176
Ny l'oliuier sacré des 578
Ny ta simplicité ny 514
Ny voir flamber au 68
O de repos & d'amour 538
O doux parler dont les 60
Oeil dont l'esclair 136
Oeil qui des miens 96
Ores la crainte & ores 48
Or' que lupin espoint de 160
Or' que le ciel, or' que 175
Ostez vostre beauté, ostez 458
O traits fichez iusqu'au 177
Page suy moy : par 196
Passant dessus la tombe 509
Pardonne moy, Platon 89
Par l'œil de l'ame 105
Pendant, Baif, que tu 168
Petit Barbet, que tu es 86

TABLE.

Pipé d'Amour, ma 81
Plus que les Rois, leurs 116
Plustost le bal de tant 29
Pour aller trop tes beaux 13
Pour celebrer des astres 94
Pour celebrer l'honneur 559
Pour la douleur qu'Am. 40
Pour retenir vn amant 435
Pour te seruir l'attrait de 43
Pour voir d'autres beautez 466
Pour voir ensemble & les 88
Poussé des flots d'Amour 443
Prelat, bien que nostre 561
Prenant congé de vous 483
Pren ceste rose aimable 101
Prince quand tout mon 553
Puis qu'auiourd'huy pour 183
Puis que cest œil 155
Puis que ie n'ay pour 170
Puis qu'elle est toute hyuer 453
Puis que tu cognois bien 463
Puisse aduenir qu'vne 39
 Qu'Amour mon cœur, qu'A. 24
Quand à longs traicts 441
Quand au matin ma 45
Quand ces beaux yeux iug. 69
Quand en naissant la Dame 35
Quand entre les Cesars 557
Quand i'apperçoy ton 72
Quand ie pense à ce iour, ou ie la 400
Quand ie pense à ce iour, où pres 484
Quand ie te voy discourant 213
Quand ie vous voy ma mor. 311

TABLE.

Quand ie vous touche, ou	104
Quand le Ciel te feit.	506
Quand le grand œil	195
Quand le Soleil à chef	65
Quand l'Esté dans ton	547
Quand ma maistresse au.	76
Quand rauy ie me pais	332
Quand tu nasquis	580
Quand tu portois l'autre	433
Quand Villeroy nasquit	534
Quand vous serez bien vi.	500
Que de Beautez, que de	44
Que dis-tu, que fais-tu	362
Que dites-vous, que	214
Que Gastine ait tour	572
Que ie serois marry	586
Quel bien auray-ie	169
Quelle langueur ce beau	192
Quel sort malin, quel	63
Que me seruent mes vers	548
Que n'ay-ie, Amour, cette	164
Que ne suis-ie insensible?	288
Que toute chose en ce	151
Quiconque voudra suyure	347
Qu'il me soit arraché	508
Qui voudra voir comme Amour	1
Qui voudra voir dedans	70
Quoy? me donner congé	452
Respon moy meschant	581
Ren moy mon cœur	194
Roy de vertu, d'hon.	576
Sainte Gastine, ô	167
Sans iugement transp.	122

TABLE.

Seule sans compagnie	508
Seul ie me deuls	180
Si blond si beau, comme	207
Si ce grand Prince	124
Si desormais le peuple	562
Si de vos doux regars	486
Si du nom d'Odysses	569
Si hors du cep où ie	216
Si i'auois vn haineux	351
Si i'ay bien ou mal dit	476
Si i'estois Iupiter, Marie	333
Si i'estois seulement en	456
Si ie trespasse entre	87
Si la beauté se perd	494
Si l'escriuain de la Gr.	94
Si l'on vous dit qu'Argus	131
S'il y a quelque fille	304
Si mille œillets, si	33
Si mon grand Roy n'eust	436
Si quelque amoureux passe	314
Si seulement l'image	97
Si tost qu'entre les bois	307
Si tu ne veux contre	151
Si vos yeux cognoissoyent	486
Si vous n'auiez la	575
Si vous pensez qu'Auril	343
Sœur de Paris, la	204
Sois medecin, Phebus, de	538
Soit que ie sois hay de	448
Soit que son or se	99
Soit qu'vn sage amoureux	477
Son chef est d'or, son	187
Sous le crystal d'vne	98

TABLE

Sur le sablon la semence	106
Sur mes vingt ans	118
Tandis que vous dancez	479
Tant de couleurs l'Arc	71
Tant de fois s'appointer	451
Te regardant assise	450
Terre ouure moy ton sein	397
Tes freres les Iumeaux	514
Tes yeux courtois me pr.	27
Ton extreme beauté	467
Tousiours des bois la	172
Tousiours l'erreur qui	188
Tousiours pour mon sujet	460
Tout ce qui est de sainct	442
Tout effroyé ie cherche	145
Tout me desplaist, mais	102
Trois ans sont ja passez	449
Trois iours sont ja passez	483
Trois temps, Iamin	581
Trompé d'espoir, ie me	159
Tu as beau, Iupiter, l'air	345
Tu es seule mon cœur. Anagr.	480
Tu ne deuois, Iodelle	570
Tu ne dois en ton cœur	445
Verray-ie point la saison	62
Veufue maison, pleurer	101
Veu la douleur qui	217
Veu que ce marbre enserr. Dialog.	399
Veux-tu sçauoir, Binet	346
Ville de Blois, naissance	138
Viure vn moment sans	119
Vne beauté de quinze ans	21
Vne diuerse amoureuse	154

TABLE.

Une seule vertu, tant	497
Un plus ieune escriuain	553
Un voile obscur par	149
Voicy le bois, que ma	165
Voicy le iour, où	575
Voicy le mois d'Auril	461
Vos yeux estoyent moiteux	338
Voulant tuer le feu	545
Vous estes desia vieille	586
Vous estes grand, ie	533
Vous estes le bouquet de	511
Vous me distes, Maistresse	461
Vous mesprisez nature, estes	298
Vous presenter du fruict	556
Vous ruisseaux, vous rochers	525
Vous triomphez de moy	492
Voyant les yeux de ma	74
Voyant par les soudars	511
Yeux qui versez en l'ame	497

MADRIGALS.

Comme d'un ennemy	336
Comment au departir	310
Depuis le iour que ie	431
Dequoy te sert mainte	429
Dieu voyager Men. Vœu.	582
Docte Butet, qui as	253
He, n'est-ce mon Pasquier	271
L'homme est bien sot	427
Maistresse, de mon cœur	331
Mon docte Peletier, le	265
Perles, rubis, & pierres	552
Prenez mon cœur	264
Prince Royal, quand le	558

TABLE.

Quand coup sur coup le	574
Que maudit soit le mirouër	163
Si c'est aimer, Madame	471
Vn sot Vulcan ma	198
Voicy ce bon lutteur non	578
Voyez comme tout change	492

ELEGIES.

Afin que nostre siecle	384
Ia du prochain hyuer	528
Le iour que la beauté	402
Mon fils, si tu sçauois	242
Mon œil, mon cœur, ma	219
Non, Muret, non, ce n'est	223
Pein moy, Ianet, pein.	231
Printemps fils du Soleil	436
Six ans estoient coulez	522

CHANSONS.

Ah belle eau viue. Stances.	424
Amour, dy ie te prie	305
Bon iour mon cœur	294
Comme la cire peu à peu	350
Demandes-tu chere Marie	300
Douce Maistresse, touche	381
Du iour que ie fus	230
D'vn gosier masche-laurier	228
Fleur Angeuine de	295
Harsoir, Marie, en	363
Ie suis si ardent amoureux	342
Ie suis vn demi-Dieu	360
Ie veux chanter en ces vers	266
Las, ie n'eusse iamais	146
Le Printemps n'a point	300
Ma maistresse est toute	284

TABLE.

Mon mal, mon soin, mon	315
Petite Nymphe folâtre	540
Petite pucelle Angeuine	257
Plus eſtroit que la Vigne	546
Quand ce beau Printemps	375
Quand ie deuiſe aſſis	443
Quand i'eſtois libre, ains	366
Quand ie te veux rac.	341
Quiconque ſoit le Peintre	543
Qui veut ſçauoir Amour	370
Si ie t'aſſauls, Amour	359
Si le ciel eſt ton pays	285
Veu que tu es plus	340
Voulant, ô ma douce moitié	356

STANCES.

Ainſi que ceſte eau	517
De fortune Diane	413
I'ay quitté le rempart	410
Ie lamente ſans reconfort	392
Quand au temple nous	133

GAIETEZ.

A qui donnay-ie	588
Aſſez vrayment	589
Debout i'enten la. Voyage d'Hercueil.	606
En ce-pendant que. Les plaiſirs ruſt.	592
Hé Dieu que ie porte. L'Alouette.	594
Qui ne te chanteroit. Le Freſlon.	597
Vne ieune pucellette	599

EPIGRAMMES.

Aux creanciers ne deuoir	622
Berteau le peſcheur	624
Deſia la Lune eſt couchee	là meſ.
D'vn barbier la femme	là meſ.

TABLE.

Escoute enfançon de. Vœu.		626
Geometre qui as vestu		628
Ie viuois : vn rocher. Epitaphe		628
L'image de Thomas		623
Pasteur, il ne faut que		620
Quand il te plaist becher		627
Quand Vlysse pendoit		624
Quel train de vie est-il		625
Quelle est ceste Deesse		624
Qui, & d'où est l'ouurier. Sonnet.		623
Si de ma tremblante. Vœu		627
Si nourrir grand' barbe		623
Si tu es viste à		626
Veux-tu sçauoir quelle		622

AVTRES POESIES.

C'estoit en la saison. Voyage de Tours.	317
Fameux Vlysse. Chant des Serenes.	379
Ie voudrois ce iourd'huy. Bain de Calliree.	417
Prince de qui le nom	419
Or que l'hyuer roidist. Amourette.	372
Quand hors de tes leures. Baiser.	119
Quenoüille de Pallas. La Quenoüille.	373

FIN.

BIBLIOTHEQUE
PALAIS-COMPIEGNE

www.ingramcontent.com/pod-product-compliance
Lightning Source LLC
Chambersburg PA
CBHW050057230426
43664CB00010B/1356